Einführung
in die Theorie
der Leibeserziehung
und des Sports

Einführung in die Theorie der Leibeserziehung und des Sports

herausgegeben von Ommo Grupe

mit Beiträgen von

Franz Begov, Hajo Bernett, Reinhard Daugs, Hartmut Gabler, Ommo Grupe, Kurt Hammerich, Eberhard Hildenbrandt, Wildor Hollmann, Günter Lüschen, Hermann Rieder, Peter Röthig, Inge Schmidt, Josef N. Schmitz, Dieter Ungerer

Hofmann-Verlag · Schorndorf

Redaktion: Franz Begov, Ommo Grupe

CIP-Kurztitelaufnahme der Deutschen Bibliothek

Einführung in die Theorie der Leibeserziehung und des Sports /
hrsg. von Ommo Grupe. Mit Beitr. von Franz Begov ... —
5., völlig neu bearb. Aufl. — Schorndorf: Hofmann, 1980.
Bis 4. Aufl. u. d. T.: Einführung in die Theorie der Leibeserziehung.
ISBN 3-7780-3255-0

NE: Grupe, Ommo (Hrsg.); Begov, Franz (Mitarb.)

Bestellnummer 325

5., völlig neu bearbeitete Auflage 1980

Gesamtherstellung in der Hausdruckerei des Verlags
Printed in Germany · ISBN 3-7780-3255-0

Inhalt

Vorwort zur 5. Auflage

Die erste Auflage dieses Buches erschien 1968. Seitdem wurde der Band ergänzt, erweitert und teilweise überarbeitet. Die fünfte Auflage zeigt ein verändertes Gesicht. Sie ist weitgehend neu bearbeitet, hat eine neue Gliederung erhalten, einige Beiträge wurden ganz, andere teilweise neu geschrieben. Es war aber nicht das Ziel dieser neuen Auflage, mit der (manchmal sprunghaften) Entwicklung der Sportwissenschaft insgesamt und um jeden Preis Schritt zu halten; das ist auch gar nicht möglich. Vielmehr blieb die ursprüngliche Absicht des Buches nach wie vor leitend, nämlich jenes Wissen, jene Kenntnisse und Einsichten im Bereich der Sporttheorie, die inzwischen vorliegen, zu strukturieren und auch zu stabilisieren. Das Hauptziel dabei war, dem Studierenden relativ dauerhafte Orientierungen in den Theoriebereichen seines Studiums zu ermöglichen, ihm Materialien an die Hand zu geben, die ihm Überblicke über Themen und Probleme seines Faches liefern, ihm Hinweise für weitere Lektüre anzubieten, ihm Texte vorzulegen, die sich für Seminardiskussionen eignen und auch als Einführungslektüre in Frage kommen, ihm darüber hinaus schließlich vor dem Examen schnelle Rückblicke auf wichtige Studiengebiete möglich zu machen. Hervorhebungen im Text sollen ein zusätzliches Gerüst für das Behalten von Wissen liefern; Hinweise auf ergänzende Lektüre am Ende jeden Beitrags deuten an, was man vielleicht noch lesen könnte. Das inhaltliche Sachregister soll schließlich helfen, über Verweise zu zusammengehörigen Fragestellungen und Themen zu gelangen, die aufgrund der Art der Anlage dieses Bandes leicht auseinandergerissen werden und deren Zusammengehörigkeit dann nicht mehr deutlich wird.

Der Titel der ersten Auflage hieß „Einführung in die Theorie der Leibeserziehung“; an diesem Titel soll — mit dem Zusatz „und des Sports“ — auch weiterhin festgehalten werden, wenn auch Begriffe wie Sport oder Sportunterricht oder Sportpädagogik zunehmend Verwendung finden. Den Autoren dieses Bandes lag aber daran, das erzieherische Grundanliegen, das sie vertreten, deutlich zu unterstreichen, und sie wollten nicht ohne Not auf einen eingeführten Begriff verzichten. Um gleichwohl klarzumachen, daß das soziale und kulturelle Bezugsfeld der Leibeserziehung immer auch der Sport ist, ohne daß die Ausrichtung auf ihn schon alle Ziele der Leibeserziehung pädagogisch rechtfertigen könnte — dazu bedarf es weiterer Überlegungen —, wurde die Ergänzung des Titels vorgenommen.

Tübingen, im Frühjahr 1980 *O. Grupe*

Ommo Grupe

Sporttheorie in der Sportlehrerausbildung

Zur fünften Auflage der Einführung in die Theorie der Leibeserziehung

Neben seinen praktisch-methodischen Teilen umfaßt das Sportstudium in unterschiedlichem, allerdings zunehmendem Umfang theoretische Bereiche; auch die Lehrangebote der Universitäten und Pädagogischen Hochschulen, die staatlichen Prüfungsordnungen und selbst die praktischen Prüfungen enthalten immer mehr und breiter gefächerte Theoriefelder. Was als Theorie der Leibesübungen oder der Leibeserziehung bzw. als Sportwissenschaft verhältnismäßig schmal und mit vielen Anleihen bei anderen Fächern begann, weitet sich inzwischen nach vielen Richtungen aus, bildet inhaltlich-thematische Schwerpunkte aus und zerfällt in verschiedene Teildisziplinen.

Von solchen Theoriebereichen und Themen, die in der Sportlehrerausbildung von Bedeutung sind, soll in diesem Band vor allem die Rede sein. Da das Sportstudium als Einheit von theoretischen und praktischen Inhalten zu sehen ist, stellt sich dabei allerdings die Frage, wie die theoretischen Studiengebiete in ihrem Verhältnis zu den praktischen zu bewerten sind. Die Meinungen dazu sind geteilt. Für die einen gilt die Theorie als Kernstück des Studiums; für die anderen zählt das Sportstudium zu jenen Studiengängen, deren zentrale Ziele vor allem über die sportpraktische Betätigung erreicht werden sollen. Auch viele Studenten neigen zunächst dazu, theoretische Lehr- und Lerninhalte als reichlich überflüssig, sportliche Leistungsfortschritte hingegen als wichtig anzusehen.

Würden solche Auffassungen mit dem Anspruch der Ausschließlichkeit vertreten, wären sie gewiß falsch. Das Konzept des Deutschen Sportbundes zur Sportlehrerausbildung — die bisher gründlichste Darstellung, die uns zu Rolle und Aufgaben des Sportlehrers vorliegt — geht demgegenüber mit Recht davon aus, daß wissenschaftliches Handeln, pädagogisch-methodische Qualifikationen *und* sportlich-praktische Erfahrungen zu den unverzichtbaren Bestandteilen des Sportstudiums gehören.

Sportpraktisches Können, motorische Fertigkeiten und sportliche Eigenerfahrungen stellen in der Tat wichtige Voraussetzungen für die Tätigkeit eines Sportlehrers dar; ohne sie ist er nur begrenzt oder gar nicht „berufsfähig". Allein genügen sie aber auch nicht. Sie bedürfen der Verbindung zur Theorie des Sports und der Ergänzung durch wissenschaftliche Erkenntnisse; sie sollen theoretisch fundiert und eingefügt sein in den umfassenderen Zusammenhang von Einsicht und Wissen, Urteilsfähigkeit und pädagogischer Einstellung.

Deshalb müssen in einem Studium wie dem des Sports Theorie und Praxis gleichermaßen vertreten sein, auch wenn man über ihre zeitlichen Anteile streiten mag. Praxis ganz ohne Theorie, also ohne Nachdenken und Reflexion über sie und deren Systematisierung in sportwissenschaftlichen Teildisziplinen bleibt gleichsam blind; Theorie ganz ohne Bezug zur Praxis ist hingegen unfruchtbar. Dabei sind Spannungen oder gar Gegensätze zwischen der Praxis des Sports und seiner Theorie nicht auszuschließen, oft wirken sie sogar ausgesprochen anregend.

Das unentwickelte Verhältnis von Sport und Wissenschaft

Eine solche Aussage ist indes immer noch nicht ganz selbstverständlich. Denn tatsächlich ist nicht nur die Rolle der Wissenschaft im Sportstudium lange Jahre hindurch von Unklarheiten bestimmt gewesen, sondern auch die Beziehungen zwischen dem Sport insgesamt und der Wissenschaft waren ungeklärt. Einmal standen kaum wissenschaftliche Ergebnisse, die hätten verwertet werden können, zur Verfügung. Zum anderen glaubte der Sport aber auch, auf wissenschaftliche Erkenntnisse überhaupt verzichten zu können. Was sollte er mit ihnen anfangen, wenn sie weit weg von seinen unmittelbaren Fragen und Problemen lagen und er sie deshalb eher aus der Summe der Erfahrungen, die er mit sich in seiner eigenen Praxis machte, lösen konnte. Antworten fand man sozusagen in der Form einer aus der eigenen Praxis geborenen Theorie, deren Rückbindung an die Praxis auf diese Weise ja auch direkt und auf einleuchtende Weise gegeben war.

Es gibt denn auch manche Beispiele dafür, wie — außerhalb akademischer Erkenntnisgewinnung — die Praxis selbst aus ihren Erfahrungen und mit ihren Mitteln wertvolle Einsichten hervorbrachte, wie sie diese verbreitete und wie sie sich mit ihrer Hilfe auch weiterentwickeln konnte. Theorie entstand hier — wenn auch oft unstrukturiert und unsystematisch — aus den in der Erfahrung der Praxis gewonnenen Einsichten, sie bestand sogar im wesentlichen aus diesen.

Die sportliche Praxis, so zeigt sich dabei, enthält selbst schon so etwas wie (praktische) Theorie, eine Art eigener „Vernünftigkeit". Beispiel dafür sind die Sportlehrer und Trainer, die ihre Erfahrungen aus Unterricht, Training und Wettkampf systematisch verarbeiten und unmittelbar schriftlich oder mündlich weitergeben, sozusagen als Zusammenfassung und „Summe" ihrer Erfahrungen, die mit ihrer eigenen Praxis „experimentieren" und daraus Einblicke, wie man sie besser machen kann, gewinnen. Beispiel dafür ist auch jene auf Erfahrung beruhende Theorie der „Leibeserziehung", die sich als eine Art Meisterlehre darstellte und die viele Jahrzehnte die Ausbildungsgänge der Sportlehrer durchaus wirkungsvoll bestimmen konnte.

Weil das so war (und zum Teil auch noch so ist), konnte sich bis heute die (keineswegs ganz falsche) Auffassung halten, Sport bedürfe, um unterrichtet zu werden, eigentlich keiner „institutionalisierten" Theorie und Wissenschaft; er sei in seinen wesentlichen Elementen — Unterricht, Übung und Training — eine eher praktische Disziplin, die im Grunde von „vorwissenschaftlicher" Erfahrung und aus ihrer eigenen Vernünftigkeit leben könne und die so etwas wie einen eigenen Typ von Theorie aus sich hervorbringe.

Wie immer man nun ein solches Verständnis von „Theorie" einschätzen mag und unabhängig davon, ob nicht jeder Theorie so etwas wie Praxis innewohnt und umgekehrt jede Praxis theoriehaltig ist: Es spricht manches für einen solchen Typ von „Theorie" (oder besser des Wissens über Praxis), der unmittelbar aus der Praxis und dem Nachdenken über sie gewonnen wird. Und es spricht auch manches dafür, an ihm im Zusammenhang mit pädagogischer und unterrichtlicher Praxis festzuhalten, auch wenn er des öfteren in Zweifel gezogen wird. Sportlehrer sollten sogar entschieden dazu ermuntert werden, ihre eigenen Erfahrungen systematisch zu sammeln und dahingehend auszuwerten, daß sie das Allgemeine in ihnen entdecken und in generalisierbare Erkenntnisse umsetzen können; sie sollten nicht warten, bis die (institutionalisierte) Sportwissenschaft ihnen Ergebnisse zur direkten Lösung ihrer praktischen Probleme anbietet, was diese zumeist auch gar nicht kann. Der Grundsatz, von der Praxis (und dann auch von den besten Praktikern) zu lernen, wird selbst auch durch eine stark praxisorientierte Wissenschaft nicht außer Kraft gesetzt. Über ihre eigene Praxis sollten die „Praktiker" besser Bescheid wissen als die sogenannten „Theoretiker".

Allerdings muß man sich die Grenzen einer solchen Auffassung (und damit eines solchen Theorietyps) klarmachen: Gelegentlich bleibt man eben auch im Netz der eigenen Erfahrungen hängen, blickt gar nicht mehr über sie hinaus, kann Alternativen zu ihr nicht denken; manchmal werden die eigenen Erfahrungen dazu benutzt, gängige oder insgeheim gewünschte Praxis als die genau richtige zu bestätigen, nicht aber auch ihre Mängel zu erkennen und zu beseitigen; oder sie werden schon so gemacht, als sei die Praxis, auf die sie sich beziehen, die einzig mögliche und richtige. Nur aus der eigenen und deshalb oft begrenzten Erfahrung gewonnene „Theorien" sind letztlich eben doch nicht ausreichend, pädagogisches und unterrichtliches Handeln hinreichend zu begründen, zu stützen und damit auch die entscheidende Grundlage für ein Studium abzugeben.

Zum Verhältnis der Wissenschaft zum Sport

Nun war aber nicht nur das Verhältnis des Sports zur Wissenschaft lange Zeit unentwickelt, auch deren Beziehungen zu ihm waren es. Die Wissenschaft hatte ein „gebrochenes“ Verhältnis zu ihm. Leibesübungen, Leibeserziehung oder gar Sport waren kein Thema für sie. Die akademischen Disziplinen der deutschen Universität, wie sie sich im 19. Jahrhundert herausbildeten, hatten kaum Beziehungen zu einem Phänomen wie dem Sport, zu Fragen des Leibes, der Körperlichkeit. Warum sollte man sich mit ihnen einlassen? Wenn, dann war dies bestenfalls dort angebracht, wo der Sport sozusagen abgelagert war, z. B. in der Archäologie oder in der Kulturgeschichte. Aber schon in der Geschichte der Pädagogik findet man kaum etwas über die Leibeserziehung, obwohl die großen Pädagogen des 18. und 19. Jahrhunderts — Rousseau, Pestalozzi, Fröbel, Schleiermacher — Leibesübungen und körperliche Erziehung sehr hoch einschätzten (und dies auch schrieben). Selbst in der Medizin und in der Psychologie beschränkte sich die Beschäftigung mit Fragen des Sports auf wenige Wissenschaftler. Ein breiter Strom wissenschaftlicher Einsichten und Erkenntnisse floß dem Sport aus den klassischen Disziplinen unserer Universitäten jedenfalls nicht zu. Als wissenschaftswürdig mochten sie ihn nicht ansehen. (So wundert es auch nicht, daß die Einrichtung von Studiengängen für Sportlehrer vielen Hochschulen als (eher lästige) Pflichtaufgabe erschien, nachdem sie zuvor ohnehin außerhalb der Universitäten in sogenannten Turnlehrerbildungsanstalten stattgefunden hatte).

Die „Verwissenschaftlichung“ des Sports

Seit Mitte der sechziger Jahre änderte sich in dieser Hinsicht manches. Man kann diese Änderungen grob als „Verwissenschaftlichung“ des Sports bezeichnen. Denn mittlerweile war er zu einem Massenphänomen in unserer Gesellschaft und zu einer auffälligen Sozialerscheinung geworden; die Wissenschaften konnten nicht mehr an ihm vorbeisehen. Der Sport mit seinen Vereinen, Mitgliedern, seinen Zuschauern, seiner Rolle in Politik, Kultur, Erziehung und Medien, seinen pädagogischen, sozialen und gesundheitlichen Möglichkeiten und Wirkungen wurde als Untersuchungsgegenstand akzeptiert.

Zweierlei traf hier zusammen: Zum einen, daß ein Teil der Wissenschaften sich zunehmend auf seine Verantwortung für den Sport (und den Menschen im Sport) besann, und zum anderen, daß das öffentliche Verlangen nach Erforschung des Sports und seiner Probleme immer nachdrücklicher formuliert wurde. Darüber hinaus forderte — anders als vorher — nun aber auch der Sport selbst den Ratschlag und die Ergebnisse der Wissenschaft an. Er sah, daß Entwicklungsfortschritte oftmals nur mit ihrer Hilfe erzielt werden konnten, daß die Entwicklung im Bereich des Hochleistungssports zunehmend von der Umsetzung trainingswissenschaftlicher Erkenntnisse bestimmt wurde und daß diese auch für den Breitensport und für Prophylaxe und Rehabilitation wichtig waren; und er wurde sich bewußt, daß der Sport in der Schule in der Auswahl der Inhalte, Programme und Organisationsformen nicht allein und vor allem von den mehr oder weniger zufälligen Entscheidungen der Lehrplanmacher und der Lehrer vor Ort getragen werden konnte, sondern auch wissenschaftlicher Unterstützung bedurfte.

Diese Entwicklung führte zur Einrichtung und schließlich Institutionalisierung einer eigenen und selbständigen Disziplin Sportwissenschaft. Dies ist vor allem auf drei Gründe zurückzuführen. Einmal erkannte man im Sport selbst, daß eine Organisation von dieser Größe ihre vielfältigen Aufgaben außerhalb und in der Schule auf die Dauer nicht auf der Grundlage von Erfahrungen allein und dem, was sich vor allem dem Augenschein nach bewährt hatte, würde lösen können. Von dem Punkt an, an dem Handeln sich nicht mehr nur an vorgegebenen Inhalten, Verfahren und Beispielen orientieren kann, bedarf es der Sicherung und Unterstützung durch Wissenschaft. Was z. B. mache ich mit alten Menschen im Sport, wie hoch, wie lange, wie oft und mit welchen Inhalten darf oder muß ich sie belasten, wenn ich möchte, daß auch gesundheitliche Wirkungen bei ihnen eintreten? Welches sind die Motive, die man bei ihnen noch ansprechen kann, und welches sind die Bewegungsformen, die gleichermaßen motivieren und hinreichende Belastung bedeuten? Dies sind Fragen, die man nicht nur aus der Erfahrung beantworten kann, sondern die auch wissenschaftlicher Beratung bedürfen (ohne allerdings erwarten zu können, sie allein sei imstande, sie vollständig zu beantworten).

Der zweite Grund liegt in der Funktion der Wissenschaft überhaupt in einer „verwissenschaftlichten" Welt, in der die Bedeutung der Alltagserfahrung einerseits abnimmt, weil viele der zu lösenden Probleme (vermeintlich oder tatsächlich) so neu und vielschichtig sind, daß man sie mit ihrer Hilfe allein nicht mehr bewältigen kann und sie andererseits in manchen Arten von Wissenschaft auch als nicht „objektiv" eingestuft wird. Wir leben in einer Welt, in der vieles mit Hilfe wissenschaftlicher Methoden planbar, voraussagbar, erklärbar und berechenbar gemacht werden soll und in der die ständige Verfeinerung des Forschungsinstrumentariums auch fast alles als erforschbar erscheinen läßt, ohne daß dies aber immer der Fall ist oder es wirklich einsichtiger und verständlicher macht. Diese Welle der „Verwissenschaftlichung" hat auch den Sport voll erfaßt.

Und schließlich und drittens: Alles, was heute mit Lehre, Unterricht oder Training zu tun hat, wird zunehmend professionalisiert, d. h., es wird von eigens dafür ausgebildeten Fachleuten getragen. Diese Professionalisierung bedeutet aber immer auch zunehmende Verwissenschaftlichung. Das gilt nicht nur für die traditionellen Sportlehrerausbildungsgänge, sondern inzwischen auch für Trainer- und sogar Übungsleiterausbildungskonzepte. Was bislang naiv gemacht wurde und wohl auch naiv gemacht werden konnte, erhält jetzt eine theoretische bzw. wissenschaftliche Grundlage. Um pädagogische Einsichten zu finden, um Entscheidungen zu treffen und pädagogisch handeln zu können, so wird — sicher nicht zu Unrecht — angenommen, ist nicht mehr allein Erfahrung, Intuition, Einfühlungsvermögen, Improvisationsfähigkeit, erzieherisches Geschick und Engagement erforderlich, sondern neben dem Erwerb von Unterrichts- und Erziehungstechniken bedarf es auch der Kenntnis von Theorien und des Erwerbs entsprechenden Wissens.

Zum Verhältnis von Theorie und Praxis

Bislang wurden die Begriffe Theorie und Praxis etwas undifferenziert und eher in ihrem alltagssprachlichen Sinngehalt benutzt. Manches spricht für eine solche Verwendung. Sie bedarf nunmehr jedoch einer Präzisierung, da der alltagssprachliche Gebrauch einerseits einige wichtige Beziehungselemente zwischen Theorie und Praxis zum Verschwinden bringt und andererseits Gegensätze dort aufscheinen läßt, wo keine sind. Zwar scheint eine strikte begriffliche Trennung von Theorie und Praxis auf den ersten Blick einleuchtend; bei genauerem Hinsehen müssen aber Zweifel wach werden. Denn es könnte der Eindruck entstehen, als würden die für den Lehrerberuf entscheidenden Erfahrungen vornehmlich und ausschließlich in der Praxis gemacht, die ihre eigene „Vernünftigkeit“ und ihre eigene Theorie besäße, während Theorie und Wissenschaft sich dadurch von der Praxis unterschieden, daß man in ihnen keine Erfahrungen machen könne und sie auch keine eigene Praxis besäßen. Das ist natürlich so nicht haltbar. Einmal z. B. gibt es eine Wissenschaftsrichtung, die sich selbst sogar ausdrücklich als Erfahrungswissenschaft bezeichnet und damit zum Ausdruck bringen will, daß sie nur aus der Erfahrung stammende und an ihr geprüfte Ergebnisse als wissenschaftliche anerkennt — wenngleich manche ihrer Vertreter dies bis zu einem gewissen empirischen Rigorismus treiben. Zum anderen hat wissenschaftliches Handeln überhaupt selbst seine mehr oder weniger ausgeprägte Praxis- und Erfahrungskomponente: Lesen, Nachdenken, systematisches Erkunden, Beobachten und teilnehmendes Beobachten, Experimentieren, geplantes Befragen, Datensammeln sind wissenschaftspraktische Handlungsweisen, die Grundlage bestimmter Erfahrungen sind, die dann bei entsprechender Bearbeitung zu verallgemeinerungsfähigen wissenschaftlichen Ergebnissen verdichtet werden (können).

Der Student also, der sich in diesem Sinne wissenschaftlich betätigt, widmet sich einer bestimmten Form der (wissenschaftlichen) Praxis und eignet sich einen bestimmten Typ von Erfahrungen an; nur handelt es sich in diesem Fall nicht primär um sportliche, unterrichtliche oder pädagogische Praxis und nicht um sportliche, unterrichtliche und pädagogische Erfahrungen, die für ihn wichtig sind, sondern um wissenschaftliche; gleichwohl sind es aber solche, die sie wiederum in irgendeiner Form beeinflussen oder ihre Verarbeitung erleichtern können.

Aus diesem Grund ist es sinnvoll, statt von einer generellen Trennung von Theorie und Praxis von verschiedenen Formen der Erfahrung der Praxis (im Studium) zu sprechen, nämlich einerseits der *unmittelbaren* und *primären* (die unterrichtliche und die sportliche) und andererseits der *wissenschaftlichen.* Beide Formen der Praxis können dabei wissenschaftlicher Erkenntnisgewinnung dienen; und jede der genannten Praxisformen ist für das Studium als wichtig anzusehen. Keine für sich kann das vornehmliche Ziel des Sportstudiums — handlungsfähige Lehrer auszubilden — allein erfüllen.

In diesem Sinne sind (Sport-) Praxis und (Sport-) Theorie zwei gleichermaßen für das Studium wichtige Handlungsbereiche, in denen man bestimmte Regeln befolgt und bestimmte Ziele anstrebt, wobei der wissenschaftliche einerseits stärker auf systematische und methodisch gesicherte Wirklichkeitserkundung gerichtet ist, andererseits zum Ziel hat, die unmittelbaren Erfahrungen der sportlichen und pädagogischen Praxis zu strukturieren und durch angemessene Verarbeitung auf eine allgemeinere Ebene zu heben.

Was können Sportwissenschaft und -theorie für die berufliche Praxis des Lehrers leisten?

Begreift man das Verhältnis zwischen Theorie und Praxis nicht als einen Gegensatz, sondern als eine Form wechselseitigen, wenn auch manchmal spannungsreichen Zusammenwirkens, als zumeist notwendige Folge unvermeidlicher Arbeitsteilung und schließlich auch als gegenseitige Entlastung zum Zwecke der besseren Erfüllung der je eigenen Aufgaben, dann ergeben sich eine Reihe von Konsequenzen für die Bestimmung von Möglichkeiten und Grenzen sportspezifischer Theorie.

Die Theorie des Sports hat für das Handeln des Sportlehrers verschiedene Funktionen, wobei zu wiederholen ist, daß sie für seine berufliche „Handlungsfähigkeit" eine Voraussetzung neben anderen, z. B. dem sportlichen Können oder der Fähigkeit, die eigene Praxis selbst zu reflektieren, ist.

Sporttheorie kann prinzipiell keine detaillierten und eindeutigen Handlungsanweisungen, die für jede Situation gelten, geben; sie kann vielmehr nur *Angebote* machen, *Orientierungs-* und *Entscheidungshilfen* geben, *Empfehlungen* aussprechen, *Ergebnisse* anbieten, die der Verbesserung oder Erleichterung der beruflichen Praxis dienen. Wieweit diese dann wirklich wirksam werden, ja selbst die Antwort auf die Frage, ob diese auf die jeweilige Situation wirklich „passen", liegt außerhalb ihrer Reichweite. Sie kann auch — trotz mancher Vorbehalte — zur Rechtfertigung der Praxis dienen und damit zur Verhaltenssicherheit der in ihr handelnden Lehrer beitragen. Sie kann aber nicht (und dürfte auch gar nicht) vorschreiben, was „gut" ist und wie entsprechend zu handeln wäre; dies ist immer erst in unmittelbarem Zusammenhang der Praxis selbst und oft erst im Hinblick auf den Einzelfall und die einzelne Situation zu entscheiden. (Wer dies von ihr verlangt, überfordert sie und schätzt pädagogisches Handeln im Sport falsch ein; würde die Theorie selbst solchen Anspruch erheben — manche Theorien tun das —, müßte man ihn nachdrücklich zurückweisen.)

Was kann dann Sportwissenschaft leisten?

Sportwissenschaft liefert Orientierungs- und Aufklärungswissen

Die Aufgabe der Sportwissenschaft im Hinblick auf die Praxis besteht darin, daß sie geeignetes Wissen sammelt und systematisiert, das einmal der *Orientierung*, dann der *Aufklärung* und *Argumentation* dient. Sie stellt Wissen sozusagen als Angebot zur Erklärung und Verständlichmachung von Wirklichkeit oder von Wirklichkeitsausschnitten bereit. Ein solches mehr der Orientierung dienendes Wissen bezieht sich dabei z. B. auf Kenntnisse über mögliche Rahmenbedingungen des Unterrichts, auf methodische Strategien und Prinzipien oder auf mögliche didaktische Leitlinien; es liefert *mögliche* Auswahlgesichtspunkte und Entscheidungskriterien, aber auch *mögliche* Alternativen, die sich z. B. aus dem historischen oder systematischen Vergleich verschiedener Konzepte der Leibeserziehung ergeben. (Einige Beiträge in diesem Band sind an dieser Problemstellung orientiert.)

Aufklärendes Wissen kann zur Aufdeckung und Beschreibung wichtiger Zusammenhänge, die in der Praxis nicht ohne weiteres erkennbar sind, herangezogen werden. Beispiel dafür sind die bekannten Zeugnisnotenuntersuchungen von H. Linde und K. Heinemann, die zeigten, daß — entgegen einer verbreiteten Auffassung — gute Sportler in der Regel auch gute Schüler sind, oder Forschungsberichte wie die von R. Singer und H. Haase, in denen — entgegen vielen Erwartungen — die persönlichkeitsbildende und sozialisierende Wirkung des Sports als begrenzter, als wir meistens annehmen, aufgezeigt wird. Solche wissenschaftlichen Erkenntnisse liefern wichtige Einsichten in nicht ohne weiteres sichtbare oder fast verborgene Zusammenhänge der Praxis, die gleichwohl als Rahmenwissen für praktisch-pädagogisches Handeln sehr wichtig sein können, und sie können zur Korrektur verbreiteter Annahmen führen.

Solches von der Sportwissenschaft dargebotene Wissen führt nun aber nicht direkt zu Handlungen, wie man sie in der Praxis in der Regel braucht; es kann sie nur begründen, stützen, absichern, aber nicht verbindlich vorgeben. *Handlungswissen* oder handlungsanleitendes Wissen, wie man es nennen könnte, wird im allgemeinen erst im Handeln selbst, in der praktischen Arbeit gewonnen, ist die Summe aus praktischen und alltäglichen Erfahrungen *und* aus Aufklärungs- und Orientierungswissen.

Was die Sporttheorie der Praxis also anbieten und was sie dem Studenten mit auf den Weg geben kann, ist mithin potentielles Handlungswissen, Handlungswissen auf Vorrat und zum späteren (eventuellen) Abruf sozusagen, ist mögliche Hilfe für praktische Entscheidungen. Mehr kann es nicht sein, und mehr zu sein darf es auch nicht beanspruchen. (Das gilt im übrigen für alle Beiträge dieses Bandes, in denen beide Arten von Wissen nebeneinander vertreten sind.)

Aus diesem Grund ist überhaupt nie sicher, ob alles im Studium vermittelte Wissen vollständig anwendbar ist und wie und in welchem Umfang es später aktualisiert werden kann. Wenn immer das Kriterium der Brauchbarkeit und Anwendbarkeit eine zentrale Forderung an die in Ausbildungsgängen angebotenen Theorien ist, so bleibt doch festzuhalten, daß mit diesen Kriterien immer auch eine eindeutige Beschränkung und ein gewisser Vorbehalt gegeben sind. Was überhaupt wichtig ist, wie wichtig es ist, was für welche Probleme wichtig ist, ist keine wissenschaftliche Frage im engeren Sinne, sondern eine Frage, die letztlich nur an der pädagogischen Praxis oder in Verbindung mit ihr zu entscheiden ist; da wir zwar die gegenwärtige kennen, die zukünftige aber nur erahnen können, stehen solche Entscheidungen über Prioritäten des Wissens oft auf schwachen Füßen. Gleichwohl bleiben Brauchbarkeit und Anwendbarkeit des zu vermittelnden Wissens ein entscheidender Gesichtspunkt in der Auswahl der Inhalte; die Gefahr, daß sich trotzdem manches späterhin auch als Ballast erweisen kann, ist dabei nicht auszuschließen.

Wissenschaft und wissenschaftliche Einstellungen

Nun ist die Rolle der Sportwissenschaft jedoch nicht darauf beschränkt, im Studium nur Wissensbestände bereitzustellen und zu vermitteln; mit der Vermittlung von Wissen formt sie immer auch die Einstellungen und Verhaltensweisen, die den Umgang mit Wissenschaft zu prägen haben. Gemeint ist dies:

Man muß als Student nicht nur Wissen erwerben, sondern zugleich erkennen lernen, *wie* es zustande kommt, wie es zu bewerten und zu interpretieren ist; damit ist das Ziel verbunden, nicht alles anzunehmen, was im Namen der Wissenschaft als richtig angeboten wird. Distanzierte Aufnahme und kritische Verarbeitung wissenschaftlicher Ergebnisse, ihre konsequente Überprüfung und gegebenenfalls Relativierung sind wichtige Prinzipien wissenschaftlicher Tätigkeit. Das gilt auch für empirische Ergebnisse. Skepsis, Reserve und Relativierung sind ihnen gegenüber ebenso angebracht wie gegenüber Theorien. Und diese erwirbt man nur, wenn man weiß, wie wissenschaftliche Ergebnisse zustande kommen. Manchmal hilft dazu die sorgfältige Durchführung einer kleinen Untersuchung — also die eigene wissenschaftliche Praxis — mehr als die Kenntnis vieler Theorien und Metatheorien.

Und man muß auch mehrere wissenschaftliche Ansätze und Konzepte, unterschiedliche Theorien kennenlernen; dies nicht nur zu dem Zweck, breitere Einsichten zu erlangen, sondern auch, um vergleichen zu können und aus dem Vergleich die Tragfähigkeit, Verläßlichkeit und Erklärungsfähigkeit *einzelner* Theorien zu ermitteln. Dies ist nicht nur deshalb notwendig, weil es zu einem Sachverhalt und Problem mehrere und oft auch unterschiedliche Erklärungsansätze geben kann und auch gibt, sondern auch, um dogmatische Ansprüche einzelner Wissenschaften oder Wissenschaftler, die in einem Anlauf und mit zwei Formeln alles und jedes in der Erziehung und im Sport glauben erklären und lösen zu können, zu erkennen und zurückzuweisen.

Wissenschaftliche und pädagogische Einstellungen

Schließlich muß man aber auch lernen, seine Aufgaben als Lehrer im Sport, den pädagogischen Auftrag, den man hat, gegen Tendenzen zu schützen, die auch im Prozeß der Sportwissenschaft offensichtlich kaum vermeidbar sind: nämlich den Tendenzen zur Zergliederung der Gegenstände und Inhalte der Forschung und der Zergliederung der Wissenschaft selbst in Einzeldisziplinen oder gar Einzeltheorien. (Auch dieser Band ist in dieser Gefahr einer solchen Zersplitterung.) In der Biomechanik erkennt der Lehrer die Bewegung oft nicht mehr, die er lehren soll; in der Soziologie des Sports begegnet ihm das Kind, mit dem er zu tun hat, in seinen konkreten Problemen, seinen aktuellen Bedürfnissen und Interessen nicht; die Gruppe der Gruppendynamik ist nicht die Klasse, vor der er jeden Tag steht; die Entwicklungsprobleme seiner Schüler sind nicht die der Entwicklungstheorie, die er lernen mußte; und die Ziele des Sports, die die Didaktik beschreibt, wie passen sie zu der aktuellen Schulsituation mit ihren je besonderen Schwierigkeiten? Das Besondere fügt sich hier dem Allgemeinen nur noch schwer oder gar nicht mehr, die Sportwissenschaft verliert es leicht aus dem Auge, zerteilt ihren Gegenstand, den Sport, den sporttreibenden Menschen, das Kind, das im Sport (als Ganzheit) erzogen werden soll und weist die einzelnen Teile einzelnen ihrer Disziplinen zu: der Sportsoziologie, der Sportpsychologie, der Sportdidaktik, der Sportmethodik, der Bewegungslehre usw. Jede Disziplin stellt dann ihre eigenen „Objekte" her, die es so in der Wirklichkeit jedoch gar nicht gibt.

Die Erhaltung der Einheit, die Integration ganz verschiedener und manchmal sogar unvereinbar scheinender Ergebnisse, die Berücksichtigung der Ganzheit des Kindes und des jungen Menschen wird dem Abnehmer der wissenschaftlichen Ergebnisse überlassen. Was die Sportwissenschaft selbst kaum noch leistet oder leisten kann, müssen Studenten und Sportlehrer übernehmen. Sie sollen jenen pädagogisch verbindlichen Referenzrahmen einsetzen, auf den unterschiedliche Theorien und erzieherische Einzelfälle gleichermaßen bezogen werden können. Das ist nicht leicht und erfordert — neben Wissen über das Kind und den jungen Menschen, über die Ziele von Bildung und Erziehung — viel an Verständnis, an Erziehungsbereitschaft, an Einfühlungsvermögen, an pädagogischem Engagement.

Dies heißt letztlich, daß zukünftige Lehrer das, was sie tun und lehren, was sie wohl auch „vorleben" sollen, einerseits können, andererseits über es auch gründlich Bescheid wissen und es in Gründen und Argumenten rechtfertigen können sollten; daß sie gelernt haben, über es nachzudenken, um es vor der Routine des Berufsalltags zu schützen; daß sie es (und damit sich selbst) der Prüfung und Korrektur angesichts neuer und anderer Situationen — welcher Art immer — aussetzen, um ihre Praxis nicht, wie Herbart einmal bemerkt, zum Schlendrian werden zu lassen.

Folgerungen für das Sportstudium

In diesem Sinne ist das Sportlehrerstudium weder ausschließlich als ein Studium der Sportwissenschaft noch als ein Studium sportlicher und pädagogischer Praxis zu begreifen. Es muß beides umfassen: Theorie und Praxis, und es muß neben der „Praxis" eine theoretische Grundlage haben, wissenschaftlich fundiert sein. Erst dies ermöglicht es, pädagogische und unterrichtliche (und auch eigene sportliche) Praxis zu einer reflektierten und damit allererst begründbaren zu machen. Diese theoretisch-wissenschaftliche Grundlage wird einerseits — wie dargelegt — aus der Praxis selbst gewonnen, zum anderen aus dem, was die Sportwissenschaft und die ihr benachbarten Wissenschaften an Aufklärungs- und Orientierungswissen bereitstellen.

Da solches Wissen nun nicht einfach beim Studenten „abgeliefert" werden kann, heißt dies für ihn, daß nicht die kritiklose Übernahme und Anwendung ihm vermittelter theoretischer Erkenntnisse, sondern die Gewinnung einer eigenständigen Position ihnen gegenüber unter Einbeziehung und Verarbeitung historischen, pädagogisch-psychologischen, soziologischen, medizinischen und anthropologischen Wissens — aber immer auch, soweit dies möglich ist, unter Bezug auf sein „praktisches" Wissen und auf seine „praktischen" Erfahrungen — zu den Zielen seines Studiums gehört.

Der theoretische Teil des Studiums hat dabei seinen Ort zunächst im Umkreis der Pädagogik (und pädagogischen Psychologie) bzw. der Sozial- und Verhaltenswissenschaften. Der Grundansatz des Faches ist insofern im weitesten Sinne pädagogisch-psychologisch, denn es geht einerseits um die Ausbildung zukünftiger Lehrer, andererseits erfassen die Sozialwissenschaften Leibesübungen, Spiel, Sport und Leibeserziehung durch ihre Methoden und Fragestellungen in einem vergleichsweise weiten Rahmen. Die Bedeutung der anderen am Sportstudium beteiligten Disziplinen wie vor allem der Medizin und der naturwissenschaftlichen Disziplinen wird durch eine solche Anlehnung an diese wissenschaftlichen Disziplinen keineswegs eingeschränkt; sie stellen sozusagen das zweite und dritte Bein dar, auf dem die Sportwissenschaft steht. Das gilt auch für die Trainingsforschung und die Sportgeschichte, die zu den ältesten sportwissenschaftlichen Disziplinen zählt.

Diese Disziplinen bestimmen auch die Zusammenstellung dieses Bandes, der einige bevorzugte, für das Sportstudium wichtige Fragestellungen aufgreift und versucht, sie in ihren theoretischen Schwerpunkten zu beschreiben. Vollständigkeit ist von einer solchen Darstellung allerdings nicht zu erwarten, gleichwohl sollte es gelungen sein, eine Reihe der wichtigsten Bereiche der Theorie der Leibeserziehung und des Sports in einer für den zukünftigen Sportlehrer hilfreichen Art und Weise darzustellen.

1.

Geschichtliche und zeitgeschichtliche Grundlagen der Leibeserziehung und des Sports

Franz Begov

Einführung in die Geschichte des Sports und der Leibeserziehung der Neuzeit

Die theoretische Behandlung von Fragen der Leibeserziehung ist nicht erst eine neuzeitliche Erscheinung. Bereits aus der Antike sind Konzepte überliefert, in welchen die körperliche Erziehung als wesentlicher Bestandteil einer auf individuelle Vervollkommnung angelegten, harmonischen Gesamtausbildung beschrieben wurden[1]. Neben der pädagogischen Theorie gab es Ansätze zu einer Trainingslehre und Programme für eine gesunde Lebensführung, zu denen auch gymnastische Übungen gehörten.

Für die Herausbildung der Theorie der Leibeserziehung in der frühen Neuzeit (16.—18. Jahrhundert) war kennzeichnend, daß immer wieder auf die antiken Vorbilder zurückgegriffen wurde, wenn es darum ging, den Nutzen und die Notwendigkeit von körperlicher Kräftigung, von Bewegung und Spiel zu begründen. So orientierte man sich in der Zeit der *Renaissance* und des *Humanismus* an griechischen und lateinischen Autoren und unterstrich in Anlehnung an sie insbesondere die gesundheitlichen Wirkungen der Gymnastik. Auch die im ausgehenden 18. Jahrhundert von den Philanthropen entwickelte Pädagogik übernahm Grundanschauungen des griechischen Gymnastikverständnisses. Im 19. Jahrhundert rissen die Bestrebungen — wie sich aus O. H. Jaegers akademischer Preisschrift ersehen läßt[2] — nicht ab, daran anknüpfend eine Nationalerziehung aufbauen. Am deutlichsten tritt heute noch die Verbindung von antiker und moderner Leibeserziehung in dem von Coubertin begründeten Anspruch hervor, die *Olympischen Spiele* als Erneuerung der panhellenischen Wettkämpfe zu verstehen.

Eine eigenständige sportartenspezifische Theorie und Bewegungslehre entstand im 16. Jahrhundert[3]. Zu erwähnen wäre etwa das Schwimmlehr-

[1] Vgl. dazu u. a. die Stichwörter *Gymnastik (griechische), Kalokagathia, Diätethik, Humanismus, Renaissance, Philanthropismus* und *Olympische Spiele* im Sportwissenschaftlichen Lexikon (Red.: P. Röthig), Schorndorf 1976[3].

[2] O. H. Jaeger: Die Gymnastik der Hellenen, in ihrem Einfluß aufs gesammte Alterthum und ihrer Bedeutung für die deutsche Gegenwart. Eßlingen 1850.

[3] Einen Überblick dazu gibt H. Eichberg: Leistung, Spannung, Geschwindigkeit. Stuttgarter Beiträge zur Geschichte und Politik, Bd. 12. Stuttgart 1978.

buch von Nikolaus Wynmann oder Scainos Buch über das Pallonespiel (eine Art Faustball). Das 17. Jahrhundert brachte eine reichhaltige Exerzitien-Literatur über Fechten, Reiten, Voltigieren und Tanzen hervor, deren Ansätze zur Beschreibung von Bewegungen und zur Klassifizierung des Fertigkeitsbestandes für Disziplinen wie Fechten und Dressurreiten noch heute grundlegend sind.

Geschichtliche Bestandsaufnahmen und Betrachtungsweisen gehören zweifellos mit zu den ältesten sporttheoretischen Ansätzen. Erste Versuche zu einer Darstellung der Geschichte der Leibesübungen wurden Ende des 18. Jahrhunderts unternommen. Das 19. Jahrhundert brachte eine Ausweitung des historischen Schrifttums. Bis in die 60er Jahre des 20. Jahrhunderts galt die Geschichte der Leibesübungen als Kerngebiet der Sportwissenschaft; dementsprechend herrschten auch in den Studien- und Prüfungsanforderungen sportgeschichtliche Inhalte vor. Indem neue wissenschaftliche Ansätze sich durchsetzten, ging zusehends das vom Historismus bestimmte Selbstverständnis des Faches verloren[4]. Eine Abwendung von der Geschichte war die Folge. Sportpsychologie und Sportsoziologie beanspruchten seitdem geradezu ein „Interpretationsmonopol".

Zur Zeit sind jedoch Anzeichen zu beobachten, daß die *Sportgeschichte* diesen Tiefpunkt allmählich überwindet. Nicht zuletzt ist dieser Umschwung darauf zurückzuführen, daß sich in Anlehnung an Strömungen in der Geschichtswissenschaft eine Neuorientierung in Richtung auf eine Sozialgeschichte vollzieht[5]. Wichtigstes Kennzeichen dieses Wandlungsprozesses ist die Theoretisierung der Historie. Gemeint ist damit die Übernahme sozialwissenschaftlicher Theorie- und Modellbildungen in die Geschichte und der durch die Einbeziehung quantifizierender Verfahren (z. B. historische Statistik) ausgelöste methodische „Typenwechsel"[6]. Die indivi-

---

[4] Als Historismus wird der wissenschaftstheoretische Denkansatz bezeichnet, alle Erscheinungen und jedes menschliche Handeln als geschichtlich bedingt zu verstehen. Vgl. W. Besson (Hrsg.): Geschichte. In: Das Fischer-Lexikon. Frankfurt a. M. 1961, S. 102 ff.

[5] Zur Position der Geschichtswissenschaft vgl. B. Faulenbach (Hrsg.): Geschichtswissenschaft in Deutschland. München 1974; die sportgeschichtliche Sicht ist angesprochen bei H. Langenfeld: Bezüge der Sportgeschichte zur Praxis. In: A. H. Trebels u. a. (Red.): Sportwissenschaft auf dem Weg zur Praxis. Schriftenreihe des Bundesinstituts für Sportwissenschaft, Bd. 20. Schorndorf 1978, S. 50 ff.

[6] Vgl. G. Buhl: Erziehungsgeschichte und das Konzept der „modernen deutschen Sozialgeschichte". In: V. Lenhart: Historische Pädagogik. Wiesbaden 1977,

dualisierend-hermeneutische, also auf Verstehen der historischen Ereignisse beschränkte Betrachtungsweise erfuhr dadurch eine Erweiterung. In den Vordergrund rückte die Bearbeitung der die moderne Gesellschaft bestimmenden Strukturen[7]. Die Forschungsschwerpunkte liegen auf Phänomenen wie Industrialisierung, Arbeiterbewegung, Lebensverhältnisse sozialer Schichten, soziale Konflikte, Parlamentarisierung und Demokratisierung oder den sozialgeschichtlichen Bedingungen des Faschismus[8]. Die Fruchtbarkeit dieser Ansätze für die Sportwissenschaft belegen bereits eine Anzahl von Studien[9].

Der vorliegende Beitrag versucht, den Zeitraum, der in der deutschen Sportgeschichte allgemein als „Neuzeit" bezeichnet wird, in einer Übersicht darzustellen. Es ist nicht beabsichtigt, streng chronologisch die Entwicklung von *Gymnastik, Turnen* und *Sport* vom Ende des 18. Jahrhunderts bis zum Ersten Weltkrieg nachzuzeichnen, sondern in fünf Schwerpunkten die wesentlichen strukturellen Veränderungen innerhalb dieses Zeitraums aufzuzeigen. Neben der Skizzierung der pädagogischen Zielsetzungen und institutionellen Entwicklung des Turn- und Sportwesens, werden — soweit dies vom Quellenmaterial her möglich ist — sozialgeschichtliche und politische Daten eingearbeitet.

Der erste Abschnitt behandelt die Zeit des ausgehenden 18. Jahrhunderts, die aufgrund der Leistungen der Philanthropen für die pädagogische Theorie und Praxis allgemein als wegweisend für die modernen Leibesübungen angesehen wird. Der zweite Teil beschreibt die Anfänge der Turnbewegung. Mit ihr kommt ein eigener Typ von Leibesübungen auf, der über den pädagogischen Anspruch hinaus explizit politische Zielsetzungen verfolgte. Der dritte Teil hebt ab auf die Situation um die Mitte des 19. Jahrhunderts. Dieser Zeitabschnitt ist für die Folgezeit von Bedeutung, weil sich einerseits auf breiter Basis die Eingliederung des Turnens in das damalige Erziehungssystem vollzog, andererseits das für Deutschland bis

---

S. 76—78; K. Jarausch (Hrsg.): Quantifizierung in der Geschichtswissenschaft. Düsseldorf 1976.

[7] Vgl. H. Mommsen: Die Herausforderung durch die modernen Sozialwissenschaften. In: Faulenbach, a. a. O., S. 138 ff.

[8] G. Hohorst: Sozialgeschichtliches Arbeitsbuch. Statistische Arbeitsbücher zur neueren deutschen Geschichte. München 1975, S. 9 ff.

[9] Vgl. E. Dunning: Industrialization and the Incipient Modernization of Football. In: Stadion, I, 1, 1975, S. 103—139; H. Eichberg: Der Weg des Sports in die industrielle Zivilisation. Planen, Studien und Materialien zur wirtschafts- und sozialwissenschaftlichen Beratung, Bd. 6. Baden-Baden 1973.

heute typische Vereinswesen entstand. Der vierte Teil behandelt die Entstehung und Ausbreitung der Sportbewegung, die um die Wende vom 19. zum 20. Jahrhundert ansetzte, das Turnen aus seiner Führungsposition zu verdrängen. Im fünften Teil wird auf die Bestrebungen zur Reform des Turnens, die in der zweiten Hälfte des 19. Jahrhunderts aufkamen und bis in die Zeit nach dem Ersten Weltkrieg reichten, eingegangen.

Philanthropen als Wegbereiter moderner Leibeserziehung

Unter *Philanthropismus* wird die in der *Aufklärung* wurzelnde pädagogische Bewegung verstanden, die in Deutschland gegen Ende des 18. Jahrhunderts aufkam. Zu ihren Vertretern gehörten u. a. Basedow, Salzmann, GutsMuths, Villaume und Vieth. Die Denkanstöße der Aufklärung, die auf eine Veränderung der politischen, sozialen, wirtschaftlichen, religiösen und rechtlichen Verhältnisse hinzielten, gipfelten in dem Bekenntnis durch Erziehung zu einem „gemeinnützigen, patriotischen und glückseligen Leben" beizutragen[10]. Unter Berufung auf zeitgenössische medizinische Veröffentlichungen (Hoffmann, Fuller, Frank, Tissot u. a.), die die Bedeutung der Bewegung und körperlichen Übung für die Gesunderhaltung des Menschen erkannten, fand insbesondere „Gesundheit" als zentraler Begründungsansatz Eingang in die pädagogischen Überlegungen. Körperliche Ertüchtigung, Kräftigung, Abhärtung und Körperpflege galten als Voraussetzung für die irdische Glückseligkeit[11]. Dazu gehörte nicht allein die Funktionstüchtigkeit des Organismus zu erhalten, sondern auch diätetische und prophylaktische Regeln in bezug auf Essen, Schlaf, Kleidung usw. zu beachten[12]. Trotz Hervorhebung der gesundheitlichen Wirkungen der Gymnastik[13] durch die Philanthropen wurde als wesentliche Aufgabe der Lei-

---

[10] J. B. Basedow: Methodenbuch für Väter und Mütter der Familien und Völker. Schöninghs Pädagogische Schriften, Quellen zur Geschichte der Pädagogik. Paderborn 1965, S. 81.

[11] Vgl. H. Bernett: Die Neugestaltung der bürgerlichen Leibesübungen durch die Philanthropen. Schorndorf 1973, S. 19 ff.

[12] J. C. F. GutsMuths: Gymnastik für die Jugend. Quellenbücher der Leibesübungen, Bd. 1. Dresden o. J., S. 171 f., S. 186 f.

[13] Der Begriff wird verwendet zur Bezeichnung des Gesamtgebietes der Leibesübungen. Er schließt neben den eigentlichen gymnastischen Übungen (Gehen, Laufen, Springen, Fechten, Klimmen, Tanzen, Werfen, Schießen, Gleichgewichtsübungen, Baden und Schwimmen, Üben der Sinne und Sprachorgane) Handarbeiten und gesellschaftliche Jugend-Spiele ein. Eine ausführliche Aufarbeitung dieses Themas findet sich bei H. Groll: Systematiker der Leibesübungen. Wien 1970⁵, S. 30 ff.

beserziehung angesehen, eine harmonische Erziehung in körperlicher und geistiger Hinsicht sicherzustellen. Die Harmonie zwischen Geist und Leib sollte sich u. a. darin äußern, daß „Gesundheit des Leibes — Heiterkeit des Geistes" bewirkt, Abhärtung mit „männlichem Sinn" einhergeht oder „Stärke und Geschick, — Gegenwart und Muth" hervorrufen[14].

Begründung der Gymnastik aus der Natur des Menschen

Die Leibeserziehung der Philanthropen erhielt weitere Anstöße durch die Theorie der naturgemäßen Erziehung, wie sie im 18. Jahrhundert zur Geltung kam. Im bewußten Gegensatz zu den traditionellen Erziehungsweisen, die sie als verfehlt abqualifizierte, suchte sie ihre Ziele und Methoden ohne auf staatliche, standespolitische oder kirchliche Ansprüche Rücksicht zu nehmen, allgemeingültig aus der Natur des Menschen zu bestimmen. Man versprach sich, mit einer solchen Erziehung den Menschen und die Gesellschaft zu vervollkommnen. „Hinter der Education", sagte Kant wegweisend, „steckt das große Geheimnis der Vollkommenheit der menschlichen Natur"[15]

Bahnbrechend für solche Auffassungen war die pädagogische Lehre Rousseaus[16]. Für die damalige Zeit waren seine Schriften, die in enger Verbindung zu seinem politischen Konzept stehen, geradezu revolutionär. Welche politische Brisanz sie besaßen, zeigt das Verbot des „Emile" (1768) durch das französische Parlament. Eine solche Maßnahme erklärt sich aus der damals bestehenden politischen Machtverteilung, zu der sich Rousseaus Lehren in Gegensatz befanden. Sie beinhalten die Ablehnung der Grundannahmen des Absolutismus und der sich daraus ergebenden Unfreiheit und Ungleichheit der Menschen, staatlichen und kirchlichen Zwängen sowie feudaler Privilegien. In seinem „Discours sur l'inégalité parmi les hommes" (1755) hatte Rousseau aufgezeigt, wie Eigentum, Gesellschaft und Zivilisation den ursprünglich guten Menschen verdorben hatten; wie Freiheit und Gleichheit in einem Staat verwirklicht werden sollten, beschrieb er im „Contrat Social" (1762). Nicht nur eine Änderung der Grundrechte leitete sich daraus ab, sondern auch eine Reform der Erziehung; im gleichen Jahr wie der „Contrat Social" erschien auch der Erziehungsroman „Emile".

---

14 J. C. F. GutsMuths, a. a. O., S. 201.

15 I. Kant: Über Pädagogik. Klinkhardts pädagogische Quellentexte. Bad Heilbrunn 1960, S. 9.

16 L. Burgener: L'éducation corporelle selon Rousseau et Pestalozzi. Paris 1973.

Eine weitere Grundeinsicht Rousseaus beeinflußte in der Folgezeit nachhaltig die erziehungswissenschaftliche Theoriebildung. Es war die Entdeckung, daß sich die kindliche und jugendliche Entwicklung in mehreren Stufen (1. Lebensjahr, Kindesalter 2—12 Jahre, Knabenalter 12—15 Jahre, Jünglingsalter/Reifezeit bis etwa zum 25. Lebensjahr) vollzieht und jede für sich einen Eigenwert aufweist. Indem er feststellte „Jedes Alter, jeder erreichte Standpunkt im Leben hat seine ihm eigene Vollkommenheit, seine ihm eigene Reife"[17], wurde die Auffassung verworfen, in Kindern nur kleine Erwachsene zu sehen. Seitdem gehört das Prinzip der Alters-, Kind-, Jugend- und Entwicklungsgemäßheit zu den Grundannahmen neuzeitlicher Erziehungslehre.

Solche Vorstellungen mußten sich auch auf das Lehrverhalten auswirken. Nicht Unterweisung, Belehrung und erzieherische Eingriffe durch Gebote und Strafen sollten in der Erziehung vorherrschen, sondern es sollte durch Gewöhnung und Erfahrung gelernt werden, die Selbständigkeit des Kindes geweckt und durch individuelle Sachanforderungen sowie durch die Gestaltung des erzieherischen Raumes angeregt werden[18]. Dieses Vorgehen ist als sog. „negative Erziehung" („méthode inactive") in die Pädagogik eingegangen.

Die Philanthropine als Versuchs- und Musterschulen

Diese vernunftgemäße, zugleich naturgemäße Erziehungs- und Unterrichtskonzeption bedurfte noch der Erprobung. Diese Aufgabe stellten sich die pädagogischen Internate Dessau (1774 von Basedow eröffnet) und Schnepfenthal (1784 von Salzmann gegründet). Sie betrachteten sich auch im Hinblick auf die Einführung der Leibesübungen in die pädagogische Praxis als Versuchs- und Musterschulen. Dementsprechend galt es, die Wirkung der Leibesübungen zu ermitteln, für den Unterricht geeignete Methoden zu finden, nach Formen pädagogischen Handelns zu suchen, den Übungswillen der Schüler zu motivieren, das rechte Zeitmaß für die Leibesübungen innerhalb der Schule herauszufinden und schließlich, soweit möglich, die Leibesübungen in Richtung auf eine wissenschaftlich haltbare Systematik auszubauen[19].

---

[17] J. J. Rousseau: Emile oder über die Erziehung. Schöninghs Sammlung pädagogischer Schriften, Quellen zur Geschichte der Pädagogik. Paderborn 1963³, S. 162.
[18] a. a. O., S. 80 ff., 111; vgl. Lexikon der Pädagogik, hrsg v. H. Rombach, Bd. 3. Freiburg, Basel, Wien 1971, S. 202 ff.
[19] J. C. F. GutsMuths, a. a. O., S. 211 ff.

Ein Ansatzpunkt lag in der kritischen Auseinandersetzung mit den für dekadent gehaltenen Lebens- und Erziehungsweisen. Mangel an Kraft und Gewandtheit, Kränklichkeit, Untätigkeit, Hang zur Bequemlichkeit, Abneigung gegen körperliche Anstrengung und Verweichlichung wurden als Zivilisationskrankheiten erkannt[20]. Als Gegengewicht wurde ein „System von Uebungen, die auf Dauer und Kraft, auf Gewandtheit und Schönheit des Körpers abgezweckt sind" aufgebaut[21]. Leibesübungen hatten somit als eine Art „Universalmedizin" der Vervollkommnung des Körpers zu dienen[22]. Darüber hinaus wurde ihnen auch eine moralische Wirkung beigemessen. „Die Standhaftigkeit und der Gleichmuth des Mannes in allen Zufällen, sein Muth in Verteidigung des Wahren, sein Edelmuth ... sein inniges Wohlwollen usw. sind bald mehr, bald weniger Resultate seiner körperlichen Gesundheit und Stärke"[23]. In Übereinstimmung mit Rousseau und unter direkter Bezugnahme auf den Arzt Hufeland formulierte Guts Muths die Auffassung, daß „unsre moralische Gesundheit und Kraft häufig das Resultat unserer physischen Gesundheit und Stärke ist" und „unsre moralischen Auswüchse sind oft nichts als Folgen körperlicher Gebrechen[24].

Den zweiten Ansatzpunkt zum Aufbau des Systems der „pädagogischen Leibesübungen"[25] bildeten die praktischen Erfahrungen in den Philanthropinen. Wegweisend können die statistischen Erhebungen, die GutsMuths über Lauf-, Sprung-, Wurf- und Schwimmleistungen seiner Zöglinge vornahm, angesehen werden[26]. In den Abschnitten IX—XXII der 2. Auflage zur „Gymnastik für die Jugend" haben seine bewegungsanalytischen und methodischen Studien, seine Sicherheitsvorkehrungen, seine originellen Einfälle in bezug auf den Bau von Übungsstätten und Geräten sowie seine Vorschläge zur Unterrichtsorganisation ihren Niederschlag gefunden[27]. Manches in diesen Abschnitten mutet fremdartig an — so etwa die Zuordnung des Seilspringens zum Tanz, das laute Lesen und Deklamieren zur Gruppe der Geschicklichkeitsübungen —, trotzdem kann das Buch aufgrund seiner detaillierten Sachkenntnisse für die derzeitigen didaktisch-metho-

---

[20] a. a. O., 2. Abschnitt, S. 55 ff.
[21] J. C. F. GutsMuths: Gymnastik für die Jugend. Schnepfenthal 1804², S .6.
[22] J. C. F. GutsMuths, a. a. O., S. 162 f.
[23] J. C. F. GutsMuths, 2. Aufl., S. 129.
[24] J. C. F. GutsMuths, a. a. O., S. 192.
[25] J. C. F. GutsMuths, 2. Aufl., S. 181.
[26] Vgl. die Aufzeichnungen in der 2. Auflage, S. 198 f., 217 f., 261, 457.
[27] 2. Auflage, S. 166 ff.

dischen Überlegungen von Nutzen sein. Bei genauerem Hinsehen zeigt sich, daß die „Gymnastik für die Jugend“ kaum an Aktualität verloren hat, denn Fragen der täglichen Übungsstunde[28], der zwangsfreien Erziehung[29], der individuell-pädagogischen Bewertung von körperlichen Leistungen[30] verlangen nach wie vor nach Antworten.

Es lag im Prinzip der Aufklärungspädagogik, daß sie — im Gegensatz zur Auffassung Rousseaus — Kindheit und Jugend als eine Zeit der Vorbereitung auf das künftige Leben ansah. Daraus ergab sich die pädagogische Folgerung, alle didaktischen Entscheidungen von der zukünftigen Lebensform des Erwachsenen her zu treffen, wobei das Spiel als zweckfreie Beschäftigung allerdings im System der Leibeserziehung keinen rechten Platz fand. Außerdem brachten der medizinisch-biologische Aspekt und der Nützlichkeitsgrundsatz der Theorie eine etwas einseitige Leibeserziehung hervor.

Bei allem kosmopolitischen und universellen Anspruch, mit dem die Aufklärungspädagogik auftrat, kann nicht übersehen werden, daß sie in ihrer praktischen Verwirklichung im wesentlichen nur die oberen sozialen Schichten erreichte[31]. Um die Wende vom 18. zum 19. Jahrhundert sind jedoch zahlreiche Bestrebungen zu beobachten, Leibesübungen breiteren Kreisen der Bevölkerung zugänglich zu machen. GutsMuths berichtet, daß „gymnastische Bildung“ in der Privaterziehung vermehrt berücksichtigt wird, an einer deutschen Universität eine „gymnastische Anstalt“ entsteht, Schulen Spielplätze erhalten, Spiele in die Militärausbildung aufgenommen werden, Schwimmschulen und Badeanstalten in mehreren Städten entstehen[32].

In diesem Zusammenhang sind vor allem Pestalozzis Bemühungen um die Armenerziehung (verarmte Bauern, Tagelöhner, Manufaktur- und Fabrikarbeiter) einzuordnen[33]. Dieser pädagogischen Aufgabe dienten die von ihm gegründeten Schulen (Neuhof, Stanz, Burgdorf, Iferten). Für die

---

[28] 2. Auflage, S. 511.
[29] 2. Auflage, S. 517.
[30] 2. Auflage, S. 521.
[31] So kann den Statistiken, die GutsMuths geführt hat, entnommen werden, daß unter seinen Zöglingen etwa ein Drittel Adelige waren. Die Herkunft der anderen Schüler läßt darauf schließen, daß es sich um Kinder wohlhabender Eltern gehandelt haben muß. Vgl. Gymnastik für die Jugend, 2. Auflage, S. 198 f., 457.
[32] 2. Aufl., S. 12—14.
[33] Vgl. Burgener, a. a. O., S. 77—83.

Leibeserziehung ist sein Werk deshalb von Bedeutung, weil in seiner „Methode der Elementarbildung“ neben dem muttersprachlichen Unterricht, dem Rechnen, der Raum- und Formenlehre, dem Zeichnen, der Erd-, Pflanzen- und Steinkunde, sowie dem Gesang auch Leibesübungen einen Platz hatten[34].

Pestalozzis Einfluß auf die Pädagogik seiner Zeit war bedeutend. Noch bis in die 30er Jahre des 19. Jahrhunderts berief man sich bei der Einrichtung „gymnastischer Anstalten“ auf das Pestalozzische Vorbild[35].

Die Anfänge der Turnbewegung

Zu Beginn des 19. Jahrhunderts bildete sich in Deutschland ein neues System von Leibesübungen heraus. Es stand unter dem maßgeblichen Einfluß Jahns. Zu seinen Helfern gehörten u. a. Friesen, Eiselen, Bornemann und Maßmann.

Jahn benannte seine auf einem eigenständigen Verständnis beruhende Art, Leibesübungen zu betreiben, als Turnen. Gemeint waren damit einfache, volkstümliche Übungen, die auch „Fechten, Schwimmen, Reiten, Tanzen, die Kriegsübungen für die Jugend“, Spiele und sogar Schlittschuhlaufen umfassen sollten[36].

Die Zeitgenossen Jahns sahen in der „Turnkunst“ weniger einen grundsätzlich neuen Typ von Leibesübungen, als vielmehr eine Wiedererweckung der Gymnastik[37]. Trotz der Übereinstimmung, die das Übungsgut und die Geräteausstattung mit der philanthropischen Tradition aufweist, hebt sich die Jahnsche Konzeption als neu ab, denn eine Theorie und Praxis der Leibeserziehung, die ihre Legitimation von Vaterlands-, Volkstums- und Wehrertüchtigungsgedanken herleitet, hatte es bis zu diesem Zeitpunkt noch nicht gegeben.

---

[34] H. Weimer: Geschichte der Pädagogik. Sammlung Göschen, Bd. 145. Berlin 1967[17], S. 128.

[35] Vgl. K. C. Wildt: Daten zur Sportgeschichte. Teil II, Schorndorf 1972, S. 22 f., 25 ff., 43, 45, 48.

[36] F. L. Jahn / E. Eiselen: Die Deutsche Turnkunst. Quellenbücher der Leibesübungen, Bd. 4. Dresden o. J. S. XII f., 181 ff.

[37] So Bornemanns Schrift „Lehrbuch der v. Fr. Ludw. JAHN unter dem Namen der Turnkunst wiedererweckten Gymnastik.“ Zit. nach Wildt, a. a. O., S. 28.

Der Aufschwung des Turnens in Deutschland ist in enger Verflechtung zur politischen Lage zu sehen, wie sie die Herrschaft Napoleons im ersten Jahrzehnt des 19. Jahrhunderts hervorgebracht hatte. Die Niederlage gegen Napoleon (1806) hatte in Preußen die Notwendigkeit politischer, militärischer und sozialer Reformen (Stein, Humboldt, Scharnhorst) deutlich werden lassen. In diesem Zusammenhang standen auch Jahns Bemühungen, über eine Volksbildung, in deren Mittelpunkt die körperliche Ertüchtigung stand, die nationale Einheit Deutschlands zu fördern und auf die Beseitigung des fremden Einflusses zu dringen[38].

Indem die Turner diesen Anspruch lautstark erhoben, für die Selbstbestimmung des Volkes eintraten und im gegenseitigen Umgang einen unkonventionellen Lebensstil entwickelten (Kleidung, Haartracht, Liedgut, „Du" als Anredeform) erhielt der Turnplatz geradezu einen revolutionären Zuschnitt[39]. Ging es den pädagogischen Internaten um die optimale Verfassung des einzelnen Kindes, so erstreckten sich die erzieherischen Intentionen auf dem Turnplatz in erster Linie auf Gesinnungen und Haltungen, aus denen die erstrebte verfassungsmäßige Neuordnung Deutschlands hervorgehen sollte. Gegenüber dem Gymnastikplatz der Internate und den exklusiven Bildungsstätten des Adels war der Turnplatz eine öffentliche Einrichtung, in der die sozialen Gegensätze von Arm und Reich, Herkunft und Stand, Alter und Bildung überbrückt werden sollten[40].

Das kosmopolitische Ideal des 18. Jahrhunderts kam hier allerdings nicht zur Geltung. Den Turnplatz durfte nur derjenige betreten, der sich ausdrücklich zum deutschen Volkstum bekannte[41]. Nicht freie, individuelle Entfaltung hieß hier die Parole, sondern Anpassung an den „Geist der Turngesetze"[42]. Beruhte die pädagogische Idee der Aufklärung in der Überzeugung, den Menschen an sich bilden zu können, so herrschte im Turnen die Auffassung vor, daß der Mensch durch seine Geburt einer bestimmten Nation angehöre und damit auch die Bestimmung habe, „für Volk und Vaterland kräftig zu wirken"[43].

---

[38] M. Braubach: Von der Französischen Revolution bis zum Wiener Kongreß. Handbuch der Deutschen Geschichte, Bd. 14. München 1974[9], S. 96 ff.

[39] H. Eichberg: Ein Grüner, ein Aufrührer, ein Nationalrevolutionär. In: Samstagsbeilage der Stuttgarter Zeitung, 12. 8. 1978.

[40] F. L. Jahn / E. Eiselen: Die Deutsche Turnkunst, a. a. O., S. 225 ff.

[41] a. a. O., S. 253 f.

[42] a. a. O., S. 253.

[43] a. a. O., S. 252.

Abseits von staatlicher Lenkung breitete sich das Turnen etwa ab 1810 als patriotische Bewegung aus[44]. Das zunehmende öffentliche Interesse am Jahnschen Turnen läßt sich anhand der Teilnehmerzahlen an den Turnübungen und den Turnplatzgründungen am besten belegen[45]. 1811 sollen auf der Hasenheide 200 geturnt haben, 1812 waren es 500, 1816 über 1000. Die Befreiungskriege brachten einen Rückgang der Teilnehmerzahlen. Im Blickpunkt der Öffentlichkeit muß das Turnen wohl gestanden haben, als sich 1814 gegen 10 000 Zuschauer zum Schlußtag des Sommerturnens auf der *Hasenheide* einfanden.

Die politische und militärische Führung würdigte die Turnsache, indem beispielsweise der preußische Kronprinz und Fürst Blücher dem Turnen auf der Hasenweide beiwohnten.

Innerhalb weniger Jahre verbreitete sich das Turnen in ganz Deutschland. In Preußen bestanden im Jahre 1916 gegen 100 Turnanstalten mit ca. 6000 Turnern. Zahlreiche Turnplätze wurden auch in anderen Teilen Deutschlands gegründet, von denen einige noch heute als Vereine weiterbestehen (Hamburger Turnerschaft, TSG Tübingen).

Trotz des raschen Anwachsens der Teilnehmerzahlen an den Turnübungen muß festgehalten werden, daß es sich bei der *Turnbewegung* zu diesem Zeitpunkt keinesfalls um eine breite Volksbewegung gehandelt haben kann. Die schichtenspezifische Analyse der Gründer und Leiter von Turnplätzen sowie die Herkunft der Teilnehmer läßt erkennen, wie stark die höheren Schichten repräsentiert waren. Den zahlenmäßig höchsten Anteil der Turner stellten Studenten und Schüler, hinzukamen Lehrer, Offiziere, gelegentlich auch Förster und Handwerker.

Diese Feststellungen werden auch durch die engen Verbindungen der Turnbewegung zur *Deutschen Burschenschaft* unterstrichen. Die Deutsche Burschenschaft war 1815 als studentische Vereinigung gegründet worden, um den landsmannschaftlichen Partikularismus an den Hochschulen zu überwinden und als Vorbild für die politische Einigung zu wirken. Enge persönliche Beziehungen waren von vornherein gegeben, da Jahn schon 1811 den

---

[44] Wie privat das Turnen anfangs organisiert war, belegt am besten die Verwendung der Mittel, die Jahns Frau als Mitgift einbrachte, zur Finanzierung des Turnplatzausbaus auf der Hasenheide. Vgl. Wildt, a. a. O., S. 41.

[45] Die Zahlen entstammen Wildt, a. a. O., S. 27 ff.

Plan einer „Ordnung und Einrichtung der Burschenschaften" erstellt hatte[46]. Die programmatischen Übereinstimmungen hinsichtlich liberal-freiheitlicher Verfassungsvorstellungen, des National- und Volkstumsverständnisses kamen in gemeinsamen Kundgebungen (Wartburgfest 1817), in der Gründung von Turnplätzen und in der Leitung des Turnbetriebs zum Ausdruck[47].

Das Turnen im Umfeld der nationalen Bewegung des frühen 19. Jahrhunderts

Turn- und Burschenschaftsbewegung sind nicht als isolierte studentische Aktivitäten einzustufen, sondern können in das Umfeld der nationalen Bewegung des frühen 19. Jahrhunderts eingeordnet werden[48]. Anstöße gingen vom deutschen Idealismus (insbesondere von Kant und Schiller), von Herders „Erkenntnissen über die geschichtlichen Eigentümlichkeiten und das organische Wachstum der Völker" und von Schleiermachers Forderung nach einer Ausbildung des Nationalcharakters aus. Eine wichtige Rolle spielten auch die Lehren der Romantiker und die Entwürfe zu einer Nationalpädagogik (Fichte, Arndt).

Als einer der entschiedensten Verfechter einer Nationalpädagogik kann Fichte angesehen werden. In seinen „Reden an die deutsche Nation" entwarf er ein Programm für den Wiederaufstieg des deutschen Volkes. In der 9. und 10. Rede spricht er, von Pestalozzi beeinflußt, über Leibesübungen[49]. An Wirkung dürfte ihn Arndt übertroffen haben. Jahn selbst hatte sich in Greifswald 1892 immatrikuliert, um bei Arndt zu hören. Mit seinen Schriften und Liedern bemühte er sich, auf den Zeitpunkt der nationalen Erhebung vorzubereiten[50]. Vaterlandsliebe, Sicherung des Volkstums und Förderung des Gemeinschaftsgedankens standen deshalb im Mittelpunkt seiner Erziehungstheorie.

Aufs engste berührten sich Turnbewegung und *Romantik*, jener literarisch-philosophischen, künstlerischen und pädagogischen Bewegung, die sich zu Beginn des 19. Jahrhunderts ausbreitete. Beeinflußt von Herder unter-

---

[46] Vgl. T. Schieder: Vom deutschen Bund zum Deutschen Reich 1815—1871. Handbuch der deutschen Geschichte, Bd. 15. München 1975[9], S. 27 ff.

[47] R. Gasch: Handbuch des gesamten Turnwesens. Leipzig, Wien 1920, S. 83 ff.

[48] Vgl. Braubach, a. a. O., S. 96 ff.

[49] Wildt, a. a. O., S. 25.

[50] Vgl. Braubach, a. a. O., S. 100 f.

stützte sie das erwachende nationale Selbstbewußtsein, indem sie auf die dichterischen und künstlerischen Leistungen verwies und auf die Geschichte des deutschen Volkes baute.

Gerade in der gemeinsamen Vergangenheit glaubte sie *die* „Einigungskraft“ gefunden zu haben. Jahn prägte dafür den Begriff des *„Volkstums“*, mit dem er das „Gemeinsame des Volkes, sein innewohnendes Wesen, sein Regen und Leben, seine Wiedererzeugungskraft, seine Fortpflanzungsfähigkeit“ ansprach[51]. Weil Jahn die „Turnkunst“ als „urdeutsch“ einschätzte und sie als in „Volk und Vaterland“ heimisch entdeckte, konnte er sie als „Hauptteil der menschlichen Ausbildung“ ausgeben und sie als Mittel der „Wehrhaftmachung“ einsetzen[52].

Abwehrmaßnahmen gegen das Turnen

Während der Befreiungskriege 1813—15 verlor die Turnbewegung ihren privaten Charakter. Eine staatliche Förderung setzte ein; Jahn erhielt eine jährliche Zuwendung von 800 Talern, Eiselen 400 Taler[53]. „Die deutsche Turnkunst“, die Jahn zusammen mit Eiselen verfaßt hatte, fand sogar „amtliche Empfehlung“[54].

Ab 1815 setzten jedoch Angriffe gegen das Turnen und Jahn ein (Berliner und *Breslauer Turnfehden).* Bei diesen Auseinandersetzungen wurde der Wert des Turnens in Frage gestellt. Medizinische und pädagogische Einwände wurden vorgebracht; ebenso das freche, wilde, rauhe, trotzige und unchristliche Benehmen der Turner angeprangert[55]. Im Kern ging es wohl um die inzwischen verdächtig gewordenen politischen Zielsetzungen der Turner.

Der Wechsel des Turnens von einer Säule der nationalen Bewegung zu einer Triebkraft der politischen Opposition vollzog sich im Zuge der Neuordnung Deutschlands durch den Wiener Kongreß (1814/15). Eine der politischen Leitlinien des Kongresses war, ein System der Solidarität der Mächte aufzubauen, zu dem eine gemeinsame Interessenpolitik zur Abwehr

---

[51] F. L. Jahn: Deutsches Volkstum. Quellenbücher der Leibesübungen, Bd. 3. Dresden o. J., S. 7.
[52] F. L. Jahn / E. Eiselen: Die Deutsche Turnkunst, a. a. O., S. 225 f.
[53] Wildt, a. a. O., S. 28.
[54] H. Rühl: Entwicklungsgeschichte des Turnens. Leipzig 1912[5], S. 47.
[55] E. M. Arndt: Verteidigung des Turnwesens. In: G. Hirth (Hrsg.): Das gesamte Turnwesen. Leipzig 1865, S. 77 ff.

revolutionärer Bestrebungen gehörte[56]. Es ist offensichtlich, daß die Forderungen nach einer verfassungsmäßig garantierten Mitbestimmung des Volkes im Widerspruch zu solchen restaurativen Prinzipien gerieten.

Ebenso vertrug sich das Ziel, die nationale Einheit weiterzuverfolgen, nicht mit der Deutschen Bundesakte von 1815, die den Partikularismus im Deutschen Bund manifestierte.

Die Deutsche Burschenschaft lehnte sich gegen das von Metternich maßgeblich beherrschte politische System auf. Auf dem Wartburgfest (1817) wurden die Bundesakte, reaktionär eingeschätzte Schriften und Symbole verbrannt. Mit der Ermordung Kotzebues, der auch Jahn und das Turnen kritisiert hatte[57], durch den Burschen-Turner Sand eskalierten die politischen Ereignisse. Mitverantwortlich für solche „demagogischen Umtriebe“ wurden auch die Führer des Turnens gemacht (Jahn, Maßmann, Follen).

Die Staatsgefährdung, die von der Turnbewegung ausging, veranlaßte die preußische Regierung, schrittweise gegen sie vorzugehen. Schon 1818 beschloß sie, Expertisen über das Turnen einzuholen[58]. Aus Anlaß der sogenannten Breslauer Turnfehde wurden amtliche Untersuchungen über das Turnen eingeleitet und die Schließung der Turnplätze in Breslau und Liegnitz verfügt. 1819 wurde das Turnen unter Staatsaufsicht gestellt und schließlich 1820 auf der Grundlage der Karlsbader Beschlüsse gänzlich untersagt. Jahn selbst wurde verhaftet. Andere Staaten des Deutschen Bundes verboten ebenfalls das Turnen.

Die Zeit der *Turnsperre* kann nicht, wie allgemein in der Literatur üblich, als eine Zeit des Niedergangs oder der völligen Stagnation der Leibesübungen hingestellt werden. Es ist zwar nicht zu übersehen, wie stark die Person Jahns den Repressionen bis 1840 ausgesetzt war[59], der Betrieb der Leibesübungen dagegen war nur kurzfristig gestört. Zahlreiche Belege über die Einrichtung „gymnastischer Anstalten“ sind nachzuweisen[60]: So beispielsweise allein im Jahre 1828 in Wolfenbüttel, Magdeburg, Rostock

---

[56] H. Kinder / W. Hilgemann: dtv-Atlas zur Weltgeschichte. Bd. II. München 1974[9], S. 39.

[57] Wildt, a. a. O., S. 38.

[58] Rühl, a. a. O., S. 48 ff.

[59] Festungshaft, Polizeiaufsicht, Auflagen über die Wahl des Wohnsitzes, Umgang mit Gymnasiasten untersagt, Verbot der Teilnahme an der 25-Jahr-Feier des Lützower Freicorps. Die Person Jahns war Gegenstand eines Symposiums, das anläßlich seines 200. Geburtstages 1978 in Berlin abgehalten wurde. Die Referate sind abgedruckt in: Stadion, IV, 1978.

[60] Wildt, a. a. O., S. 42—49.

und München. Selbst Eiselen, der als Mitarbeiter Jahns Verfolgungen ausgesetzt war, erhielt schon 1825 die Erlaubnis, einen Fecht- und Voltigiersaal zu führen.

Noch früher hatte Klumpp mit einer Eingabe, Turnübungen abhalten zu dürfen, Erfolg (1822)[61]. Die Gymnastik nach Schnepfenthaler Muster blieb von dem Verbot unbehelligt.

Diese Sachverhalte deuten darauf hin, daß es offenbar vor allem darum ging, die an das Turnen geknüpften politischen Erwartungen nicht aufkommen zu lassen; gegen „unpolitische Leibesübungen" oder „Leibesübungen in ihrer reinen Gestalt" hatten die Behörden nichts einzuwenden, zumal wenn sie wie in Bayern „mit gehöriger Vorsorge" betrieben wurden[62].

Das spärliche Zahlenmaterial gibt nur wenig Anhaltspunkte, welche Größenordnung die „gymnastischen Anstalten" erreichten[63]. Die höchsten Teilnehmerzahlen liegen aus der Privatanstalt Eiselens mit knapp 400 Teilnehmern vor, wobei der hohe Anteil der Mädchen überrascht. Einen ähnlich hohen Bestand weist auch Königsberg auf. Eine ganze Reihe von Anstalten erreichte eine Größenordnung um 100.

Diese relativ hohen Teilnehmerzahlen dürfen nicht darüber hinwegtäuschen, daß „gymnastische Anstalten" nicht durchgängig bestanden (1842 in Preußen 74, in Württemberg 36, in Baden 15) und ihr Besuch lediglich den höheren sozialen Schichten vorbehalten waren. Wie wären sonst die Forderungen Kirchners nach „Wiederherstellung der Gymnastik an Gymnasien", die Bemühungen um obligatorische Einführung von Leibesübungen an Seminaren und Gymnasien (1824 in Württemberg, 1837 in Sachsen, 1838 in Baden) oder der Lorinsersche Aufruf „Zum Schutze der Gesundheit in den Schulen" (1836) einzuordnen? Eine grundlegende Änderung dieser Gegebenheiten setzte aber erst mit den 40er Jahren des 19. Jahrhunderts ein.

Die Herausbildung des Schul- und Vereinsturnens um die Mitte des 19. Jahrhunderts

Das Jahr 1842 leitete einen neuen Abschnitt in der historischen Entwicklung der Leibeserziehung ein. Die bekannte Kabinettsorder brachte nicht nur die förmliche Aufhebung der Turnsperre, sondern gliederte die

[61] F. W. Klumpp: Das Turnen. Ein deutsch-nationales Entwicklungsmoment. In: Quellenbücher der Leibesübungen, Bd. 7. Dresden o. J., S. 46.
[62] Wildt, a. a. O., S. 43 f.
[63] a. a. O., S. 42 ff.

Leibesübungen als für die männliche Erziehung notwendig und unentbehrlich in den Kreis der Volks- und Erziehungsmittel ein[64]. Ausschlaggebend für eine solche Entscheidung waren gesundheitliche Argumente. Daneben ließ man sich vom Gedanken einer harmonischen Ausbildung körperlicher und geistiger Kräfte leiten, unterstrich — vorausgesetzt, es gelang, „die physischen und insbesondere moralischen Nachteile des früheren Turnwesens auszuschalten[65] — den „heilsamen" Einfluß auf „Ordnung, Zucht und Sitte, bekannte sich sogar zu einer gewissen ästhetischen Ausrichtung der Gymnastik und versprach sich einen Beitrag zur Wehrertüchtigung[66].

Turnen als Schulfach

Nicht nur in Preußen, sondern auch in anderen Ländern, verbreitete sich die Meinung, daß das Turnen zur Jugenderziehung gehöre[67]. Unterschiedliche Vorstellungen bestanden jedoch in der Frage nach der geeigneten organisatorischen Form. Von der einen Seite wurde der Turnplatz im Jahnschen Sinne favorisiert, das heißt ein Turnen außerhalb der Schule[68]. Hinter diesem Vorschlag stand die Überzeugung, daß öffentliche Turnanstalten einzurichten seien, um den ganzen Menschen allseitig zu bilden, Muskelkraft, Gewandheit und Sinnenschärfe zu entwickeln, ein Gegengewicht gegen das „Sitzleben" aufzubauen, „Seelenkräfte und Tugenden, vor allem Willens- und Thatkraft" zu schulen[69]. Daher wurden Turnübungen für Stadt und Land als unentbehrlich erachtet, Arm und Reich sollten sich an ihnen beteiligen können, ferner wurde eine „Gemeinschaft aller Alter (Knaben, Jünglinge, Erwachsene) angestrebt. „Ein Turnplatz blos für Studenten würde bald wieder zum Tummelplatz leidenschaftlicher, landsmannschaftlicher, burschenschaftlicher, überhaupt unjugendlicher Einseitigkeit aus-

---

64 Abgedruckt in: Führer in der Zeit der Turnsperre. Bearbeitet von F. P. Wiedemann. Quellenbücher der Leibesübungen, Bd. 7. Dresden o. J., S. 403 f.

65 a. a. O., S. 409.

66 Circular-Verfügung des Ministers Eichhorn (1844). In: Quellenbücher der Leibesübungen, Bd. 7, S. 411 ff.

67 So in Württemberg (1842), Bayern (1843), Hessen (1843) und Sachsen (1843); Vgl. Wildt, a. a. O., S. 57 ff.

68 So wurden 1843/44 durch Maßmann in Berlin Versuche unternommen, das „Ur-Turnen" in selbständigen Turnanstalten zu erneuern; vgl. Rühl, a. a. O., S. 89 ff. Vgl. Th. Georgii: Aufsätze und Gedichte. Hof 1885, S. 4.

69 F. H. Maßmann: Die öffentliche Turnanstalt in München. In: Quellenbücher der Leibesübungen, Bd. 7, S. 267 ff.; vgl. ders.: Was ist fortan zu tun? a. a. O,. S. 283 ff.

arten." Die andere Seite vertrat die Auffassung, gemäß der von Spieß eingebrachten „Gedanken über die Einordnung des Turnwesens in das Ganze der Volkserziehung" das Turnen dem schulischen Aufgabenbereich zuzuordnen[70]. Als Unterrichtsgegenstand bot es die Gewähr, daß ein systematisches Unterrichten sichergestellt, eine Trennung nach Altersstufen vorgenommen, nach Schultypen (Elementarschulen, Bürgerschulen, Gymnasien, Mädchenschulen, Landschulen) differenziert werden konnte, die Schüler mit ungeeigneten Personen nicht in Berührung kamen und ein regelmäßiger Besuch durch die Pflichtteilnahme am Unterricht von vornherein gesichert war.

Die Entscheidung zugunsten des Schulturnens fiel dann Mitte der 40er Jahre, als Maßmanns Initiativen, das Turnen im Jahnschen Sinne fortzuführen, in Berlin scheiterten. Neben den organisatorischen Mängeln, an die 2000 Kinder fachlich adäquat zu betreuen, haben politische Erwägungen — wohl um zu verhindern, daß die Jugend unter unerwünschten politischen Einfluß geriet[71] — die preußische Regierung 1844 veranlaßt, die Ausübung von Leibesübungen an die Schulen zu binden. Auch Württemberg verfügte 1845, daß Gymnastik als Unterrichtsfach an Gelehrten- und Realschulen eingeführt wurde[72].

Die Einbeziehung der Leibesübungen in den schulischen Fächerkanon führte schon nach wenigen Jahren dazu, daß sich die Leibeserziehung den institutionellen Vorgaben anpaßte: So wurde z. B. die Pflichtteilnahme am Turnunterricht verfügt, ein Vermerk für Turnen im Reifezeugnis eingeführt, das Lehrpensum vorgeschrieben, der Unterricht in Jahrgangsklassen organisiert und ein System der Turnlehrerbildung aufgebaut[73]. Es setzte also jener Prozeß der Formalisierung, Bürokratisierung, Verpädagogisierung und Professionalisierung ein, der sich innerhalb der schulischen Leibeserziehung bis in die jüngste Zeit fortsetzte und auch noch in der curricularen Diskussion der 70er Jahre des 20. Jahrhunderts eine Rolle spielte[74].

---

[70] A. Spieß: Gedanken über die Einordnung des Turnwesens in das Ganze der Volkserziehung. In: Quellenbücher der Leibesübungen, Bd. 8. Dresden o. J., S. 89 ff.

[71] Vgl. Klumpp, a. a. O., S. 89 f.

[72] Vgl. C. Kleindienst-Cachay: Schule und Schulturnen. Diss. Tübingen 1978, S. 152 ff.

[73] a. a. O., S. 230 ff.

[74] Vgl. D. Kurz: Elemente des Schulsports. Schorndorf 1977.

Spieß hatte nicht nur die Begründungen für die Einbeziehung von Leibesübungen in die Schule geliefert, sondern auch in seiner „Lehre der Turnkunst" und im „Turnbuch für die Schulen" das methodische Konzept erarbeitet. Die erstere enthält eine Systematik des Übungsstoffes (Einteilung in *Freiübungen,* Hang-, Stemm- und *Ordnungsübungen),* das letztere die altersmäßige Placierung dieser Inhalte.

Trotz amtlicher Anerkennung galt das Spießsche System nicht unangefochten[75]. Anfangs ging es im sogenannten „Systemstreit" um die Übernahme der Jahn-Eiselenschen Tradition oder um die auf Spieß aufbauende Lehrweise.

Schon 1846/47 waren Bestrebungen auszumachen, die von Ling entwickelte *Schwedische Gymnastik* in Preußen einzuführen[76]. Rothsteins Bemühungen, dieses System gegenüber der deutschen Turntradition durchzusetzen, scheiterten im sogenannten *„Barrenstreit"*. Fortan dominierte das Spießsche Turnen in den Schulen[77].

Das Vereinsturnen

Die Gründungen von „Turngemeinden" oder „Turngesellschaften" in der Anfangszeit des Turnens können ohne Zweifel als Vorformen des Vereinswesens angesehen werden. Die satzungsmäßigen Festlegungen, die in *„Turngesetzen"* verankert wurden, waren richtungsweisend für die Vereinsstruktur späterer Jahre[78]. Sie enthielten Angaben über die Ziele solcher Einrichtungen, regelten das Mitspracherecht ihrer Mitglieder und erließen Vorschriften über das Verhalten auf dem Turnplatz und die Organisation des Übungsbetriebs.

Nach 1840 begann in Deutschland — begünstigt durch den Regierungswechsel in Preußen — eine liberalere Epoche[79]. Auf dem Gebiet der Leibesübungen bewirkte sie ein rasches Anwachsen der Zahl der Vereinsgründungen[80]. Aus der Aufhebung des Turnverbots und der daraus resultierenden

---

[75] Vgl. Rühl, a. a. O., S. 84 f.

[76] a. a. O., S. 100.

[77] a. a. O., S. 120; vgl. auch C. Kleindienst-Cachay, a. a. O., S. 256 f., S. 295.

[78] Vgl. F. L. Jahn / E. Eiselen: Die Deutsche Turnkunst, a. a. O., S. 254 ff. oder die von Völker verfaßten „Gesetze für die Turngemeinde zu Tübingen" (1819); vgl. H. Hermes: Geschichte des Turnens und der Turngemeinde Tübingen. Tübingen 1905², S. 3.

[79] Vgl. Schieder, a. a. O., S. 71 ff.

[80] Vgl. Wildt, a. a. O., S. 66 ff.

veränderten rechtlichen Situation kann jedoch der Aufschwung des Turnens in diesem Zeitabschnitt allein nicht erklärt werden. Vielmehr wird wie Georgii z. B. rückblickend in der Eßlinger Turnzeitung berichtet, das Wiederaufleben der Begeisterung „für Deutschlands Größe, Einheit und Freiheit“ zu den wichtigsten Triebfedern gehört haben[81]. Eine gewisse Rolle scheint auch das „demokratische Element“ gespielt zu haben[82].

Indem mit dem Turnen „ein regeres politisches Leben Hand in Hand“ ging[83], knüpfte die Turnbewegung wieder an die Tradition der Freiheitskriege an. Das politische Selbstverständnis, wie es von Jahn entwickelt worden war, erfuhr damit eine Erneuerung[84].

Die Standpunkte, wie weit diese Politisierung des Turnens gehen dürfe, waren uneinheitlich: Der eine Teil der Turner wehrte sich gegen die politische Ausrichtung, weil sie befürchteten, die Turnsache könne wieder behördlich verboten werden. Dieses Bekenntnis zur politischen Abstinenz hinderte sie jedoch nicht, den Einheitsgedanken zu verfechten, demokratische Grundanschauungen zu verbreiten und Freiheitsgedanken wieder aufleben zu lassen. Eine solche Haltung wurde als „politische Gesinnung“ in den Entscheidungsbereich des einzelnen Mitglieds verwiesen[85]. Politisch im engeren Sinne waren die Turnvereine nur anzusehen, wenn sie „auf das Staatsleben thätig einwirken ... bei Wahlen oder anderen öffentlichen Angelegenheiten“ — wie Georgii in einer Standortbestimmung 1854 betont — mitwirken.

Die andere Seite dagegen versuchte die Turnvereine für reale politische Einflußnahmen zu benützen. Da die Turnvereine weniger überwacht wurden, schlossen sich ihnen oft auch Personen an, die selbst nicht aktiv turnten, sondern als sogenannte „Maulturner“ politische Propaganda zu betreiben versuchten[86]. Besonders günstige Anlässe dafür boten die Turnfeste. Die politischen Aussagen gipfelten in Forderungen, durch Revolution die Einkommensverteilung zu verändern, Freiheit und Gleichheit herzustellen

---

[81] Th. Georgii, a. a. O., S. 115.

[82] a. a. O., S. 13.

[83] F. Goetz: Aufsätze und Gedichte. Hof 1885, S. 139.

[84] Vgl. H. Neumann: Die deutsche Turnbewegung in der Revolution 1848/49 und in der amerikanischen Emigration. Beiträge zur Lehre und Forschung der Leibeserziehung, Bd. 32. Schorndorf 1968, S. 11 f.

[85] Georgii, a. a. O., S. 114 f.

[86] Vgl. Neumann, a. a. O., S. 14.

und eine republikanische Verfassung durchzusetzen, gegebenenfalls sogar mit Waffengewalt vorzugehen[87]. Freicorps wurden zusammengestellt; eine allgemeine Bewaffnung der Turnvereine beschlossen.

Bemühungen, die Turnvereine in einem Turnerbund zusammenzuschließen, reichen zurück bis in die frühen 40er Jahre[88]. Aber erst 1848 kam es auf den Hanauer Turntagen zu konkreten Zusammenschlußverhandlungen. Das Ergebnis war die Gründung eines Deutschen Turnerbundes (1848), von dem sich schon wenig später der Demokratische Turnerbund (1849) abspaltete. Damit war die Turnbewegung im wesentlichen in eine gemäßigte Gruppe (unpolitische Nur-Turner, Vertreter einer konstitutionellen Monarchie) und in eine radikalere Gruppe (Verfechter einer demokratischen Republik) aufgeteilt. Regional neigten die norddeutschen Turner mehr zu einem unpolitischen Vereinsleben, während die südwestdeutschen Vereine aktiv in die politischen Ereignisse eingriffen[89]. Es lag nahe, daß die Behörden die Entwicklung der Turnsache mit Mißtrauen verfolgten. Schon 1847 kam es zu vereinzelten Verboten von Turnvereinen (Frankfurt, Stuttgart, Hanau, Offenbach, Mannheim)[90]. Nach dem Scheitern der Revolution 1848/49 setzten verstärkt repressive Maßnahmen gegen die Turnvereine ein. Hausdurchsuchungen wurden angeordnet und Vereinsakten konfisziert, um zu ermitteln, ob politischen Flüchtlingen Reiseunterstützungen gewährt worden waren[91]. Vereinen, denen republikanische oder kommunistische Verbindungen nachgewiesen werden konnten, wurden aufgelöst[92]. Selbst unpolitische Vereine erhielten die Auflage, „sich aller politischen Tendenz" zu enthalten und die „Vorstandspersonen" dem Oberamt anzuzeigen[93].

Dieses behördliche Vorgehen hatte zur Folge, daß die Zahl der Vereine zwischen 1849 und 1860 von 300 auf 100, also auf ca. ein Drittel absank[94].

Die Zeit zwischen 1840 und 1865 war für den inneren Ausbau des Turnwesens bedeutsam[95]. An erster Stelle ist die Herausbildung der für

---

[87] a. a. O., S. 17 ff.
[88] a. a. O., S. 24.
[89] a. a. O., S. 29.
[90] a. a. O., S. 16.
[91] Vgl. Hermes, a. a. O., S. 17 ff.
[92] Vgl. Neumann, a. a. O., S. 51.
[93] Vgl. Hermes, a. a. O., S. 19.
[94] Vgl. Wildt, a. a. O., S. 72.
[95] Vgl. beispielhaft Hermes, a. a. O., S. 16 ff.

Deutschland typischen Vereinsstruktur zu erwähnen. Die Einrichtung eines Turnrats als Exekutive der Mitgliederversammlung mit der Funktion des Sprechers (1. Vorsitzender) und den Ressorts Finanzen, Schriftführung, turnpraktische Leitung (Turnwart) und technische Leitung (Zeugwart) entstammen dieser Epoche. In diesem Zeitabschnitt bildete sich auch die für das Turnen charakteristische Wettbewerbsform heraus[96]. Fortschritte im Übungsstättenbau und in der Geräteherstellung sind festzustellen[97].

Um den turnerischen Bildungsanspruch zu verwirklichen, wurden Bibliotheken eingerichtet, die Werke der Dichtkunst, der nationalen Geschichte und Literatur zum Turnen beschaffen sollten[98]. Vortragsveranstaltungen — etwa über Verfassungsfragen des Landes oder über frei gewählte Themen und Singübungen — wurden unter gleichen Zielsetzungen angeboten[99]. In diesen Kontext gehört auch die Herausgabe von Turnzeitschriften („Turnzeitung“ 1846/47, „Der Turner“ 1846—52, „Turnblatt für und aus Schwaben“ 1850—53, „Deutsche Turnzeitung“ 1856). Die mehr wissenschaftliche Darstellung des Turnens oblag den „Jahrbüchern der deutschen Turnkunst“[100].

Etwa ab 1860 nahm die Turnbewegung einen neuen Aufschwung. Innerhalb weniger Jahre stieg die Zahl der Vereine von ca. 100 auf fast 2000 mit 168 000 Mitgliedern an[101]. Diese Entwicklung dokumentieren augenfällig die Teilnehmerzahlen an den deutschen Turnfesten: Das erste deutsche Turnfest in Coburg hatte nur 1000 Turner angezogen, 1863 beteiligten sich mehr als 20 000 Turner am Turnfest in Leipzig.

Dieser Zuwachs ist umso erstaunlicher, als zu Beginn der 60er Jahre zahlreiche Turnvereine nach der Vereinsgesetzgebung als politische Vereine galten (z. B. in Sachsen bis 1863)[102]. Als solche hatten sie vielerlei Behinderungen durch Behörden hinzunehmen. Folgt man den zeitgenössischen

---

[96] Vgl. H. Bernett: Grundformen der Leibeserziehung. Beiträge zur Lehre und Forschung der Leibeserziehung, Bd. 26, Schorndorf 1975, S. 41 ff.

[97] Vgl. Gasch, a. a. O., S. 776 ff.

[98] So soll die Bibliothek der Berliner Turnerschaft über 8000 Bände enthalten haben. Vgl. a. a. O., S. 806 f.

[99] Vgl. Georgii, a. a. O., S. 3; Hermes, a. a. O., S. 18. Daß es nicht so war, „wie's sein sollte“ und die Turner sich „durch Renommieren, Bier und Liebe zu traurigen Philistern“ entwickelten, monierte Goetz in einem Beitrag in der Deutschen Turnzeitung (1862), a. a. O., S. 34.

[100] Vgl. Goetz, a. a. O., S. 139 f.

[101] Vgl. Gasch, a. a. O., S. 100.

[102] Vgl. Goetz, a. a. O., S. 47 ff.

Quellen, so bildete sich eine große nationale Bewegung heraus, als deren eigentlicher Vorläufer sich das Turnen verstand[103]. Wiederum war es der Wunsch nach nationaler Größe und Zusammengehörigkeit, Freiheit und Unabhängigkeit, der in den politischen Aussagen vorherrschte[104]. Daß es nicht nur bei Lippenbekenntnissen blieb, läßt sich an der Akzentverschiebung des Turnens, wie sie die Schleswig Holsteinsche Frage auslöste, erkennen[105]. Die Bereitschaft zum bewaffneten Eingreifen in den Herzogtümern hatte zur Folge, daß Exerzieren und Schießen das Geräteturnen zurückdrängten und in den Vereinen Wehrabteilungen aufgebaut wurden[106].

Die Wehrfrage beschäftigte Anfang der 60er Jahre die Turnvereine und ihren Führungsausschuß. Nach und nach setzte sich jedoch der Grundsatz durch, daß ein Turnen, „welches den Körper zu allen männlichen Leistungen befähigt", die „Hauptsache" bleiben muß[107]. Der allgemeine Erziehungsauftrag des Turnens behauptete sich gegen die Vereinnahmung des Turnens für Zwecke der Wehrertüchtigung.

Die zweite zentrale Frage zu Beginn der 60er Jahre war die Gründung eines Turnerbundes. Die Realisierung der Einigungsbestrebungen war durch die Vereinsgesetze behindert. Deshalb führte ein „Ausschuß der deutschen Turnvereine" die Geschäfte, bis 1868 in Weimar die *Deutsche Turnerschaft* gegründet wurde[108]. Sie war bis zum Ersten Weltkrieg der größte verbandsmäßige Zusammenschluß und übertraf mit ihren Mitgliederzahlen die aller Sportverbände.

In bezug auf die politische Ausrichtung der Deutschen Turnerschaft wurde in die Satzung aufgenommen, sich jeglicher „politischer Parteistellung" zu enthalten. Dieser Grundsatz wurde schon bald verwässert. Die militärischen Erfolge im deutsch-französischen Krieg und die Gründung des Deutschen Reiches banden die „wachsende Turnsache fester an das Vaterland"[109]. Diese Identifizierung mit dem Bismarck-Reich führte zur Übernahme politischer Grundsatzentscheidungen (z. B. Sozialistengesetz) und ließ die Deutsche Turnerschaft auch in Gegensatz zur Sozialdemokratie

---

[103] a. a. O., S. 140.

[104] Vgl. G. Hirth / E. Strauch (Hrsg.): Blätter für das dritte allgemeine deutsche Turnfest zu Leipzig 1863, S. 1, 11.

[105] Die Annexionsversuche Dänemarks wurden 1864 im Deutsch-Dänischen Krieg zurückgewiesen. Vgl. Goetz, a. a. O., S. 73 f.

[106] Vgl. Kleindienst-Cachay, a. a. O., S. 187 ff. Siehe auch Hermes, a. a. O., S. 25.

[107] Goetz, a. a. O., S. 51.

[108] Vgl. Gasch, a. a. O., S. 99 ff.

[109] Goetz, a. a. O., S. 146.

treten[110]. Georgii befürchtete, daß die Turnvereine von Anhängern der Sozialdemokratie revolutionär unterwandert werden könnten und empfahl, solche „verderblichen Elemente" auszuschließen[111]. Trotzdem muß es ihnen gelungen sein, sich hier dem Zugriff der Polizei zu entziehen[112]. Nach Aufhebung des Sozialistengesetzes (1890) kam es zur Abspaltung von Arbeiterturnern aus der Deutschen Turnerschaft und 1893 zur Gründung des Arbeiter-Turnerbundes.

In den *Arbeiter-Turn- und Sportverbänden* konstituierte sich fortan eine Bewegung, die mit dem Anspruch auftrat, ein „alternatives Sportverständnis zu repräsentieren"[113]. Als dritte Säule der Arbeiterbewegung — neben den Arbeiterparteien und Gewerkschaften — verfolgte sie über den Sport explizit klassenkämpferische Ziele[114]. Erst in der Weimarer Republik konnte sie entscheidend ihren Mitgliederbestand gegenüber den bürgerlichen Sportorganisationen (*Deutscher Reichsausschuß für Leibesübungen,* Deutsche Turnerschaft, Deutscher Sportbund u. a.) verbessern.

Die Ausbreitung des Sports in Deutschland

Im Verlauf des 19. Jahrhunderts breitete sich in Deutschland neben dem Turnen allmählich der Sport aus. Erste Berichte über Sportveranstaltungen, die nach englischem Vorbild organisiert wurden, stammen aus den Jahren 1821/22[115]. In einem Reisebericht des Fürsten Pückler-Muskau taucht 1828 der Begriff des Sports auf. Bereits ab 1830 entstanden vereinzelt Clubs (erste Clubgründung 1830: English Rowing Club Hamburg). Vorab waren es englische Kaufleute, Touristen oder Schüler englischer Lehranstalten, die Rudern, Rugby, Tennis oder Cricket betrieben. Der englische Sportbetrieb fand bald Nachahmung (erster deutscher Ruderclub 1836 in Hamburg). In der zweiten Hälfte des 19. Jahrhunderts ist eine

---

[110] Vgl. T. Bach: Die Turnvereine und die Socialdemokratie. In: Deutsche Turn-Zeitung, Nr. 39, 1878, S. 314 f.

[111] Th. Georgii: Das Turnen und die Socialdemokratie. In: Deutsche Turn-Zeitung, Nr. 45, 1878, S. 365.

[112] A. Voelske / B. Deermann: Neuzeit, Zeiten und Menschen, Bd. 3. Paderborn, Hannover 1970, S. 221 f.

[113] H. Eichberg: Alternative Verhaltensformen im Arbeitersport? In: Sportwissenschaft 1975, S. 69 ff. Vgl. H. Ueberhorst: Frisch, frei, stark und treu. Arbeitersportbewegung in Deutschland 1893—1933. Düsseldorf 1973.

[114] H. Timmermann: Geschichte und Struktur der Arbeitersportbewegung 1893 bis 1933. Schriftenreihe für Sportwissenschaft und Sportpraxis, Bd. 12. Ahrensburg 1973, S. 10.

[115] Vgl. Wildt, a. a. O., S. 99—126.

vermehrte Hinwendung zum Sport — insbesondere von Schülern höherer Schulen — zu beobachten. 1892 bestanden bereits an die 5000 Sportvereine. Die ersten Verbandgründungen fallen ebenfalls in diese Zeit (1883: Deutscher Ruder-Verband, 1886: Deutscher Schwimm-Verband). Verglichen mit dem Mitgliederbestand der Deutschen Turnerschaft fallen jedoch die Sportverbände noch weit ab.

Erst um die Wende vom 19. zum 20. Jahrhundert vollzog sich ein sprunghaftes Anwachsen der Mitgliederzahlen der Sportverbände: So stieg z. B. der Mitgliederbestand des Deutschen Fußballbundes zwischen 1900 und 1920 von 10 000 auf 468 000 an, vergrößerte sich also nahezu um das 50fache. Zuwachsraten in einer ähnlichen Größenordnung weisen die Deutsche Sportbehörde für Athletik und der Deutsche Schwimmverband auf[116].

Dieser Aufschwung läßt sich noch deutlicher an den Erhebungen dokumentieren, welche die Deutsche Sportbehörde für Athletik über leichtathletische Wettkämpfe durchgeführt hat[117]. Danach stieg die Zahl der Wettkämpfer zwischen 1898 und 1913 um das 100fache an; auch die Zahl der Veranstaltungen wuchs in der gleichen Proportion. Noch beeindruckender sind die Steigerungsraten, die innerhalb eines Jahres zustande kamen: So erhöhten sich die finanziellen Aufwendungen für Sportreisen im Zeitraum 1910/11 von 40 000,— Mark auf 238 000,— Mark. Dabei wurden 1,2 Millionen Kilometer im Jahre 1910 zurückgelegt, 1911 waren es 7,8 Millionen Kilometer.

Dieser Wachstumsprozeß ging einher mit einem Strukturwandel, der gelegentlich mit dem Begriff der „Versportung" belegt wird[118]. Er beinhaltet, daß Prinzipien des Sports (z. B. körperliche Leistungen zu messen und quantitativ zu erfassen, in Wettkämpfen den Besten zu ermitteln, sich auf einzelne Bewegungsformen zu spezialisieren und durch Training systematisch zu verbessern, durch Regeln und Wettkampfnormen Voraussetzungen für Leistungsvergleiche zu schaffen) sich zunehmend auf dem Gebiet der Leibesübungen durchsetzten.

Die Turnbewegung reagierte zunächst ablehnend auf das Eindringen des Sports und grenzte sich entschieden von ihm ab. In der Abgrenzungsdiskussion wurde anfangs auf die unterschiedliche Herkunft abgehoben und

---

[116] Vgl. H. Risse: Soziologie des Sports. Berlin 1921, S. 49 ff.

[117] Vgl. Jahresbericht der Deutschen Sportbehörde für Athletik 1911. Athlet. Jahrbücher 1912, 1914.

[118] Eichberg: Der Weg des Sports in die industrielle Zivilisation, a. a. O., S. 31.

die nationale Gegensätzlichkeit hervorgekehrt: „Der Sport in seiner Nüchternheit einerseits und Ungebundenheit andererseits entspricht dem praktischen, auf größtmögliche persönliche Freiheit haltenden Sinne des Engländers und Amerikaners; das Turnen, indem es von allen gleichartige Ausbildung fordert, entspricht dem Charakter des Volkes, welchem dem Begriff der Pflicht am höchsten steht, und welches seiner allgemeinen Wehrpflicht seine Weltmacht verdankt"[119].

Die Kritiker des Sports erkannten schon sehr früh die Rekord- und Professionalisierungsgefahren und wehrten sich gegen die mit der Überbetonung der Individualleistung verbundenen gesundheitlichen Risiken. Auch der schichtenspezifische Aspekt geriet in den Blick, wenn der Sport als ungeeignet „für Aermere und Schwächere" hingestellt wurde[120].

Die Auseinandersetzungen zwischen der Turn- und Sportbewegung dauerten fast ein halbes Jahrhundert. Neben ideologischen Standortbestimmungen konkurrierte man um die öffentliche Vertretung der Turn- und Sportverbände; es kam zu Kompetenzstreitigkeiten bei der Organisation von Meisterschaften oder es ging um Startberechtigungen bei Doppelmitgliedschaft in einem Turn- und Sportverein. Der Zusammenschluß der Turn- und Sportverbände im *Deutschen Reichsausschuß für Leibesübungen* (1917) stellte den „Frieden zwischen Turnen und Sport" nur oberflächlich her[121]. Trotz der ab 1920 organisierten *Deutschen Kampfspiele*, die zur Überbrückung des Zwiespalts zwischen Turn- und Sportverbänden eingerichtet wurden, behaupteten sich Bestrebungen zu einer „reinlichen Scheidung" (1925/26)[122].

Neuere sozialwissenschaftliche Untersuchungen stellen das Aufkommen des Sports in einen engen Zusammenhang zu der seit Mitte des 19. Jahrhunderts in Deutschland einsetzenden Industrialisierung. Anhaltspunkte für diese Sichtweise liefert einmal der Tatbestand, daß zeitgleich mit der Herausbildung der industriellen Zivilisation der Sport seine spezifischen Formen der Bewegung, der Motivationen und Institutionen entwickelte[123].

---

[119] F. A. Schmidt: Sport und Leibeserziehung. In: Deutsche Turn-Zeitung, Nr. 8, 1886, S. 123.

[120] a. a. O.

[121] Vgl. die gleichnamige Schrift von C. Diem: Friede zwischen Turnen und Sport. Leipzig, Berlin 1914.

[122] W. Schütz: Die Leibesübungen treibenden Verbände. In: E. Neuendorff (Hrsg.): Die deutschen Leibesübungen. Berlin, Leipzig 1927, S. 68.

[123] Vgl. Eichberg: Der Weg des Sports in die industrielle Zivilisation, a. a. O., S. 157.

Zum andern stechen Rationalisierung und Leistungsorientierung heraus. Als Kennzeichen der modernen Arbeitswelt legen sie nahe, auf identische Strukturen zu schließen[124].

Ein dritter Erklärungsansatz hebt mehr auf die negativen Folgen ab, wie sie die Industrialisierung nach sich zog (Entfremdung, Anonymität, Bewegungsmangel u. a.) und meint, das wachsende Sportengagement auf Kompensationsmotive zurückführen zu können[125].

Historisch quantitative Daten lassen nicht zu, solchen Erklärungen uneingeschränkt zu folgen. Abzulehnen ist als erstes die These von der zeitlichen Parallelität von Sport und Industrialisierung. Sie scheint wenig plausibel, wenn man bedenkt, daß die Durchbruchsphase des Sports eigentlich erst 50 Jahre nach Beginn der Industrialisierung in Deutschland einsetzte. Ebenso ist Skepsis am Platze, wenn die Massenausbreitung des Sports auf eine Mangelsituation zurückgeführt wird.

Folgt man dem Phasenverlauf der deutschen Industrialisierung, so stellt man fest, daß der Aufstieg des Sports zusammenfällt mit einer gesamtwirtschaftlichen Hochkonjunktur, die etwa um die Mitte der 90er Jahre begann und bis zum Ersten Weltkrieg dauerte[126]. Die meisten Schichten der Bevölkerung beurteilten diese Entwicklung optimistisch. Unübersehbar ist die Verbesserung des Lebensstandards. Gerade hier muß angesetzt werden, wenn nach den Ursachen für den Zustrom, den die Turn- und Sportbewegung kurz vor dem Ersten Weltkrieg verzeichnet, gefragt wird. Den Anstieg der Sportaktivität in breiten Kreisen der deutschen Bevölkerung allein erklärt sie jedoch auch nicht.

In die Überlegungen müssen eine Reihe weiterer wichtiger Faktoren einbezogen werden: Neben geschickten Werbemaßnahmen (1882 Sportausstellung in Berlin), dem Ausbau der Sportpresse („Velociped", „Wassersport", „Illustrierte Athletiksportzeitung", „Deutscher Eissport"), dem publizistischen und organisatorischen Geschick von Sportpionieren wie C. Diem, den Bemühungen des Zentralausschusses zur Förderung der Volks- und

---

[124] Vgl. B. Rigauer: Sport und Arbeit. edition suhrkamp, Bd. 348. Frankfurt 1969.

[125] Vgl. dazu die Zusammenstellung bei H. Lenk: Sport in philosophischer Sicht. In: H. Baitsch u. a.: Sport im Blickpunkt der Wissenschaften. Berlin, Heidelberg, New York, 1972, 25 f.

[126] Vgl. G. A. Ritter / J. Kocka (Hrsg.): Deutsche Sozialgeschichte. Bd. II: 1870 bis 1914. München 1974, S. 14 f.

Jugendspiele (gegründet 1891) dürfte dazu die Einbeziehung des Sports in den Heeresdienst gehört haben[127].

Entscheidende Anstöße zur Förderung des Sports in Deutschland gingen von der Erneuerung der *Olympischen Spiele* (1896) aus. Coubertins Initiativen war es zu verdanken, daß sich die Olympischen Spiele zum bedeutendsten Sportereignis ausweiteten. Seine auf humanitären und pädagogischen Grundanschauungen basierende Förderung des Amateursports war für die Entwicklung des Modernen Sports wegweisend[128]. Trotz anfänglicher Widerstände aus dem Kreis der Deutschen Turnerschaft nahm der deutsche Sport den Kontakt zur internationalen Olympischen Bewegung auf und beteiligte sich schon 1896 an den Olympischen Spielen[129]. Zur Sicherstellung einer deutschen Vertretung wurde bereits 1896 ein Komitee für die Beteiligung Deutschlands an den Olympischen Spielen ins Leben gerufen[130]; von 1904 an wurde es eine ständige Einrichtung. Als Deutscher Reichsausschuß für Olympische Spiele (gegr. 1912) kann er gewissermaßen als Vorläufer des späteren Dachverbandes der Turn- und Sportverbände, des Deutschen Reichsausschusses für Leibesübungen, gelten.

Die finanzielle Unterstützung der Olympischen Bewegung in Deutschland beruhte bis zur Vergabe der Olympischen Spiele an die Stadt Berlin weitgehend auf privaten Zuwendungen (Sammlungen, Spenden, Überschüsse aus Festen im Cirkus Busch und Ausstellungen[130a]). Subventioniert wurden die Olympiamannschaften von den Kommissaren für die Weltausstellungen. Schließlich steuerte auch die deutsche Regierung Mittel dazu bei. Nach der Stockholmer Olympiade (1912) begannen in Deutschland „in seltener Großzügigkeit" die Vorbereitungen für 1916[131]. Nun waren auch die Behörden zu „tatkräftigster Unterstützung" bereit[132]. Ausschlaggebend war nicht zuletzt die Hoffnung, „ein gewaltiges Erleben des Nationalstolzes" zu garantieren[133].

---

[127] Vgl. Wildt, a. a. O., S. 108 ff.

[128] Vgl. P. de Coubertin: Der olympische Gedanke. Schorndorf 1967.

[129] Vgl. Germany and Olympism: From its origin to 1945. In: olympic review, Nr. 93—94, 1975, S. 274—289.

[130] Dokumente zur Frühgeschichte der Olympischen Spiele. Hrsg. vom Carl-Diem-Institut. Schorndorf 1970, S. 7 f.

[130a] a. a. O., S. 8, 79, 107, 113, 153, 184.

[131] C. Diem: Die Geschichte der Olympischen Spiele. In: K. Doerry / W. Dörr: Das Olympia-Buch. München 1927, S. 9.

[132] a. a. O., S. 9.

[133] a. a. O., S. 13.

Bestrebungen zur Reform der Leibeserziehung um die Wende vom 19. zum 20. Jahrhundert

Veränderungen von Theorie und Praxis der körperlichen Erziehung waren in der Vergangenheit häufig durch zeitkritische Analysen ausgelöst worden. Für das ausgehende 19. und beginnende 20. Jahrhundert trifft dies in besonderem Maße zu.

Eine Zeitkritik, die Fragen der körperlichen Erziehung und des Turnens thematisierte, kam schon um die Mitte des 19. Jahrhunderts auf und nahm in der zweiten Hälfte noch zu[134]. Zwei Aspekte waren es, an denen die Kritik immer wieder ansetzte: einmal das einseitig intellektuell ausgerichtete Bildungssystem, zum anderen der in Formalismus erstarrte Turnbetrieb in Schule und Verein.

In den 60er Jahren des vorigen Jahrhunderts war es vor allem O. H. Jäger, seit 1862 Vorstand der *Turnlehrerausbildungsanstalt* in Stuttgart, der unter Rückgriff auf die griechische Gymnastik eine Reform des Turnens verfolgte. Trotz mancher Entgleisungen — insbesondere in das exerziermäßige Üben mit dem Eisenstab (als Gewehrersatz) — ist bei ihm nicht zu übersehen, wie sehr es ihm um die Berücksichtigung elementarer Übungen ging, also „um's richtige Stehen, Gehen, Laufen, Springen, Werfen, Ringen, Ziehen und Schieben, Hängen und Stützen, Steigen und Klettern“[135]. Für manchen Turnhistoriker sticht er geradezu als Vorkämpfer für einen natürlicheren Übungsbetrieb hervor[136].

Die Unzufriedenheit über das damalige Schulturnen scheint weit verbreitet gewesen zu sein, denn sonst hätte das preußische Unterrichtsministerium 1860 nicht gemahnt, das Schulturnen durch Einführung von Schwimmen, Schlittschuhlaufen, Wandern und Spiele zu verbessern[137]. Auf Turnlehrerversammlungen tauchten ähnliche Forderungen auf (1874, 1876); Empfehlungen wurden ausgesprochen, neben 2 Stunden Turnen, 1 Stunde für Spiele vorzusehen. Auf dem Hygiene-Kongreß in Nürnberg wurde das Schulturnen öffentlich angegriffen[138].

Das Schulsystem selbst stand in dieser Zeit ebenfalls unter massiver Kritik. Schon 1861 hatte Virchow die „Übersättigung mit geistigen Din-

---

[134] Vgl. Wildt, a. a. O., S. 116 ff.
[135] O. H. Jaeger: Das „Militärische“ des Schulturnens in Württemberg. In: Deutsche Turnzeitung 1868, S. 42.
[136] Vgl. Rühl, a. a. O., S. 142.
[137] Vgl. Wildt, a. a. O., S. 116.
[138] a. a. O., S. 117.

gen" bemängelt[139]. Die „Überbürdungsfrage" beschäftigte bis in die 90er Jahre die Öffentlichkeit. Im Mittelpunkt der Diskussion standen medizinische Diagnosen über „Schulkopfschmerzen", Haltungsschäden, Untauglichkeit für den Militärdienst und psychische Störungen[140]. In der pädagogischen Diskussion wurde das Mißverhältnis zwischen körperlicher und geistiger Bildung, das Versagen der Schule in Belangen sittlicher, sozialer und emotionaler Erziehung bemängelt.

Um gegen solche Mängel anzukämpfen, wurde von Hartwich 1882 ein „Zentralverein für Körperpflege in Volk und Schule" gegründet. Auch von behördlicher Seite wurden Schritte zu ihrer Behebung unternommen. Schon vor dem Spielerlaß Gosslers 1882 in Preußen wurde 1879 in Hessen ministeriell verfügt, volkstümliche Übungen und Turnspiele zu berücksichtigen[141]. Die Kommunen unterstützten diese Entwicklung, indem sie bei der Beschaffung von Spielplätzen mithalfen[142].

Reformpädagogik und Natürliches Turnen

Gegen Ende des 19. Jahrhunderts wurde in der Diskussion um die Unzulänglichkeit des Schulwesens eine neue Argumentationsrichtung spürbar, die man *Reformpädagogik* bezeichnete. Auch sie bemängelte die Überladung des Schulcurriculums mit kognitiven Inhalten und verwarf deren Lebensferne[143]. Darüber hinaus wandte sie sich gegen die auf Unterordnung hinzielende Praxis. Als Gegenbewegung vertrat sie eine Pädagogik vom Kinde aus, die eine natürliche, weitgehend unbehinderte und jugendgemäße Erziehung unter Beachtung von Grundsätzen wie Selbsttätigkeit und Selbständigkeit, Spontaneität und Kreativität ermöglichen sollte. Eine Aufwertung erfuhr in diesem Bildungskonzept der motorische und gefühlsmäßige Erziehungsbereich. Die Leibeserziehung fand als Bestandteil der Persönlichkeitsbildung zunehmend Anerkennung[144].

Die konsequenteste Rezeption des reformpädagogischen Ansatzes vollzog sich in Österreich. Gaulhofer, Streicher, Slama u. a. hatten ein System

---

139 Zit. nach Wildt, a. a. O., S. 116.
140 Vgl. E. Hartwich: Woran wir leiden. Quellenbücher der Leibesübungen, Bd. 8. Dresden o. J. (1934), S. 424 ff.
141 Vgl. Wildt, a. a. O., S. 117 ff.
142 a. a. O.
143 Vgl. C. Wolf (Hrsg.): Wörterbuch der Erziehung. München 1974, S. 487 ff.
144 Wegweisend äußerte sich E. Spranger: Die Persönlichkeit des Turnlehrers. In: G. Klöhn: Leibeserziehung und Sport in der modernen Gesellschaft. Kleine pädagogische Texte, Bd. 27. Weinheim 1963², S. 96 ff.

der „Gesamterziehung vom Körper aus" erarbeitet, das sie *Natürliches Turnen* nannten[145]. Aus dem Prinzip der Natürlichkeit leiteten sie einfache, körpergemäße, kind- und entwicklungsgemäße, ökonomische und umweltgemäße Leibesübungen ab. Der Einfluß der Reformpädagogik bewirkte grundlegende Veränderungen auf dem Gebiet der Methodik der Leibeserziehung[146]. Die Lehrer-Schüler-Interaktion wurde gemäß der „Arbeitsschulmethode" umgestaltet; unter dem Stichwort „Bewegungsaufgabe" wurden aktive Mitarbeitsformen in den Unterricht eingeführt. Sportartenspezifische Lehrweisen bildeten sich im Schwimmen (Wiesner) und Skilauf (Hoschek) heraus[147].

Gymnastikbewegung

In großer Nähe zur Reformpädagogik vollzog sich eine Neubelebung der Gymnastik. Sie war Thema des dritten Kunsterziehertages 1905 in Hamburg. Aus der Verschränkung mit der bildenden Kunst und der Musik entstand kurz nach 1900 die Richtung der Künstlerischen Gymnastik, deren Ziel nach H. Kallmeyer eine „körperliche Erziehung auf künstlerischer Grundlage" war[148]. Etwa zeitgleich mit der Künstlerischen Gymnastik entstanden andere Lehrweisen; sie alle werden unter dem Begriff der *Gymnastikbewegung* zusammengefaßt. Zu ihr werden gerechnet: die Richtung der Funktionellen Gymnastik (Mensendieck), die Ausdrucksgymnastik (Delsarte, Stebbins), die Rhythmische Gymnastik (Dalcroze, Bode) und die Tänzerische Gymnastik (Duncan, Laban). Die erste gemeinsame Tagung fand 1922 statt; 1925 schlossen sich die Gymnastikschulen zum „Deutschen Gymnastik-Bund" zusammen.

Das Aufkommen der Gymnastik war bahnbrechend für die Gestaltung der körperlichen Erziehung der Mädchen und Frauen. Sie wurde geradezu zur weiblichen Domäne.

Jugendbewegung

Die Umgestaltung der Leibeserziehung erhielt durch die *Jugendbewegung* zusätzliche Impulse[149]. Sie war aus Protest gegen die Lebensformen

---

[145] Vgl. W. Burger / Groll. Leibeserziehung. Wien 1971[3], S. 16 ff.
[146] Vgl. dazu das Kap. Methodik in diesem Buch, S. 267 ff.
[147] Vgl. Burger / Groll, a. a. O., S. 55 ff.
[148] Zit. nach dem Sportwissenschaftlichen Lexikon, a. a. O., S. 127.
[149] Vgl. H. Bach: Struktur und Funktion der Leibesübungen in den Jugendorganisationen vor 1914. Beiträge zur Lehre und Forschung der Leibeserziehung, Bd. 54. Schorndorf 1974.

des ausgehenden 19. Jahrhunderts entstanden und verfolgte eine Form der Selbsterziehung und Gemeinschaftserfahrung, deren Hauptinhalte in einem einfachen Lebensstil bei Wandern und Zelten, in der Pflege der Volksmusik und des Volkstanzes, in Diskussionen und Feierstunden bestanden. Die Bewegung, die mit der Gründung des Wandervogels 1897 ihren Anfang nahm, griff rasch auf Schulen und Vereine über. Im Bereich der Leibeserziehung eröffneten sich vielfältige Möglichkeiten, selbständige Aufgaben bei der Führung von Jugendabteilungen in Turn- und Sportvereinen zu übernehmen. Verbandsmäßig organisierte sich 1921 die Turnerjugendbewegung[150].

Zusammenfassung und Ausblick

Die Zeit vom ausgehenden 18. bis zum beginnenden 20. Jahrhundert kann in Deutschland als Epoche charakterisiert werden, in der sich die wesentlichen Typen von Leibesübungen (philanthropische Gymnastik, Turnen, Sport und Olympische Bewegung, Gymnastikbewegung) herausbildeten und z. T. in der Vorherrschaft ablösten. So verdrängte im frühen 19. Jahrhundert das Turnen die philanthropische Gymnastik. Etwa 100 Jahre später durchbrach die Sportbewegung die Dominanz des Turnens. Es setzte ein Prozeß der „Versportung" ein, der bis in die Gegenwart angehalten hat. Deutlich läßt sich dieser Wandel am Austausch der Begriffe Gymnastik, Turnen und Sport als Bezeichnungen für die „Gesamtheit" der Leibesübungen festmachen[151].

Kennzeichnend für diesen Zeitabschnitt ist ferner das pädagogische Verständnis, das gymnastischen, turnerischen, sportlichen und spielerischen Aktivitäten beigemessen wurde. Es war naheliegend, daß mit den auf die Schule bezogenen Programmen erzieherische Zielsetzungen verbunden wurden. Jedoch sind auch die Grundanschauungen der vereins- und verbandsmäßig organisierten Richtungen (Turnen, Sport, Olympische Bewegung) von pädagogischen Intentionen geleitet.

Trotz unterschiedlichster Prämissen wie sie Philanthropismus, Turnbewegung, Sportbewegung oder Reformpädagogik aufweisen, tauchen bei der Beschreibung der Ziele der Leibesübungen immer wieder ähnliche Leitbegriffe auf: Gesundheitsförderung, Ausbildung personaler und sozialer

---

150 Vgl. J. Dieckert: Die Turnerjugendbewegung. Schorndorf 1968.
151 Vgl. Sportwissenschaftliches Lexikon, a. a. O., S. 184.

Tugenden, Herbeiführung einer Harmonie zwischen körperlichen und geistigen Kräften, Beitrag zur ästhetischen Erziehung, Natürlichkeit u. a.

Bei dem pädagogischen Optimismus, wie er im Hinblick auf die Einschätzung der pädagogischen Wirkungen der Leibesübungen zutage trat, war unausbleiblich, sie nach und nach in den schulischen Fächerkanon einzubeziehen. Mitte des 19. Jahrhunderts begann die Anpassung der schulischen Leibeserziehung an die institutionellen Rahmenbedingungen des damaligen Schulsystems. Daneben konstituierte sich das für Deutschland typische Vereinswesen.

Mit dem Aufkommen des Turnens in den ersten Jahrzehnten des 19. Jahrhunderts vollzog sich in bezug auf die Zielvorstellungen ein grundlegender Wandel. Die bis dahin überwiegend pädagogisch und medizinisch ausgerichteten Argumentationsweisen wurden überlagert von politischen Programmen. Nach Aufhebung der Turnsperre wurden die Politisierungstendenzen innerhalb der Turnbewegung erneuert. Einen Höhepunkt erreicht die Politisierungswelle in den Revolutionsjahren 1848/49. Auch in der zweiten Hälfte des 19. Jahrhunderts verstrickte sich die Deutsche Turnerschaft, obwohl sie „jeglicher Parteistellung" entsagen wollte, in Auseinandersetzungen mit linken und rechten politischen Gruppierungen. Sie führten schließlich zur Abspaltung des Arbeiterturnerbundes und des Turnkreises Deutschösterreich[152].

In der Zeit vor dem Ersten Weltkrieg kamen Bestrebungen auf, Leibesübungen zur Förderung des Nationalismus in Deutschland zu benützen. Die Einrichtung von deutschen Nationalfesten (nationale Olympische Spiele, Deutsche Kampfspiele, *Deutsch-Akademisches Olympia*) galt als zeitgemäßes Reformprogramm[153]. Maßgebliche Initiativen gingen vom Zentralausschuß zur Förderung der Volks- und Jugendspiele aus, der sich engagiert für die Hebung der Wehrkraft im Deutschen Reich einsetzte.

Nach dem Ersten Weltkrieg verschwand die deutsch-nationale Ideologie nicht aus den Denkgewohnheiten der Turn- und Sportverbände. Das Wort

---

[152] Der Turnkreis Deutschösterreich war wegen Zwistigkeiten in der Juden-Arier-Frage 1904 aus der Deutschen Turnerschaft ausgetreten. 1919 schlossen sich 4 österreichische, 1 nord- und 1 mitteldeutscher Kreis zum Deutschen Turnerbund zusammen, der sich zu Volkseinheit, Geistesfreiheit und Rassenreinheit bekannte.

[153] Vgl. S. Moosburger: Ideologie und Leibeserziehung im 19. und 20. Jahrhundert. Schriftenreihe für Sportwissenschaft und Sportpraxis, Bd. 9. Ahrensburg b. Hamburg, 1972, S. 75 f.

„deutsch" wurde für die Turn- und Sportbewegung trotz „innerer Verschiedenheit" als ihre verbindende Formel anerkannt, die besagte, „Mitglieder zu vaterländisch gesinnten, körperlich und sittlich hochstehenden deutschen Menschen zu erziehen"[154]. Scharf grenzte sich von ihnen die Arbeiter-Turn- und Sportbewegung ab. Wie tief die Turn- und Sportbewegung insgesamt politisch und ideologisch indoktriniert war, läßt sich zum einen an den Richtungskämpfen (SPD- gegen KPD-Flügel) innerhalb der Arbeiter-Turn- und Sportbewegung ablesen, zum anderen an Aufrufen der Deutschen Turnerschaft, keine Erholungs- und Urlaubsreisen im Ausland zu buchen[155] bzw. an der Vorschrift des Deutschen Reichsausschusses für Leibesübungen, für die Ablegung des Sportabzeichens die deutsche Staatsangehörigkeit zu verlangen[156].

Mit dem Zusammenbruch des Dritten Reiches 1945 endete auch die Phase der nationalsozialistischen Leibeserziehung[157]. Die Deutsche Turn- und Sportbewegung stand vor dem Problem, eine neue Grundlage für ihre Arbeit zu finden und eine neue Organisationsstruktur aufzubauen. In organisatorischer Hinsicht setzte sich bei der Gründung des Deutschen Sportbundes (1950) der Gedanke durch, eine einheitliche Sportbewegung aufzubauen und nicht die in der Weimarer Zeit bestehende Trennung in bürgerliche und proletarische Sportverbände wieder aufleben zu lassen oder die ursprünglichen Gegensätze von Turnen und Sport zu erneuern[158]. Kennzeichnend für den neugegründeten Deutschen Sportbund — schon 1924 hatte es eine gleichnamige Interessen- und Arbeitsgemeinschaft gegeben, zu der der Deutsche Fußballbund, der Deutsche Schwimmverband, die Deutsche Sportbehörde für Leichtathletik, der Bund Deutscher Radfahrer und der Deutsche Athletik-Sportverband gehörten — ist ein auf Toleranz bauendes Selbstverständnis, das „alle geistigen und politischen Richtungen, gesellschaftlichen Schichten und Institutionen, beruflichen Rollen und Funktionen" respektiert[159]. Bei der Standortbestimmung zog man philosophische,

---

[154] W. Schütz, a. a. O., S. 65.

[155] Vgl. Moosburger, a. a. O., S. 103.

[156] C. Diem: Gedanken zur Sportgeschichte. Beiträge zur Lehre und Forschung der Leibeserziehung, Bd. 22, Schorndorf 1965, S. 87.

[157] Vgl. den Beitrag von H. Bernett in diesem Band, S. 59 ff.

[158] Vgl. F. Nitsch: Warum entstand nach 1945 keine Arbeitersportbewegung? In: Sportwissenschaft 1976, S. 172 ff.

[159] Vgl. dazu K. Gieseler: Sport in der Bundesrepublik Deutschland. Frankfurt 1976, S. 14.

anthropologische oder soziologische Ansätze (Ortega y Gasset, Plessner, Buytendijk u. a.) heran, um den Stellenwert des Sports (z. B. als Spiel, als existentielles Leib- und Bewegungsphänomen, Träger des aktiven Freizeitlebens) für die moderne Gesellschaft zu verdeutlichen.

Bei der Neukonzeption der schulischen Leibeserziehung knüpfte man bewußt an die Reformpädagogik (mit Nohl oder Spranger als Gewährsleuten) an und verband sie mit bildungstheoretischen Anschauungen der fünfziger und frühen sechziger Jahre. Als Verdienst der theoretischen Bemühungen kann gelten, die Leibeserziehung trotz mancher Widerstände als Teil der Gesamterziehung verankert zu haben. Institutionell hatte dies zur Folge, daß die Lehramts- und Diplomstudiengänge als wissenschaftlich gleichwertig mit anderen Fächern anerkannt und an den Schulen und Hochschulen gleiche Laufbahnchancen eingeräumt wurden.

Überblickt man die Zeit vom ausgehenden 18. Jahrhundert bis zur zweiten Hälfte des 20. Jahrhunderts, so lassen sich eine Reihe von Fragestellungen ausmachen, die über den gesamten Zeitraum von jetzt nahezu 200 Jahren eine gewisse Aktualität aufweisen: So etwa diskutierte man Überlastungs- und Überbürdungsprobleme von Kindern, suchte eine zwangsfreie Erziehung im Bereich der Leibeserziehung durchzusetzen, argumentierte für die Verwirklichung der täglichen Turnstunde oder verfocht gegenüber zeitbedingten Fehlentwicklungen eine natürlichere Lebens- und Bewegungsweise.

Nicht zu übersehen sind neben solchen traditionellen Elementen die fundamentalen Veränderungen im theoretischen Verständnis von Sport und Leibeserziehung: So wurde beispielsweise das Nützlichkeitsdenken, das lange Zeit sportlichen und turnerischen Betätigungen unterlegt wurde, abgeschwächt; demgegenüber hat sich ein eher vom Spiel her bestimmtes Denken herausgebildet. Dieser Ansatz vertrug sich nicht mit Begründungsrichtungen, die den Sinn von Sport und Leibeserziehung in Wehrertüchtigung und nationaler Identifikationen suchten. Auch die stark vom Wettkampfsport geprägte Ausrichtung des schulischen und außerschulischen Sports besteht nicht mehr. Stattdessen haben sich Auffassungen behauptet, Sport allen sozialen Schichten zugänglich zu machen. Der Förderung des Breitensports kommt gesellschaftspolitisch eine Priorität zu. Die steigenden Mitgliederzahlen des Deutschen Sportbundes — als größte freiwillige Organisation in der Bundesrepublik Deutschland vereinigte er 1979 über 70 Sportverbände mit über 15 Millionen Mitgliedern — bestätigen die Zugkraft seiner derzeitigen Struktur, seiner Programme und Aktionen[160].

Ergänzender Literaturhinweis

H. Ueberhorst (Hrsg.): Geschichte der Leibesübungen. Band 3/1. Berlin, München, Frankfurt 1980.

[160] Vgl. K. Schlagenhauf: Sportvereine in der Bundesrepublik Deutschland. Schorndorf 1977, S. 180 f. In dieser empirischen Untersuchung konnte nachgewiesen werden, daß 90% der Sportvereinsmitglieder mit ihrem Sportverein relativ zufrieden sind.

Hajo Bernett

Zur Zeitgeschichte der Leibeserziehung und des Sports

I. Einführung in Themen und Probleme

Unter Zeitgeschichte wird hier die jüngste universalgeschichtliche Epoche verstanden, beginnend mit dem Jahr 1917: mit dem Eintritt der USA in den Ersten Weltkrieg und dem Ausbruch der Russischen Revolution. Dieser Zeitabschnitt ist u. a. gekennzeichnet durch den Aufstieg der USA und der Sowjetunion zu den führenden Weltmächten, durch die Krise der liberalen Demokratie und das Aufkommen autoritärer und totalitärer Herrschaftsformen (Nationalsozialismus in Deutschland, Faschismus in Italien, Herrschaft Francos in Spanien und Salazars in Portugal), durch die Herausbildung übernationaler Zusammenschlüsse und Organisationen (Völkerbund, UNO).

Die Erforschung und Darstellung der Zeitgeschichte spiegelt in ihrer weitverzweigten Thematik diese Aspekte wider. Maßgeblich für das Selbstverständnis der Zeitgeschichte sind die methodologischen Überlegungen von H. Rothfels und Th. Eschenburg[1] gewesen. Übereinstimmend versteht man unter Zeitgeschichte die „Epoche der Mitlebenden und ihre wissenschaftliche Behandlung". Als ihr besonderes Kriterium gilt das „eigene Betroffensein" der Zeitgenossen, das Bedürfnis, verhängnisvolle Zusammenhänge und Entwicklungen, deren Opfer man geworden ist, aufzuhellen. Aufgrund des „Vorzugs der Nähe" (Zeugenbefragung) und der Verwendung neuartiger technischer Hilfsmittel (z. B. Mikrofilm) eröffnen sich der Zeitgeschichte spezielle methodische Arbeitsmöglichkeiten. Zahlreiche Forschungsstellen, Archive und Organe (z. B. Vierteljahrshefte für Zeitgeschichte) dokumentieren die Bedeutung dieses Zweigs der Geschichtswissenschaft.

Die sportgeschichtliche Forschung in der Bundesrepublik Deutschland hat im Gegensatz zur Historiographie der DDR die zeitgeschichtliche Thematik relativ spät aufgenommen. Im Vordergrund stand dabei die Darstellung der Arbeiter-Turn- und Sportbewegung, der nationalsozialistischen Leibeserziehung und des Systems der sozialistischen Körperkultur.

---

[1] Vgl. dazu u. a.: H. Rothfels: Zeitgeschichtliche Betrachtungen. Göttingen 1959; Th. Eschenburg: Aufgaben der Zeitgeschichte. In: Geschichte in Wissenschaft und Unterricht 1955, S. 356 ff.; siehe auch: B. Scheurig: Einführung in die Zeitgeschichte. Sammlung Göschen, Bd. 1204. Berlin 1970[2].

Ansätze zu einer Zeitgeschichte der Leibesübung

Für die Verfasser der ersten turngeschichtlichen Leitfäden, E. Angerstein (1870), H. Brendicke (1882), H. Rühl (1894) und C. Cotta (1902), wirft die Einbeziehung der Gegenwart — der Gründerjahre und der Wilhelminischen Ära — keine historiographischen Probleme auf. Erst mit E. Neuendorffs 4. Band der „Geschichte der neueren deutschen Leibesübung" (1932) erhebt sich die Gegenwartsgeschichte über das Niveau der pragmatischen Handreichung zur Interpretation des Zeitgeistes. Trotz des Wissens um mangelnden „Abstand" unternimmt E. Neuendorff einen umfassenden „Versuch", die Leibesübungen in der Weimarer Republik darzustellen. In großer Linienführung rückt seine Deutung das eigene Erleben in den Mittelpunkt. Zentrale Bedeutung erhält bei ihm das „Fronterlebnis" des Ersten Weltkrieges, eingebettet in das Bewußtsein eines epochalen „geistigen Umbruchs", der mit Nietzsche anhebt. In den dreißiger Jahren läßt ein stürmischer Irrationalismus das „alte germanische Menschentum" wieder hervorbrechen — das Signal für die endgültige Überwindung des verderblichen „Intellektualismus". Schwerpunkt dieser Entwicklung ist die von E. Neuendorff propagierte „Jahn-Erneuerung". So mündet der Weg über die „Erdhaftigkeit" völkischen Daseins in den Nationalsozialismus[2]. Die methodisch ungesicherte Darstellung, getragen von emotionalem und rhetorischem Überschwang, besticht jedoch durch ihre geschlossene Konzeption. Aber der Ideologe übertönt den Historiker Neuendorff; eine trügerische Weltanschauung verdeckt die reale Welt. — Frappierend zeigt sich der Mangel an kritischer Distanz in E. Neuendorffs Werk über die „Deutsche Turnerschaft 1860 bis 1936". Nicht als Historiker, sondern als ehemaliger Führer der Deutschen Turnerschaft (DT) würdigt E. Neuendorff unter antidemokratischem Vorzeichen die „nationalpolitische Haltung" der Turnerschaft. Gewaltsam harmonisierend, bezeichnet er den Akt der Auflösung im Jahre 1935 als die „Zeit der Erfüllung"[3]. Von völkischer Warte her beurteilt auch H. Wetzel, „an der Schwelle eines neuen Deutschlands" stehend, das damalige bunte Bild der Leibesübungen. Befangen in der Ideologie des „deutschen Blutes", meint er in dieser Fülle ein Abbild des „deutschen Parlamentarismus"

---

[2] Geschichte der neueren deutschen Leibesübung. Bd. 4. Dresden o. J., S. 578 ff. Neuendorffs Verhältnis zum Nationalsozialismus analysiert H. Ueberhorst: Edmund Neuendorff. Turnführer ins Dritte Reich. Berlin 1970.

[3] J. Dieckert kommt in seiner Schrift über die Turnerjugendbewegung (Schorndorf 1968) zu dem Ergebnis, daß der letzte Abschnitt nicht von Neuendorff, sondern von dem „völkischen" Turner Willi Buch im Auftrage des Reichssportführers verfaßt worden sei.

zu erkennen, dem der Nationalsozialismus den Kampf angesagt hat, um die deutsche „Leibeszucht“ ganz dem Gesetz des Politischen zu unterstellen[4]. — Die einzige zeitgenössische Gesamtdarstellung der „Leibeserziehung im nationalsozialistischen Staat“ hat E. Stahr 1939 für B. Saurbiers „Geschichte der Leibesübungen“ verfaßt und in den vorgegebenen Rahmen „nationalsozialistischer Geisteshaltung“ eingefügt[5].

Nach dem Zweiten Weltkrieg stellt sich die Epoche der Weimarer Republik und des Nationalsozialismus einer gewandelten Welt in neuem Lichte dar. Aber im Gegensatz zur Aktivität der internationalen Zeitgeschichte tendieren Pädagogen und Leibeserzieher dahin, die Fehlentwicklung der jüngsten Vergangenheit aus der geschichtlichen Betrachtung auszuklammern. Bemerkenswert ist der Versuch L. Mesters, die „Geschichte der Leibeserziehung in der Schule“ von 1919—1945 als ein kontinuierliches Ganzes darzustellen und die Strömungen der Reformpädagogik bis in die nationalsozialistische Leibeserziehung zu verfolgen[6]. Ausgehend von persönlichen Erinnerungen beschreibt C. Diem die „Zeit des Nationalsozialismus“ als ein Stück erlebter und mitverantwortlich gestalteter Geschichte. Es ist verständlich, daß die Schilderung der Berliner Olympischen Spiele die Schattenseiten ausspart[7]. In apologetischer Absicht unternimmt es der ehemalige Stabsleiter des Nationalsozialistischen Reichsbundes für Leibesübungen, den entscheidenden geschichtlichen Umbruch vom Deutschen Reichsausschuß für Leibesübungen (DRA) zum Nationalsozialistischen Reichsbund für Leibesübungen (NSRL) darzustellen[8]. Ein Musterstück zeitgeschichtlicher Analyse bildet U. Popplows Heydrich-Porträt. Hier wird durch Zeugenbefragung methodisch exakt ein Lebensbild rekonstruiert: der Januskopf eines Sportführers und Massenvernichters[9]. Die Verflechtungen der nationalsozialistischen Sportpolitik sind neuerdings am Beispiel der Olympischen Spiele von 1936 verdeutlicht worden[9a].

---

4 Überblick über die neuere Geschichte der deutschen Leibesübungen. In: Sport und Staat. Hrsg. v. d. Reichssportführung, Bd. 1. Berlin 1934.

5 B. Saurbier u. a.: Geschichte der Leibesübungen. Leipzig 1939, S. 190 ff., S. 5.

6 Grundfragen der Leibeserziehung. Braunschweig 1969³, S. 58.

7 Weltgeschichte des Sports und der Leibeserziehung. Stuttgart 1960, S. 997 ff.

8 G. v. Mengden: Vom Deutschen Reichsausschuß zum NS-Reichsbund für Leibesübungen. In: Jahrbuch des Sports 1955—56. Hrsg. vom DSB. Frankfurt 1955.

9 Reinhard Heydrich oder die Aufnordung durch den Sport. In: Olympisches Feuer 1963, S. 14—20.

9a H. Bernett: Sportpolitik im 3. Reich. Schorndorf 1971; A. Krüger: Die Olympischen Spiele 1936 und die Weltmeinung. Berlin 1972. Eine Übersicht der Neuerscheinungen bei H. Bernett: Das Bild der Olympischen Spiele von 1936 im Spiegel neuerer Publikationen. In: Die Leibeserziehung 1972, S. 275—278.

Im Gegensatz zu den sporadischen Versuchen in der Bundesrepublik haben Historiker der DDR nach den Prinzipien „marxistischer Geschichtsforschung" ein autorisiertes Lehrbuch der „Geschichte der Körperkultur in Deutschland" verfaßt. Band 3 und 4 dieser Kollektivarbeit behandeln den „gesetzmäßigen, von objektiven Widersprüchen vorangetriebenen Entwicklungsprozeß" des Zeitraumes von 1917—1945. In — wie es heißt — „parteilicher" Darstellung erscheint der Klassenkampf als Triebkraft zeitgeschichtlicher Veränderungen; er gipfelt in dem Sieg der proletarischen Sportbewegung über die bürgerlich-idealistische Reaktion. Der von G. Wonneberger redigierte 4. Band stellt die aufsteigende sozialistische Körpererziehung der rückständigen Leibeserziehung einer verfallenden bürgerlichen Epoche gegenüber[10]. Aus zahlreichen Aufsätzen zur Zeitgeschichte spricht die gleiche Tendenz zur Rechtfertigung dieses Ansatzes[11].

Angesichts der innerdeutschen Differenzen ist es bedauerlich, daß man von der ausgezeichneten Arbeit eines Engländers keine Notiz genommen hat, von J. G. Dixons Studie über die Zeit der Weimarer Republik und „Sport and the Master Race" (1933—1939). Diese kritisch pointierte Schilderung des ehemaligen Sportoffiziers der englischen Besatzungszone schöpft aus persönlicher Kenntnis und Erfahrung[12].

Unser Überblick könnte durchaus bewirken, die Zweifel an den Möglichkeiten einer Gegenwartsgeschichte wachsen zu lassen. Gegenüber dieser grundsätzlichen Skepsis vermag sich die zeitgeschichtliche Forschung nur dann zu behaupten, wenn durch vertiefte Grundlagenreflexion eine gesicherte Ausgangsposition gewonnen wird. Sie sei in wenigen Thesen umrissen:

1. Die Entwicklung des Sports und der Leibeserziehung zu profilierten Grundformen aus eigenen Kräften und Ideen gerät mit Beginn der dreißiger Jahre in eine schwere Krise: Die Turn- und Sportbewegung verfällt weltanschaulichen Tendenzen, die in ihrem „völkischen" Selbstverständnis ange-

---

[10] H. Simon und Autorenkollektiv: Die Körperkultur in Deutschland von 1917 bis 1945. Berlin 1969; G. Wonneberger und Autorenkollektiv: Die Körperkultur in Deutschland von 1945 bis 1961. Berlin 1967.

[11] Die Titel können hier im einzelnen nicht aufgeführt werden. Sie sind zu finden in der Zeitschrift Theorie und Praxis der Körperkultur und in der Wissenschaftlichen Zeitschrift der Deutschen Hochschule für Körperkultur.

[12] J. G. Dixon u. a.: Landmarks in the History of Physical Education. London 1957. Zu erwähnen ist noch die brauchbare Darstellung in einem amerikanischen Werk, der letzte Teil des Abschnitts „In Education for German Citizenship" bei D. B. van Dalen u. a.: A. World History of Physical Education. New York 1953. Von dieser Substanz zehrt das ebenso naive wie fehlerhafte Kapitel über die deutsche Leibeserziehung im 20. Jahrhundert bei C. W. Hackensmith: History of Physical Education. New York 1966.

legt sind, und ideologischen Übergriffen politischer Mächte[13]. In der Analyse dieser Entfremdung, in der „Ideologie-Entlarvung" (Th. Adorno) ist demnach das Kardinalthema einer Zeitgeschichte, die sich als Geistesgeschichte versteht, zu sehen.

2. Die Untersuchung der ideologischen Verfremdung stellt den Betrachter vor die Notwendigkeit, sich von der bildenden Substanz der Leibeserziehung zu überzeugen. Jede Kritik an historischen Fehlformen setzt eine Vergewisserung der Gehalte voraus, wie sie auch der Didaktik aufgegeben ist. Dabei weiß sich die Leibeserziehung im Einvernehmen mit der Erziehungswissenschaft, die das pädagogische Denken gleichfalls von ideologischen Relikten zu befreien sucht[14].

3. Zeitgeschichtliche Forschung vollzieht sich nicht in akademischer Distanz, solange persönliches Verflochtensein andauert. In der wachsamen Kritik gegenüber Fälschungsversuchen und Legendenbildung[15] zeigt sich eine gewisse Aggressivität, die für die Zeitgeschichte charakteristisch ist. Jede Darstellung fordert Reaktionen heraus: menschliche, weltanschauliche, politische. So gerät die Forschung notwendig in das Kreuzfeuer der öffentlichen Auseinandersetzung.

4. Indem die internationale Zeitgeschichte in den vergangenen zwei Jahrzehnten zu einem profilierten Wissenschaftszweig ausgebaut wurde und ihre Fruchtbarkeit durch eine Fülle von Publikationen erwiesen hat, ist eine Methodik entwickelt worden, die auch für die Gegenwartsgeschichte der Leibeserziehung verbindlich sein sollte.

5. Wer das Gewesene rekonstruieren und das Seiende erfassen will, steht zunächst vor der Aufgabe der Deskription. Darüber hinaus eröffnet sich die Möglichkeit, Modelle ideologisch gesteuerter Leibesübung einer vergleichenden Betrachtung zu unterziehen und ihre Grundzüge in realtypischer Abstraktion[16] herauszuarbeiten. Parallelen zwischen der nationalsozialistischen Leibeserziehung und der marxistisch-sozialistischen Körperkultur for-

---

[13] Der Ideologie-Begriff hat in marxistischer Sicht und in der soziologischen Forschung vielfache Bedeutung angenommen. Wir verstehen unter einer „Ideologie" ein streng fixiertes System von weltanschaulichen Lehrsätzen mit totalitärem Charakter, das die Wirklichkeit inkongruent überlagert. Die Ideologie soll als „richtiges Bewußtsein" das gesamte Denken durchdringen und einheitlich steuern. Sie wird von politischen Mächten mit dem Anspruch unbedingter Gültigkeit propagandistisch verbreitet und durchgesetzt.

[14] Vgl. W. Klafki u. a.: Erziehungswissenschaft. Funk-Kolleg, Bd. 2. Frankfurt 1970.

[15] Dazu B. Scheurig, a. a. O., S. 29.

[16] Zum Verfahren der realtypischen Abstraktion vgl. B. Zittel: Der Typus in der Geschichtswissenschaft. In: Studium Generale 1952, S. 378—384.

dern diesen Vergleich geradezu heraus — handelt es sich doch um inhaltlich grundverschiedene, aber strukturell vergleichbare Konzeptionen körperlicher Erziehung[16a].

Indem wir uns auf das Hauptthema der Zeitgeschichte beschränken, stellen wir nun diese Modelle nebeneinander und überlassen es der weiterführenden Reflexion, daraus Folgerungen für die Theorie der Leibeserziehung zu ziehen. Diese Einführung will vor allem als Stoffsammlung dienen, in die Problemstellung einführen und ungelöste Forschungsaufgaben erörtern.

II. Nationalsozialistische Leibeserziehung

Zur Vorgeschichte

„Völkische" Tendenzen in Turnen und Sport, Körperkultur und Gymnastik

Die verhängnisvolle Radikalisierung der „völkischen" Bestrebungen innerhalb der Turnerschaft beginnt mit der Gründung des Deutschen Turnerbundes, der sich 1889 von der Deutschen Turnerschaft lossagt (Abspaltung des Turnkreises Deutschösterreich). In ihm verengt und verhärtet sich der Volkstumsgedanke zum Rassen-Dogma. Durch die Spaltung der Turner wird die Gefahr der Radikalisierung auf reichsdeutschem Gebiet zwar für einige Jahrzehnte gebannt. Als aber 1933 die Demokraten und Liberalen aus der Führung der DT verdrängt werden, setzt sich der immanente Antisemitismus durch. Mit den Marxisten werden auch die Juden aus der DT ausgeschlossen. Bei der Gründung des Deutschen Reichsbundes für Leibesübungen (DRL) wird die propagandistische Methode der „Dietarbeit" aus der Erziehungspraktik der österreichischen Turner übernommen.

Zur Orientierung sind wir immer noch auf die Selbstdarstellung von Repräsentanten des Dietwesens angewiesen[17]. Eine ideengeschichtliche Untersuchung der Zusammenhänge ist dringend erforderlich. Auf der Basis neuerer Forschungen zum Wiener Antisemitismus würden sich umgreifende Aspekte ergeben[18].

Innerhalb der DT ist es vor allem E. Neuendorff, der gemeinsam mit Th. Scheller die Turnerjugend dem „völkischen Aufbruch" entgegendrängt

---

[16a] Zur Affinität beider Systeme vgl. die Aufsatzsammlung von B. Seidel u. a.: Wege der Totalitarismus-Forschung. Darmstadt 1968, insbesondere die Beiträge von C. J. Friedrich und H. Kohn.

[17] R. Zenker: Sinn und Geschichte des Dietwesens. In: Volk und Leibesübung 1942, S. 217; K. Münch (Hrsg.): Deutschkunde über Volk, Staat, Leibesübungen. Berlin 1935[5]; E. Mehl: Deutsch-Österreichs geistiger Beitrag zu den gesamtdeutschen Leibesübungen. In: Leibesübungen und körperliche Erziehung 1937, S. 161—171.

und sich schließlich von seinen demokratischen Mitarbeitern lossagt. Eine Tagung in Anweiler (1930) läßt bereits erkennen, daß die Turnerjugend „bewußt nationalsozialistisch eingestellt ist“[19]. Bei der Machtergreifung beeilt sich E. Neuendorff, die Turnerjugend als nationale Kampftruppe zur Verfügung zu stellen.

Trotz aller Gegensätze zum deutschen Turnen hat auch der Sport nach dem Ersten Weltkrieg — bedingt durch das „Fronterlebnis“ seiner Führer — völkisch-nationale Züge angenommen, die sich in den dreißiger Jahren zusehends verstärken. Die Idee der „Deutschen Kampfspiele“ gewinnt an Gewicht und konkurriert mit dem Olympischen Gedanken. Man widerspricht nicht mehr der Kritik am „Liberalismus“ des Sports und strebt nach einem neuen Stil des Mannschaftssports, eben des „deutschen“ Sports. Mehrere Verbandsvorsitzende sympathisieren offen mit der NSDAP, insbesondere H. Geisow, Präsident des Schwimmverbandes. So kann es nicht überraschen, daß Repräsentanten des Sports 1933 die Auflösung des Deutschen Reichsausschusses für Leibesübungen (DRA) forcieren und das Schicksal des bewährten Dachverbandes dem Reichssportführer überlassen. Viele Quellen sprechen dafür, daß der Sport ebensowenig wie das Turnen von den Nationalsozialisten gewaltsam okkupiert zu werden brauchte[20].

Einzeluntersuchungen zu den Deutschen Kampfspielen und zur Entwicklung des Mannschaftssports würden dazu beitragen, die Umstrukturierung des ursprünglich international angelegten Sports zu klären. Die Auflösung des DRA ist bisher nur von Mitbeteiligten beschrieben worden. Nach der tendenziösen Dissertation von H. Weder[21] erscheint es vonnöten, den dramatischen Vorgang aus den Quellen zu rekonstruieren.

Neben den „Großmächten“ der Leibesübung gerät auch die sektiererhafte Nacktkörperkultur in den Sog extremer nationalistischer und rassistischer Strömungen. Die ideologische Anfälligkeit dieser Bewegung erweist sich schon nach der Jahrhundertwende, als die Schriften R. Ungewitters ein vitales Rassebewußtsein propagieren. Von seinem Kult der nordischen Idealgestalt führt eine gerade Linie zu Fidus (Höppner) und Fahrenkrog, die schließlich von A. Rosenberg in Dienst genommen werden. H. Surén, der erfolgreiche

---

18 Dazu H. Arendt: Elemente und Ursprünge totaler Herrschaft. Frankfurt 1955, S. 73 ff.

19 Jahrbuch der Turnkunst 1934, S. 40. Die zunehmende Politisierung und Annäherung an die NSDAP wird von J. Dieckert bestätigt (vgl. Anm. 3).

20 Quellen-Nachweise bei H. Bernett: Nationalsozialistische Leibeserziehung. Schorndorf 1966, S. 54 ff., S. 175 ff.

21 Der Deutsche Reichsausschuß für Leibesübungen 1917—1933. Päd. Diss., Leipzig (DHfK) 1963.

Literat und Methodiker der Nacktkulturbewegung, steigt folgerichtig zum hohen NS-Funktionär auf[22].

Nachdem sich die FKK-Bewegung weltanschaulich bewußt neutralisiert hat, steht einer Entwirrung dieses verschlungenen Gebildes nichts mehr im Wege. Eine ideologiegeschichtliche Untersuchung würde ein trübes Kapitel deutscher Geistesgeschichte zutage fördern.

Durch ihre weltanschaulichen Prämissen wird die rhythmische Gymnastik von vornherein in die Nähe des Mythos von Blut und Boden gewiesen. R. Bodes Philosophie des Rhythmischen bereitet die Basis für eine „Deutsche Gymnastik", die im Reichsnährstand und im Bund Deutscher Mädchen (BDM) eine wichtige Erziehungsfunktion erhält. Viele Dokumente deuten darauf hin, daß von allen Richtungen der deutschen Leibeserziehung die Gymnastikbewegung am folgerichtigsten dem Nationalsozialismus zugefallen ist.

Auch auf diesem Gebiet steckt die Forschung noch in den Anfängen. Wie an einem Modellfall ließe sich der Übergang vom Philosophischen zum Ideologischen studieren.

„Umbruch" und Indoktrination

Mit dem geistigen und politischen „Umbruch" des Jahres 1933 wird die Leibeserziehung auf das politische Grundsatzprogramm des Nationalsozialismus verpflichtet: auf Hitlers „Mein Kampf" und seine „Erziehungsgrundsätze des völkischen Staates". Viele Erzieher und Leibeserzieher begrüßen Hitlers Thesen in der Hoffnung, daß ihre Reformideen endlich mit starker Hand verwirklicht werden. Sie vernehmen traditionelle Grundmotive völkischer Erziehung, ohne ihre gefährliche Radikalisierung zu erkennen. Was heute gern als „Mißbrauch" durch eine unumschränkt herrschende Staatsmacht deklariert wird, kündigt sich in Hitlers „Mein Kampf" unzweideutig an. So wird die Idee des „Volkstums" deutlich genug mit dem „rassischen Element", der „rassischen Qualität" verknüpft. Indem Hitler dem „Einpumpen bloßen Wissens" das „Heranzüchten kerngesunder Körper" entgegensetzt, scheint er die traditionelle Kritik am Intellektualismus zu bestätigen. Aber die lange Reihe polemischer Antithesen signalisiert eindeutig eine Akzentverlagerung vom Ideal des „Gebildeten" zur „trotzigen Verkörperung männlicher Kraft". Hitler fordert die tägliche Leibesübung nicht etwa aus pädagogischen Gründen. Nach seinen Vorstellungen soll der Sport das geschwundene Kraftgefühl eines unterlegenen Volkes regenerieren, den „Glauben an die Unbesiegbarkeit seines ganzen Volkstums" zurückgewinnen hel-

[22] Quellen-Nachweise bei H. Bernett: Grundformen der Leibeserziehung. Schorndorf 1965, S. 72 ff.

fen. Die „körperliche Ertüchtigung" gipfelt in der Ausbildung einer kämpferischen Elite, deren „sportlich tadellos trainierte Körper" von „höchstem Angriffsgeist" beseelt werden[23].

Um die ganze Dimension der weltanschaulichen Infizierung ermessen zu können, bedarf es zunächst einer systematisch-vergleichenden Bestandsaufnahme aller Hitler-Zitate in der einschlägigen Literatur zur Leibeserziehung. Weiterführende Untersuchungen wären zu differenzieren nach den Weisen des Verstehens und Aneignens, nach der Rangordnung und dem Wirkungsgrad der Leitsätze.

Die Theorie einer „politischen Leibeserziehung"

Während Hitlers Thesen zur „körperlichen Ertüchtigung" nach 1933 eine breite Massenwirkung erzielen, entfaltet sich die philosophische Theorie der NS-Leibeserziehung zunächst im akademischen Raum. Initiator dieser Verquickung von völkisch-heroischer Philosophie und Leibesübung ist der Hochschullehrer A. Baeumler, der seit 1931 die Studentenschaft in Dresden, Jena und Berlin für seine Idee eines erneuerten „Männerbundes" zu gewinnen sucht. Der emphatische Ruf nach einer Jahn-Renaissance (K. Henlein, E. Neuendorff) wird nunmehr philosophisch begründet. Jahns Schöpfung des öffentlichen Turnplatzes erhält das Gewicht einer genialen politischen Tat. Gegenüber dem Individualismus des Sports — eine liberale Fehlentwicklung — und dem Feminismus der Gymnastik plädiert A. Baeumler für die dem Deutschen angemessene „soldatische Haltung". Während er in systematischer Abgrenzung der Frau das Spiel und den Tanz überläßt, fordert er für das „politisch" intendierte Turnen der jungen „Mannschaft" die Stärkung des „Kampfgeistes"[24]. In Baeumlers Dresdner Seminar bildet sich ein Schülerkreis, der die systematische Ausarbeitung einer Theorie der „politischen Leibeserziehung" betreibt[25] und eine Methodik nach dem Prinzip der Mannschaftserziehung entwickelt[26]. Als Baeumler an die Universität Berlin berufen wird und sein Schüler Wetzel in den Stab v. Tschammers eintritt, erweitert sich der Geltungsraum der neuen Theorie. Eine Neufassung von Baeumlers Entwurf erscheint unter dem Titel „Die weltanschaulichen Grundlagen der deutschen Leibesübungen" in dem Repräsentativband der Reichssportführung. In polemischer Abkehr vom humanistischen Bildungsideal rückt Baeumler den deut-

---

[23] Mein Kampf. München 1933[21], S. 451 ff., S. 611.

[24] Sinn und Aufbau der deutschen Leibesübungen. In: Männerbund und Wissenschaft. Berlin 1934.

[25] H. Wetzel: Turnen-Sport-Gymnastik .In: Sport und Staat. Bd. 2. Berlin 1937. Ders.: Politische Leibeserziehung. Berlin 1938[2].

[26] J. Dannheuser u. a.: Zur Methodik einer politischen Leibeserziehung. Berlin o. J. (1937).

schen Turnlehrer und den Turnplatz Jahnscher Prägung — nunmehr beherrscht von HJ und SA — in den „Mittelpunkt des Staates"[27]. Im Programm der „politischen Leibeserziehung" erhalten die Leibesübungen die fundamentale Bedeutung, wie sie Hitler gefordert hat. Die Verpflichtung auf das Ideal des „politischen Soldaten" wird vom Lehrstuhl für „politische Pädagogik" herab legitimiert. Erziehung des Leibes gilt als ein „politicum" höchsten Grades.

In der zeitgenössischen Literatur ist die starke Resonanz auf Baeumlers weltanschauliche Grundlegung unverkennbar. Nach der pauschalen Einordnung in den faschistischen Irrationalismus durch G. Lukas[28] wäre eine differenzierende Untersuchung von Baeumlers Position innerhalb der deutschen Philosophie erwünscht. Für eine kritische Bereinigung des Selbstverständnisses der deutschen Leibeserziehung ist es erforderlich, Herkunft und Struktur des Anti-Intellektualismus zu klären. Ungelöst ist noch die Aufgabe, Baeumlers Leitmotiv der „Kraft" in der Geschichte der deutschen Erziehung bis in seine Wurzeln zu verfolgen[28a].

Die politische Verpflichtung der Schulen und Hochschulen

Durch die Errichtung des Amtes K (Körperliche Erziehung) im Reichsministerium für Erziehung, Wissenschaft und Volksbildung (REM) wird der staatlichen Leibeserziehung ein unerhörter Auftrieb verliehen. Ohne Kritik zu erregen, werden drei (1935), dann fünf Stunden Turnunterricht (1937) für alle Schulgattungen angeordnet[29]. Aber der ministerielle Führungsapparat beschränkt sich nicht auf die Organisation und die fachliche Steuerung des Unterrichts. Durch einheitliche, zentral gelenkte Ausbildung und Ausrichtung der Turnlehrer werden zunächst die Voraussetzungen für das neue System geschaffen. Alle amtierenden Leibeserzieher werden im Lauf der Jahre an der „Führerschule" Neustrelitz zu Kursen zusammengezogen und in harter Schulung mit den Grundsätzen und Methoden der „politischen Leibeserziehung" vertraut gemacht. Man modelliert das Bild eines neuen Erziehertyps, eines soldatischen Führers mit vorbildlicher nationalsozialistischer Haltung. Die Erziehungsmittel, die Leibesübungen, erhalten eine neue Rangordnung im Sinne der „Charakterbildung". Da die kämpferischen Qualitäten

---

[27] In: Sport und Staat. Bd. 1. Berlin 1934. Ders.: Politische Leibeserziehung. In: Sport und Staat, Bd. 2. Berlin 1937.

[28] Die Zerstörung der Vernunft. Neuwied 1962.

[28a] Eine differenzierende Betrachtung zum „Kraft"-Motiv findet sich neuerdings bei W. Joch: Theorie einer politischen Pädagogik. Alfred Baeumlers Beitrag zur Pädagogik im Nationalsozialismus. Bern, Frankfurt 1971, S. 258.

[29] Alle amtlichen Verfügungen im Amtsblatt des Reichserziehungsministeriums, Berlin 1935 ff., und im Anhang der Zeitschrift Leibesübungen und körperliche Erziehung.

dominieren, rücken Boxen, Fußball und Gerätturnen im Übungskanon an die erste Stelle. Ihren prägnantesten Ausdruck findet die weltanschauliche Verpflichtung der schulischen Leibeserziehung in den „Richtlinien" von 1937 und 1941. Darin wird das Programm der körperlichen Erziehung auf „Volk, Wehr, Rasse und Führertum" festgelegt.

Eine vollständige Sammlung und Auswertung aller Interpretationen der staatlichen „Richtlinien" würde dazu beitragen, die Motive der Neuorientierung zu durchleuchten. Aus den Kommentaren würde sich ergeben, ob die fachlichen oder die ideologischen Belange den Vorrang erhalten. Da die Akten des Amtes K bisher nicht aufgefunden worden sind, dürfte die Entstehungsgeschichte des Dokuments schwerlich zu rekonstruieren sein. Undurchsichtig ist auch die Beeinflussung der Konzeption durch die politischen Instanzen der Partei und des Nationalsozialistischen Lehrerbundes (NSLB). In Archiven und Instituten für Zeitgeschichte lagert noch unerschlossenes Material. Die Unterlagen der Dezernenten, Schulbehörden und Schulen wären gleichfalls heranzuziehen, um ein differenziertes Gesamtbild zu gewinnen. Nach vorliegenden Erfahrungen sind die Ergebnisse der zeitgeschichtlichen Interview-Methode allerdings besonders kritisch zu verwerten[30].

Auch die körperliche Erziehung der Studierenden an den Universitäten und Hochschulen wird vom Amt K verantwortlich geregelt. „Leibesübungen sind grundsätzlich Pflicht" — Mangel an Härte und Einsatzbereitschaft kann zur Verweisung führen. Die „Hochschulsportordnung" fordert von allen Studierenden eine dreisemestrige Grundausbildung, die Boxen, Geländelauf und Schießen einschließt. Die Ableistung der Sportpflicht gilt als Bedingung zur Fortsetzung des Studiums[31]. Hinzu kommt die geländesportliche Ausbildung durch das SA-Hochschulamt.

Das Programm einer allgemeinen „Sportpflicht" wäre einer Untersuchung wert. Es geht zurück auf eine Forderung des Deutschen Reichsausschusses für Leibesübungen, die wiederholt an den Gesetzgeber herangetragen worden ist. Die NSDAP hat diesen Punkt in ihr Parteiprogramm aufgenommen.

Die weltanschauliche „Gleichschaltung" der Turn- und Sportverbände

Politisch-ideologische Strömungen nach dem Ersten Weltkrieg haben dahin geführt, daß die Mehrzahl der deutschen Turner und Sportler 1933 dazu prädisponiert ist, die „nationale Erhebung" zur eigenen Sache zu machen. Mit Ausnahme der marxistischen und konfessionellen Organisationen erklären sich die Verbände mit Hitler solidarisch. Nach Auflösung der Zentralkommission für Arbeitersport und Körperpflege, der Deutschen Jugendkraft und des Eichenkreuz-Verbandes bedarf es keiner weiteren

[30] Zur Interview-Methode vgl. R. Eilers: Die nationalsozialistische Schulpolitik. Köln, Opladen 1963.

[31] G. Briese (Hrsg.): Hochschulsportordnung und Ministerialerlasse. Berlin 1937.

Gewaltanwendung. Vorab ist es die Deutsche Turnerschaft, die sich unter E. Neuendorff spontan „Seite an Seite neben SA und Stahlhelm" stellt. Auf dem Deutschen Turnfest in Stuttgart bekennt sich Hitler „in tiefer Dankbarkeit" zur „deutschen Turnerei" Jahnscher Prägung. Nach der Selbstauflösung des DRA hat der Reichssportkommissar leichtes Spiel, die bestehenden Verbände mit ihrem Vermögen in den neuen Reichsbund für Leibesübungen schrittweise zu überführen. Sein ideologischer Auftrag lautet, den „unpolitischen Sportler" zum aktiven Nationalsozialisten umzuformen. Die geforderte Durchdringung mit „SA-Geist" wird propagandistisch unterstützt von Alten Kämpfern der NSDAP, denen v. Tschammer und Osten Schlüsselstellen überantwortet. Eine systematische weltanschauliche Schulung verschmilzt das turnerische Gedankengut mit der nationalsozialistischen Anthropologie. Konsequenter Abschluß dieses Prozesses ist die Umbenennung zum Nationalsozialistischen Reichsbund für Leibesübungen, der sich unter „Führung und Schutz der NSDAP" begibt. Damit erhält der Bund auch offiziell das von ihm selbst erstrebte politische Mandat.

Auflösung, Widerstand und Verfolgung der Arbeiter-Turn- und Sportverbände sind von marxistisch-kommunistischer Seite ausführlich untersucht und dargestellt worden[33]. Dabei bleibt allerdings die Frage offen, warum man in der DDR keinen Wert darauf gelegt hat, die Turn- und Sportvereine der Arbeiterbewegung wieder aufleben zu lassen. Unveröffentlichte Erinnerungen von Augenzeugen könnten diesen Vorgang aufklären. — Die Überleitung des DRL in den NSRL — nach v. Mengden ein Akt der Notwehr gegenüber konkurrierenden Parteiverbänden — wäre einer kritischen Untersuchung wert. Vorausgegangene Verhandlungen mit der Reichsregierung könnten aus Archivalien der ehemaligen Reichskanzlei rekonstruiert werden.

Im Hinblick auf die sportlichen Erfolge im Dritten Reich wäre es psychologisch aufschlußreich, dem Zusammenhang von weltanschaulicher Erziehung und Leistungssteigerung nachzugehen. In den Trainingslagern für die XI. Olympischen Spiele knüpft sich der bedenkliche Nexus zwischen sportlicher Höchstleistung und staatlichem Prestige.

Die Umgestaltung der Leibesübungen in den Gliederungen der NSDAP

In der nationalsozialistischen Pädagogik werden die Leibesübungen der Kategorie des „Dienstes" untergeordnet. Damit verliert die Leibeserziehung ihre eigene Dignität und ihren eigenen Anspruch; ihre Inhalte werden nach weltanschaulichen Forderungen modifiziert. Während die freie, spielerische

---

[32] Dazu K. D. Bracher: Die Auflösung der Weimarer Republik. Villingen 1955³.

[33] Vgl. Anm. 10. Ferner die Autorreferate zu den Dissertationen von G. Wonneberger, H. Simon, L. Skorning in: Theorie und Praxis der Körperkultur 1956, S. 618 f.; 1957, S. 487—490; 1966, S. 373—376.

Leibesübung im Ausgleichssport der Deutschen Arbeitsfront unter der Regie von „Kraft durch Freude" anfangs noch erhalten bleibt, entwickelt sich in den „Männerbünden" der nationalsozialistischen Bewegung der „Wehrsport". Als militante Partei-Formation sei hier nur exemplarisch die SA genannt. Ihr wirksamstes Mittel, den „politischen Soldaten" zur Härte und Einsatzbereitschaft zu erziehen, wird der sog. „SA-Sport" im Gelände und auf der Hinderniskampfbahn. Die von Hitler gestifteten SA-Sportabzeichen und SA-Wehrabzeichen bestätigen diesen Auftrag. So werden die NS-Kampfspiele in Nürnberg zu einer politisch intendierten Demonstration des SA-Geistes. Hitler projektiert dafür das gigantische „Deutsche Stadion" als eine völkische Weihestätte zur Feier des „neuen Typs des deutschen Menschen"[34]. Der Schauplatz Nürnberg — mit dem Aufmarschgelände der Partei verbunden — zeigt beispielhaft die Umgestaltung des Sports zum Kampf der Mannschaften und Formationen.

Die volkstümliche Form des Massensports bei „Kraft durch Freude" hat E. Neuendorff dazu bewogen, in den Dienst der Deutschen Arbeitsfront überzuwechseln und dort turnerschaftliche Tradition zu vertreten[34a]. Aufschlußreich wäre die Analyse der Veränderung sportlicher Feste: Der Weg vom „Deutschen Olympia" über die „Deutschen Kampfspiele" zu den „NS-Kampfspielen". Die Infektion mit „SA-Geist" ließe sich sozusagen als ein Kapitel „Krankheitsgeschichte" des deutschen Sportgeistes darstellen. Eine Untersuchung der strukturellen Eingriffe in das Übungsgut würde einen lehrreichen Abschnitt aus der Formgeschichte der deutschen Leibesübungen erschließen.

III. Sozialistische Körperkultur

Mit der Bestimmung wesentlicher Merkmale der sozialistischen Körperkultur in der DDR erfassen wir Zeitgeschichte im engeren Sinne als Geschichte der Gegenwart[35].

Zur Vorgeschichte

Alle Darstellungen von marxistischer Seite heben hervor, daß sich die proletarische Sportbewegung der Vorkriegszeit nach 1945 nicht bruchlos fort-

[34] Quellen-Nachweise bei H. Bernett (Anm. 20), S. 211 ff.

[34a] H. Bernett: Nationalsozialistischer Volkssport bei „Kraft durch Freude". In: Stadion 1979, 1.

[35] Zum Gebiet der schulischen Körpererziehung vgl. G. Engelhardt: Leibeserziehung an den Schulen der SBZ. Bonn 1965. Sachlich ergänzt wird diese Arbeit durch Schriften über die Konflikte der ost-westlichen Sportpolitik: K. Ihmels: Sport und Spaltung in der Politik der SED. Köln 1965; K. H. Gieseler: Sport als Mittel der Politik. Mainz o. J. (1965). Neuere Arbeiten unter anthropologischen und soziologischen Aspekten: H. J. Kramer: Körpererziehung und Sportunterricht in der DDR. Schorndorf 1969; D. Martin: Schulsport in Deutschland. Schorndorf 1972.

pflanzt. Man ehrt zwar die Widerstandskämpfer und Veteranen, aber man gestattet nicht die Neugründung ihrer ehemaligen Verbände und Vereine. Zudem erfordert die allgemeine Sowjetisierung eine veränderte Sportpolitik. Um eine klare ideologische Ausrichtung zu gewährleisten, wird die Führung des Sports nach 1945 zunächst der FDJ und dem FDGB übertragen. So wird dem Sport die Selbstbestimmung vorenthalten; eine Weiterentwicklung aus eigenen Kräften und Antrieben bleibt verwehrt. Nach der Beseitigung aller traditionellen organisatorischen und weltanschaulichen Relikte begründet man den Sport auf einer neuen ideologischen Basis.

Die ideologische Basis

Mit dem öffentlichen Sport wird auch die staatliche Körpererziehung auf marxistische Prinzipien verpflichtet. Funktionäre und Theoretiker entfalten eine rege Aktivität, um die Bedeutung marxistischer Erziehungsthesen für die Körperkultur zu erweisen. Sie gehen konform mit den verstärkten Bemühungen um eine systematische marxistisch-sozialistische Pädagogik, die sich heute als ein funktionsfähiges System darstellt[36]. Ausgangspunkt ist die Überzeugung, im historisch-dialektischen Materialismus den Schlüssel zur wissenschaftlichen und historischen Wahrheit zu besitzen. Es bedarf nur seiner Anwendung, um den Aufbau der sozialistischen Körpererziehung zu vollenden[37]. So kommt es zu einer Neuentdeckung und Auswertung des Marxschen Hauptwerkes für die Körperkultur. Ungeachtet ihres Alters — „Das Kapital" ist vor 100 Jahren erschienen — werden Marx' Äußerungen über „Gymnastik" auf das Programm der „polytechnischen Bildung" übertragen[38]. Die humanistischen und neuhumanistischen Begriffe der „Universali-

---

[36] Das Gelingen dieser Systembildung wird von H. Mieskes aus persönlicher Kenntnis und Erfahrung entschieden verneint. Mieskes kritisiert die philosophische Grundlegung als eklektisches Summationsergebnis. (Pädagogik des Fortschritts? Das System der sowjetzonalen Pädagogik. München 1960.) Weniger polemisch verfährt Th. Dietrich bei seiner Einführung, die allein aus den Quellen gearbeitet ist. (Sozialistische Pädagogik. Ideologie ohne Wirklichkeit. Bad Heilbrunn 1966.) Der kurze Abriß von F. J. Wehnes enthält u. a. eine Einführung in die Marxsche Anthropologie. (Schule und Technik in Ost und West. Pädag. Taschenbuch 2. Ratingen 1964.)

[37] G. Thiess: Nur die Anwendung des dialektischen Materialismus gewährleistet den Aufbau der sozialistischen Körperkultur. In: Theorie und Praxis der Körperkultur 1958, S. 606—619.

[38] Vgl. G. Oelschlägel: Einige grundsätzliche Bemerkungen von Karl Marx zur Körpererziehung. In: Theorie und Praxis der Körperkultur 1953, S. 6—20; W. Sieger: Einige philosophische Fragestellungen bei der Bestimmung des Zieles der Körpererziehung. In: Theorie und Praxis der Körperkultur 1963, S. 743—747. Zu den

tät" und „Allseitigkeit" gewinnen aktuelle Bedeutung für die körperliche Erziehung eines disponiblen Menschentyps im industriellen Zeitalter.

Karl Marx geht es um die „Regeneration" der Arbeitskraft, die unter den Bedingungen des Frühkapitalismus zu verkümmern droht. Nach dem Modell von sog. Fabrikschulen des 19. Jahrhunderts fordert er die „Verbindung von Unterricht und Gymnastik mit Handarbeit", wie sie der englische Sozialist R. Owen in seiner Kommune „New Lanark" (1839—1845) bereits zu verwirklichen suchte. In dieser Fusion meint Karl Marx die „einzige Methode zur Produktion vollseitig entwickelter Menschen" zu erkennen[39].

Die Rolle des „Klassikers" bringt es mit sich, daß aus einer beiläufigen Bemerkung eine neuartige Genealogie der Leibesübungen abgeleitet wird. Im „Kapital" heißt es: „Die Technologie entdeckte ebenso die wenigen großen Grundformen der Bewegung, worin alles produktive Tun des menschlichen Körpers ... notwendig vorgeht ..."[40]. Demnach gilt die Arbeit als primäre Tätigkeit des Menschen — sein Spiel hat eine abgeleitete, untergeordnete Funktion[41]. Nach den Prinzipien der Marxschen Ökonomie wird die Struktur des modernen Sports durch die industrielle Produktionsweise determiniert[42]; die Grundformen technischer Arbeit spiegeln sich in der sportlichen Motorik[43]. Diese Interpretation gilt als wissenschaftliche Beweisführung, da der Marxismus-Leninismus als Dogma verstanden wird.

Gehört es nicht zu den Aufgaben einer Zeitgeschichte der Leibeserziehung, die Auswirkungen der deutschen Marx-Renaissance auf die Begründung und Gestaltung der sozialistischen Körperkultur nachzuzeichnen? In den Jahrgängen 1953—1965 von Theorie und Praxis der Körperkultur findet sich reiches Quellenmaterial.

Eine zuverlässige Sammlung aller Äußerungen von Marx und Engels über Erziehung und Bildung bietet die Ausgabe von Grusdew[44]. Es bleibt allerdings noch zu klären, was Karl Marx eigentlich unter „Gymnastik" verstanden haben mag.

---

entsprechenden Bemühungen auf sowjetischer Seite vgl. P. A. Rudik / W. N. Koronowski: Die Körpererziehung der Schüler in den Klassen 1 bis 4 der sowjetischen Schule. Berlin 1952.

39 P. N. Grusdew: Marx/Engels über Erziehung und Bildung. Berlin 1960, S. 176 f.

40 a. a. O., S. 179.

41 F. I. Samoukow: Probleme der Geschichtsschreibung auf dem Gebiete der Körperkultur. In: Theorie und Praxis der Körperkultur 1960, S. 116—121.

42 A. Wohl: Die Theorie der Körperkultur als gesellschaftswissenschaftliches und naturwissenschaftliches Problem. In: Theorie und Praxis der Körperkultur 1956, S. 492—504.

43 K. Meinel: Arbeitsmotorik und sportliche Motorik. In: Körpererziehung 1959, Beilage, S. 18—27.

44 P. N. Grusdew, a. a. O. Brauchbar ist auch die Studienausgabe von H. E. Wittig: Karl Marx, Bildung und Erziehung. Paderborn 1968.

Ausrichtung nach sowjetischem Vorbild

Die von H. Mieskes kritisierte Unselbständigkeit der sozialistischen Pädagogik in der DDR ist auch in der Körpererziehung erkennbar. Der Ausbau der Körperkultur nach 1950 gleicht einer Imitation des sowjetischen Vorbilds. Man begründet diese Ausrichtung mit der These, daß in der UdSSR nach der Oktoberrevolution von 1917 die erste kommunistische Körperkultur der Geschichte geschaffen worden sei. Das Studium dieses Modells führt seit 1950 zahlreiche Delegationen von Funktionären, Dozenten und Studenten in die UdSSR. Ihre Aufmerksamkeit gilt vor allem der Organisation, den wissenschaftlichen Einrichtungen und dem Leistungssport. „Von der Sowjetunion lernen, heißt siegen lernen" — diesem Wahlspruch folgen die Neuerer in den sozialistischen Ländern[45]. „Vor Freunden haben wir keine Geheimnisse", betonen die sowjetischen Wissenschaftler, und sie stellen bereitwillig ihre Ergebnisse zur Verfügung, die durch planmäßige Übersetzungsarbeit aufbereitet und angeeignet werden. Eine Leipziger Bibliographie von 3000 Titeln, die einen Übersetzungszeitraum von 10 Jahren erfaßt, enthält allein 1700 Arbeiten aus der UdSSR[46]. Dieser Angleichungsprozeß ist heute im wesentlichen abgeschlossen.

Dem sowjetischen Modell entspricht die Organisationsspitze der Körpererziehung in der DDR: das Staatliche Komitee für Körperkultur und Sport mit seinem Wissenschaftlich-methodischen Rat. — Die führende Fachzeitschrift Theorie und Praxis der Körperkultur hat ihr Vorbild in dem sowjetischen Organ Teorija i praktika fisitscheskoi kultury. — Wie in der UdSSR gilt das staatliche Sportabzeichen als Richtschnur des gesamten Schul- und Volkssports. Der 1934 eingeführte GTO-Komplex („Bereit zur Arbeit und zur Verteidigung der UdSSR") findet sein Analogon in dem BAV-Komplex („Bereit zur Arbeit und Verteidigung"). — Die an der Körpererziehung und vormilitärischen Ausbildung beteiligte Gesellschaft für Sport und Technik (GST) wird 1952 nach dem Beispiel der sowjetischen DOSAAF (Freiwillige Unions-Gesellschaft zur Förderung der Land-, Luft- und Seestreitkräfte) gegründet. — Demonstrationen und Feste des Sports werden nach sowjetischem Muster durchgeführt. Man übernimmt den Monumentalstil bei der körperlichen Darstellung von Losungen, Emblemen und Symbolen. — Zur Schulung des Nachwuchses entstehen 1952 die ersten Kinder- und Jugendsportschulen, wie sie sich in der UdSSR bereits bewährt haben. —

[45] Zu den internen Sportbeziehungen im Ostblock vgl. H. W. Morton: Medaillen nach Plan. Köln 1963.

[46] Verzeichnis deutscher Übersetzungen für Körperkultur und Sport 1950—1960. Hrsg. v. d. DHfK. Leipzig 1962.

Die obligatorische Körpererziehung für Studenten entspricht gleichfalls dem sowjetischen System. — Auch methodische Neuerungen werden übernommen, zum Beispiel die Einrichtung von Ferien-Schwimmlagern, das Erteilen von Hausaufgaben, die Intensivierung des Unterrichts.

Ein detaillierter Nachweis dieser Zusammenhänge würde erkennen lassen, mit welcher Konsequenz die Körpererziehung in der DDR das Bezugssystem wechselt und damit eine bedeutsame Zäsur in der Zeitgeschichte der Leibesübungen herbeiführt.

Die führende Rolle der SED

Bei der Konzeption der marxistisch-leninistischen Pädagogik und der weltanschaulichen Ausrichtung der Körperkultur ist die Partei maßgeblich beteiligt. Man feiert die Gründung der SED als einen „Wendepunkt auch in sportpolitischer Hinsicht“[47] und bekennt sich zur „Führung der Arbeiterklasse und ihrer Partei“. An ihrer Spitze präsentiert sich Walter Ulbricht als Freund und Mäzen des Sports. Bei Festen und Wettkämpfen zeigt er sich als Aktiver, gemäß der ihm zugeschriebenen Losung: „Jedermann an jedem Ort — jede Woche einmal Sport“. Prominente „Meister des Sports“ berichten begeistert von ihren Begegnungen mit dem früheren 1. Sekretär des ZK der SED[48].

Organ der ideologischen Steuerung der sozialistischen Körperkultur ist der Parteitag der SED. Jeder Parteikonferenz folgt das Bemühen der Theoretiker und Funktionäre, die Richtlinien der Partei für den Bereich der Körpererziehung zu interpretieren und in die Praxis zu übertragen. Erinnert sei an die Beschlüsse des V. Parteitages zum Siebenjahrplan (1959), an die Losung von der „körperlichen Vervollkommnung“, die der VI. Parteitag ausgegeben hat (1964), und an die optimistischen Sentenzen des Parteitages von 1967. Daß diese Direktiven kritiklos in pädagogische Maßnahmen übersetzt werden, kennzeichnet die Abhängigkeit der Körpererziehung[48a].

Lehrreich wäre eine vollständige Bestandsaufnahme aller Reaktionen, die den Parteitagen gefolgt sind. Man findet sie in den Leitartikeln der Fachzeitschriften, in den Materialien der wissenschaftlichen Konferenzen, in den Lehrplänen und Anweisungen des Staatlichen Komitees.

Die SED erteilt nicht nur Weisungen, sie wacht auch über die ideologische Erziehung, insbesondere über die Politarbeit an den Hochschulen. Hier nimmt sie auch entscheidenden Einfluß auf die Haltung der Dozenten für

---

[47] G. Wonneberger (Anm. 10), S. 34.

[48] G. Erbach: Sport frei. W. Ulbricht — Vorbild, Lehrer und Freund der deutschen Sportler. Berlin 1963.

[48a] Dagegen spricht D. Martin von einer zunehmenden „Versachlichung“ und bestreitet die These vom „totalen Führungsanspruch“ der SED (a. a. O., S. 68 f.).

Körpererziehung. An der Deutschen Hochschule für Körperkultur tritt dieses Kontrollsystem besonders in Erscheinung. Die Partei-Organisation an der DHfK sieht ihre Aufgabe darin, die „ideologischen Schwächen" zu überwinden und ständig zur „ideologischen Auseinandersetzung" aufzufordern[49]. Sie überwacht die schriftlichen und mündlichen Äußerungen der Dozenten; Reste „bürgerlichen" Denkens werden öffentlich als „Revisionismus" angeprangert[50].

Frontstellung gegen „bürgerliches" Denken

Das Prinzip der „ideologischen Auseinandersetzung" führt zu der Forderung, die „gesetzmäßig" herrschenden „Widersprüche" aufzuweisen. Gedankengänge „bürgerlicher" Herkunft werden von diesem Standpunkt aus in dialektischer Zergliederung bekämpft. Wir nennen zunächst Beispiele einer Denkrichtung, die man der „Lebensphilosophie", dem „Irrationalismus" oder dem „Vitalismus" zuzuordnen pflegt:

So wird es C. Diem verübelt, daß er den Gedanken des „zweckfreien Spiels" vertritt und damit die „Notlüge" der westdeutschen Sportführung übernimmt[51]. Man wertet die Versuche des Deutschen Sportbundes ab, zu philosophischen Interpretationen der Leibesübungen aufzufordern. J. Huizingas Wort von einer „neuen Askese" wird als hilfloser Reflex der kapitalistischen Gesellschaftsordnung beurteilt[52]. Ortega y Gassets Vortrag über „des Lebens sportlich-festlichen Sinn" widerspreche der Vernunft und Wissenschaft, heißt es[53]. Die „spätbürgerliche Reflexion" über Sport und Leibeserziehung (Plessner, Gehlen, Buytendijk, Portmann) wird der „Mythenproduktion" geziehen[54]. Eine gefährliche Version der sog. „abendländischen Sporttheorie" glaubt man in klerikalistischen Tendenzen zu erkennen; die Restauration einer mittelalterlichen Theologie im „Neothomismus" sei

---

[49] G. Dotzauer: Unter Führung der SED vorwärts zum Sieg... In: Theorie und Praxis der Körperkultur 1958, S. 581—588.

[50] Erinnert sei an den Fall G. Lukas: Durch gezielte Angriffe der DHfK-Parteiorganisation wird der Direktor des Instituts für Körpererziehung der Universität Halle zeitweise ausgeschaltet, weil er aus „bürgerlicher" Literatur zitiert hat.

[51] W. Sieger u. a.: Die Grenzen bürgerlicher Sportlehre. In: Theorie und Praxis der Körperkultur 1961, S. 488—497.

[52] W. Sieger: Standortbestimmung oder Desorientierung? In: Körpererziehung 1958, S. 481—487.

[53] W. Sieger: Zur Ideologie der westdeutschen Sportführung. In: Theorie und Praxis der Körperkultur 1958, S. 620—628.

[54] L. Kleine: Philosophische Grundpositionen der spätbürgerlichen Reflexion auf Körperkultur und Sport in Westdeutschland (Autorreferat). In: Theorie und Praxis der Körperkultur 1967, S. 268—272.

dem Bankrott der „bürgerlichen" Philosophie gleichzusetzen[55]. Mit Nachdruck wendet man sich gegen alle Symptome des sog. Revanchismus, Faschismus, Militarismus usw. So unterstellt man dem DSB, dem Militarismus Vorschub zu leisten, sich mit dem Neokolonialismus und der Europa-Bewegung einzulassen, die Idee der „formierten Gesellschaft" zu unterstützen[56]. In der Deutschen Olympischen Gesellschaft vermutet man die Konzentration des „Monopolkapitalismus", der den Sport als Mittel der Leistungs- und Profitsteigerung mißbraucht[57]. In der Führung des Deutschen Turner-Bundes glaubt man einen Hort des Chauvinismus und des Revanchismus zu sehen. Besondere Angriffsflächen bieten die traditionalistische Gestaltung der Turnfeste und die Mitwirkung der Sudetendeutschen. Der Turnerjugend wird vorgeworfen, mit ihrem Streben nach staatsbürgerlicher Erziehung am Kalten Kriege teilzuhaben[58]. Die Rückständigkeit der westdeutschen Turner meint man auch daran ablesen zu können, daß sie das überlieferte Jahn-Bild unkritisch konservieren[59].

Diese Themen füllen viele Spalten der Fachschriften und stehen im Mittelpunkt wissenschaftlicher Konferenzen und internationaler Tagungen. Einem neugegründeten Institut an der DHfK wird die Aufgabe gestellt, die „bürgerliche Sporttheorie" systematisch zu analysieren[60]. Die Zeitschrift des Staatlichen Komitees erklärt sich zum „ideologisch-theoretischen Kampforgan"[61].

---

[55] F. Trogsch: Theoretiker der westdeutschen Leibeserziehung im Dienste des klerikalen Faschismus. In: Theorie und Praxis der Körperkultur 1960, S. 121—125; W. Nitschke u. a.: Über den Einfluß des Katholizismus auf den Sport in der Westzone. In: Theorie und Praxis der Körperkultur 1960, S. 197—206.

[56] I. Wonneberger: Die zunehmende Militarisierung des westdeutschen Sports ... In: Theorie und Praxis der Körperkultur 1958, S. 1046—1056; W. Gitter: Der westdeutsche Sport im Dienste des Neokolonialismus. In: Theorie und Pratis der Körperkultur 1962, S. 507—515; W. Thilo: Sport und „formierte Gesellschaft". In: Theorie und Praxis der Körperkultur 1967, S. 6—12.

[57] W. Pastor: Die Hintermänner des westzonalen Sports. In: Theorie und Praxis der Körperkultur 1958, S. 1057—1066.

[58] G. Wonneberger: Westzonale Turnerjugendführer spielen mit dem Feuer. In: Körpererziehung 1959, S. 57—65, 109—118.

[59] W. Schröder: Das Jahnbild in der deutschen Turnbewegung. IV. Teil. In: Theorie und Praxis der Körperkultur 1960, S. 394—408.

[60] Redaktion: Konstituierung des Instituts für Theorie, Soziologie und Organisation der Körperkultur an der DHfK. In: Körpererziehung 1966, S. 578—580.

[61] L. Skorning u. a.: Dem V. Parteitag der SED zum Gruß! In: Theorie und Praxis der Körperkultur 1958, S. 577; G. Wieczisk: Über die neuen Aufgaben der Zeitschrift ... In: Theorie und Praxis 1959, S. 389—395.

Die zeitgeschichtliche Betrachtung läßt erkennen, daß hier die Agitation der Internationalen Arbeiter-Sportbewegung wieder aufgenommen wird. Bei H. W. Morton ist nachzulesen, wie die amerikanische „Bourgeosie“ von der sowjetischen Kritik in gleicher Weise attackiert worden ist[62]. Hier sind die Themen und Argumente bereits vorweggenommen. Diese Feststellung wird bestätigt durch zahlreiche Titel dieser Art, wie sie in dem genannten Verzeichnis der Übersetzungen aus dem Russischen katalogisiert sind. Nach 1968 sind die Thesen gegen den Sport der „spätkapitalistischen“ Gesellschaft weitgehend von der neo-marxistischen Sport-Kritik in der BRD übernommen worden.

Die politische Funktion des DTSB

Der Deutsche Turn- und Sportbund ist seit 1957 die umfassende sportliche Massenorganisation der DDR. Nach seinem Statut hat der DTSB unter Führung der Partei am Aufbau des Sozialismus aktiv teilzunehmen, zur Solidarität mit der Arbeiter- und Bauernmacht zu erziehen und zum Kampf gegen „alle Formen der reaktionären bürgerlichen Ideologie“ anzuhalten[63]. Wenn aufgrund internationaler Schwierigkeiten später einige Passagen geändert worden sind[64], so bleibt die grundsätzliche Verpflichtung davon unberührt. Der DTSB untersteht dem Weisungsrecht des Zentralkomitees der SED und erhält seine unmittelbaren Direktiven vom Staatlichen Komitee für Körperkultur und Sport[65]. Seine Führung bildet eine „Kombination von Scheindemokratie und zentraler Anleitung“[66]. Als „politisches Instrument“ der SED[67] ist der DTSB vom Bundesgerichtshof in Karlsruhe zur verfassungsfeindlichen Organisation erklärt worden. Die Berechtigung dieser rigorosen Maßnahme ist allerdings umstritten.

So ist der Sport in der DDR durch seine Verfassung an die Sportpolitik der SED gebunden. Die Entscheidungen seiner Führung sind in ein Netz von politischen Determinanten eingespannt. Das Ringen um Anerkennung und um Aufnahme in die internationalen Föderationen ist primär ein Politikum. Verhandlungen über innerdeutschen Sportverkehr und gesamtdeutsche Mannschaften scheiterten bislang an politischen Bedingungen und Auflagen.

Alle Darstellungen des Ost-West-Konflikts von seiten der DDR beschuldigen die Bundesrepublik, sich dem NATO-Bündnis und der Hallstein-Doktrin verschrie-

---

[62] Morton (Anm. 45), S. 97 ff.

[63] Statut des Deutschen Turn- und Sportbundes (DTSB). In: Verzeichnis der wichtigsten gültigen Bestimmungen auf dem Gebiete der Körperkultur und des Sports in der DDR. Sonderheft von Theorie und Praxis der Körperkultur 1959.

[64] K. H. Gieseler: Sport als Mittel der Politik. Mainz o. J., S. 24.

[65] Gieseler (Anm. 64), S. 77 ff.

[66] K. Ihmels: Sport und Spaltung in der Politik der SED. Köln 1965, S. 23.

[67] Engelhardt (Anm. 35), S. 87.

ben zu haben und die „Realität zweier deutscher Staaten" zu verneinen. W. Ihmels hat die einzelnen Phasen der SED-Sportpolitik verfolgt, jeden Schritt der Sportführung auf die jeweilige politische Konstellation zurückgeführt und damit die Abhängigkeit des DTSB nachgewiesen. — Die Zeitgeschichte steht vor der unbestreitbaren Tatsache, daß ein staatlich gesteuerter Sport gegenüber einer liberalen, pluralistischen Konzeption die größere Durchschlagskraft und Erfolgsquote besitzt.

Der Auftrag des Leistungssports

Der Vorsatz, Rekorde zu brechen und Anschluß an die internationale Spitzenklasse zu gewinnen, geht auf einen Beschluß der SED von 1951 zurück[68]. 1958 ergreift der DTSB konkrete Maßnahmen zur schnelleren Steigerung der Leistungen und begründet sie mit dem von der Partei gesetzten Ziel, „die Überlegenheit der Sportbewegung der DDR gegenüber Westdeutschland" zu demonstrieren[69]. Für das anfängliche Zurückbleiben hinter dem geforderten Soll wird die ideologische Unsicherheit der Erzieher und Trainer verantwortlich gemacht. Der vom V. Parteitag beschlossene Siebenjahrplan enthält neue Verpflichtungen für den Leistungssport. Das Staatliche Komitee interpretiert diesen Plan durch die Forderung, in allen Sportarten das „Weltniveau zu erreichen", „zur Weltspitze vorzustoßen"[70]. Nachdrücklich motivieren die Funktionäre den sportlichen Aufstieg mit dem nationalen Willen zur „Überlegenheit" und der gesetzmäßigen Niederlage des kapitalistischen Westens. Der Leistungsaufschwung soll die „schöpferischen Kräfte" der DDR bezeugen und die sozialistische Körperkultur als „Vorbild aller deutschen Sportler" auszeichnen. Man weiß sich als „Kämpfer in dieser Front" des Hegemoniekampfes zwischen Ost und West und erklärt den greifbaren Beweis der Überlegenheit zur „patriotischen Pflicht für alle Sportler"[71].

Diese sportpolitische Taktik hat ihre Parallele in der Sowjetunion, wo man seit 1934 den Leistungssport in den Normenkatalog der staatlichen Wirtschaftspläne einbezogen hat[72]. Die Verkopplung von sportlicher Höchstlei-

---

[68] Siehe Anm. 61.

[69] Beschluß des Bundesvorstandes des DTSB. In: Verzeichnis (Anm. 63).

[70] Direktive des Staatlichen Komitees für Körperkultur und Sport zur Entwicklung der sozialistischen Körperkultur bis zum Jahre 1965, S. 8 f.

[71] H. Schuster: Zu Grundfragen des Leistungssports in der DDR. In: Theorie und Praxis der Körperkultur 1958, S. 393—411.

[72] Morton zitiert einen Appell an junge Leistungssportler, die „die Sportrekorde der Burgeoisie überbieten" sollen (Anm. 45, S. 28). — Bereits unter der „lebensspendenden Sonne der Stalinschen Periode" wird vom ZK der KPdSU die „Eroberung der Weltmeisterschaften und Weltrekorde "gefordert (A. N. Apollonow: Verstärkt den Kampf um Massenrekorde beim Sport. Manuskriptabdruck 1951).

stung und politischem Prestige macht es verständlich, daß man — wiederum nach sowjetischem Vorbild — die erfolgreichen Sportler mit Titeln und Orden auszeichnet. So wird dem „Helden der Arbeit" der „Meister des Sports" zur Seite gestellt. Die Ehre wird allerdings nur dem zuteil, der seine „aktive Teilnahme am gesellschaftlichen Leben der DDR" nachweisen kann[73]. — In diesem System muß dem Trainer ein hoher Rang zukommen. Ein Beschluß des Ministerrats fordert vom Staatlichen Komitee, daß „alle vorgesehenen Staatstrainerstellen mit den fachlich und politisch besten Trainern besetzt werden"[74]. In einer Anordnung unterstreicht das Staatliche Komitee den „gesellschaftlichen Auftrag" des Trainers und verlangt von ihm „sozialistisches Staatsbewußtsein"[75]. Aus der Norm der sozialistischen Moral wird der Begriff der „sozialistischen Trainingsmoral" abgeleitet[76].

Stärkster Motor der geforderten Überlegenheitsbeweise ist die „sozialistische Sportwissenschaft", die sich nach staatlicher Direktive „vorrangig auf die Probleme des Leistungssports zu orientieren" hat[77]. Sie basiert auf dem historisch-dialektischen Materialismus und soll bei der Erfüllung zentraler Forschungspläne das Gebot strenger „Parteilichkeit"[78] befolgen.

IV. Stand der zeitgeschichtlichen Forschung

Beide Modelle politisch begründeter Leibeserziehung, unter dem Gesichtspunkt der Ideologiekritik dargestellt, sind weiterhin bevorzugter Gegenstand zeitgeschichtlicher Forschung.

Bei neueren Untersuchungen zur *nationalsozialistischen Leibeserziehung* haben sich drei Schwerpunkte herausgebildet:

Eine Schriftenreihe stellt sich die Aufgabe, die Biographie einzelner „Turn- und Sportführer" aus den Quellen zu erarbeiten. Die bisher erschienenen 5 Bände verdeutlichen die politische Haltung, aber auch die Abhängigkeit und Verstrickung maßgeblicher Persönlichkeiten[79].

---

[73] Kleine Enzyklopädie: Körperkultur und Sport. Hrsg. v. d. DHfK. Leipzig 1960, S. 690.

[74] Beschluß des Ministerrats der DDR. In: Verzeichnis (Anm. 63).

[75] Anordnung über das Trainerwesen. In: Verzeichnis (Anm. 63).

[76] H. Baacke: Trainingsintensität und Trainingsmoral. In: Theorie und Praxis der Körperkultur 1958, S. 782—789.

[77] Direktive zur Ausarbeitung der Perspektivpläne für die Entwicklung der sozialistischen Körperkultur. Hrsg. v. Staatlichen Komitee 1965, S. 17.

[78] Kleine Enzyklopädie (Anm. 73), S. 95.

[79] H. Ueberhorst (Hrsg.): Turn- und Sportführer im Dritten Reich. Berlin, München, Frankfurt 1970 ff. Bisher erschienen: E. Neuendorff (von H. Ueberhorst), H. von Tschammer und Osten (von D. Steinhöfer), Th. Lewald (von A. Krüger), C. Krüm-

Ein breites Feld eröffnet sich bei der Darstellung nationalsozialistischer Organisationen und ihrer sportlichen Aktivitäten. Mehrere Studien unterrichten über SA-Sport, NS-Lehrerbund und Hochschulsport[80], auch über Streitigkeiten um Kompetenz und Machtverteilung — ein Kennzeichen des nationalsozialistischen Führungsstils.

Ideologiekritische Analysen befassen sich mit weltanschaulich bedingten Konzepten, z. B. mit der Theorie der „politischen Leibeserziehung", von A. Baeumler begründet[81] und vom Reichssportführer zur verbindlichen Richtlinie erklärt, mit der Ideologie der „Deutschen Gymnastik", die den Mythos vom deutschen „Wesen" in das Bewegungsleben projiziert[82]. Kritische Aufarbeitung der Vergangenheit wird zur Entlarvung „völkischer" Engstirnigkeit, indem sie antisemitische Tendenzen der deutschen Turn- und Sportbewegung erforscht[83]. In diesem Zusammenhang stellt sich die Frage nach der Spätphase der Deutschen Turnerschaft, die als erster Verband den „Arier-Paragraphen" eingeführt hat[84], und nach dem Opfer der Rassenideologie: dem jüdischen Sport in Deutschland[85].

Wegen des chronischen Quellenmangels und wegen der Unzugänglichkeit der Archive ist die zeitgeschichtliche Forschung über die *sozialistische Körperkultur* in Rückstand geraten:

Im Rahmen der sog. DDR-Forschung bleibt die ideologie- und systemkritische Fragestellung vorherrschend. Da die Autoren bei der Beurteilung der marxistisch-leninistischen Prämissen von unterschiedlichen Positionen ausgehen, ergeben sich abweichende Wertungen[86]. Klarheit besteht allerdings über die totalitäre Struktur, in die das „Subsystem" Sport einbezogen ist.

---

mel (von H. Ueberhorst), G. von Mengden (von H. Bernett). — Vgl. auch die biographische Studie von U. Popplow: Adolf Hitler. Der Nichtsportler und der Sport. In: H. Nattkämper (Hrsg.): Sportwissenschaft im Aufriß. Saarbrücken 1974.

80 H. Bernett: Untersuchungen zur Zeitgeschichte des Sports. Schorndorf 1973; W. Buss: Die Entwicklung des deutschen Hochschulsports vom Beginn der Weimarer Republik bis zum Ende des NS-Staates. Phil. Diss. Göttingen 1975.

81 W. Joch: Politische Leibeserziehung und ihre Theorie im nationalsozialistischen Deutschland. Bern, Frankfurt 1976.

82 H. Bernett: Die Ideologie der Deutschen Gymnastik. In: Sportwissenschaft 1978, S. 7—23.

83 H. Becker: Antisemitismus in der Deutschen Turnerschaft. Diss. Köln 1978.

84 L. Peiffer: Die Deutsche Turnerschaft. Ihre politische Stellung in der Zeit der Weimarer Republik und des Nationalsozialismus. Ahrensburg 1976.

85 H. Bernett: Der jüdische Sport im nationalsozialistischen Deutschland 1933—1938. Schorndorf 1978.

86 Vgl. die Diskrepanz der Ansätze von H. J. Kramer (Anm. 35) und H. Stündl: Freizeit- und Erholungssport in der DDR. Schorndorf 1977.

Soziologische Untersuchungen der gesellschaftlichen Funktionen des DDR-Sports, der Motivation und des Verhaltens der Aktiven ergänzen die zeitgeschichtliche Betrachtung durch empirische Befunde[87].

Journalistische Arbeiten, die das deutsch-deutsche Sportverhältnis beschreiben, sind an der Grenze zwischen wissenschaftlich gesicherter Aussage und aktueller Information anzusiedeln[88].

Das starke wissenschaftliche Interesse am DDR-Sport dokumentiert sich in der Vielzahl von Examensarbeiten zu dieser Thematik[89].

In der Zeitgeschichte des Sports zeichnen sich derzeit — gleichfalls unter politisch-ideologischen Aspekten — neue Schwerpunkte ab:

Die deutsche Arbeiter-Turn- und Sportbewegung, von der Sportgeschichte lange vernachlässigt, ist in das Blickfeld politisch engagierter Forschung geraten. Als Schüler des Marburger Politologen Abendroth verfolgt H. Timmermann die Frage, typische politische Verhaltensnormen aufzuweisen. Das Ergebnis ist ambivalent: Als politische Bewegung habe der Arbeitersport zwar Massen mobilisiert, aber nach Abspaltung des radikalen Flügels sei er durch Konformismus politisch entschärft worden[90].

Dagegen würdigt H. Ueberhorst in einer umfassenden Gesamtdarstellung die Verbindung des Arbeitersports mit der emanzipatorischen Arbeiterbewegung unter Führung der Sozialdemokratie. Während bei H. Timmermann die Liquidierung durch die Nationalsozialisten als letzte Konsequenz der Anpassung erscheint, betont und belegt H. Ueberhorst den aktiven Widerstand nach der Machtergreifung[91].

Politisch motiviert ist auch das Interesse, das sich der Frage zuwendet, warum es in der Bundesrepublik nicht zum Wiederaufbau der Arbeiter-Sportbewegung gekommen ist. Trotz der Quellen-Analysen von E. Strych

---

[87] D. Voigt: Soziologie in der DDR. Eine exemplarische Untersuchung. Köln 1975. Ders.: Soziale Schichtung im Sport. Theorie und empirische Untersuchungen in Deutschland. Berlin, München, Frankfurt 1978.

[88] Z. B. W. Knecht: Amateur 72. Modelle zeitgemäßer Förderungsmethoden im modernen Hochleistungssport unter verschiedenen gesellschaftspolitischen Verhältnissen. Mainz 1971.

[89] Vgl. J. K. Rühl (Red.): Das Studium der Sportwissenschaft. Saarbrücken 1967 ff. In den Folgen von 1973 bis 1977 sind 50 Staatsexamensarbeiten registriert worden.

[90] H. Timmermann: Geschichte und Struktur der Arbeitersportbewegung 1893—1933. Ahrensburg 1973.

[91] H. Ueberhorst: Frisch, frei, stark und treu. Die Arbeitersportbewegung in Deutschland 1893—1933. Düsseldorf 1973.

und F. Nitsch[92] liegt noch keine eindeutige Antwort vor, da die ausschlaggebende Haltung der SPD-Führung nicht zweifelsfrei ermittelt werden kann.

Neuerdings fragt man unter dem Aspekt einer „Verhaltensgeschichte" nach „alternativen Verhaltensformen" in der Praxis des Arbeitersports. Indem die Verhaltens- oder Strukturforschung einen allgemeinen Umbruch zum Leistungsverhalten konstatiert, wird das politisch-ideologische Sportverständnis für sekundär erklärt[93]. Eine gesicherte Theorie des Strukturwandels im Bewegungsverhalten, der um die Jahrhundertwende den Aufschwung des Sports bewirkt haben soll, steht allerdings noch aus.

Die *Olympische Bewegung*, die ursprünglich als sportpädagogische Reform intendiert war und heute in den „Spielen" gigantische Ausmaße erreicht hat, bildet einen weiteren Schwerpunkt. Dabei befaßt sich die zeitgeschichtliche Forschung weniger mit den sportlichen Ereignissen als vielmehr mit politisch-gesellschaftlichen Zusammenhängen und Hintergründen. Sofern diese Verflechtungen in apologetischer Absicht gedeutet werden, ergibt sich ein schiefes Gesamtbild[94]. Mehrere Untersuchungen zu den Olympischen Spielen von 1936 haben die Illusion einer „Oase der Freiheit" (C. Diem) gründlich zerstört. Sie zeigen vielmehr die selbstverschuldete Abhängigkeit der Sportführung von der politischen Strategie und dem Propagandabedürfnis politischer Machthaber[95].

Da Zeitgeschichte immer auch Zeitkritik einschließt, berührt sie sich mit der sozialwissenschaftlichen Analyse, die öffentliche Funktionen des olympischen Schau-Sports in Frage stellt und die autoritären Strukturen der olympischen Komitees mit demokratischen Vorstellungen konfrontiert[96]. Sie hat sich jedoch abzugrenzen von der dogmatisch gebundenen, marxistischen Kapitalismus-Kritik, die den Leistungssport und mit ihm den Olympismus

---

[92] E. Strych: Der westdeutsche Sport in der Phase der Neugründung 1945—1950. Schorndorf 1975. — F. Nitsch: Warum entstand nach 1945 keine Arbeitersportbewegung? In: Sportwissenschaft 1976, S. 172—199.

[93] H. Eichberg: Alternative Verhaltensnormen im Arbeitersport? In: Sportwissenschaft 1975, S. 69—80.

[94] G. v. Mengden: Die Geschichte der Olympischen Sommerspiele von 1896—1968. In: R. Lembke (Hrsg.): Das große Handbuch der Olympischen Sommerspiele. München 1971. (Dazu die Besprechung von H. Bernett in: Die Leibeserziehung 1972, S. 275—278).

[95] R. D. Mandell: The Nazi Olympics. New York 1971; A. Krüger: Die Olympischen Spiele 1936 und die Weltmeinung. Berlin 1972; H. Bernett: Leni Riefenstahls Dokumentarfilm von den Olympischen Spielen 1936. Schorndorf 1973; H. Bernett: Die olympische Hymne von 1936. In: Der Mensch im Sport. Festschrift für L. Diem. Schorndorf 1976.

[96] H.-J. Winkler: Sport und politische Bildung. Modellfall Olympia. Opladen 1973[2].

insgesamt als Instrument der herrschenden Klassen diskriminiert, um die Zukunft der Olympischen Bewegung den sozialistischen Staaten zu überantworten[97].

Indem die Zeitgeschichte des Sports historische Vorgänge mit Aktualitätswert bevorzugt hat, ist die Aufarbeitung der zwanziger Jahre zurückgeblieben. Es fehlt bislang deshalb eine Gesamtdarstellung des Sports in der Weimarer Republik, insbesondere die Geschichte der großen Verbände. Zu ergänzen wäre die Geschichte der einzelnen Sportarten, die seit 1926 kaum Fortschritte gemacht hat[98]. Eine Lücke besteht auch in der Bearbeitung der Geschichte der schulischen Leibeserziehung, die seit 1891 keine umfassende Darstellung mehr gefunden hat[99].

Am Anfang steht auch noch die systematische Erfassung neuer Quellengattungen: der Bild-, Film- und Tondokumente. Ein vom Bundesinstitut für Sportwissenschaft in Auftrag gegebenes Verzeichnis von „audio-visuellen Quellen zur Sportgeschichte“ ist in Vorbereitung.

Ausblick

Aus der Erfahrung erlebter Geschichte zeigt sich im Rückblick eine Periode ideologisch gesteuerter körperlicher Erziehung in totalitären Systemen. Während diese Phase in der „sozialistischen Körperkultur“ der DDR noch fortdauert und der Auftrag der Körpererziehung abermals normativ aus einer Weltanschauung abgeleitet wird, führt die wiedergewonnene Unabhängigkeit des pädagogischen Denkens in der Bundesrepublik zunächst in ein Stadium des Experimentierens[100]. Von den Irrtümern der jüngsten Vergangenheit belastet, stagniert die Leibeserziehung und ihre Theorie. Erst in den 50er Jahren beginnt man diese Fehlentwicklung zu reflektieren und nach zeitgemäßen Alternativen zu fragen. Um 1960 entwickeln die Bundesländer aufgrund ihrer Kulturhoheit eigene Richtlinien, die der schulischen Leibeserziehung ihren nicht austauschbaren Bildungswert zusichern.

Auf dem Wege zur Neuorientierung organisieren sich die Sportlehrerverbände 1954 im Ausschuß Deutscher Leibeserzieher (ADL), dessen Kongresse

---

[97] H.-J. Schulke (Hrsg.): Die Zukunft der Olympischen Spiele. Die Olympische Bewegung zwischen Moskau und Montreal. Köln 1976.

[98] G. A. E. Bogeng (Hrsg.): Geschichte des Sports aller Völker und Zeiten. 2 Bde. Leipzig 1926.

[99] C. Euler: Geschichte des Turnunterrichts. Gotha 1891. Neuerdings hat Ch. Cachay-Kleindienst eine Untersuchung vorgelegt, in der versucht wurde, sozial- und bildungsgeschichtliche mit funktionalen Gesichtspunkten zu verbinden. (Schule und Schulturnen. Über Bedingungen und Folgen der Institutionalisierung der Leibesübungen in den öffentlichen Schulen. Diss. Tübingen 1978).

die Theoriebildung vorantreiben. In bewußter Abkehr von jeder Kollektiv-Ideologie vollzieht sich ein nachhaltiger Wandel zur Partnerschafts- und Gruppenpädagogik. An die Tendenzen der Reformpädagogik anknüpfend, erstrebt die schulische „Bewegungserziehung" eine optimale Entfaltung des kindlichen Bewegungs- und Gestaltungsvermögens. Der Gedanke der Freiheit von äußeren Zwecken bewirkt die hohe Einschätzung der Spielerziehung.

Der (dialektische) Umschlag läßt nicht lange auf sich warten. Anfang der 70er Jahre gewinnt die mißachtete „Lernschule" wieder an Boden. Das kybernetische Modell des motorischen Lernens gibt Anlaß zur Rationalisierung des Lernvorgangs und zur Programmierung des Unterrichts. Der verstärkte Einsatz hochentwickelter Medien zeigt die Hinwendung zur Unterrichtstechnologie.

Im Zug der Zeit liegt auch die Forderung nach Ausgleich des „Theorie-Defizits" im Schulsport und nach Verstärkung der Begleitreflexion, die sich auf der gymnasialen Oberstufe als „Sportkunde" oder „Sport-Theorie" institutionalisiert. Die Gefahr einer weiteren Intellektualisierung des Sportunterrichts ist dabei nicht auszuschließen.

Im Bewußtsein ihres gesellschaftlichen Bezuges öffnet sich die Sportpädagogik begründeten und vertretbaren Erwartungen der außerschulischen Sportbewegung. Dazu gehört die Anerkennung des Rechts auf Talentförderung, auch in der institutionalisierten Form von Sportgymnasien, Sportzügen, Sportinternaten, oder im Wettbewerb „Jugend trainiert für Olympia".

Die Devise der Leibeserziehung in der Weimarer Republik, Leibesübungen zur „Lebenssitte" werden zu lassen, stellt sich heute unter dem Aspekt der Freizeit konkreter dar. Die Sportpädagogik hat sich die Aufgabe zu eigen gemacht, auf außer- und nachschulische Sportaktivität vorzubereiten und neue Sportarten mit hohem Freizeitwert in die Curricula einzuführen.

Der Schulsport hat im Deutschen Sportbund einen Partner gefunden, der ihn in der Öffentlichkeit wirksam unterstützt. Erster Anstoß waren die vom DSB initiierten „Empfehlungen zur Förderung der Leibeserziehung" der Ständigen Konferenz der Kultusminister (1956). Ihm folgten zahlreiche Denkschriften und Aktionsprogramme[101], hinter deren Forderungen die Schulwirklichkeit jedoch zurückgeblieben ist. Mit 15 Millionen Mitgliedern die weitaus größte eigenständige Organisation in der Bundesrepublik, bleibt der DSB ein unüberhörbarer Fürsprecher.

Wegen der kulturellen Kompetenz der Länder spart die Sportförderung der Bundesregierung den Schulsport aus. Seit der ersten Sportdebatte des

[100] A. Reble, Geschichte der Pädagogik. Stuttgart 1965[8], S. 313.
[101] N. Wolf (Red.): Dokumente zum Schulsport. Schorndorf 1974.

Bundestages (1967) und der Gründung eines parlamentarischen Sportausschusses konzentrieren sich die politischen Initiativen des Bundes entsprechend seiner verfassungsrechtlichen Kompetenzen auf den Spitzensport, während den Bundesländern (und Gemeinden) eher die Aufgabe des Schul- und Breitensports zufällt. Das dem Bundesministerium des Innern zugeordnete Bundesinstitut für Sportwissenschaft fördert ebenfalls vor allem die Forschung auf dem Gebiet des Leistungssports. Die zur Abstimmung aller öffentlichen Aufgaben und Maßnahmen gegründete Deutsche Sportkonferenz (1970) hat ihre Existenzberechtigung bislang noch nicht erweisen können.

Alle politischen Parteien haben Sportprogramme entwickelt, die dem Schulsport übereinstimmend eine fundamentale Bedeutung zuerkennen. Gemessen an den effektiven Förderungsmaßnahmen, verbleibt er jedoch weiterhin im Schatten des Hochleistungssports, und man spricht nicht ohne Grund von einer chronischen „Schulsport-Misere".

Die geschilderte Gesamtentwicklung ist letztlich nur aus der historischen Konstellation zu verstehen. Die Zeitgeschichte des Sports dient jedoch nicht nur dem Verständnis und der Interpretation, sondern auch als Entscheidungshilfe, indem sie als „Problemgeschichte" die Voraussetzungen sportpolitisch und sportpädagogisch fundierter Entscheidungen untersucht[102].

Ergänzende Literaturhinweise

Bernett, H.: Zum Problem der Fremdbestimmung und Instrumentalisierung des Sports. In: Sportwissenschaft 1977, S. 139—150.

Krüger, A.: Sport und Politik. Von Turnvater Jahn zum Staatsamateur. Hannover 1975.

Lenk, H.: Werte, Ziele, Wirklichkeit der modernen Olympischen Spiele. Schorndorf 1972².

Weichert, W.: Sportpolitik und Sportcurriculum. Ahrensburg 1976.

[102] H. Bernett: Sportgeschichte als Problemgeschichte. HISPA-Seminar (Proceedings), Leuven 1975.

2.

Individuelle und soziale Voraussetzungen der Leibeserziehung und des Sports

Ommo Grupe

Anthropologische Grundlagen der Leibeserziehung und des Sports: Leib/Körper, Bewegung und Spiel

Bildung und Erziehung sind sowohl in ihrer theoretischen Ausrichtung als auch in ihrer praktischen Gestaltung von zahlreichen Faktoren bestimmt. Weltanschauliche, religiöse, gesellschaftliche, politische, wirtschaftliche, zeit- und kulturkritische und anthropologische Gesichtspunkte werden in ihnen wirksam[1]. Von der (pädagogischen) Anthropologie[2], deren Thema der „Mensch als erziehbares und erziehungsbedürftiges Wesen" ist[3], soll im folgenden im Hinblick auf die Leibeserziehung die Rede sein, womit allerdings keineswegs behauptet wird, es handele sich bei der Anthropologie um das einzige oder wichtigste Merkmal, das sie bestimmt. Vielmehr ist davon auszugehen, daß z. B. kulturelle Bedingungen oder Sozial- und Gesellschaftsstrukturen nicht nur in vielen Zielvorstellungen der Erziehung sich wiederfinden, sondern bis hinein in die detaillierte Bestimmung von Lehrplan-Inhalten aufweisbar sind. Und auch das, was sich als frei entschiedene und schlüssige anthropologische Auffassung gibt, vermag oftmals seine Abhängigkeit vom soziokulturellen System nicht zu verbergen bzw. gerät in ständige Konkurrenz zu ihm. Was den Sport selbst, seine Inhalte, Ziele und Ausrichtungen schließlich angeht, so ist auch er nur zu einem Teil von seinen anthropologischen und sozialanthropologischen Voraussetzungen her bestimmbar; zum anderen Teil muß dies von den ihm zugrunde liegenden sozialen und kulturellen Faktoren aus geschehen.

---

[1] Auf den Zusammenhang zwischen Menschenbild und Erziehung ist in der Pädagogik mehrfach hingewiesen worden. O. F. Bollnow nennt die Anthropologie den „Schlüssel" jedes pädagogischen Systems (Die Pädagogik der deutschen Romantik, Stuttgart 1952, S. 25). Vgl. auch Th. Litt: Das Bildungsideal der deutschen Klassik und die moderne Arbeitswelt. Bochum o. J.

[2] Die allgemeine pädagogische Anthropologie soll hier nicht weiter dargestellt werden. Es wird auf A. Flitner: Wege zur pädagogischen Anthropologie. Versuch einer Zusammenarbeit der Wissenschaften vom Menschen. Heidelberg 1963; M. J. Langeveld: Kind und Jugendlicher in anthropologischer Sicht. Heidelberg 1959; ders.: Studien zur Anthropologie des Kindes. Tübingen 1964²; H. Roth: Pädagogische Anthropologie. Bd. 1: Bildsamkeit und Bestimmung. Hannover 1971³, hingewiesen.

[3] A. Flitner, a. a. O., S. 218.

Gleichwohl wird man davon ausgehen können, daß anthropologische Überlegungen der Theorie der Leibeserziehung Grundlagen allgemeiner Art vermitteln, zum Beispiel was die Bildsamkeit und Lernfähigkeit des Menschen, oder auch, was sein Angewiesensein auf Führung, Hilfe und Beistand angeht. Sie verweisen sie aber auch auf spezielle Grundlagen und thematisieren diese im Hinblick auf das gegebene Erziehungsfeld. Insbesondere sind dies Auffassungen der menschlichen *Leiblichkeit, der Bewegung und des Spiels.* Die Einschätzung der besonderen Bildungsmöglichkeiten des Sports und die Beurteilung seiner Bedeutung für die Gesamterziehung ist — neben anderen — immer auch von solchen anthropologischen Voraussetzungen abhängig.

Wenn nun auch die individuell-subjektive Dimension solcher anthropologischer Grundlagen zunächst vor allem auffällt, so ist ihre soziale Bedeutung doch in einem höheren Maße gegeben, als wir uns dies auf den ersten Blick klarmachen. Neu ist das allerdings nicht; Rousseau z. B. sah in der Bewegungsfreiheit schon ein Stück allgemeiner Freiheit; ein neuerer Autor wie A. Plack geht davon aus, daß die leibliche Befreiung des Menschen als ein wichtiger Beitrag zu einer Emanzipation anzusehen sei. Im Zusammenhang damit wiederum ergeben sich Fragen wie diese: Welche Folgen die Unterdrückung ursprünglicher Bewegungsantriebe, die die moderne Gesellschaft dem einzelnen zumutet, in psychischer und somatischer Hinsicht verursachen; welche Folgen die Bewegungseinschränkung, die dem Kind auferlegt wird, für seine Entwicklung mit sich bringt; welche Rolle die Alten, die körperlich Behinderten, die nicht mehr Leistungsfähigen, die aus dem Produktionsprozeß Ausgeschiedenen für eine Gesellschaft spielen, deren Leitbild die Leistungsfähigkeit ist. Hier zeigt sich deutlich, wie groß die Reichweite anthropologischer Fragestellungen einzuschätzen ist.

Wir müssen nun aber feststellen, daß die Leibeserziehung zwar ihre methodischen und didaktischen Grundlagen fortlaufend verbessert und weiterentwickelt hat, sich jedoch im Hinblick auf ihre anthropologischen Grundlagen gegenüber der fortgeschrittenen Diskussion in anderen wissenschaftlichen Disziplinen noch in einem deutlichen Rückstand befindet. Was zum Beispiel ihr Leibverständnis betrifft, ist sie nur selten über das Gedankengut der Reformpädagogik hinausgekommen. Sie hält an deren wenig differenzierten Ganzheits- und Harmonievorstellungen fest und stützt sich auf so weitläufige Aussagen über den Menschen wie die, daß er eine „Leib-Seele-Einheit" sei. Solche pauschalen und schematischen Formeln lassen aber die Vielfältigkeit und die immer auch spannungsvolle und konfliktreiche Wirklichkeit des menschlichen Ich-Leib-Welt-Verhältnisses nicht sichtbar werden. Sie sind deshalb auch kaum geeignet, der Theorie der Leibeserziehung als Grundlage zu dienen. Wenn nämlich die menschliche Natur vielfältig ist, dann muß sie auch in einer Weise beschrieben werden, die dieser Vielfältigkeit Rechnung trägt und der Wirklichkeit des Kindes und des jungen Menschen angemessene Erziehungsakte und didaktische Entscheidungen ermöglicht. Die Theorie der Leibeserziehung bedarf insofern besonderer Einblicke in das menschliche Leibverhältnis und in das menschliche Bewegungs- und Spielverhalten. Gerade hierzu kann sie vielfältige Einsichten aus der allgemeinen Anthropologie übernehmen, aber auch aus ihrem eigenen Bereich wichtige Erfahrungen gewinnen.

Leib und Leiblichkeit

In der neueren Anthropologie zeigt sich ein wachsendes Interesse am Phänomen der menschlichen Leiblichkeit. Es zielt darauf, nicht nur die in einer langen geistesgeschichtlichen Tradition unterbewertete Leiblichkeit des Menschen zu „rehabilitieren" und ihre vielfältige Bedeutung aufzuweisen, sondern auch einseitig dualistische, harmonistische oder monistische Auffassungen des „Leib-Seele-Verhältnisses" zu überwinden[4].

Ansätze solcher Art finden sich in verschiedenen wissenschaftlichen Disziplinen, so zum Beispiel in der französischen bzw. französischsprachigen „Phänomenologie" (phénoménologie existentielle: G. Marcel, M. Merleau-Pontey, J. P. Sartre), in der neueren medizinischen Anthropologie (P. Christian, V. Freiherr von Gebsattel, A. Nitschke, H. Plügge, V. von Weizsäcker), in der Psychiatrie (L. Binswanger, W. Keller, E. Straus, J. Zutt) und bei Autoren wie F. J. J. Buytendijk, A. Gehlen, C. A. van Peursen, H. Plessner, A. Portmann, St. Strasser. Diese Ansätze sind in der Pädagogik und in der Theorie der Leibeserziehung erst in begrenztem Maße aufgenommen worden. Jedoch sind sie — bei aller Unterschiedlichkeit in Fragestellung, Methode und Inhalt — für beide von großer Bedeutung.

Der gemeinsame Nenner dieser Neuansätze liegt in der allgemeinen Feststellung, „daß Seele und Leib als Aspekte eines neuen Menschenbildes auftreten, in dem das Menschsein als unvollendetes Dasein, als ein Sein in Bewegung dargestellt wird"[5]. Die Leiblichkeit des Menschen wird in den dynamischen und prozeßhaften Charakter menschlichen Daseins einbezogen und vom Vollzug des Menschenlebens, seinen möglichen Verwirklichungen und Verfehlungen, seiner Plastizität und Unvollendetheit her begriffen. Sie erscheint von hier aus als grundlegendes Phänomen menschlichen Lebens mit vielfältigen Erlebnisaspekten und Sinnqualitäten; ihr Bedeutungsspektrum

---

[4] Ausführlicher behandelt ist diese Thematik in O. Grupe: Grundlagen der Sportpädagogik. Anthropologisch-didaktische Untersuchungen. Schorndorf 1975[2].

ist breit und auch schillernd. Das Subjekt-Objekt-Schema älterer Theorien, das Leib und Seele (Ich, Geist) einander gegenüberstellt, wird hier überwunden; die starre Trennung zwischen Geist, Körper und Welt wird aufgehoben. Die Übergänge zwischen ihnen gelten als fließend. Es gibt nicht auf der einen Seite rein biologische Kräfte, auf der anderen Seite rein geistige; vielmehr sind diese ineinander verschränkt und variieren in einem von vielerlei Faktoren und Bedingungen bestimmten dynamischen Zusammenhang.

In der Sicht der neueren Theorien zeigt sich der Mensch — auch im Hinblick auf seine Leiblichkeit — als ein organisiertes und sich zugleich organisierendes *Subjekt* innerhalb eines komplexen Zusammenhangs von Bedingungen, Werten und Ordnungen. In diesen Zusammenhang ist auch seine Leiblichkeit eingefügt. Sie ist weder aus ihrem Bezug zur Natur, noch aus ihrem Bezug zu Geist und Kultur zu lösen. Sie ist insofern nur knapp auf den häufig gebrauchten, aber unscharfen Nenner zu bringen, der Mensch *habe* Leib und *sei* auch Leib. Leiblichkeit ist vielmehr körperlich *und* geistig zugleich, auf der einen Seite ein Geflecht von Mechanismen und Regulationen, auf der anderen Seite ein von „Engagement", „Weltbezug", Entwurf und Vollzug abhängiges Sich-Wandeln[6]. Sie ist als eine Weise aufzufassen, in der der Mensch in der Welt ist und Beziehungen zu dieser Welt hat. Sie ist ein bestimmter „Modus" (L. Binswanger) menschlicher Existenz, etwas „Mediales", „Vermittlung" (Plügge) zur Welt, zu Aufgaben und Situationen, und dies in einer charakteristischen, von Gesundheit und Krankheit, Befinden und Stimmung, Aufgaben und Absichten, Erfahrungen und Gewohnheiten, Temperament und Gefühlen, Trieb und Befriedigung, Alter und Geschlecht mitbedingten bzw. von ihnen abhängigen Form.

Jedoch ist uns unser Leib in dem beschriebenen Sinne durchweg *nicht* bewußt. Gewöhnlich bleibt er „unsichtbar". Wenn sein „Vermittlungscharakter" unbeeinträchtigt ist, das heißt, wenn wir uns wohlbefinden, wenn er unsere Absichten und Ziele gleichsam stillschweigend erfüllt bzw. diese mit unserem leiblichen Können und unseren leiblichen Möglichkeiten übereinstimmen, bleibt er in der Anonymität des Selbstverständlichen verborgen. Er „übernimmt" unser Verhalten und Handeln gleichsam. Wir bemerken zwar die Hand, die den Tennisschläger faßt, unsere sich bewegenden Beine, wenn wir auf den fliegenden Ball zulaufen; aber diese Wahrnehmung erfolgt

---

5 C. A. van Peursen: Leib, Seele, Geist. Einführung in eine phänomenologische Anthropologie. Gütersloh 1959, S. 18.

6 Vor allem H. Plügge hat diese Zusammenhänge beschrieben: Wohlbefinden und Mißbefinden. Beiträge zu einer medizinischen Anthropologie. Tübingen 1962; ders.: Der Mensch und sein Leib. Tübingen 1967.

unbeteiligt und nebenbei. Wir sind auf die Spielsituation insgesamt gerichtet, ohne daß unser Körper dabei besonders erlebt würde. Im Handeln und in der (gekonnten) Bewegung „unterscheiden" wir uns nicht von ihm. Wir „sind" unser Leib, unsere Arme, unsere Füße als die *Möglichkeit* zu laufen, zu springen, mit dem Ball zu spielen. Im Laufen, Springen und Werfen ist unser Körper nicht „Objekt" unseres Ichs, sondern wir sind als Laufende, Springende ,Werfende *in* einer bestimmten Situation. Wir sind über unseren Körper hinaus, „überschreiten" ihn. Er ist das „Vehikel des Zur-Welt-Seins"[7], der „Zugang" (A. Nitschke) zu unserer Welt. Wir sind eingeschlossen in bestimmte Handlungs- und Situationszusammenhänge. Und innerhalb solcher Zusammenhänge ist der Leib nicht Diener, Instrument, Werkzeug oder Objekt unseres (souveränen) Ichs. Er ist vielmehr unsere aktuelle „Wirklichkeit", unser Vermögen, etwas zu tun und zu können (oder auch nicht).

Wenn sich jedoch die „Sperrigkeit" (O. F. Bollnow) des Leibes bemerkbar macht, geht diese Geschlossenheit des Leibverhältnisses (zeitweilig) verloren. Die Behinderung und Störung des Bewegungsablaufs durch Müdigkeit, Schmerz oder Nicht-Können zum Beispiel heben unseren Leib oder Teile unseres Leibes aus der selbstverständlichen Inanspruchnahme heraus. Die ursprüngliche Übereinstimmung zwischen Ich und Leib wird gestört. Das Leibliche wird gegenwärtig. Auch das körperliche Wachstum mit seinen charakteristischen Umproportionierungen und Labilisierungen in der Pubertät, das Auftreten der sekundären Geschlechtsmerkmale, das Älterwerden und das Nachlassen des körperlichen Leistungsvermögens sind als Weisen eines ähnlich akzentuierten Erlebens des Körpers anzusehen. Dieses Herausgehobensein des Körpers ist mit dem *Leiberleben* identisch. Die Diskussion benutzt für diese Situation auch den (ungenauen, aber einprägsamen) Begriff des *„Leibhabens"*.

Jedoch heißt dies nicht, daß wir in solchen Situationen des Leiberlebens unseren Leib uns ganz gegenüber haben. Dies mag dann der Fall sein, wenn wir uns insgesamt wie „zerschlagen" fühlen. Zumeist aber sind es „Teile" unseres Leibes, bestimmte Empfindungen oder Störungen, die unsere Aufmerksamkeit in Anspruch nehmen: die Beine, die nicht mehr „wollen"; die Atemnot, die das Laufen schwermacht; die Bewegung, die wir noch nicht oder nicht mehr können; der Schmerz, der unsere gekonnte Bewegung behindert.

In diesen Situationen zeigt sich unser Leib als etwas Eigenes, als etwas nicht vollständig Verfügbares, als von uns in einem gewissen Sinne Unter-

---

[7] M. Merleau-Ponty: Phänomenologie der Wahrnehmung. Aus dem Franz. übersetzt von R. Boehm. Berlin 1966, S. 106.

schiedenes. Dies ist nicht die übliche Situation des Ich-Leib-Verhältnisses, und zwischen den Extremen gibt es zahlreiche Übergänge. Es handelt sich jedoch um eine Situation, die dann auftritt, wenn aus bestimmten Gründen das Leibliche unmittelbar unsere Zuwendung verlangt. Doch kann auch dies unsichtbar bleiben. Dies geschieht zum Beispiel dann, wenn eine Aufgabe oder ein Ziel so faszinierend sind, ein Spiel so spannend, eine Lage so bedrohlich, daß wir Zeichen der Ermüdung oder Erschöpfung gar nicht bemerken oder äußere Einwirkungen (Kälte, Hitze) unerkannt bleiben. Vor das Erleben des Leibes treten andere Erlebnisse, Absichten oder Handlungen. Ist die Aufgabe erfüllt oder die Situation überstanden, mag sich unser Körper doch als ermüdet oder abgespannt melden. Nun spürt man nach dem Lauf sein klopfendes Herz, die Atemnot, den Schmerz einer Verletzung. Der Leib wird nun selbst zu einer *Situation,* die eine Antwort erfordert.

Diese Überbrückung der Distanz zwischen Ich und Leib ist nun nicht als ein sich selbst regelndes Verhältnis zu denken; es handelt sich nicht um „eine fixe Maschinerie“, auf die sich der Mensch einfach verlassen könnte[8], sondern es handelt sich um ein Verhältnis, das in Entscheidungen zu vollziehen ist. Das Leibverhältnis besitzt *Erlebnis-* und *Aktcharakter,* ist im Handeln, in Handlungen zu realisieren, die wiederum auf soziale und kulturelle Norm- und Wertvorstellungen bezogen sind: Müdigkeit wird überwunden, Schmerzen werden ausgehalten, man bemüht sich um eine gute Haltung und Figur, möchte sportlich und „fit“ sein.

Vieldiskutierte Beispiele wie Krankheit[9], Müdigkeit[10], Schmerz und Schmerzerleben[11] zeigen die Besonderheit des Leibverhältnisses in dem veränderlichen Wechselspiel von Entzweiung und Übereinstimmung zwischen Ich und Leib. Auch der Sport kennt viele solcher Situationen, zum Beispiel im Lernen, Üben, Trainieren und im Wettkampf.

Mit solchen Veränderungen des Leibverhältnisses tritt im übrigen zugleich eine Veränderung des *Weltverhältnisses* ein. Schon leichte Schmerzen, Ermüdungs- und Ermattungserscheinungen können es beeinflussen, seine „Bedeutungen“ verändern und sie auf für uns derzeit wichtige Ausschnitte verengen. „Der Reichtum, den die Selbstverständlichkeit des ungehinderten Könnens bietet, wird reduziert“[12]. In Fällen schwerer Krankheit etwa

[8] H. Plessner: Lachen und Weinen. Eine Untersuchung nach den Grenzen menschlichen Verhaltens. Bern 1961³, S. 14.

[9] H. Plügge hat dies ausführlich dargestellt.

[10] Vgl. ebenfalls Plügge.

[11] Vgl. z. B. die Schriften von F. J. J. Buytendijk, P. Christian, H. Plessner, M. Merleau-Ponty, A. Nitschke, H. Plügge; außerdem O. Grupe, a. a. O., S. 1—107.

[12] H. Plügge, a. a. O., S. 94 ff.

„schrumpft" die Welt des „Kranken", verliert den „Reichtum der Bezüge" und die „vielfältige Möglichkeit zur Begegnung", wird „fern und gleichgültig"[13]. Man denke auch an von Hunger, Durst oder Sexualität bestimmte Handlungssituationen.

Jedoch ist es nicht so, daß solche Faktoren als unser Verhalten vollständig *determinierende* Faktoren anzusehen sind; ihre Bedeutung für uns hängt auch ab von ihrer *Einschätzung*. Ich sehe den Berg, den ich besteigen will — so ließe sich dieser Sachverhalt beschreiben —, nicht in seiner objektiven Gestalt, sondern in seinen Perspektiven verändert, je nach dem, wie ich mich fühle, was ich vorhabe, in welcher Situation ich mich befinde, welche Erfahrungen ich gemacht oder nicht gemacht habe; je nachdem auch, ob ich gesund oder krank, froh oder voll Sorgen, kräftig oder schwach, mit der Landschaft vertraut oder ihr fremd bin. In unserem leiblichen Sein verschiebt sich der Akzent zwischen „Selbstbezogenheit" und „Weltbezug" in dauerndem Wechsel (H. Plügge). Frohgestimmt und gesund gehe ich auf in der Welt; sie ist mir nahe, und ihre mögliche „Widerständigkeit" empfinde ich nicht. Krank, müde, abgespannt dagegen „lastet" sie auf mir und erscheint mir eigentümlich fremd.

Leibsein bedeutet deshalb immer auch *„Welt haben"* (M. J. Langeveld). Leibverhältnis und Weltverhältnis sind ineinander verschränkt. Der Leib ist der „Mittler zwischen Ich und Welt" (E. Straus). Ich kann mich von der Welt abwenden, mich zurückziehen, aber doch nicht — als leibliches Wesen — aufhören, auf sie bezogen zu sein. Wenn die Vermittlungsfunktion unseres Leibes zumeist auch im unbehinderten Weltbezug aufgehoben ist — in der gekonnten sportlichen Bewegung, im ungestörten motorischen Ablauf, im nicht beeinträchtigten Können — so schiebt sich bei Behinderungen zwischen uns und unsere Welt doch ein störender Faktor, der eine Veränderung des Gleichgewichts in unserem jeweiligen Handlungs- und Erlebnisfeld bedeutet.

Der Leib erweist sich in dem komplexen Zusammenhang eines Menschen zu seiner Welt — wobei das spielerische und sportliche Handeln eine der möglichen, das Leibliche in besonderem Maße in Anspruch nehmende Realisierungen dieses Verhältnisses bedeutet — als der Träger und das Vermögen zu einem bestimmten Tun, zu Handlungen und Bewegungen und als Möglichkeit für zu lernende Handlungen und Bewegungen. Diese wiederum haben ihren Ansatz an unserer Welt, zeichnen uns diese gleichsam vor. Ihre Gegenstände erhalten durch unser Können jeweils den Charakter der „Han-

[13] A. Nitschke: Das verwaiste Kind der Natur. Ärztliche Beobachtungen zur Welt des jungen Menschen (Aus dem Nachlaß zusammengestellt von August Nitschke). Tübingen 1962, S. 136.

tierbarkeit"; wir können mit ihnen in einer bestimmten Weise umgehen. Im Fortschreiten des Könnens entfalten sie ihre verschiedenen Qualitäten, wie der Ball, der, je mehr ich kann, desto mehr auch an Möglichkeiten freigibt und zugleich dazu anregt, immer mehr können zu wollen als man schon kann.

Schließlich ist das Leibliche auch das *Medium*, mit dem anderen Menschen in Kommunikation zu treten, *Beziehungen* zu ihm zu haben, soziale *Kontakte* wahrzunehmen. Das Lächeln des Kindes, das Händegeben, der Gang, die Scham, der Kuß, die Umarmung — sie alle signalisieren bestimmte soziale Beziehungen durch Veränderungen des Körpers hindurch. Um ihn breitet sich ein Raum sozialer Beziehungen aus, die unser Verhalten stützen, die es aber auch unsicher machen und stören können, immer jedoch einen bestimmten sozialen Sinn besitzen und von kulturellen Einflüssen bestimmt sind.

Die Wandelbarkeit des Leibverhältnisses in der menschlichen Entwicklung

Es bleibt darauf hinzuweisen, daß die Vielfältigkeit der möglichen Bedeutungen des Leibverhältnisses seine *Wandelbarkeit* im Verlaufe menschlichen Lebens einschließt. Nicht nur verändern die Wachstums-, Reifungs- und Alterungsprozesse, denen unser Organismus unterliegt, die Möglichkeiten und die Vermittlungsfunktionen unseres Leibes, sondern in den einzelnen Phasen und Abschnitten der menschlichen Entwicklung wird das Leibliche auch in durchweg anderer Weise „erlebt". So weist A. Flitner darauf hin, daß das Kind stärker mit seiner Leiblichkeit „identisch" ist als der Erwachsene. Bis zu einem bestimmten Lebensalter bleibt ihm sein Leib gleichsam „selbstverständlich", es „kennt" ihn in dem Sinne gar nicht. „Es hat noch viel von der Fähigkeit, die sich beim Säugling so gut beobachten läßt, sich so zu freuen, zu erschrecken, einem Gegenstand oder einer Person zuzuwenden, daß kein Körperteil davon unaffiziert zu bleiben scheint. Die Distanz wächst erst im Ertasten der Welt und im Ertasten des eigenen Leibes"[14]; das Leibliche hat hier vor allem erlebnishafte Bedeutung. Die Distanzierung gegenüber dem Leiblichen, „die innere Abgrenzung des Subjekts der Körpersphäre als solcher gegenüber, ist dem Kind nur erst gelegentlich möglich"[15].

Andererseits aber „erlebt" das Kind seinen Leib intensiver als der Erwachsene. Im Kriechen, Hüpfen, Springen, Tollen, Klettern, Laufen und Schwingen gewinnt es ihm Erlebnisse und Erfahrungen ab, in denen es sich selbst und in seinen Möglichkeiten, die ja nicht in sich beschlossen, sondern auf seine Welt gerichtet sind, entdeckt und entwickelt. „Auch Daumenlutschen, Kratzen, Nasebohren, Nägelbeißen, rhythmische Leibes- oder Kopfbewegun-

---

[14] A. Flitner, a. a. O., S. 236.

[15] M. J. Langeveld: Studien zur Anthropologie des Kindes. Tübingen 1964²., S. 126.

gen oder Spiel mit den Genitalien sind Fortsetzungen dieses naiven Selbsterlebens im Leiblichen"[16]. In den besonderen Möglichkeiten seines Leibes findet das Kind zunächst seinen persönlichen Erlebnis- und Erfahrungsraum, mit ihnen erschließt es sich aber zugleich seine Welt. Das Kleinkind spielt in vielfältiger Weise in noch ungeregelten Bewegungen sein Verhältnis zu seinem Leib und seinen Gliedmaßen durch. Es läßt sich von ihm bisher ungekannten Möglichkeiten der Bewegung seines Leibes immer neu überraschen und probiert entdeckte Bewegungen immer wieder. Sein „Greifen" wird zur „Vorform alles handwerklichen und technischen Eingriffs in die Welt"[17]. Im Kriechen und Krabbeln, Aufstehen und Hinlegen, Laufen und Springen verändert es seine körperliche Stellung und gewinnt darin ein jeweils anderes Verhältnis zu seiner Welt; die Möglichkeiten seines Leibes sind seine Möglichkeiten seiner Welt gegenüber. An ihnen und mit ihnen entwickelt es sich. Seine Motorik vermittelt ihm tiefe, „vielleicht die prägendsten Sinnerfahrungen"; sie ist sein „Zugang" zur Welt (A. Nitschke).

Für das Kind werden sein Körper, das leibliche Können und die leiblichen Möglichkeiten deshalb zum Medium seines Großwerdens; sein Leib wird zum Großwerden geradezu eingesetzt. Die Leiberfahrungen des Kindes sind „im Wechsel solche der Abhängigkeit und solche des wachsenden Eigenvermögens"; „im Leibe" erlebt es seine Grenzen, sein wachsendes körperliches Vermögen trägt ihm aber auch „fast alle seine Erfolge ein: die Bewegung und Fortbewegung, die zunehmende Kraft und Geschicklichkeit, das instrumentale Vermögen und schließlich das Sprechen"[18]. Kinder lernen das Radfahren oder Skifahren zunächst nicht deshalb, weil ihnen das Lernen Spaß macht, sondern sie lernen es, weil die größeren Kinder Radfahren oder Skifahren können und weil bestimmte körperliche Leistungen von ihnen als Symbole des Großseins angesehen werden. Andererseits sind Bewegungsbeschränkungen, körperliche Mängel und Behinderungen für das Kind auch Beeinträchtigungen seiner Umweltbeziehungen, weil sie es unmöglich machen, bestimmte altersspezifische Erfahrungen zu erreichen. Daß umgekehrt das Erlebnis des körperlichen Gebrechens durch eine „Umstimmung" des Weltverhältnisses verändert werden kann, indem der körperliche Zustand, obwohl er objektiv der gleiche bleibt, eine neue und andere Bewertung erfährt, konnte Langeveld zeigen[19]. Gerade hier haben bewegungstherapeutische, heil- und sonderpädagogische Maßnahmen ihren Ansatz.

---

[16] A. Flitner, a. a. O., S. 237.
[17] a. a. O., S. 235.
[18] A. Flitner, a. a. O., S. 237.
[19] J. M. Langeveld, a. a. O., S. 126 ff.

Das Kind allerdings ist auch wieder sehr viel weniger mit seiner Leiblichkeit identisch als der Erwachsene[20], weil sein „Ausdruck" nicht jene Ausprägung erreicht, wie es bei jenem der Fall ist. Zwar sind elementare körperliche Äußerungen bei ihm ungehemmter. Andererseits zeigen seine äußeren Züge den Einfluß von Lebensschicksal, Persönlichkeitseigenschaften, von Erlebnissen und Erfahrungen schwächer ausgeprägt. Dies ist darauf zurückzuführen, daß das Kind (und auch der Jugendliche) seinen Leib weniger bewußt in den Dienst seiner Weltbewältigung einsetzt und einsetzen kann. Auch dies hängt wiederum mit der geringeren Ausformung seines individuellen Seins zusammen. Das Kind ist mehr, und das heißt mit geringerer Distanz, bei den Dingen; seine Teilnahme an ihnen ist im Vergleich zum Erwachsenen ursprünglicher und leidenschaftlicher. Es ist insofern auch stärker leiblich orientiert, und erst mit zunehmendem Abstand von den Dingen und auch von sich — das heißt mit zunehmender Differenzierung seines Ichs — wächst der mögliche „Abstand" von der eigenen Leiblichkeit, und mit diesem wächst auch die mögliche Distanz zur Umwelt.

Entwicklungspsychologische Darstellungen haben auf die Bedeutung des Leiblichen für die Entwicklung des Kindes, für sein Selbständigwerden, seine „Ich-Findung" und seine Weltentdeckung immer wieder aufmerksam gemacht[21]. Für die Erfahrung der Welt, für das Erlebnis des Unterschieds von Mensch und Welt und zugleich ihre unaufhebbare Verbundenheit ist die Differenzierung des Leibverhältnisses in Motorik, Ausdruck und Können, in Selbstbeherrschung und Selbstgestaltung von entscheidender Bedeutung. Während für das Neugeborene — so schreibt J. A. Caruso — sein Leib noch weitgehend „seine Welt" darstellt, wird im Verlaufe der Entwicklung die Außenwelt durch „die Entdeckung und Einübung des eigenen Körpers erschlossen und bewältigt". Im Gegensatz zum Tier, das die Welt weder „erkennen" noch „bewältigen" kann, weil diese mit seinem Körper eng verbunden ist „und mehr, als beim Menschen der Fall ist, dessen Fortsetzung darstellt", beginnt schon das Kleinkind, „seine Körper-Welt zu objektivieren und sich mit ihr ‚auseinanderzusetzen'". Das Leibliche ist zuerst das „vergegenständlichte Werkzeug der Auseinandersetzung mit der Welt"; die „Beherrschung des Leibes" wird zum Modell der „Beherrschung des Kosmos". Die Art und Weise,

---

[20] A. Flitner, a. a. O., S. 237.

[21] Vgl. die zusammenfassende Darstellung von R. Bergius: Entwicklung als Stufenfolge. In: Hdb. f. Psychol., Bd. 3. Göttingen 1959²; außerdem W. Zeller: Konstitution und Entwicklung. Anthropologie und Psychologie der Kindheit und Jugend. Göttingen 1964²; in spezieller Sicht der Leibeserziehung: O. Neumann: Die leibseelische Entwicklung im Jugendalter. München 1964.

in der die Objektivierung des Leibes in bestimmten Phasen vollzogen wird, „präformiert“ künftige Entscheidungen. Die „spezifisch menschliche Notwendigkeit zur Objektivierung des eigenen Körpers“ bzw. — was das gleiche bedeutet — die Verdoppelung des „Ich“, wird zu jener entscheidenden, größten und wichtigsten Entdeckung, die den Menschen als Menschen konstituiert und alle seine anderen „Entdeckungen“ erst ermöglicht[22].

Dem Jugendlichen der *Reifezeit* schließlich tritt das *Körperliche* geradezu herausfordernd entgegen. Die Zeiten starken körperlichen Wachstums, vor allem der mit der Auflösung der harmonischen Struktur der kindlichen Gestalt verbundene pubertäre Gestaltwandel, lassen ihn oft sein körperliches Ungenügen, seine Ungelenkigkeit, seine mangelhafte Bewegungsfähigkeit spüren. Seine Bewegungen werden unkoordiniert, linkisch, unharmonisch[23]. Er selbst scheint dadurch in seinen Beziehungen zum anderen Menschen gehemmt. Mehr denn je wird ihm seine Leiblichkeit als Situation, das heißt als Aufgabe deutlich. „Ich habe jetzt so lange Beine, ich habe jetzt diese komische Stimme“, dies bedeutet etwas für mich[24]. Mehr denn je taucht das Leibliche als Begrenzung seines Wollens auf, aber auch in Möglichkeiten, die ihm bislang unbekannt waren. Vor allem die geschlechtliche Reifung und die Ausbildung der sekundären Geschlechtsmerkmale lassen das Leibliche in den Vordergrund seines Erlebens treten. Seine Leiblichkeit zeigt sich ihm in neuen „Bedeutungen“, verlangt aber zugleich auch eine neue Bewertung und Sinngebung.

Diese Ausdifferenzierung des Verhältnisses zum Leiblichen ist allerdings nicht allein von Wachstums- und Reifungsvorgängen bestimmt; sie ist ebenso auf Lernen und Handeln hin angelegt. Sie ist auch nicht nur von individuellen Leitvorstellungen abhängig, sondern ebensosehr auf Konventionen, Rollenerwartungen, Werte und Normen bezogen. Sichtbar wird dies darin, daß das Leiberleben der Jugend sich in verschiedenen Epochen wandelte. Asketische Züge wechselten mit größerer Freizügigkeit, ästhetisches Körpererleben in allen Arten des Selbstgenusses mit Übung des Leibes in Gymnastik und Sport. Der Wandel des Leibbewußtseins und der Leibbewertung ist deshalb nicht nur abhängig von Jugend und Alter, die ein je verschiedenes Verhältnis zum Leiblichen auszeichnet, sondern auch von Aufgaben und Situationen; er ist auch nicht nur von einer zunehmenden Ausformung des Leiblichen im Verlaufe der Entwicklung des Menschen abhängig, sondern wird immer auch von Fak-

---

[22] J. A. Caruso: Werden und „Entwerden“ im Handeln. In: E. Wiesenhütter (Hrsg.): Werden und Handeln. Festschrift für V. E. Freiherr von Gebsattel. Stuttgart 1963.

[23] Vgl. dazu vor allem W. Zeller, a. a. O.; außerdem die entwicklungspsychologischen Hinweise im Beitrag von H. Gabler / P. Röthig, S. 111 ff. in diesem Band.

[24] Vgl. dazu M. J. Langeveld, a. a. O., S. 11.

toren bestimmt, die innerhalb der Erziehung, im Bereich kultureller, sozialer und gesellschaftlicher Auffassungen, Erwartungen und Normen zu finden sind und insofern Maßstäbe und Leitlinien für Gestaltung und Ausbildung dieses Verhältnisses abgeben.

Mit zunehmendem Alter — dies mag noch angedeutet werden — treten dann andere Formen auf, die sich in Haltung und Statur verfestigen, bewahrt oder verspielt werden und auch, oftmals gegen krampfhaften Widerstand, verfallen. Schicksale, Erfahrungen, Erlebnisse und auch Einstellungen prägen sich aus. Die Welt „verändert" ihre Dimensionen mit den Veränderungen des Leiblichen; die Straßen scheinen breiter zu werden, die Wege länger; die Empfindlichkeit wächst gegenüber manchen Leiden[25]. „Unser Leib", so bemerkt Langeveld, wird uns „immer mehr zu eigen", und zugleich wird „er uns immer weniger ein Eigentum", bis die Zeit kommt, in der er „völlig zurückgenommen wird"[26]. Was dies wiederum für die Leibeserziehung, ihre altersspezifische Differenzierung sowie ihre altersabhängige Didaktik und Methodik bedeutet, liegt auf der Hand.

Leib und Körper in der kulturanthropologischen Diskussion

In der bisherigen Darstellung wurde vorwiegend der Begriff des Leibes bzw. der der Leiblichkeit verwendet. Dies hängt zusammen mit dem Typ bzw. den Absichten der Theorien, auf die vor allem Bezug genommen wurde. Deren Ziel war es insbesondere, die Bedeutung des Körpers im Zusammenhang menschlichen Lebens und Erlebens, Wahrnehmens und Handelns zu beschreiben. Damit werden vor allem die Perspektive „Mein Körper" und die individuellen Beziehungen des Menschen zu seinem Körper und über diesen zu seiner Welt betont. Die Abhängigkeit des Körpers von individueller Einschätzung, seine Veränderung in Wahrnehmung und Handlung, sein „Vermittlungscharakter" für die Beziehungen des Menschen zu seiner Welt und Umwelt scheinen am ehesten in den Begriffen Leib und Leiblichkeit wiedergegeben zu sein.

Demgegenüber wird in kulturvergleichenden und kulturgeschichtlichen Darstellungen in größerem Maße der Begriff Körper verwendet[27]. Er erscheint in diesem Zusammenhang neutraler und erlaubt eher, ohne daß individuelle

---

[25] Vgl. zu dieser Frage z. B. O. F. Bollnow: Krise und neuer Anfang. Beiträge zur pädagogischen Anthropologie. Heidelberg 1966, S. 34 ff. und S. 48 ff.

[26] M. J. Langeveld, a. a. O., S. 141.

[27] Vgl. z. B. M. Mauss: Die Techniken des Körpers. In: R. König u. a.: Kulturanthropologie. Düsseldorf 1972; D. Kamper u. a. (Hrsg.): Zur Geschichte des Körpers. München 1976.

Gesichtspunkte vernachlässigt werden müßten, die Beschreibung von Einflüssen, die historische, kulturelle, soziale und gesellschaftliche Faktoren auf den Körper, seine Bewertung und Einschätzung, seine „Techniken“ und Verhaltensweisen ausüben. Dabei fällt folgendes besonders auf:

— Wie der Mensch insgesamt, unterliegt sein Körper geschichtlicher Veränderung. Wie er eingeschätzt, „behandelt“, bewertet, eingesetzt wird, unterliegt historischen Einflüssen. Scham- und Peinlichkeitsschwellen verschieben sich ebenso wie moralische Normen in bezug auf körperliche Reaktionen und geschlechtliches Verhalten; Tisch- und Eßsitten, hygienische Maßnahmen werden verschieden gehandhabt[28], Sport, Bewegung, Leibesübung, Training des Körpers unterschiedlich bewertet.

— Kulturvergleiche zeigen unterschiedliche Formen, in denen der Körper eingesetzt wird. Gehen, Laufen, Marschieren, Schlafen, Essen, sexuelle Betätigungen, Geburtstechniken können von Kultur zu Kultur wechseln, die „Techniken“ des Körpers sind in diesem Sinne kulturspezifisch[29].

— Der Körper unterliegt normativen und institutionellen Bindungen gleichermaßen. Der Sport mit seinem Regel- und Normensystem (was man tun darf, was nicht), mit seinen Bewegungsvorschriften und Bewegungsreglementierungen, aber auch mit seinem Angebot an Bewegungen ist dafür ein gutes Beispiel[30].

— Der Körper zeigt sich nicht nur als Organismus, sondern präsentiert „Bedeutungen“. In Haltung, Gestik, Mimik wird eine Ebene der Beziehungen zwischen Menschen, der Interaktion, angesprochen, die nicht vorgegeben ist, sondern im Handeln hergestellt wird, nämlich die Ebene der Zeichen und Symbole. Ob man sie jeweils erkennt, richtig und angemessen interpretiert und entsprechend auf sie reagiert, hängt von besonderen Weisen des Einverständnisses zwischen den Beteiligten ab[31].

— Der Körper ist nicht „konstant“. Weil der Mensch „instinktarm“ und weltoffen ist, ist das, was sich in verschiedenen Kulturen und in verschiedenen kulturhistorischen Epochen als Körper zeigt, verschieden. Es gibt in diesem Sinne keine „Natürlichkeit“ des Körpers, sondern auch diese ist — im

---

[28] Vgl. bes. N. Elias: Über den Prozeß der Zivilisation. 2 Bde. Frankfurt/M. 1977 und J. H. van den Berg: Metabletica. Über die Wandlung des Menschen. Göttingen 1960.

[29] Dazu besonders M. Mauss, a. a. O.

[30] Hierzu und zu folgendem besonders O. Grupe: Was ist und was bedeutet Bewegung? In: E. Hahn u. a. (Red.): Die menschliche Bewegung. Schorndorf 1976.

[31] Außerdem E. Goffman: Wir alle spielen Theater. Die Selbstdarstellung im Alltag. München 1969 und M. Argyle: Soziale Interaktion. Köln 1972.

Rahmen biologischer Festlegung und genetischer Ausstattung — künstlich, unterliegt sich verändernden Normen, die wiederum nicht nur zwischen Kulturen verschieden sind, sondern oft auch zwischen sozialen Schichten und zwischen den Geschlechtern. So lassen sich bei Frauen andere Körperbeziehungen, also Einschätzungen des eigenen Körpers, aufzeigen als bei Männern[32], bei Kindern andere als bei Erwachsenen und bei Sportlern möglicherweise andere als bei Nichtsportlern.

Neue Ansätze in der Theorie der Bewegung

Neue Einsichten in das Wesen der menschlichen Bewegung sehen diese als Kennzeichen der besonderen Natur des menschlichen Leibverhältnisses (F. J. J. Buytendijk, P. Christian, A. Gehlen, M. Merleau-Ponty, A. Nitschke, V. von Weizsäcker)[33]; Bewegung wird als *„Handlung“*, *„Tat“* oder *„Leistung“* verstanden. Sie läßt sich nicht vollständig auf der Grundlage eines einfachen Reiz-Reaktions-Modells erklären, sondern ergibt sich — folgt man den Grundgedanken der bisherigen Diskussion — aus dem *Verhältnis* eines „Subjekts“ oder „Selbst“ (F. J. J. Buytendijk) zu seiner Welt. An dieser „Welt“ hat sie ihren Ansatz, von ihr her zeigt sie sich als sinnvoll, auf sie hin pendelt sie sich in Gestalt eines *Handlungszusammenhangs* ein. Sich-Bewegen wird als „ein Verhalten zur Welt“ (E. Straus) begriffen. Es ist nicht das Resultat eines Feldgeschehens, sondern gewählt und gelernt, auch abhängig von Entscheidung und Zustimmung, von Bedeutungsverleihung und Einschätzung, was freilich nicht ausschließt, daß man Bewegungshandlungen auf der Grundlage kybernetischer oder informationstheoretischer Sichtweisen detailliert zu beschreiben vermag[34]. Hier jedoch geht es darüber hinaus um die *Bedeutung* der Bewegung[35].

Diese besondere Natur der menschlichen Bewegung hat dazu geführt, daß sie als *„Erwerbsmotorik“* bezeichnet wird (D. Storch, A. Gehlen, H. Plessner). A. Gehlen nennt sie „instinktentlastet“, in dem „Wie und Was ihres Vollzugs durch und durch gelernt“. Er spricht von einer „Freisetzung der menschlichen Motorik“ und ihrer „Entlastung von angeborenen, erbfest montierten

---

[32] Hinsichtlich des Körperschemas vgl. z. B. S. Baumann: Das Körperschema. In: Sportwissenschaft 1974, S. 299—313; ders.: Körperschema und Bewegung. In: Sportwissenschaft 1978, S. 91—101.

[33] Vgl. die schon genannten Schriften.

[34] Vgl. dazu den Beitrag von D. Ungerer / R. Daugs, S. 142 ff. in diesem Band.

[35] Vgl. den schon genannten Aufsatz von O. Grupe: Was ist und was bedeutet Bewegung?

Bewegungsfiguren“[36]. Zwischen Bewegungsantrieb und bewegungsauslösenden Momenten tritt gleichsam eine Lücke auf. Wir können unseren Bewegungen — darauf verweist Buytendijk — gegenüberstehen und sie gleichsam objektiv betrachten. Während dieses objektivierende Betrachten beim „wirklichen Vollzug der Bewegung“ aufgehoben zu sein scheint, spielt es beim motorischen Lernen eine große Rolle.

Sinngemäß gilt die Verschränkung von Ich und Leib bzw. Ich, Leib und Welt auch für die menschliche *Haltung*. Auch sie ist nicht eindeutig fixiert, sondern eine „Möglichkeit“ (E. Straus). Sie ist hergestellt und erworben, hat einen über das Leibliche hinausreichenden Sinn, bedingt und durchdringt in diesem Sinne das „ganze Verhältnis des Menschen zu seiner Welt“[37]. „Ob wir uns aufrichten oder verzagen, standhalten oder uns sinken lassen, widerstreben oder nachgeben“, dies ist nicht nur als ein ausgezeichnetes Ausdrucksphänomen, sondern auch als „Variation“, als „besondere Ausprägung einer konstanten, aber variablen Ich-Welt-Beziehung“ zu begreifen[38]. Aufrechte Haltung, Stand und Gang sind dem Menschen als Möglichkeit gegeben, wirklich werden sie jedoch erst in seinem Bemühen; selbst wenn sie schon selbstverständlich geworden sind, erfordern sie „erneut Mühe und Anstrengung“[39].

Bewegung und Haltung als spezifische leibliche Phänomene zeigen sich als veränderliche Merkmale in einem umfassenderen Könnens-, Leistungs- und Handlungszusammenhang. Je nach dem Grad des motorischen Könnens und gegebenen Bewegungsmöglichkeiten erweisen sie sich als Bereitschaften für bestimmte Ziele und Aufgaben. Diese sind in der Struktur unserer mehr oder weniger gekonnten Bewegungen gleichsam „leiblich“ vorweggenommen; sie sind vorgezeichnet in der dynamischen, von Fähigkeiten und Möglichkeiten gleichermaßen bestimmten Struktur unserer Weltbeziehungen. In unseren Bewegungen haben wir die Möglichkeit zu einem bestimmten Handeln, etwas Bestimmtes zu wollen und zu können. Über diese Möglichkeiten „entwerfen“ wir uns. Durch unsere Bewegung hindurch und zugleich mit ihr richten wir uns auf Dinge und Situationen, können einer Aufforderung entsprechen oder auch selbst bestimmte Situationen herbeiführen. Unsere Bewegung ist die (leibliche) Beziehung auf Dinge, Aufgaben, Ziele hin, die wir anstreben bzw. die uns in Spannung halten. Unser Körper, seine Dispositionen

---

[36] A. Gehlen: Anthropologische Forschung. Zur Selbstbegegnung und Selbstentdeckung des Menschen. Hamburg 1961, S. 111.

[37] O. F. Bollnow: Mensch und Raum. Stuttgart 1963, S. 171.

[38] E. Straus: Psychologie der menschlichen Welt. Gesammelte Schriften. Berlin, Göttingen, Heidelberg 1960, S. 234 f.

[39] a. a. O., S. 225.

und Möglichkeiten, unser motorisches Können und Nicht-Können sind das Medium, durch das wir uns — mehr oder weniger glatt — hindurchbewegen. Unser Bewegungskönnen und unser Bewegungsraum umfangen und umschließen uns und unsere Welt in einem einheitlichen, aber doch störbaren, anfälligen und veränderlichen Zusammenhang. Behinderte Bewegungs- und Leistungsmöglichkeiten bedeuten deshalb auch eine allgemeine Einengung: Der Kranke, der sich nicht mehr bewegen kann, der in seiner Bewegung Eingeschränkte, der Bewegungsgestörte oder der Versehrte, sie alle haben mit leiblichen Einengungen andere Bedingungen in ihr Verhalten zu übernehmen als gesunde und in ihren Bewegungsmöglichkeiten nicht eingeschränkte Menschen.

Die beherrschte und gekonnte Bewegung dagegen bleibt im Feld unseres Handelns verborgen. Sie wird nur beiläufig bemerkt, trägt uns unseren Zielen und Aufgaben gleichsam zu. Wenn ich einen Speer werfen will, dazu meine Arme, meine Beine, meinen ganzen Rumpf mit dem Speer in Bewegung setze, so wird diese meine Gesamtbewegung mit dem Speer nicht von meinem gleichsam souveränen Ich gelenkt[40]. Unser Ich als *Bewußtsein* „begleitet" diese Bewegung zwar, geht mit ihr mit, ist auch durchaus auf eine eventuelle Kontrolle oder Korrektur eingestellt; zugleich aber ist es mit der gekonnten Bewegung bzw. den beherrschten sensomotorischen Fertigkeiten *„identisch"*. Der Übergang zum Andersartigen bzw. zum anderen Medium findet nicht dort statt, wo die Seele gewissermaßen aufhört und der Körper beginnt — dieser Punkt wäre ohnehin nicht festzustellen, wenn es ihn überhaupt gibt —, sondern dieser Übergang vollzieht sich ehestens zwischen der Hand und dem Speer, den ich („Ich"!) umfasse. Wenn ich die Wurfbewegung vollständig beherrsche, so mag dieser Übergang noch weiter von mir weg liegen. Das, was als Ich bezeichnet werden kann, „erstreckt" sich bis in die Bewegung meiner Hand und möglicherweise noch über diese hinaus — wenn mir das Speerwerfen nicht gerade unangenehm ist, ich den Bewegungsablauf noch lernen muß oder mir der Arm vom vielen Werfen wehtut. Es bezieht das Ziel, die Vorwegnahme von Ziel und Bewegungs-

[40] Aus der Schule der Leipziger „Ganzheitspsychologen" O. Klemm und F. Krueger gingen Arbeiten zu verschiedenen Sportbewegungen hervor: M. Oeser: Über den Speerwurf. In: Neue Psychol. Studien, 1936; G. Steger: Über den Diskuswurf. In: Neue Psychol. Studien, 1938; E. Stimpel: Der Wurf. In: Neue Psychol. Studien, 1933. Vgl. auch F. J. J. Buytendijk: Allgemeine Theorie der menschlichen Haltung und Bewegung. Als Verbindung und Gegenüberstellung von physiologischer und psychologischer Betrachtungsweise. Berlin, Göttingen, Heidelberg 1956, S. 199 ff. Vgl. auch K. Kohl: Zum Problem der Sensumotorik. Psychologische Analysen zielgerichteter Handlungen aus dem Gebiet des Sports. Frankfurt 1956.

gestalt, aber auch Bewegungserfahrungen, momentane Motive oder Erwartungen und auch langfristige Einstellungen mit ein. Die Wurfbewegung zeigt sich als komplexer motorischer *Handlungszusammenhang* bzw. *Handlungskreis,* in dem Bewegung, Leib, Ich, Gerät, Gelände und Ziel des Werfens zusammengefügt sind, und in dem die verschiedenen Faktoren einen geschlossenen, wenn nicht gerade im Erleben bzw. durch Kontrolle, bewußte Steuerung und Korrektur unterbrochenen Zusammenhang bilden (F. J. J. Buytendijk spricht von *„Funktionskreis"*, V. von Weizsäcker von *„Gestaltkreis")*. Nur dann, wenn in der Bewegungsorganisation eine Störung eintritt, sind zusätzliche Akte als Korrektur, Verstärkung oder Unterbrechung der Bewegung erforderlich. In diesem Fall lösen sich Ich und Leib gleichsam aus ihrer Übereinstimmung; dies geschieht an der Stelle, an der die Störung auftritt. Dies aber kann an ganz verschiedenen Punkten der komplexen Bewegungshandlung der Fall sein.

Unsere gekonnte Bewegung erweist sich im Rahmen solcher Beschreibung als das unreflektierte, „verläßliche", uns „entlastende" Vermögen des Zugangs und der Zuwendung zu Dingen und Situationen. Jedoch wird auch in der gekonnten, mir „einverleibten" und in „Fleisch und Blut" übergegangenen Bewegung, die den „Widerstand" meines Leibes und des Noch-Nicht-Gekonnten gleichsam zum Verschwinden bringt, das Ich nicht deshalb unwirksam, weil es sich seiner Bewegung weitgehend „anvertrauen" kann. Es bleibt auch hier je nach Aufgabe und Beanspruchung sozusagen auf dem Sprung, es begleitet seine Bewegung, ist „einsatzbereit" und wach in der Erwartung möglicher Situationen. Es ist jetzt als eine Art „Einstellung" zu begreifen, die jeweils in der Verfügung über gekonnte Bewegungshandlungen konkrete Gestalt erwirbt. Von den Einzelheiten seiner gekonnten Bewegung „weiß" es eigentlich nichts; seine Bewegungen stehen ihm unsichtbar zur Verfügung. Es ist in seinem Bewegungsraum gleichsam eingefügt, um dann tätig zu werden, wenn die hohe Beanspruchung seines Könnens es aus der Übereinstimmung mit dem Leiblichen herauszwingt, sei es, weil die Schwierigkeit der Situation diesen vollen Einsatz verlangt, sei es, weil es sich — aus welchen Gründen immer — auf seine Bewegung richtet[41]. Zumeist ist es der „Widerstand" des ermüdeten oder erschöpften Leibes, der es herausfordert und gleichsam eine „Aufteilung" auf seinen Leib und das erstrebte Ziel hin erzwingt; nunmehr bedarf auch die automatisierte Bewegung der Zuwendung.

[41] Der Psychologe spricht von „mitlaufendem" oder begleitendem Bewußtsein (vgl. G. Mühle: Rückgriff und Regression. In: Studium Generale 1956, S. 561 ff.).

Die beherrschte, gekonnte, unbeeinträchtigte Bewegung scheint dagegen von selbst zu gehen. Absichten, Motive, Wünsche fügen sich ihr ohne Bruch ein. Übergangslos erfolgt die Realisierung des Gewollten im Handeln. Das selbstverständliche Sich-verlassen-Können auf das Gekonnte, das Vertrauen-Dürfen auf das Erworbene (oder Gegebene) ermöglicht den vorgezeichneten Bewegungshandlungen einen ungestörten Ablauf. Situationen verlieren das Risiko, das ihnen innewohnt; ihre Risikoschwelle liegt gleichsam höher, erfordert weniger Überwindung und weniger Einsatz; sie entmutigen nicht so schnell, bedrücken nicht gleich. Schwierigkeiten werden unter Umständen sogar direkt gesucht, um die eigenen Fähigkeiten zu prüfen und weiterzuentwickeln. Das „Ich-kann" ist Ausdruck der Möglichkeit, unsere Beziehungen zur Welt zu erweitern, mit Situationen, Gegebenheiten und bestimmten Aufgaben vertraut zu sein und mit ihnen fertig werden zu können.

Zusammenfassung

Nimmt man diese Einsichten zusammen, so lassen sich für die besondere Fragestellung der Leibeserziehung vor allem sechs wichtige Gesichtspunkte hervorheben:

1. Der Mensch hat zu seinem Leib ein *vieldeutiges* Verhältnis; dieses Verhältnis ist seiner Natur nach unbestimmt und offen, „plastisch" und „unvollendet". Es ist weder vom Gedanken einer unterschiedslosen Einheit von Ich und Leib noch deren unaufhebbarer Trennung zu begreifen. Ich und Leib stehen sich nicht unverbunden und undurchdringlich gegenüber, sondern sind ineinander verschränkt und befinden sich in der Spannung zwischen Identität und Trennung.

2. Weil das Leibverhältnis offen und unbestimmt ist, ist es auch bestimmbar. Es hat Handlungs- und Erlebnischarakter, kann also „gestaltet" werden. Es ist, was es ist, nicht allein von „Natur" aus, sondern immer auch aufgrund von Vollzügen, Handlungen, Entscheidungen des Menschen. Es ist sowohl von individuellen als auch von (weitgehend unverfügbaren) soziokulturellen Faktoren abhängig. In ihm verbinden sich Wachstums- und Entfaltungsprozesse mit Lernprozessen, Reifen und Altern mit Momenten der Wahl, soziale Prägungen mit personalen Möglichkeiten, Faktoren der Gewöhnung mit solchen, die von Erziehung und Bildung abhängig sind.

3. Das Leibverhältnis des Menschen ist eingefügt in sein Weltverhältnis; es ist selbst schon durch einen unaufhebbaren Weltbezug gekennzeichnet. Es „trägt" seine Weltbeziehungen, und zugleich wird es von diesen mitgetragen. Leib- und Weltverhältnis des Menschen sind ineinander verschränkt. Seine Wahrnehmung, sein Sprechen, seine Gefühle, sein Empfinden, seine Hal-

tung, seine Motorik lassen sich nicht voneinander trennen und sind aus dem komplexen Verhältnis eines Subjekts zu seiner Welt nicht herauslösbar.

4. Das Verhältnis des Menschen zu seinem Körper verdankt seine endgültige Gestalt ebensosehr gegebenen somatischen Voraussetzungen und begegnenden Situationen wie individuellen Faktoren und sozialen Normen. Es läßt sich selten eindeutig feststellen, welchen Anteil einzelne Faktoren innerhalb des bestehenden vielschichtigen Zusammenhangs haben. Ich, Leib *und* Welt bilden ein Verhältnis, dem Veränderlichkeit zu eigen ist, das nie in sich gleich ist, das stets neue „Bedeutungen" hat, das bei aller äußeren „Stetigkeit" des Leibes in Gestalt und Form „Prozeß" ist. Es ist dynamisch und offen und damit Zeichen des dynamischen und prozeßhaften Charakters menschlichen Daseins überhaupt.

5. Einschätzung, Behandlung und Einsatz des Körpers hängen von sozialen und kulturellen Faktoren ab, sind mitbestimmt von Normen und Werten und unterscheiden sich von Kultur zu Kultur und historischer Epoche zu historischer Epoche. Auch dies hängt mit der prinzipiellen Offenheit und Plastizität des Verhältnisses des Menschen zu seinem Körper zusammen.

6. Es zeigt sich, daß das Leibverhältnis nicht nur auf Erziehung und Bildung und speziell auf Leibes-Erziehung hin angelegt ist, sondern diesen auch besondere Möglichkeiten gibt, wie z. B. im Lernen motorischer Fertigkeiten, im Training, im Üben, im Abbau von Bewegungshemmungen, in der Bewegungsgestaltung sowie in der Entwicklung eines den sportlichen Bewegungen eigenen Wertbewußtseins.

Zur Theorie des Spiels

Wichtige Grundlagen erhält die Leibeserziehung aus der philosophischen Theorie des Spiels[42]. Es gilt als ein eigenständiges, nicht ableitbares Phänomen, als ein Stück unmittelbarer Gegenwart und unverstellten Lebens, als ein Raum „freien Handelns" (J. Huizinga) mit eigener Gesetzlichkeit und Dynamik, „sinnvoll und zweckfrei" (H. Rahner), wobei Zweckfreiheit wohl nur im Sinne materieller Nutzlosigkeit verstanden werden kann. Natürlich hat das

[42] In diesem Beitrag werden vor allem jene Gesichtspunkte aufgenommen, die von philosophisch orientierten Spieltheorien entwickelt worden sind. Es ist jedoch zu bedenken, daß es eine Reihe anderer spieltheoretischer Ansätze gibt, die neben dem Gesichtspunkt relativer Zwecklosigkeit andere Gesichtspunkte hervorheben, so z. B. psychoanalytische, sozial- und entwicklungspsychologische, kulturhistorische und soziologische; in ihnen wird der funktionale Charakter des Spiels stärker betont. Besonders wichtig ist das Buch von B. Sutton-Smith: Die Dialektik des Spiels. Eine Theorie des Spielens, der Spiele und des Sports. Schorndorf 1978.

Spiel konkrete Zwecke: etwa die Befriedigung des Spiel- und Bewegungsbedürfnisses, Vergnügen am Sich-Bewegen, am Ausprobieren und Entdecken, Ich-Findung und Selbstentdeckung. Der Sinn des Spiels liegt jedoch vor allem in ihm selbst, im Heraustreten aus dem Alltäglichen, im unkonventionellen Tun, in der Überhöhung des nur gelebten Lebens; er ist nicht so sehr in einer Ausgleichs-, Erholungs- und Entspannungsfunktion oder in einer leistungsfördernden Wirkung zu sehen. Das Spiel hat das „Recht des je gegenwärtigen Daseins ganz für sich“[43], es ist eine „Form freier Leistung“[44], und in diesem Sinne ist es nicht von seinen Wirkungen aus zu deuten. Es verweist auf einen eigenen Lebensbereich, dem die „Tätigkeit um des Tätigseins“ willen zu eigen ist[45]. In diesem Sinne ist das Spiel nicht weiter ableitbar.

vgl. Bühler

Versuchte man eine solche Ableitung, so würde man das eigentliche Wesen des Spiels nicht treffen. Es würde — wie E. Fink schreibt — zu einer „peripheren Erscheinung“, zu einem „Randphänomen des Menschenlebens“, zu einer nur „gelegentlich aufleuchtenden Daseinsmöglichkeit“. Es geriete als „Müßiggang“ in Gegensatz „zur ernsthaften und verantwortlichen Lebenstätigkeit“, bekäme den Charakter der „Unterbrechung“, der „Pause“. Es würde zur „Ergänzung“, zum „Komplementärphänomen, kontrastierend gegen den „Lebensernst, gegen die verbindliche sittliche Haltung, gegen die Arbeit, gegen den nüchternen Wirklichkeitssinn überhaupt“; es würde zum bloßen *Gegengewicht.*

Aber eben dies ist es nicht. Vielmehr gibt es ja denjenigen Handlungen Raum, die nicht den Anspruch erheben müssen, nützlich und zweckmäßig zu sein, sondern die zwecklos und überflüssig sein können, geradezu unvernünftig (J. Huizinga) und die, weil sie dies sind, durch ihre „Zwecklosigkeit“ und Freiwilligkeit die Dinge, die Welt und die anderen Menschen in einer nur dem Spiel eigentümlichen Weise erscheinen zu lassen und ihnen damit einen neuen, vor allem nicht-alltäglichen Sinn geben; die den Menschen bereichern und helfen, zu seiner Glückseligkeit beizutragen, ein Gesichtspunkt, den schon Schleiermacher betont hat. Das Spiel übersteigt die Bedingungen des Notwendigen, vom Zweckrationalen aus gesehen hat es *überflüssige* Leistungen zum Ziel. Es ist vor allem Gegenwart und Erfüllung des Augenblicks. Es löst aus dem verbindlichen Charakter von Arbeit und Alltag

[43] A. Flitner, a. a. O., S. 243.
[44] F. J. J. Buytendijk: Das Fußballspiel. Eine psychologische Studie. Würzburg o. J., S. 24.
[45] E. Fink: Oase des Glücks. Gedanken zu einer Ontologie des Spiels. Freiburg, Münster 1957, S. 17 ff.

heraus, und es betont die „freieren", unspezialisierten, spontanen Möglichkeiten, die der Mensch hat.

Gerade die (nicht zweckgerichtete und freiwillige) Sportbewegung wird so zum Zeichen für die Unbestimmtheit des Leibverhältnisses gegenüber situativem Zwang. Ihre unökonomischen, unrationellen, „unvernünftigen" Möglichkeiten sozusagen zeigen die Breite dieser Unbestimmtheit. Der Leib erweist sich dabei als die Möglichkeit, mit Situationen und Dingen in anderer Weise umzugehen als jeweils naheliegt, schnell statt langsam zu laufen, sich anzustrengen statt die „Bequemlichkeit" zu suchen, das Hinfallen oder sogar die Verletzung zu riskieren statt nach „Sicherheit" zu streben. Die Bewegung bekommt eine Bedeutung, die ihr nicht von Natur aus zufällt; sie muß ihr jeweils neu verliehen werden, gerade dort, wo sie als „unsinnig" erscheint. Durch ihren besonderen Sinn wiederum werden spielerische Situationen entworfen und werden deren spezifische Gehalte freigesetzt, womit Dinge und Menschen in einem anderen Licht erscheinen. Die spielerischen Qualitäten, die sich uns an den Dingen durch spielerische Bewegungen erschließen, sind zugleich Ausdruck einer veränderten Beziehung zu ihnen. Die Sportbewegung beinhaltet damit eine Einstellung gegenüber unserem Leib und gegenüber der „Welt", die vor allem ihre „freieren", unspezialisierten Möglichkeiten betont. Mit ihr treten die weiter gespannten, vielfältig variierbaren, für zahlreiche Ziele „einsetzbaren", spontanen Möglichkeiten menschlicher Bewegungsvollzüge ans Licht. Indem aber Bewegung zwecklos wird, bekommen zugleich die Dinge ein anderes Gesicht; es werden nun auch bei ihnen Qualitäten frei, die erst in der zweckfreien Zuwendung sich auftun können, und die auch die Reize der Sportbewegung ausmachen, mag man sie darüber hinaus gesundheitlich oder ästhetisch, als Entspannung oder Erholung begründen.

Die neuere sozialwissenschaftliche Theorie des Spiels geht über solche mehr philosophisch-spekulativen Erörterungen des Spiels hinaus. Sie versucht — besonders deutlich wird dies bei B. Sutton-Smith[46] — die Voraussetzungen des Spiels sowie seine funktionalen und strukturellen Merkmale schärfer zu fassen und auch empirisch zu belegen. Zwar kann man davon ausgehen, daß es so etwas wie ein anthropologisches Grundphänomen Spiel gibt; wie es aber jeweils erscheint, was und wie gespielt wird, welche Spiele in verschiedenen Kulturen gespielt werden, welches die erwünschten (und weniger erwünschten) „Folgen" von Spielen sind, was sie bewirken und bezwecken,

[46] Auf sein Buch (a. a. O., S. 13—96) wird im folgenden vor allem Bezug genommen. Vgl. auch A. Flitner: Das Kinderspiel. München 1978[4].

hängt von individuellen, kulturellen und sozialen Einflußfaktoren gleichermaßen ab.

Hinsichtlich der notwendigen, aber für sich nicht hinreichenden Voraussetzungen des Spielens unterscheidet Sutton-Smith zwischen biologischen, kulturellen und psychologischen Voraussetzungen. So hängt Spielen z. B. von dem Reifezustand eines Kindes und von dem Umfang, in dem ihm seine Umgebung Fürsorge und Schutz für Wachstum und Reifung gewährt, ab. Zu den kulturellen Voraussetzungen gehören Sitten und Gebräuche, dem Spiel mehr oder weniger förderliche kulturelle und soziale Normen und Werte, die Komplexität und Vielfalt einer Kultur, familiäre Einwirkungen auf das Kind und Formen und Praktiken allgemeiner Kindererziehung, soziale und ökonomische Bedingungen, unter denen Kinder aufwachsen, auch einfach nur die für Spielen verfügbare Zeit. Solche Bedingungen zusammengenommen führen erst zum Spiel bzw. zu bestimmten Spieltypen und einem bestimmten Ausmaß des Spiels. Psychologische Voraussetzungen schließlich umfassen anregende Vorbilder, Beherrschung der Techniken, die im Spielen benötigt werden und der Situation, die zu einer spielerischen gemacht wird, Kenntnis der Spielsignale usw.

Erst wenn diese Voraussetzungen erfüllt sind, kann es, muß aber nicht, zum Spiel kommen. Dieses wiederum zeichnet sich durch eine gleichsam dialektische Struktur aus: Es stellt Formen der Lösung von Konflikten dar, die im alltäglichen Leben nicht oder nur schwer gelöst werden können, es hebt Gegensätze gleichsam auf, es „abstrahiert", schafft eine zweite Ebene der Wirklichkeit, kehrt Rollen, Machtpositionen und Einfluß um, bedeutet „Belebung", bewegt sich an der Grenze der (noch) kontrollierbaren Spannung und Erregung — dies alles in freiwilliger und selbstgewählter Weise. Was schließlich die Wirkungen und Funktionen des Spiels betrifft, so zeigt sich, daß es zwar immer auch die Werte und Normen widerspiegelt und überträgt, die in einer Kultur vorherrschen — in diesem Sinne ist es eine Form der Sozialisation —, jedoch zugleich kreatives Verhalten, neuartige Reaktionen, Flexibilität und Autonomie fördert, sowie — unter besonderen Bedingungen — den Transfer solcher Eigenschaften.

Somit kommt dem Spiel eine weitreichende entwicklungsspezifische und pädagogisch-psychologische Bedeutung zu und es muß in Erziehung und Bildung in angemessenem Umfang vertreten sein.

In diesem Sinne gewinnen anthropologische Gesichtspunkte wie Bewegung, Körper und Leib, Spielen und Spiele ihren Wert für Selbstverständnis, Ziele und Sinngebung von Leibeserziehung und Sport.

Ergänzende Literaturhinweise

Zur (Sozial-) Anthropologie der Leiblichkeit und der Bewegung

Buytendijk, F. J. J.: Das Menschliche. Wege zu seinem Verständnis. Stuttgart 1958.
— Prolegomena einer anthropologischen Physiologie. Salzburg 1967.
Buytendijk, F. J. J., Christian, P., Plügge, H.: Über die menschliche Bewegung als Einheit von Natur und Geist. Schorndorf 1963.
Gehlen, A.: Der Mensch. Seine Natur und seine Stellung in der Welt. Bonn 1958[6].
Jacobs, D.: Die menschliche Bewegung. Ratingen 1962.
Marcel, G.: Sein und Haben. Paderborn 1954.
Plessner, H.: Conditio Humana. Pfullingen 1964 (Nachdruck aus Propyläen-Weltgeschichte, Berlin 1961).
Sartre, J. P.: Das Sein und das Nichts. Versuch einer phänomenologischen Ontologie. Hamburg 1962.
Straus, E.: Vom Sinn der Sinne. Ein Beitrag zur Grundlegung der Psychologie. Berlin, Göttingen, Heidelberg 1956[2].
Weizsäcker, V. v.: Der Gestaltkreis. Theorie der Einheit von Wahrnehmen und Bewegen. Stuttgart 1950[4].
Wiesenhütter, E. (Hrsg.): Werden und Handeln. Festschrift für V. Freiherr v. Gebsattel. Stuttgart 1963.
Zutt, J.: Auf dem Wege zu einer anthropologischen Psychiatrie. Gesammelte Aufsätze. Berlin, Göttingen, Heidelberg 1963.

Zur neueren Theorie des Spiels

Avedon, E. M., Sutton-Smith, B. (Hrsg.): The Study of Games. New York 1971.
Caillois, R.: Die Spiele und die Menschen. Maske und Rausch. Stuttgart 1960.
Ellis, M. J.: Why people play. Englewood Cliffs, New Jersey 1973.
Fink, E.: Oase des Glücks. Gedanken zu einer Ontologie des Spiels. Freiburg, München 1957.
Flitner, A.: Spielen — Lernen. Praxis und Deutung des Kinderspiels. München 1972.
Heckhausen, H.: Entwurf einer Psychologie des Spielens. In: Pädagogische Psychologie (Funk-Kolleg Grundlagentexte 1), Frankfurt 1973.
Herron, R. E., Sutton-Smith, B. (Hrsg.): Child's Play. New York 1971.
Huizinga, J.: Homo ludens. Vom Ursprung der Kultur im Spiel. Hamburg 1956.
Rahner, H.: Der spielende Mensch. Einsiedeln 1952[3].
Rüssel, A.: Das Kinderspiel. Grundlinien einer psychologischen Theorie. München 1965[2].
Scheuerl, H.: Das Spiel. Untersuchungen über sein Wesen, seine pädagogischen Möglichkeiten und Grenzen. Berlin, Weinheim 1959[2].
— (Hrsg.): Beiträge zur Theorie des Spiels. Weinheim 1964[4/5].

Hartmut Gabler / Peter Röthig

Psychologische Grundfragen der Leibeserziehung und des Sports

Eine Einführung in psychologische Grundlagen der Leibeserziehung und des Sports muß vor allem jene Bereiche behandeln, die in den pädagogisch-didaktischen Vollzügen des Unterrichtens und Trainierens im Sport für das Handeln von Lehrern und Schülern von Belang sind. Aufgrund dieser (begrenzten) Fragestellung ist diese einführende Darstellung nicht mit einer Einführung in die Sportpsychologie gleichzusetzen; denn die psychologischen Grundfragen der Leibeserziehung sind in erster Linie auf das pädagogische Feld orientiert, das zwar nicht auf den Schulsport begrenzt sein muß, im wesentlichen aber die psychologischen Probleme von Unterricht und Erziehung im Sport beinhaltet.

Jeder Sportlehrer wird bei der Frage, wie er Unterricht und Training planen und den Unterrichtserfolg kontrollieren kann, immer auch mit psychologischen Fragestellungen konfrontiert. Solche Fragen sollen hier am Beispiel des Handballspiels als Unterrichtsinhalt aufgezeigt werden.

— Zunächst wird der Lehrer Vorüberlegungen darüber anstellen müssen, ob dieses Angebot auch den Interessen der Schüler entgegenkommt oder ob diese erst dafür motiviert werden müssen (motivationspsychologischer Aspekt).

— Es gilt dann zu klären, ob die motorischen Anforderungen dieses Spiels dem altersspezifischen Leistungsstand der Schüler entsprechen (entwicklungspsychologischer Aspekt).

— Dies führt zu der Frage, wie Lernprozesse im Bereich des sportmotorischen Verhaltens ablaufen. Im wesentlichen wird dies auch im Zusammenhang stehen mit der Ausprägung der motorischen Fertigkeiten (z. B. damit, ob Schüler den Ball in verschiedenen Spielsituationen fangen und werfen können), mit dem erworbenen taktischen Handlungsniveau, mit der Ausdauerfähigkeit, die für die Aufrechterhaltung eines flüssigen Spiels notwendig ist u. a. (lernpsychologischer Aspekt).

— Bei der Planung und Organisation des Spielablaufs muß der Lehrer auch bemüht sein, unerwünschte Situationen zu vermeiden und Strategien zu entwickeln, die es ihm ermöglichen, mit ihnen auf angemessene Weise fertig zu werden. Er sollte beim Spielen zu verhindern wissen, daß einzelne Schüler allzu große Mißerfolge erleiden, daß sich Aggressionen in unangemessener Weise entwickeln, daß physische Belastungen nicht auch zu psychischen führen, daß in der Auseinandersetzung des einzelnen in der Gruppe (z. B. bei der Mannschaftseinteilung oder Vergabe von Mannschaftspositionen) nicht Frustrationen auftreten, die das Gelingen eines Mannschaftsspiels erschweren u. ä. Solche Situationen lassen sich vom Lehrer nur dann vermeiden, wenn es ihm gelingt, sowohl die individuelle Situation des einzelnen zu berücksichtigen, als auch seine Position in der Gruppe und die Beziehungen der einzelnen untereinander adäquat zu erfassen (leistungspsychologische und gruppendynamische Aspekte).

— Schließlich muß sich der Lehrer selbst als eine wesentliche Bedingung (Variable) des Unterrichts begreifen und nicht nur als einen neutralen Unterrichtsplaner. Er muß sich fragen, wie er seine Unterrichtsziele in der aktuellen Unterrichtssituation am besten vermitteln kann, d. h., wie er auf der Grundlage seiner persönlichen Eigenart und seines persönlichen Könnens sportmotorisches Lernen organisieren, wie er taktisches Verhalten vermitteln und wie er den Schülern beibringen kann, soziale Situationen zu erfassen und zu verarbeiten (psychologische Aspekte der Lehrer-Schüler-Interaktion).

Psychologische Kenntnisse sind für den Lehrer also nicht nur für die Unterrichtsplanung unerläßlich, sondern sie befähigen ihn auch, in überraschenden, nicht geplanten Unterrichtssituationen, denen er sich unvermittelt gegenübergestellt sehen kann, pädagogisch sinnvolle Entscheidungen zu treffen. Solche unerwarteten Situationen können sich z. B. beim Handballspiel dann ergeben, wenn einzelne Schüler auf Mißerfolge allzu heftig reagieren oder andere ihre sportliche Überlegenheit durch Überheblichkeit vor allem den Schwächeren gegenüber äußern, oder wenn Schüler nicht bereit sind, im Unterricht mitzumachen bzw. dies nur unwillig und unter Zwang tun, oder wenn Konfliktsituationen dadurch auftreten, daß z. B. während des Spiels Schiedsrichterentscheidungen durch den Lehrer oder Mitschüler getroffen werden, die subjektiv als ungerecht aufgefaßt werden und zu affektiven Reaktionen führen. Es wird Aufgabe des Lehrers sein, sich Rechenschaft über seine Handlungen und Erfahrungen in solchen Situationen zu geben, damit solche Überlegungen wiederum in seine zukünftigen Unterrichtsvorbereitungen eingehen können.

Zur Psychologie des sportlichen Verhaltens

Die hier beispielhaft aufgezeigten Fragestellungen gehören zu Teilgebieten der Sportpsychologie. Von ihr werden diese Fragen gesichtet, strukturiert und in einem systematischen Zusammenhang dargestellt. Als Zweig der sog.

Angewandten Psychologie untersucht sie die spezifischen Voraussetzungen und Auswirkungen des menschlichen Verhaltens und Erlebens, soweit sie in mehr oder weniger enger Beziehung zum Bereich des Sports stehen. Ihre Aufgabe besteht darin, Verhaltensformen, Bewußtseinszustände, Antriebserlebnisse, Motivationslagen usw. des Menschen, der Sport betreibt oder in irgendeiner Beziehung zum Sport steht, zu erkennen, Zusammenhänge und Gesetzmäßigkeiten festzustellen und aufgrund der gewonnenen Erkenntnisse gegebenenfalls Ratschläge für die Sportpraxis — wie etwa für den Sportunterricht, für den Freizeitsport usw. — zu geben. In diesem Sinne hat die sportpsychologische Forschung immer auch eine die Praxis begleitende Aufgabe.

Eine befriedigende Darstellung der psychologischen Probleme des sportlichen Verhaltens ist jedoch erst dann möglich, wenn die Beobachtungen und Erkenntnisse auf der Basis fundierter Theorien formuliert und überprüft werden.

Eine solche theoretische Grundposition ist die Annahme, daß das Verhalten ganz allgemein — und damit auch das Verhalten im Sport — immer als Wechselwirkung zwischen Individuum und Umweltsituation entsteht (vgl. Abb. 1).

Das Individuum ist — grob schematisiert — gekennzeichnet (in seinem jeweiligen Entwicklungsstand) durch seine Bedürfnisse, Gefühle, Ansprüche, Interessen (emotional-motivationaler Aspekt), durch die spezifische Funktionsweise seiner Wahrnehmungs- und Vorstellungsfähigkeit, seines Gedächtnisses, seiner Intelligenz (kognitiv-intellektueller Aspekt) und — vor allem im Sport — durch die unterschiedliche Ausprägung von Merkmalen wie Kraft, Schnelligkeit, Ausdauer, Koordinationsfähigkeit sowie Gelenkigkeit (motorisch-konstitutioneller Aspekt).

Das *aktuelle Verhalten des Individuums* im Sport, beispielsweise im Training oder im Wettkampf, beim spontanen Spiel oder geplanten Lernen, ist zu verstehen als ein Ergebnis der Wechselwirkung zwischen solch relativ überdauernden persönlichkeitsspezifischen Voraussetzungen und den aktuellen situativen Bedingungen seiner Umwelt. Das Individuum reagiert auf seine es umgebende Situation und beeinflußt wiederum diese.

Im Rahmen dieser Verschränkungen mit der Umwelt wird das Sporttreiben von Schülern z. B. bestimmt:

— vom Verhältnis der Schwierigkeit der gestellten oder selbstgesetzten Aufgabe zum eigenen Leistungsvermögen,
— vom Anreiz, den die jeweilige sportspezifische Aufgabe ausübt,

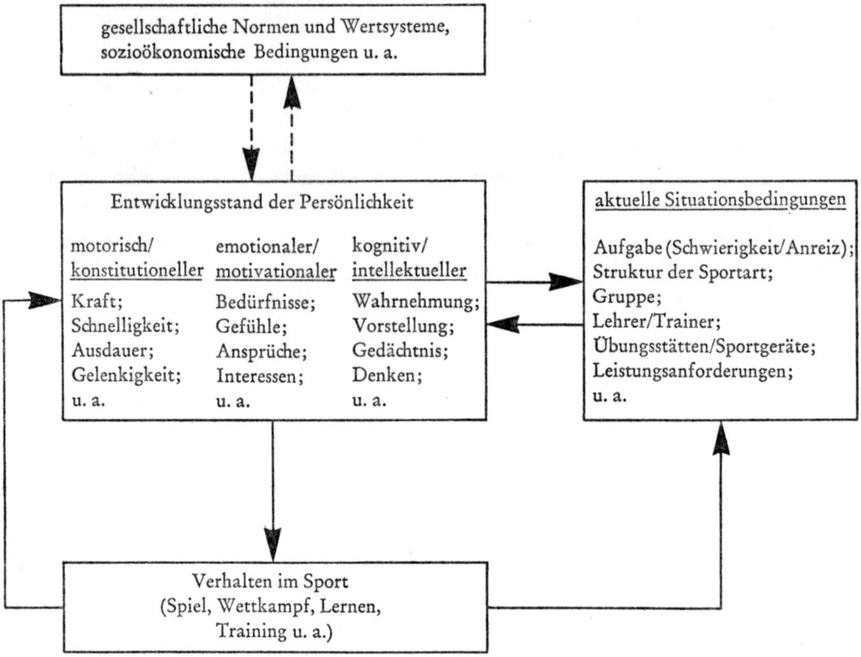

Abb. 1 Schema zur exemplarischen Darstellung des Bedingungsgefüges des Verhaltens im Sport.

— vom Verhalten des Lehrers (ob dieser z. B. als Vorbild wirkt, wie er anzuregen oder zu korrigieren vermag, auf welche Weise er lobt oder tadelt u. a.),
— von den Möglichkeiten und Anregungen, die durch Übungsstätten und Sportgeräte gegeben sind.

Das Ergebnis des Verhaltens in der sportspezifischen Situation wirkt sich wiederum aus in den Erfahrungen, die das Individuum macht, in den Lernprozessen, die seine persönlichkeitsspezifischen Voraussetzungen verändern und die dadurch sein zukünftiges Verhalten mitbestimmen.

Die *Interaktion zwischen Person und Umwelt* ist demnach immer bestimmt durch die aktuelle Wechselwirkung zwischen den individuellen und den situativen Bedingungen sowie durch jene Erfahrungen früherer ähnlicher Interaktionen, die sich in der Persönlichkeitsstruktur niedergeschlagen haben. Die Merkmale der Persönlichkeit sind — unter dem Aspekt der Entwicklung des Menschen betrachtet — insofern auch das Ergebnis von Wechselbeziehungen zwischen ererbten Dispositionen und individuellen Erfahrungen in einer Umwelt, die durch spezifische gesellschaftliche Normen und Wertsysteme sowie durch sozio-kulturelle Bedingungen gekennzeichnet ist.

Bereiche der Sportpsychologie

Die Komplexität der Bedingungen des sportlichen Verhaltens macht eine vielfache Aufgliederung und Differenzierung sportpsychologischer Arbeitsbereiche notwendig. Es wäre z. B. möglich, sportliche Situationen als Gliederungsgesichtspunkte für sportpsychologische Arbeitsfelder heranzuziehen. Dies könnte dazu führen, daß eine Vielzahl von disziplinorientierten Sportpsychologien entstehen — etwa eine Turnpsychologie, Schwimmpsychologie, Psychologie der Leichtathletik usw. Zum zweiten wäre es möglich, eher von spezifischen Verhaltensweisen im Sport auszugehen und etwa nach Wettkampfpsychologie, Trainingspsychologie, Spielpsychologie oder Psychologie der Bewegung und des Bewegungslernens usw. einzuteilen. Der Stand der sportpsychologischen Forschung erlaubt es allerdings noch nicht, schon fest umrissene und in sich gegliederte sportpsychologische Sachgebiete abzustecken.

Die derzeitige Situation der Sportpsychologie ist zum einen gekennzeichnet durch eine zunehmende Einengung der Fragestellungen unter Herausarbeitung sportspezifischer, eigenständiger Methoden und Ansätze (bez. mentales Training, Psychoregulation, Aggression, soziales Lernen, Gruppendynamik u. a.) und zum anderen durch den Versuch, das Verhalten im Sport z. B. mit Hilfe handlungstheoretischer Ansätze umfassender und eher integrativ zu analysieren[1]. Dabei wird der Sporttreibende als ziel- und erwartungsbestimmt, als aktiv Handelnder aufgefaßt; in der Analyse der aktuellen Handlungsprozesse werden im Sinne einer einheitlichen Betrachtungsweise Wahrhnemungs- und Vorstellungsprozesse, Denkleistungen, emotionale Prozesse u. a., die einer hierarchischen Funktionsstruktur unterliegen, berücksichtigt.

Dieser Versuch, sportliche Handlungen im konkreten Vollzug umfassend zu beschreiben und zu analysieren, verweist schließlich auf die noch ungeklärte Frage, inwieweit die Sportpsychologie nicht nur als Teilgebiet der Psychologie, sondern auch als Teilgebiet der Sportwissenschaft aufzufassen ist; denn auch in anderen Teilgebieten der Sportwissenschaft, wie z. B. in der

---

[1] Vgl. G. Kaminski: Bewegungshandlung als Bewältigung von Mehrfachaufgaben. In: Sportwissenschaft 1973, S. 233—250; J. R. Nitsch: Sportliches Handeln als Handlungsmodell. In: Sportwissenschaft 1975, S. 39—55; A. Thomas u. a.: Handlungspsychologische Analyse sportlicher Übungsprozesse. Schorndorf 1977.

Sportpädagogik, werden neuerdings handlungstheoretische Ansätze — wenn auch mit anderen Fragestellungen verbunden — zunehmend aufgenommen. Da es jedoch aufgrund dieser noch weitgehend ungeklärten wissenschaftssystematischen Situationen z. Z. nicht gerechtfertigt erscheint, sportpsychologische Arbeitsbereiche nach sportimmanenten oder nach fächerübergreifenden Gesichtspunkten zu systematisieren, erscheint es nützlich, die vorhandenen Problembereiche in bestehende Systeme der Psychologie einzuordnen, wie etwa dem persönlichkeitspsychologischen, motivationspsychologischen, entwicklungspsychologischen, sozialpsychologischen und lernpsychologischen Bereich.

Bei der Fülle der in diesen Bereichen anstehenden Fragen sind im Rahmen dieses Beitrags allerdings Einschränkungen unvermeidlich. Die Entscheidung für eine Darstellung der *motivations-*, *persönlichkeits-* und *entwicklungspsychologischen* Aspekte orientiert sich vor allem an der Tatsache, daß die für das Arbeitsfeld des Sportlehrers wichtigen psychologischen Probleme überwiegend in diese Disziplinen der Psychologie fallen.

Motive — Motivationen von Sporthandlungen

Die Frage nach der Motivation des Sporttreibens ist die Frage nach dem „Warum“: Warum betreiben diese jene und jene diese Sportart? Warum strengen sich einzelne mehr und beharrlicher an als andere? Warum reagieren die einen auf einen Mißerfolg, auf eine Niederlage mit Enttäuschung und Resignation, die anderen dagegen mit gesteigerter Anstrengungsbereitschaft usw.? Bei der Beantwortung dieser Fragen gilt es, aus dem komplexen Zusammenhang der Gesamtmotivation eines Menschen innerhalb des Wirkungsgefüges der Umweltbezogenheit seines Verhaltens für einen bestimmten Bereich dieses Verhaltens (wie etwa den des Sports) eine spezifische Motivationsstruktur herauszulösen. Die Frage nach den Beweggründen der sportlichen Handlung bleibt für den Sporttheoretiker wie auch für den Sportpädagogen von besonderer Bedeutung; denn die Beantwortung dieser Fragen führt nicht nur zum besseren Verstehen des Verhaltens, sondern läßt auch in methodischer und didaktischer Hinsicht wichtige Schlüsse zu. Dementsprechend folgen ihnen nicht weniger konkrete, mehr auf Verhaltensänderung bezogene Fragen, insbesondere von seiten des Sportlehrers und Trainers: Wie können Ängste und Hemmungen überwunden werden? Wie kann Leistungsbereitschaft gefördert werden? Was muß geändert werden, damit bestimmte Aufgaben innerhalb einer Mannschaft optimaler erfüllt werden? Wie können bestimmte Interessen freigelegt und berücksichtigt, andere geweckt und gefestigt werden usw.?

Zum Begriff der Motivation und des Motivs

Die (exemplarisch) angeführten Fragen richten sich letzthin auf die Bedingungen, Zustände und Prozesse, die die sportliche Aktivität möglich machen und in ihrem Verlauf bestimmen. Diese psychischen Zustände und Prozesse, die menschliches Verhalten erklären und verständlich machen, können unter dem allgemeinen Begriff der *Motivation* zusammengefaßt werden. Dieser Begriff stellt im weiten Sinne einen Oberbegriff dar für alle jene bewußten und unbewußten psychischen Vorgänge, die die Umgangssprache mit den Begriffen Drang, Trieb, Bedürfnis, Wille, Wunsch, Gefühl, Affekt, Hoffnung, Einstellung, Neigung usf. beschreibt. Wenngleich der Begriff der Motivation, wie viele psychologische Termini, je nach seiner Verwendung in verschiedenen theoretischen Zusammenhängen verschiedenen Bedeutungsgehalten unterliegt, so kann doch noch von einer engeren Definition des Begriffs ausgegangen werden: Motivation meint dann im engeren Sinne den aktualisierten Motivationszustand, das „Motiviertsein" (vgl. Abb. 2). Entsprechend der theoretischen Grundposition der Psychologie, nach der Verhalten immer als Wechselwirkung zwischen Individuum und Umweltsituation entsteht (vgl. Abb. 1), wird das Motiviertsein als Voraussetzung des Verhaltens verstanden, als Ergebnis der Wechselwirkung zwischen den Motiven des Subjekts und den diese Motive anregenden „motivierenden" Situationsbedingungen. *Motive* sind somit im Vergleich zur *Motivation* eher von dispositioneller, überdauernder, persönlichkeitsspezifischer Art. Beispiele solcher Motive sind Hunger, Durst, Furcht, Aggressivität, Leistungsbedürfnis, Sexualbedürfnis, Machtstreben, wobei im Sport noch im besonderen Maße Motive wie Bewegungsbedürfnis, Risikobedürfnis, Spielbedürfnis und Geselligkeitsbedürfnis wirksam werden.

Die Vielfalt der potentiellen Beweggründe menschlichen Verhaltens, ihre Komplexität und die damit verbundenen Schwierigkeiten ihrer diagnostischen Erfassung erschwert den Versuch einer Gliederung und Einteilung der Motive und führte dazu, daß je nach dem theoretischen Bezugsrahmen die Motive verschiedenartig eingeteilt wurden. Überwiegend wird jedoch unterschieden zwischen angeborenen (primäres Motivationssystem) und abgeleiteten Motiven (sekundäres Motivationssystem). Die angeborenen Bedürfnisse stehen in engem Zusammenhang zu biologisch bestimmten Bedürfnissen des Organismus nach Nahrung, Wasser, Sauerstoff, Schmerzvermeidung usf. — von dieser Reduktion aus werden alle anderen Motivationsformen als sekundär angesehen, d. h. als im Prozeß der Sozialisation erworben bzw. gelernt.

Dynamik der Motive

Dies bedeutet zugleich, daß der Bereich Motivation stets als ein veränderliches und in Entwicklung befindliches System verstanden werden muß. Das gilt insbesondere für das sekundäre Motivationssystem. Das Erlernen von Motiven und ihre Veränderung vollzieht sich in der Auseinandersetzung des

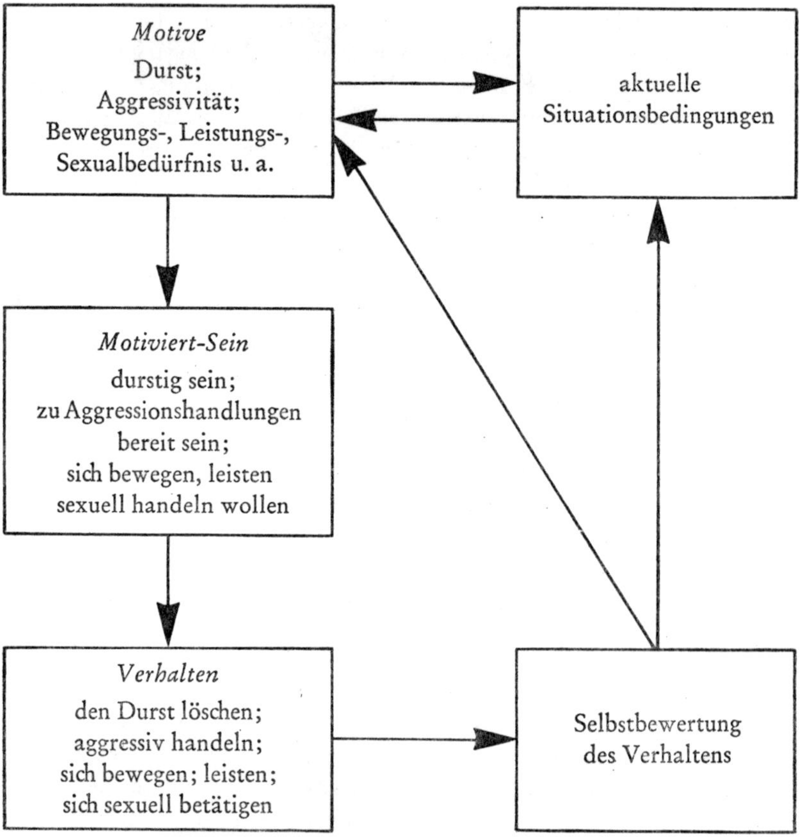

Abb. 2 Schema zur exemplarischen Darstellung der Prozesse motivierten Verhaltens.

Individuums mit seiner Umwelt, wobei zwischen dem Aufforderungscharakter der motivierenden Situation, dem Verhalten des motivierten Subjekts, der Selbsbewertung und der Reaktion der Umwelt auf dieses Verhalten (z. B. durch positive oder negative Bekräftigung in Form von Lob und Tadel)

eine ständige Wechselbeziehung besteht. Diese Wechselwirkung findet sich jedoch nicht nur zwischen diesen Faktoren, sondern auch zwischen den Motiven selbst, die sich gegenseitig beeinflussen können. Innerhalb dieses komplexen und dynamischen Wirkungsgefüges des Individuums mit seiner Umwelt interessiert sich die Sportpsychologie z. B. dafür, auf welche Art und Weise der einzelne Sporttreibende Widerständen und Hindernissen begegnet, die seinen sportlichen Intentionen entgegenstehen. So kann danach gefragt werden, wie er reagiert, wenn seine Leistungen über längere Zeit hinweg stagnieren, wenn also aufgrund der Bewertung des Verhaltens kein Erfolgserlebnis eintritt. Wird diese Behinderung für ihn Anlaß sein, sich noch intensiver um das Erreichen seines sportlichen Ziels zu bemühen oder erlebt er die Behinderung so, daß sie sich auf sein Handeln störend auswirkt, von ihm gleichsam als *frustrierende* Situation erlebt wird, die er nicht überwinden kann, ohne sich in bestimmte Ausweichreaktionen flüchten zu müssen? Eine solche Reaktion auf eine frustrierende Situation, die die Frustrationstoleranz des einzelnen überschreitet und bei extremen Belastungen als bedrohlich erlebt wird (*Streß*-Situation), kann nun darin bestehen, daß neben dem Leistungsmotiv andere Motive angeregt werden, z. B. mit *aggressiven* Handlungen reagiert wird. Diese aggressiven Handlungen können sich wiederum auf das Hindernis direkt richten (im Sport häufig auf den Gegner), sie können sich jedoch auch gegen ein anderes Objekt, gegen eine andere Person („Sündenbock"), ja gegen das eigene Ich wenden. Eine solche Abkehr von der frustierenden Situation kann auch darin bestehen, daß dem Widerstand durch ein „Aus-dem-Felde-Gehen" ausgewichen wird, daß durch *Rationalisierung* eine verstandesmäßige Rechtfertigung der gescheiterten Intentionen versucht wird, oder daß durch den Mechanismus der *Verdrängung* diese Intentionen ins Unbewußte unterdrückt werden, so daß das Erlebnis des Widerstandes und der Frustration sich damit scheinbar auflöst.

In diesem Zusammenhang ist die Annahme, daß diese Reaktionen auf frustrierende Situationen, die auch als individuelle *Abwehrmechanismen* bezeichnet werden, Reaktionen auf *Angst* darstellen, die von der Frustration her als Selbstwertbedrohung hervorgerufen wird, für den Sportpädagogen und Trainer von besonderem Interesse. Hier stellt sich die pädagogische Aufgabe, durch Könnenserfahrungen und damit verbundenem Leistungsbewußtsein, das für das Selbstbewußtsein so notwendige Selbstvertrauen der Kinder und Jugendlichen aufzubauen. Gerade im Sport, wo Erfolg und Mißerfolg so eng zusammenliegen und so offen zutage treten, kommt deshalb diesem Bereich der Dynamik der Motive und ihrer konflikthaften gegenseitigen Bezogenheit erhöhte Bedeutung zu.

Exkurs über die Leistungsmotivation

In diesem Sinn läßt sich der Bereich der Leistungsmotivation als ein zentraler Bereich der Motivation kennzeichnen. Er offenbart im besonderen die Auseinandersetzung des Individuums mit seiner Umwelt, den Kontext von motivierender Situation und motiviertem Subjekt. Diese Auseinandersetzung vollzieht sich innerhalb eines Person-Umwelt-Bezugs von spezifischer, für den Sport wichtiger Eigenart, denn Erfolg und Mißerfolg sind die wesentlichen Kriterien jedes leistungsbezogenen Verhaltens, wobei das Selbstwerterleben des einzelnen durch Erfolg gesteigert und durch Mißerfolg bedroht werden kann. Dementsprechend definiert H. Heckhausen Leistungsmotivation als „das Bestreben, die eigene Tüchtigkeit in allen jenen Tätigkeiten zu steigern oder möglichst hochzuhalten, in denen man einen Gütemaßstab für verbindlich hält und deren Ausführung deshalb gelingen oder mißlingen kann“[2]. Das Leistungsmotiv ist nun deshalb von konflikthafter Natur, weil es entsprechend dem Bestreben, tüchtig zu sein und der damit verbundenen Erwartung auf Erfolg oder Mißerfolg, in zwei voneinander relativ unabhängige Komponenten zerfällt, in die „Hoffnung auf Erfolg“ und die „Furcht vor Mißerfolg“, wobei die Stärke beider Erwartungen das Maß der Gesamt-Leistungsmotivation bestimmt. Dementsprechend kann unterschieden werden zwischen eher *Erfolgsmotivierten* und eher *Mißerfolgsmotivierten.*

Diese Definition der Leistungsmotivation nach H. Heckhausen setzt jedoch die kognitive Analyse eines leistungsthematischen Person-Umwelt-Bezugs voraus und ist somit erst ab dem 4./5. Lebensjahr anzuwenden. Denn erst Drei- und Vierjährige sind imstande, Erfolg oder Mißerfolg ihrer eigenen Tätigkeit auf das Leistungsvermögen ihrer eigenen Person zurückzubeziehen. Im weiteren Verlauf entwickelt sich das Leistungsmotiv nun in besonderem Maße in der Auseinandersetzung mit dem Erziehungsverhalten der Eltern und Lehrer und dem Verhalten der Spielkameraden, Klassenkameraden und Freunde. Es wird daher im Laufe der kindlichen und jugendlichen Entwicklung zu einer relativ stabilen Disposition, die ihre Realisierung durch von Person zu Person verschiedene leistungsthematisch motivierte Tätigkeitsbereiche findet.

In diesem Zusammenhang stellt sich auch für den Sport die wichtige und noch weitgehend ungeklärte Frage, ob diese verschiedenen Tätigkeitsbereiche ihrerseits als situative Anreize jeweils zu gleichen dispositionell be-

---

[2] H. Heckhausen: Leistungsmotivation. In: H. Thomae (Hrsg.): Handbuch der Psychologie, Bd. 2: Allgemeine Psychologie II: Motivation. Göttingen 1965, S. 604.

stimmten Handlungen führen, ob also das Überwiegen von Erfolgs- oder Mißerfolgsbezogenheit sich in stets gleicher Weise sowohl z. B. bei sportlichen Leistungen wie auch bei schulischen Leistungen äußert.

Für die Sporttheorie von nicht geringerer Bedeutung ist weiterhin die Beziehung zwischen der Leistungsmotivation, den Zielsetzungen (auch *Anspruchsniveau* genannt) und der Schwierigkeit der gestellten oder vorgenommenen Aufgabe. Das Erleben von Erfolg oder Mißerfolg hängt nicht allein ab von der objektiven Schwierigkeit der Aufgabe, es wird mit bestimmt durch den subjektiven Schwierigkeitsmaßstab. Die Auseinandersetzung mit den Aufgaben verschiedener Schwierigkeit in Abhängigkeit vom *Gütemaßstab* der Umwelt führt nämlich als Folge der jeweiligen Erfolgs- oder Mißerfolgserfahrung zur Setzung des persönlichen Anspruchsniveaus, wobei nach den Untersuchungen der bisherigen Anspruchsniveau-Forschung in der Regel innerhalb eines mittleren (subjektiven) Schwierigkeitsbereichs Erfolge oder Mißerfolge am intensivsten erlebt werden. Dies bedeutet also, daß Ziele, die jenseits dieser oberen und unteren Leistungsgrenze liegen, nicht angestrebt werden — die einen weil sie unerreichbar erscheinen, die anderen, weil sie so leicht erreichbar erscheinen, daß dies keiner besonderen Anstrengung bedarf. Das bedeutet aber auch, daß die Bewältigung von Aufgaben, die innerhalb dieses mittleren Schwierigkeitsbereichs am oberen Rand liegen, als Erfolg und die Nichtbewältigung von Aufgaben, die am unteren Rand dieses Schwierigkeitsbereichs liegen, als Mißerfolg erlebt werden. Weitere Untersuchungen zeigen jedoch, daß diese Aussagen insbesondere für Erfolgsmotivierte zutreffen[3]. Sie setzen sich realistische Ziele. Mißerfolgsmotivierte neigen indes dazu, sich entweder niedrige oder extrem hohe, unrealistische und konfliktgeladene Ziele zu setzen, wobei jene mit niedriger Zielsetzung eher eine niedrige Gesamtmotivation, jene mit extrem hoher, unerreichbarer Zielsetzung eher eine starke Gesamtmotivation aufweisen.

Persönlichkeitspsychologische Aspekte

Motivationale Aspekte können das sporttreibende Individuum nur teilweise kennzeichnen (vgl. Abb. 1). Berücksichtigt man alle individuellen Bedingungen des Verhaltens, dann läßt sich hierfür im weiten Sinne der Begriff *Persönlichkeit* verwenden. Über eine genauere und allgemein anerkannte Definition dieses Begriffes läßt sich allerdings beim derzeitigen Stand der Persönlichkeitsforschung noch keine Einigung erzielen. Persönlichkeit als die

---

[3] H. Heckhausen: Hoffnung und Furcht in der Leistungsmotivation. Meisenheim 1963.

Gesamtheit der individuellen Bedingungen des Verhaltens ist deshalb auch eher als ein vorläufiges hypothetisches Gedankengebilde (Konstrukt) aufzufassen, mit dessen Hilfe relativ stabile individuelle Besonderheiten des Verhaltens erklärt werden sollen. Dieses Insgesamt der Persönlichkeitsmerkmale läßt sich in Anlehnung an Th. Herrmann[4] wie folgt gliedern und darstellen (vgl. Abb. 3):

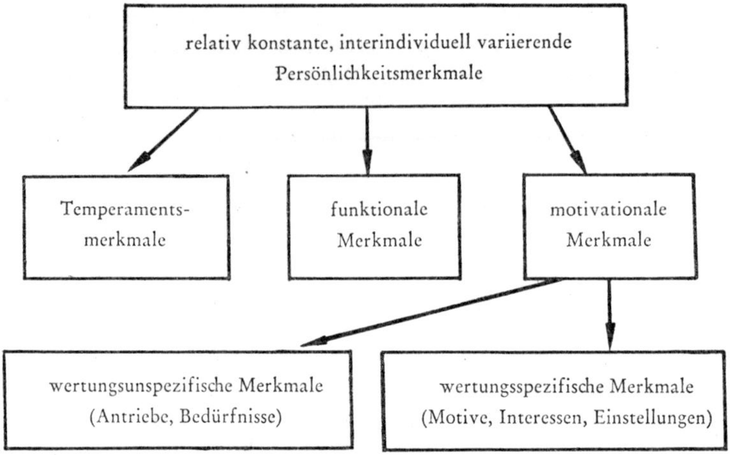

Abb. 3 Schema zur Darstellung verschiedener Bereiche von Persönlichkeitsmerkmalen.

Temperamentsmerkmale bezeichnen hierbei das „Wie" des Verhaltens, d. h. die Art und Weise des Denkens, Erlebens und Handelns.

Während Triebe, Bedürfnisse, Einstellungen und Interessen als motivationale Merkmale den Antrieb des psychischen Geschehens und des Handelns darstellen, faßt man unter dem Begriff „Funktion" die Fähigkeiten und Fertigkeiten des Menschen zusammen. Die Qualität der Funktion entscheidet darüber, wie sich die psychischen Antriebsmomente im individuellen Verhalten und Erleben auswirken.

Im Rahmen der motivationalen Merkmale lassen sich die Interessen, Gesinnungen, Werthaltungen und Motive (im Sinne überdauernder Wertungsdispositionen und Verhaltenserwartungen) von den Antrieben und Bedürfnissen durch das Kriterium der Wertungsbezogenheit unterscheiden, was be-

[4] Th. Herrmann: Lehrbuch der empirischen Persönlichkeitsforschung. Göttigen 1969.

deutet, daß Einstellungen, Gesinnungen und Interessen stets einen kognitiven Aspekt der Bewertung beinhalten.

Die Persönlichkeitsforschung soll jedoch nicht nur dazu dienen, die individuell unterschiedlich ausgeprägten Persönlichkeitsmerkmale angemessen zu beschreiben, sondern es ist Ziel jeder Persönlichkeitstheorie, diese unterschiedlichen Ausprägungen zu erklären, d. h. auf ihre Bedingungszusammenhänge zurückzuführen. In der Sportwissenschaft haben hierbei vor allem folgende Konzepte eine längerfristige und weitreichende Bedeutung erlangt:

Strukturale Auffassungen der Persönlichkeit:

Ausgehend von der Auffassung, daß Persönlichkeit mehr ist als die Summe ihrer Teilbereiche, betonen Autoren wie Freud, Lersch und Guilford den strukturellen Zusammenhang der Persönlichkeitsbereiche. Im besonderen wurde von O. Neumann der „Aufbau der Person“ nach Lersch auf den Sport übertragen. Lersch unterscheidet drei Schichten im „Aufbau der Person“: Den Lebensgrund, den endothymen Grund und den personellen Oberbau. Unter Lebensgrund versteht er das Insgesamt der leiblichen organischen Zustände und Vorgänge. Auf diesem Lebensgrund aufgelagert ist die innerste Sphäre des Erlebens, also die Triebe, Strebungen, Anmutungserlebnisse und Gefühlsregungen. Die oberste Schicht stellt der personelle Oberbau dar. Er repräsentiert die Prozesse des Denkens und Wollens. Auf der Grundlage dieses Modells kam O. Neumann[5] in seinen Untersuchungen zu dem Schluß, daß der Sportler als ein „Typ sui generis“ zu kennzeichnen ist: „Der Sportler unterscheidet sich vom Nichtsportler nicht nur hinsichtlich dieser oder jener Eigenschaft, sondern durch seine ureigene Struktur, die ihren Brennpunkt in seiner hohen Vitalität hat. Leibliche Gesundheit, körperliche Funktionstüchtigkeit, Betriebsamkeit, Anstrengungsfreude, praktische Gewandtheit, Willensstoßkraft, Entschlußfähigkeit, Angriffslust und Leistungsfreude sind ihre Attribute.“

Konstitutionstypologisches Persönlichkeitsmodell:

Diese von E. Kretschmer[6] aufgebaute und auf den Sport häufig übertragene Konstitutionstypologie liefert Zusammenhänge zwischen Körperbau, Temperamentsmerkmalen und motorischem Verhalten. Kretschmers Untersuchungen ergaben nämlich, daß ganz bestimmte Merkmalskomplexe dieser drei Bereiche, die einander zugeordnet werden können, jeweils für eine große Gruppe von Menschen (Typen) charakteristisch sind. Bei der

---

[5] O. Neumann: Sport und Persönlichkeit. München 1957, S. 141.

[6] E. Kretschmer: Körperbau und Charakter. Berlin, Heidelberg, New York 1967[15].

Zusammenstellung dieser Merkmale fand er drei Typen, den *leptosomen*, den *pyknischen* und den *athletischen* Typ.

Der Leptosome weist einen schlanken Körperwuchs auf, hat schmale Schultern, dünne Arme und einen flachen Brustkorb; auch sein Kopf ist zumeist lang und schmal, sein Profil ist scharf geschnitten. Im psychischen Bereich sind Merkmale wie Nach-Innen-Gerichtetheit, übergroße Empfindlichkeit sich selbst gegenüber bei gleichzeitiger geringer Gefühlsintensität nach außen am auffälligsten. Diese psychischen Eigenschaften finden auch in der Motorik ihren Ausdruck. So sind die Bewegungen verhalten und genau abgemessen, oft erscheinen sie sogar als steif und eckig. Das „Extremitätenbewußtsein" der Leptosomen führt jedoch dazu, daß sie sich vor allem bei Ballspielen oft motorisch sehr geschickt verhalten und deshalb als gute „Techniker" gelten.

Überaus unterschiedlich hierzu zeigt sich dagegen das Bild des Pyknikers. Seine Gestalt ist eher gedrungen und untersetzt; auffällig ist eine starke Umfangsentwicklung und Fettbildung. Dies äußert sich in einer geringen Schulterbreite im Verhältnis zum großen Umfang der Brust und zur Massivität des kurzen Halses. Die Extremitäten sind eher kurz, grazil und rundlich. Während der Leptosome in seinem Verhalten und Erleben eher nach innen gerichtet ist *(introvertiert)*, ist der Pykniker eher nach außen gerichtet *(extravertiert)*. Sein starkes Äußerungs- und Kontaktbedürfnis ist gepaart mit einer großen Gefühlserregbarkeit; er schwankt zwischen der heiteren und traurigen Stimmungslage, ist dabei impulsiv und „gibt sich so, wie er ist". Impulsivität und Dynamik bestimmen auch sein motorisches Verhalten. Die Bewegungen gehen vorwiegend vom Rumpf aus, sind rund und flüssig. Der Pykniker paßt sich neuartigen Situationen besonders gut an, da er in seinen Bewegungsmustern relativ wenig festgelegt ist. Im Gegensatz zum motorischen Verhalten des Pyknikers sind die Bewegungen des Athletikers schwerfällig, gleichmäßig und eher langsam. Sein Körperbau ist charakterisiert durch breite Schultern, großen Brustkorb, starkes Skelett und kräftige Muskulatur; sein psychisches Verhalten entspricht wiederum dem motorischen Bild, denn es ist gekennzeichnet durch Stabilität und Beständigkeit, Bedächtigkeit und Unerschütterlichkeit in schwierigen Situationen, Zähigkeit und Zielstrebigkeit.

Wenngleich die Typologie von E. Kretschmer sicherlich nicht auf alle Sportler anwendbar ist, denn allzu viele Individuen können nur als „Mischformen" eingeordnet werden und wenngleich die Zusammenhänge zwischen Körperbau, psychischem und motorischem Verhalten noch nicht genügend geklärt sind, insbesondere die Frage, ob diese Zusammenhänge eher durch innere Reifungsvorgänge oder eher durch sozial bestimmte Lernvorgänge bedingt sind, so ergeben sich für den Sport doch wichtige Hinweise, die bei der Betreuung von Schülern und Athleten nicht unberücksichtigt gelassen werden dürfen; sie beziehen sich vor allem darauf, daß beim Erlernen und Üben sportlicher Bewegungsvollzüge individuelle Spielräume und Eigenarten nicht nur zugelassen, sondern gegebenenfalls auch gefördert werden sollten.

Die faktorenanalytische Persönlichkeitsauffassung:

Dieser Auffassung liegt die Annahme zugrunde, daß die aufgrund möglichst exakter Messungen und mathematischer Analysen gewonnenen Eigenschaften (Faktoren) als Grundeigenschaften anzusehen sind, auf die sich alles Verhalten zurückführen läßt. Solche bipolaren Grundeigenschaften sind z. B. nach R. B. Cattell[7] Zyklothymie gegen Schizothymie, emotionale Stabilität gegen emotionale Labilität, Dominanz gegen Unterordnung, Selbstsicherheit gegen Schüchternheit. Der auf der Grundlage dieses Konzepts aufgebaute 16-Persönlichkeitsfaktoren-Test (16 P. F.) wurde in einer Vielzahl von Untersuchungen angewandt[8]. Dabei kommt z. B. H. Gabler in einer Längsschnittuntersuchung im Hochleistungsschwimmsport zu dem Ergebnis, daß sich die mit dem 16 P. F. erfaßten allgemeinen Beschreibungsdimensionen der Persönlichkeit bei den untersuchten Probanden im Alter zwischen 16 und 21 Jahren nicht wesentlich veränderten und zudem im Durchschnittsbereich der Populationsnormen liegen. Diese Untersuchungsergebnisse widersprechen allerdings dem Bild des Sportlers, das sich aufgrund anderer Untersuchungen ergab[9]. Die Widersprüchlichkeit der vielfältigen Aussagen über die Beziehungen zwischen Sport und Persönlichkeit sind sicherlich mehrfach begründet[10]:

— So sind generelle Aussagen über den Einfluß des Sports auf die Persönlichkeitsentwicklung verschiedener Sportlergruppen kaum möglich, da es *den* Sport nicht gibt. Vielmehr weist der Sport eine Vielzahl von unter-

---

[7] R. B. Cattell: Die empirische Erforschung der Persönlichkeit. Weinheim 1975.

[8] Z. B. von H. Gabler: Leistungsmotivation im Hochleistungssport. Schorndorf 1972; ders.: Zur Entwicklung von Persönlichkeitsmerkmalen bei Hochleistungssportlern. In: Sportwissenschaft 1976, S. 247—276; I. E. Kane: Personality and physical ability. In: Proceedings of International Congress Sport Sciences. Tokio 1964, S, 201—208; H. G. Sack: Sportliche Betätigung und Persönlichkeit. Ahrensburg 1975; M. Vanek / V. Hosek: Zur Persönlichkeit des Sportlers. Schorndorf 1978.

[9] Vgl. z. B. — wie bereits dargestellt — O. Neumann (a. a. O.) oder M. Steinbach (Medizinisch-psychologische Probleme der Wettkampfvorbereitung. Berlin 1971), der den Hochleistungssportler als psychopathische Persönlichkeit darstellte.

[10] Vgl. hierzu auch R. Singer / H. Haase: Sport und Persönlichkeit. In: Sportwissenschaft 1975, S. 25—38; H. G. Sack: a. a. O.; A. Thomas: Einführung in die Sportpsychologie. Göttingen 1978.

schiedlichen Bereichen, Sportarten und somit auch Strukturen auf, deren Wirksamkeit auf die Entwicklung der Persönlichkeit kaum generell kontrolliert werden kann.

— Die Untersuchungsergebnisse sind auch deshalb häufig nicht vergleichbar, da die Skala der einzelnen empirischen Ansätze von der spontanen Selbstdeutung bis zur gezielten Exploration, von der phänomenologischen Deutung in Anlehnung an geisteswissenschaftliche Persönlichkeitsmodelle bis zur klinischen Fallanalyse, von Persönlichkeitstests auf faktorenanalytischer Grundlage bis zu tiefenpsychologischen Untersuchungsmethoden reicht, wobei die meisten dieser allgemeinen Verfahren nicht für die Analyse und Prognose sportlicher Leistungen konstruiert wurden.

— Bei der für den Sportpädagogen wichtigen Frage, welchen Einfluß sportliche Betätigungen auf die Persönlichkeitsentwicklung haben, bleibt vielfach auch unberücksichtigt, ob bestimmte Persönlichkeitsmerkmale bereits bei der Aufnahme der sportlichen Aktivitäten bestimmend waren oder ob sie sich in der Auseinandersetzung mit diesen entwickelten.

— Zu fragen ist auch, ob z. B. durch zwei wöchentliche Sportstunden (ja sogar durch eine tägliche Sportstunde[11] überhaupt Erfahrungen in einem solchen Ausmaß und von einer solchen Intensität gemacht werden, daß sich hierdurch relativ überdauernde Persönlichkeitsmerkmale verändern (und dies noch in vorhersagbarer typischer Weise).

Diese Grundproblematik verweist darauf, daß den entwicklungspsychologischen Aspekten auch im Rahmen der Persönlichkeitsforschung (d. h. also nicht nur im Rahmen der motivationspsychologischen Aspekte) grundlegende Bedeutung zukommt.

Entwicklungspsychologische Aspekte

Seitdem es zusammenhängende Darstellungen der Entwicklungspsychologie gibt (etwa seit der Jahrhundertwende), haben diese stets eine besondere Bedeutung für die Unterrichts- und Erziehungspraxis gehabt. Die Konstrukte, Modelle und empirischen Ergebnisse der entwicklungspsychologischen Arbeiten stellten einen relativ geordneten Überblick über die altersspezifischen Probleme und Bedingungen her, der einigermaßen fundierte didaktisch-methodische Entwürfe und Planungen ermöglichte. Wie wichtig solche Befunde genommen wurden, läßt sich an den Beschreibungen von Lehrplänen, beispielsweise im Fach Sport, etwa bis zum Ende der sechziger Jahre verfolgen.

---

[11] Vgl. hierzu H. Gabler (Hrsg.): Schulsportmodelle in Theorie und Praxis. Schorndorf 1976.

Textauszug aus: Richtlinien und Stoffplan für die Leibeserziehung der Mädchen. Runderlaß des Kultusministers vom 28. 5. 1949

1. 6—8 Jahre: „Übergang vom Spiel- zum Lernalter."

Körperliche Merkmale: starkes Längenwachstum zur Zeit des Schuleintritts. Unnatürliche neue Lebensbedingungen (Sitzzwang) fordern von der Rumpfmuskulatur vermehrte Haltearbeit. Starkes Bewegungsbedürfnis.

Geistig-seelische Merkmale: Spieltrieb und Phantasie drängen nach Anregung, die das Kind von der Umwelt aufnimmt. Kurz dauernde Konzentrationsmöglichkeit.

Folgerung für die Leibeserziehung: Bewegungsreiche Spiele zur Unterbrechung des Sitzzwanges. Spielformen, die allgemeine Kräftigung und Haltungsaufbau erreichen. Phantasieanregung durch selbständige Lösung der Aufgaben im freien Bewegen und planvolle Steigerung der Bewegungssicherheit durch vielseitige Anwendung der natürlichen Grundformen, die dem Bewegungsleben des Kindes entsprechen. Wechsel von konzentrationsforderndem Gemeinschaftsüben und freiem Spiel.

4. 15—18 Jahre: „Reifezeit."

Körperliche Merkmale: Der körperliche Zustand unterliegt großen Schwankungen innerhalb der Altersstufe je nach Entwicklungsgeschwindigkeit. Leistungswille und Bewegungsfähigkeit sind sehr verschieden, je nach Körperbau (breit-füllig, schlankhager) und Bewegungstyp, der in diesen Jahren seine Ausprägung erfährt. So umschließt diese Altersstufe leistungsfähige, sehr bewegliche wie auch schwerfällig-träge und ungeschickte Mädchen.

Geistig-seelische Merkmale: Drang nach geistiger und seelischer Erfüllung auf allen Gebieten; im Hinblick auf die erworbene Bewegungsfähigkeit: Wille zur Auseinandersetzung oder Sinn für schöpferisches Gestalten, Freude an verantwortlicher Führung in der Gemeinschaft, an Planung und Arbeit.

Folgerungen für die Leibeserziehung: Festigung und Formung des Erworbenen. Erproben der Leistungsfähigkeit, Einsatz für die Gemeinschaft im Wettspiel und Mannschaftskampf.

Eigene Gestaltungen können im rhythmischen Bewegungsspiel erwachsen. Der Sinn für überliefertes Volkstanzgut soll erschlossen werden.

In der Körperbildung ist die Förderung der Elastizität wichtig, besonders bei eingreifenden körperlichen Veränderungen (starkes Längenwachstum, Gewichtszunahme).

Wie sich zeigt, waren die Lerninhalte für die schulische Erziehung überwiegend am Erkenntnisstand der Entwicklungspsychologie, die sich im wesentlichen an phasen- und stufentheoretischen Modellen orientierte, ausgerichtet.

Im Zuge der alle Schulfächer erfassenden Curriculumreform, durch die eine Vielzahl von didaktischen Begründungen und wissenschaftlichen Nachweisen in Frage gestellt wurden sowie aufgrund einer Reihe von Forschungsergebnissen benachbarter wissenschaftlicher Disziplinen, hat sich auch die Entwicklungspsychologie erheblich verändert. So läßt sich feststellen, daß sich in den inzwischen allerorts neu erstellten Schulcurricula so gut wie keine Hinweise mehr auf entwicklungspsychologische Begründungen, Darstellungen und Berichte finden. Die Kritik, mit der man der mehr oder weniger deskriptiven (beschreibenden) Entwicklungspsychologie begegnete, hat zwar den traditionellen Standpunkt entwicklungspsychologischer Erklärungsmodelle überwinden können, nicht aber neue aufzubauen vermocht.

Das Grundproblem einer Theorie der Entwicklung, die allgemein als ein Prozeß von Veränderungen psychischer und physischer Merkmale beschrieben werden kann, ist die Frage, inwieweit diese Veränderungen durch sog. *exogene,* also von äußeren Einflüssen bestimmte oder durch *endogene,* also von anlagenbedingten Dispositionen bestimmte Faktoren beeinflußt wird. Zwar wird niemand bestreiten, daß sowohl milieu- als auch anlagebedingte Einflüsse bei allen Entwicklungsvorgängen im Spiel sind, aber eine einigermaßen genaue Kenntnis über deren Anteile wäre für die didaktisch-methodischen Entscheidungen des Lehrers von besonderer Bedeutung. Was jedoch im einzelnen ererbt und/oder erworben ist, bleibt — wenn überhaupt — nur grob bestimmbar (siehe Abb. 4). Im allgemeinen dürften Erbfaktoren oder -mechanismen nur indirekt den Entwicklungsverlauf beeinflussen. Auch Fähigkeiten und Dispositionen, bei denen sich ein hoher Anteil an Erbfaktoren vermuten läßt, müssen erst durch spezielle Umweltbedingungen und -reize angeregt und freigesetzt werden, damit sie sich überhaupt voll entfalten können.

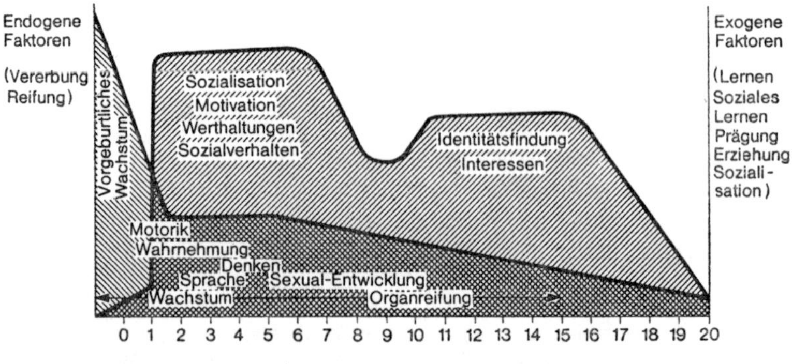

Abb. 4 Schaubild der endogenen (anlagemäßigen) und erogenen (soziokulturellen) Faktoren (Bedingungen) der Entwicklung. Der Anteil endogener und exogener Faktoren in der Entwicklung einzelner seelischer Bereiche entspricht deren Placierung im Schaubild. (Aus: W. J. Schraml: Einführung in die moderne Entwicklungspsychologie. Stuttgart 1972.)

Theorien der Entwicklung

Theorien der Entwicklung versuchen, das Entstehen und Auftreten, das Sich-Verändern sowie die Auflösung von Entwicklungsphänomenen, wie z. B. Merkmalen aus den Bereichen der Intelligenz, der Wahrnehmung, Motorik, Motivation oder sozialen Normen, mit Hilfe von Erklärungsmodellen darzustellen. Die verschiedenen Ansätze, in denen das Grundproblem der endogenen gegenüber der exogenen Bestimmung der Entwicklung unterschiedlich behandelt wird, lassen sich auf einige Grundkonstrukte zurückführen, die im folgenden kurz dargestellt werden sollen.

Reifungstheoretischer Ansatz: Die auf dem reifungstheoretischen Ansatz aufgebauten Phasenmodelle lassen sich durch einige typische Merkmale kennzeichnen:

— Die Entwicklung wird als eine Abfolge von Stufen und Phasen gesehen, in denen sich jeweils keine wesentlichen Veränderungen ereignen.
— Innerhalb der einzelnen Phasen besteht eine Einheit zwischen den einzelnen Persönlichkeitsbereichen.
— Die Übergänge zwischen den einzelnen Phasen sind durch z. T. krisenhafte Einschnitte gekennzeichnet.
— Die Entwicklungsantriebe sind vorwiegend endogener Art.
— Die Reihenfolge der einzelnen Phasen ist festgelegt, ihr Auftreten universell.

Dieser pädagogisch und biologisch zugleich orientierte Ansatz der klassischen deutschen Entwicklungspsychologie (Ch. Bühler, Busemann, Kroh, Remplein u. a.), den in der Sportwissenschaft vor allem Möckelmann und Neumann vertraten, wurde in den letzten Jahren von einer Reihe anderer Ansätze in Frage gestellt, wobei insbesondere das Postulat der endogenen Reifung angegriffen wurde.

Der *psychoanalytische Ansatz* (Freud u. Nachfolger), der durch drei Hauptmerkmale (Anerkennung unbewußter Vorgänge und Zustände, Herausstellung der psychosexuellen Entwicklung in den ersten Lebensjahren und der Bedeutung früher Kindheitserfahrungen für die spätere Persönlichkeitsentwicklung) zu kennzeichnen ist, machte z. B. deutlich, daß die Persönlichkeitsentwicklung vor allem auch durch vorausgegangene, z. T. sehr frühe Erfahrungen in nicht vorhersagbarer Weise mitbestimmt sein kann.

Der *kulturanthropologische Ansatz* (Child/Whiting, Kardiner, Malinowski, Mead) zeigte aufgrund vergleichender Verhaltensforschungen in einzelnen Kulturen auf, daß die menschliche „Natur“ anpassungsfähiger ist als angenommen, d. h., daß die Entwicklung auch als Prägung durch die sozio-kulturelle Umwelt aufgefaßt werden kann.

Der *ethologische Ansatz* (Eibl-Eibesfeldt, Lorenz) gibt im Rahmen der vergleichenden Verhaltensforschung zwischen Mensch und Tier Hinweise darauf, daß Prägungsvorgängen in sog. sensiblen Phasen der frühen Kindheit (vor allem im Bereich der zwischenmenschlichen Beziehung) eine kaum kompensierbare Bedeutung zukommt.

Lerntheoretische Ansätze im Sinne des Behaviorismus (Skinner, Thorndike) betonen den Einfluß von Lernvorgängen als „Lernen am Erfolg" und als „Lernen durch Selbstbekräftigung" (mittels Lob und Strafe) auf die Entwicklung von Verhaltensweisen. Verstärkte Verhaltensweisen erscheinen in zukünftigen ähnlichen Situationen mit größerer Wahrscheinlichkeit als nichtverstärkte.

Lerntheoretische Ansätze im Sinne des sozialen Lernens: Beim sozialen Lernen (Bandura, Rotter, Walters) handelt es sich vor allem um die Übernahme von Einstellungen und Verhaltensweisen anderer. Dies kann dadurch erfolgen, daß positive Vorbilder nachgeahmt werden und negative Vorbilder abschreckend wirken, daß Rollenerwartungen entsprochen wird, aber auch, daß durch Einsicht in soziale Zusammenhänge eigene Einstellungen und Handlungsentscheidungen entwickelt werden.

Didaktische Aspekte der Entwicklungstheorien

Insbesondere die phasentheoretischen Ansätze innerhalb der Entwicklungspsychologie haben für die Unterrichts- und Erziehungspraxis große Bedeutung gehabt, weil sie Überblicke über das Entwicklungsgeschehen verschafften. Aber gerade dies erhöhte auch die Gefahr voreiliger und oft nicht zu rechtfertigender Überinterpretationen und Verallgemeinerungen. Auf diese Problematik verwies insbesondere Retter[12]. Er hebt hervor, daß „... die Zuordnung bestimmter motorischer Leistungsvollzüge zu bestimmten Phasen der leib-seelischen Gesamtentwicklung des jungen Menschen" ein grundlegendes didaktisches Prinzip im Bereich der Theorie der Leibeserziehung ist. Die fachdidaktische Literatur berufe sich nahezu ausschließlich auf Entwicklungsmodelle, deren Gesetzmäßigkeiten vom Gedanken der leibseelischen Ganzheit, der endogenen Steuerungen des Entwicklungsprozesses, der schubweisen Veränderung oder der strukturellen Zusammenhänge aller psychischen Gegebenheiten abgeleitet sind.

---

[12] H. Retter: Zum gegenwärtigen Stand der Lehre von den Entwicklungsphasen in der Leibeserziehung. In: Leibeserziehung 1969, S. 1—4.

Die dargestellten, den Phasenmodellen zum Teil konträr gegenüberstehenden, neueren entwicklungspsychologischen Ansätze lassen sich denn auch nicht so ohne weiteres in die von der klassischen deutschen Entwicklungspsychologie entworfenen didaktischen Modelle einfügen. Im Gegenteil: Diese Ergebnisse sprengen den auch in der Theorie der Leibeserziehung verbreiteten Gedanken des phasenhaften Verlaufs der Entwicklung, weil sie sich auf erfahrungswissenschaftliche Befunde von Einzelphänomenen des Entwicklungsverlaufs stützen können und vor allem auch die Prägungsfaktoren der Umwelt, deren Bedeutung mit zunehmendem Alter steigt, in weit stärkerem Maße berücksichtigen. Andererseits bleibt unbestritten, daß einzelne Aspekte der Entwicklung, wie etwa die körperliche, motorische (vor allem in den ersten Lebensjahren) und sexuelle Entwicklung, in erheblichem Maße von biologischen Reifungsprozessen bestimmt werden. Dies berechtigt die neuerdings zunehmende Tendenz, weder die endogenen Einflüsse der Entwicklung (reifungstheoretische Erklärungsweise), noch die exogenen (milieutheoretische Erklärungsweise) von vornherein jeweils stärker zu gewichten, sondern beiden Richtungen im Sinne der interaktionstheoretischen Erklärungsweise gleichermaßen gerecht zu werden. Die *interaktionstheoretische Erklärungsweise* basiert in enger Ausrichtung an Piaget auf der Annahme, daß das Kind sich von Geburt an auf der Grundlage angeborener Dispositionen (wie Funktionslust, Manipulierstreben, Neugierde, Nachahmungsstreben) unaufhörlich aktiv und zum Teil spontan mit seiner Umwelt auseinandersetzt. Individuum und Umwelt sind stets wechselseitig aufeinander bezogen. Die Wechselwirkung führt dazu, daß die Person reagierend und agierend einerseits die Umweltstrukturen den eigenen Strukturen anpaßt *(Assimilation)*, andererseits die eigenen Strukturen wiederum verändert, um sich den Umweltstrukturen anzupassen *(Akkomodation)* und somit ein höheres Funktionsniveau zu erreichen. Entwicklungsvorgänge wie Reifen und Lernen gehen somit in der ständigen Wechselwirkung zwischen Person und Umwelt ineinander über.

Obwohl sich Piaget vor allem auf die kognitive Entwicklung im Kindesalter konzentrierte (die allerdings in engem Zusammenhang mit der Entwicklung der sensomotorischen Fähigkeiten in der frühen Kindheit zu sehen ist), ermöglicht es die von ihm abgeleitete grundlegende interaktionstheoretische Sichtweise, auch andere Aspekte der Entwicklung angemessen zu beschreiben und Entwicklungsveränderungen auf der Grundlage der Wechselwirkung zwischen angeborenen Dispositionen und materialen/sozialen Erfahrungen zu erklären.

Die motorische Entwicklung

Im Rahmen einer Einführung in entwicklungspsychologische Fragen der Leibeserziehung kommt dem Aspekt der motorischen Entwicklung des Menschen ein besonderes Gewicht zu. Wenngleich die Motorik nur ein Faktor im Wirkungszusammenhang des menschlichen Gesamtverhaltens ist, so ist sie — besonders in den ersten Lebensjahren — in der Lern- und Erfahrungswelt des Kindes von besonderer Bedeutung. Die intakte Motorik ist die Basis für eine Reihe individueller Entwicklungschancen. Die Entwicklung der Motorik beeinflußt u. a.

— die Gesundheit und Leistungsfähigkeit des Kindes,
— die Entwicklung sozialer Handlungsfähigkeiten,
— die Formierung von Selbstvertrauen und Selbständigkeit,
— die Erweiterung der Interessengebiete und der Erkenntnisgewinnung.

Damit diese Lebensbereiche entfaltet und differenziert werden können, müssen dem Kinde vielfältige Möglichkeiten der motorischen Beantwortung und Bewältigung von Umweltreizen geboten werden. Traditionelle Spielbräuche, regional gebundene Sport- und Bewegungsangebote, spezielle Sportanlagen und Sportgeräte regen zwar motorisches Verhalten an (was sich mitunter bis in hochspezialisierte Fertigkeiten ausprägen kann), verstellen jedoch oft auch den Zugang zu einem offeneren und breiteren motorischen Angebot.

Welche Bedeutung die motorischen Angebote aus der Umwelt für die kindliche Entwicklung besitzen, ist besonders in Untersuchungen der Behindertenpädagogik überzeugend herausgestellt worden. Oft ist hier die Motorik einer der wenigen Kanäle, über die der Behinderte noch angesprochen werden und Daseinserweiterung erfahren kann. Jedoch nicht nur Behinderungen, sondern auch milieubedingte Deprivationen (Fehlen von Reizen) können zu mangelhafter motorischer Ausbildung führen. So stellt P. H. Wiegersma[13] in einer Erhebung an Kindern von Binnenschifferfamilien fest, daß ein beträchtlicher Teil dieser Kinder erhebliche kognitive, emotionale und motorische Retardationen aufweisen.

In welchem Verhältnis das Verfügen über eine dem Entwicklungsalter adäquate Motorik zur sozialen Anpassung des Kindes steht, wurde ebenfalls

---

[13] P. H. Wiegersma: Sporttherapie mit milieugeschädigten und lernbehinderten Kindern. In: O. Grupe u. a. (Hrsg.): Sport in unserer Welt — Chancen und Probleme. Berlin/Heidelberg/New York 1973, S. 304—308.

von P. H. Wiegersma[14] untersucht. In soziometrischen Untersuchungen stellte sich heraus, daß eine signifikante Korrelation zwischen den für die gebräuchlichen Gruppenspiele wichtigen motorischen Fertigkeiten (wie Werfen und Fangen, Schnelligkeit und Wendigkeit beim Laufen) und dem sozialen Status bzw. Rangplatz, der in der Gruppe eingenommen wird, besteht.

Da die Freisetzung der anlagebedingten motorischen Dispositionen von einer Reihe sozialer und ökologischer Umweltfaktoren und deren Interdependenz abhängt (im Sinne der interaktionstheoretischen Erklärungsweise), bleibt der Entwicklungsverlauf der menschlichen Motorik prinzipiell offen. Dies bezieht sich auch auf das Tempo der Entwicklung, bei dem es erhebliche individuelle Unterschiede gibt. Bis heute ließ sich nicht eindeutig klären, aufgrund welcher Ursachen Beschleunigungen[15] (Akzelerationen) oder Verlangsamungen (Retardationen) im Entwicklungsverlauf auftreten.

Im allgemeinen hat jedes Alter des Menschen auch eine typische Bewegungsweise und ein spezifisches Bewegungsbild. Charakteristisch für die Entwicklung der Bewegung ist jedoch, daß sie sich nicht auf ein Endstadium hin formiert, das es zu erwerben und zu bewahren gilt, sondern daß sie sich bis ins Alter hinein mehr oder weniger plastisch, formbar und umstellbar zeigt. Eine absolute Endform der Bewegung gibt es daher nicht. Bewegungen unterliegen einer permanenten Veränderung, wobei für Richtung und Ausprägung dieser Veränderung ein relativ großer Spielraum besteht.

Die Beschreibung von Entwicklungsverläufen ist in der Literatur nicht nur aus Gründen der Übersicht — wie anfangs dargestellt — auf bestimmte Altersabschnitte bezogen erfolgt. Für die Darstellung der motorischen Entwicklung bietet sich diese Vorgehensweise aus pragmatischer Sicht jedoch an. Dabei wird darauf hingewiesen, daß wegen der aus Übersichtsgründen nur äußerst knappen Zusammenstellung einiger relevanter Merkmale der motorischen Entwicklung formale Einteilungskategorien benutzt werden, und zwar: „erstes Lebensjahr", „Kleinkindalter", „Schulkindalter", „Pubertät" und „Nachpubertät".

---

[14] P. H. Wiegersma: Psychomotorik, Körperschema und Körpererleben. In: D. Eggert / E. Kiphard: Die Bedeutung der Motorik für die Entwicklung normaler und behinderter Kinder. Schorndorf 1972, S. 98—120.

[15] Unter Akzeleration versteht man eine Entwicklungsbeschleunigung im Verhältnis zur gegebenen Norm; unter Retardation die Verzögerung bzw. Verlangsamung des Entwicklungstempos. Man unterscheidet *synchrone* (alle Entwicklungsvorgänge werden erfaßt) von *asynchronen* (nur Teilbereiche der Entwicklung sind betroffen) Akzelerationen und Retardationen.

Die Motorik des ersten Lebensjahres

In der nachgeburtlichen Herausdifferenzierung der Bewegungsmöglichkeiten ist eine *„cephalocaudale“* Richtung der Reifungs- und Entwicklungsvorgänge zu erkennen, d. h. daß die Bewegungsaktivität zunächst in der Kopfregion einsetzt, sich dann über den Rumpf auf die Extremitäten ausdehnt, wobei die Entwicklung und Herausdifferenzierung der Bewegungsfertigkeiten der Arme denen der Beine immer etwas voraus sind. Eine weitere Tendenz läßt sich in der *„proximodistalen“* Richtung der Entwicklung der Motorik beobachten, d. h., daß sich die der Hauptachse des Körpers näherliegenden Regionen früher als die entfernteren entwickeln. Die Bewegungen des Säuglings sind noch überwiegend starr und eckig. Die Muskulatur unterliegt einer erhöhten nahezu dauernden Spannung (Muskelsteifheit) insbesondere bei Beuge- und Streckbewegungen. Diese Muskelsteifheit des Säuglings, auch Rigidität genannt, die auf eine ungenügend entwickelte Funktion der Hirnrinde zurückzuführen ist, geht etwa in der Zeit des Stehen- und Gehenlernens in eine Muskelschlaffheit über, die durch einen Mangel an Versteifungsinnervationen gekennzeichnet ist.

Bei normaler Entwicklung werden im 1. Lebensjahr folgende Bewegungen erworben: Greifen, Kopfheben, Stützen, Sitzen, Knien, Drehen, Stehen, Kriechen, Rutschen und Gehen.

Das motorische Bild dieser Bewegungen, die durch Auflösung der Muskelrigidität möglich werden, ist zunächst noch plump und tapsig. Die Bewegungen sind ungerichtet, ungenau und undifferenziert. Mangelnde Ökonomie, geringe Zielgerichtetheit der Steuerung innerhalb der Bewegungsabfolgen (kontralaterale Mitbewegungen), unzweckmäßige, vielfach unbegründete und unbestimmte Bewegungen (Hypertonie) sind weitere Kennzeichen der motorischen Äußerungen. Die motorischen Erregungsprozesse überwiegen gegenüber den steuernden Hemmungsprozessen. Aufgrund des Bewegungsüberschusses kommt es zu schnellen Ermüdungen, zu Fluktuationen der Aufmerksamkeit und zu relativ kurzen Konzentrationsphasen. Qualität und Umfang der Ausprägung des Bewegungsrepertoires hängen dabei stark vom Grad der exogenen Anforderungen ab.

Die Motorik des Kleinkindalters

Die motorische Aktivität des Kleinkindes ist durch das Ausprobieren und Aneignen der verschiedensten Bewegungsformen und -fertigkeiten bestimmt. Die plumpe, von ungehemmt massiger Impulsivität gekennzeichnete Bewegungsweise des Säuglings geht allmählich in ein geordnetes motorisches Bild über[16].

A. Homburger[17] spricht von einer lockeren Beweglichkeit des Kindes um das 4. Lebensjahr, die durch eine „frühkindliche Grazie“ gekennzeichnet sei. Die optimale motorische Form kommt allerdings nur in bestimmten Bewegungen zum Ausdruck; etwa im federnden Gang, im leichten Hüpfen und Tanzen, im Aufstehen, Sich-Setzen, Fallenlassen und ähnlichem. Im allgemeinen gehört eine gewisse Ungeschicklichkeit, die vielfach ihren Grund in Schüchternheit und Unsicherheit allem Neuen gegenüber hat, zum motorischen Bild des Kindes. Gerade die Labilität und Instabilität im Tun, das weniger planmäßige, zweckmäßige und sachliche Handeln, ist typisch für die kindliche Bewegungsweise. Sie ist viel stärker von Aktivität, Spontaneität und vom Interesse an den naheliegenden Dingen bestimmt. Aufgrund der Reizfülle, die in der Bewegung mit dem lebendigen und gegenständlichen Umfeld auf das Kind einwirkt, kommt es zu vielfältigen Betätigungsformen. So werden in diesem Alter auch die Grundformen der sportlichen Motorik, wie Gehen, Klettern, Laufen, Steigen, Springen, Werfen und Fangen sowie die ersten Kombinationen innerhalb dieser Grundformen, etwa Laufen und Springen oder Fangen und Werfen, bis zum Eintritt in die Schule erworben. In einem Modell der Ontogenese der motorischen Koordination hat E. Kiphard[18] eine übersichtliche Hierarchisierung von Bewegungsfertigkeiten dargestellt (Abb. 5).

Die Entwicklung der konditionellen Fähigkeiten ist im Kleinkindalter weit weniger ausgeprägt als die koordinativen Fähigkeiten. Optimierungsvorgänge in den Leistungsbereichen von Kraft, Ausdauer und Schnelligkeit sind bisher auf dieses Alter bezogen nicht systematisch untersucht worden. Es ist eher davon auszugehen, daß Fortschritte in diesem Bereich mit der allgemeinen motorischen Aktivität und Beanspruchung in Zusammenhang stehen.

Wichtige Größen der Motorik des Kleinkindalters sind:

— Festlegung und Erweiterung der koordinativen Fähigkeiten und der Bewegungsfertigkeiten;

[16] F. J. J. Buytendijk: Allgemeine Theorie der menschlichen Haltung und Bewegung. Berlin/Göttingen/Heidelberg 1956.

[17] A. Homburger: Zur Gestaltung der normalen menschlichen Motorik und ihrer Beurteilung. In: Zs. f. d. Ges. Neurol. u. Psychiat., Bd. 78. Berlin 1922.

[18] E. Kiphard: Die Bewegungskoordination und ihre Schulung. In: Koch u. a.: Motorisches Lernen — Üben — Trainieren. Schorndorf 1972, S. 161.

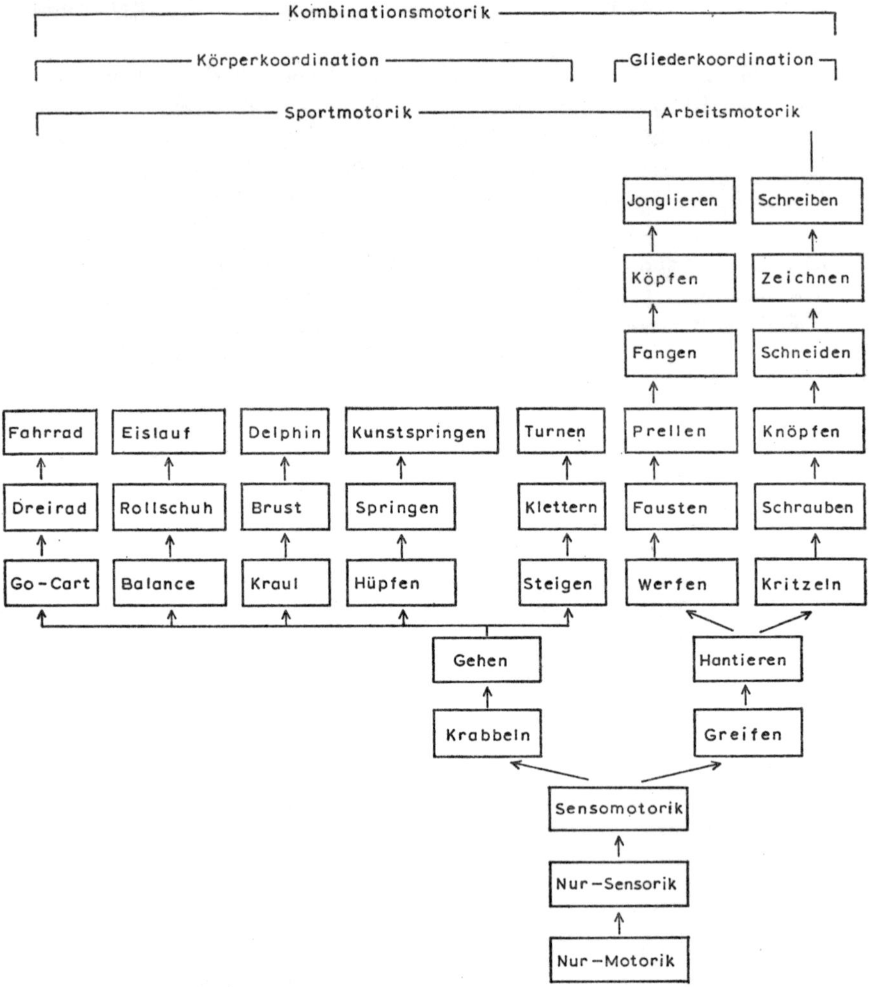

Abb. 5 Modell zur Ontogenese der motorischen Koordination (nach E. Kiphard)

— erste (sportliche) kombinationsmotorische Leistungen, Laufen und Springen (3. Lbj.); Werfen und Fangen (4. Lbj.); Fangen und Werfen (5. Lbj.); Laufen und Werfen (6. Lbj.);

— keine Feinabstimmung der Erregungs- und Hemmungsprozesse, dadurch Bewegungsüberschuß (Bewegungsluxus) und schnelle Ermüdung;

— geringere Aufmerksamkeits- und Konzentrationsleistungen, dadurch motorische Labilität und Instabilität;
— zumeist mehr Einsatz der Nahsinne, wie Tastsinn und kinästhetischer Sinn.

Die Motorik des Schulkindalters

Das gesamte Schulkindalter ist durch die Vielzahl der exogenen Anregungsfaktoren von einer hohen motorischen Mobilität bestimmt. Im Hinblick auf die Entwicklung der Individualität kommt dem Erlernen der Beherrschung des Körpers und Bewegungsapparates in diesem Alter große Bedeutung zu.

Mit der weiteren Ausbildung von motorischen Fertigkeiten befreit sich das Kind aus dem hilfsbedürftigen Zustand; es wird gegenüber seiner Umwelt unabhängiger, kann auf der Grundlage einer intakten Motorik Aktivitäten entwickeln, die für Gesundheit und sozialen Kontakt, für die Selbständigkeit in den Beschäftigungen und für den Aufbau von Interessen anregend wirken. Demgegenüber kann eine Störung der Bewegungsentwicklung zu motorischer Inaktivität, zu emotionalen Belastungen und zu Konflikten mit der Altersgruppe führen. Kinder, deren motorisches Verhalten nicht dem Standard der Altersgruppe entspricht, werden von dieser vernachlässigt und geradezu in passive Verhaltensformen gedrängt. Unsicherheit, Verdrießlichkeit, Introvertiertheit, Schüchternheit und ein geringes Interesse an sozialen Aktivitäten sind Symptome motorischer Benachteiligung.

Das von Homburger als „maßvolle Motorik der letzten Kinderjahre“ beschriebene Stadium kommt im allgemeinen erst im 10./11. Lebensjahr, im Prä-Pubertätsstadium, zur vollen Entfaltung. Vorausgegangen ist ein langsam verlaufender Prozeß hin zu einer ausgeglichenen Bewegungsweise, die von einer besseren Abstimmung der Erregungs- und Hemmungsprozesse innerhalb der Motorik bestimmt ist. Schon Mitte des 6. bis 7. Lebensjahres erfolgt eine somatische und psychische Veränderung, die von vielen Entwicklungspsychologen beschrieben, von W. Zeller[19] darüber hinaus durch anthropometrische Messungen belegt wurde. Zeller nannte diese Umstrukturierung des Gesamtkörpers vom Kleinkind zum Schulkind den *ersten Gestaltwandel.* Die Änderung der Körperformen (längere Extremitäten, Proportionierung des Rumpfes und des Kopfes) und die Veränderung der Einstellung zur Welt (distanziertere, weniger affektive, mehr gnostische als pathische Haltung), beeinflussen natürlich auch das motorische Bild dieses Alters.

---

[19] W. Zeller: Konstitution und Entwicklung. Göttingen 1953.

Es kommt zwar — besonders in der Zeit der Umstrukturierung — vorübergehend zu einer mehr eckigen, ungelenken Bewegungsführung, die aber später aufgrund größerer Konzentrationsfähigkeit und intensiverer Aufmerksamkeit ausgeglichener, sparsamer und zielbestimmter wird.

Etwa bis zum 8. Lebensjahr erwerben die Kinder die Fähigkeit, sich auf bestimmte Zusammenhänge oder Sachverhalte länger konzentrieren zu können. In dieser Zeit kann im Sportangebot das Hantieren und Experimentieren mit Kleingeräten (Bälle, Seile, Reifen, Kästchen, Kinderhürden u. ä.) eine gute Unterstützung des Erwerbs zielgerichteter motorischer Handlungen sein. Etwa ab dem 9./10. Lebensjahr bis zum Beginn der Reifezeit ist ein gewisser Höhepunkt in der motorischen Entwicklung erreicht. Charakteristisch für das Bewegungsbild dieses Alters sind größere Gewandtheit, Geschicklichkeit, Sicherheit, Ökonomie und Variabilität. Man spricht vom „motorischen Lernalter", einer Zeit, in der die Kinder in der Lage sind, neue Bewegungsabläufe schnell aufzunehmen und zu erlernen. Die Fähigkeit zur Antizipation der eigenen sowie der fremden Bewegung, ein relativ gutes Koordinations- und Kombinationsvermögen schaffen günstige Lernvoraussetzungen, so daß von einem „Lernen auf Anhieb"[20] gesprochen werden kann.

Die hervorragende motorische Lernfähigkeit dieses Alters muß von der Leibeserziehung genutzt werden. Es kommt darauf an, daß zu diesem Zeitpunkt im Sportunterricht möglichst vielseitige Erfahrungen bei Bewegungsabläufen gemacht und Grundfertigkeiten in verschiedensten Sportarten erworben werden. Auf planmäßige und besonders auch regelmäßige Bewegungsschulung ist deshalb in diesem Alter größter Wert zu legen.

Die günstigen somatischen Voraussetzungen (proportionierter Körperbau, gut entwickelte Muskulatur[21], günstiges Last-Kraft-Verhältnis, relativ niedriger Schwerpunkt) und eine allgemein gute motorische Disposition sind leistungsfördernde Faktoren für die Herausbildung von dynamischen Bewegungsstereotypen. Da erfahrungsgemäß Kinder in diesem Alter eine große Lernbereitschaft zeigen und für motorische Aufgaben jeglicher Art auch schnell zu motivieren sind, sollte für ein reichhaltiges Bewegungsangebot gesorgt werden.

Im Bereich der konditionellen Fähigkeiten bestehen in diesem Alter im allgemeinen kontinuierliche Fortschritte, die jedoch — sofern nicht besondere

---

[20] K. Meinel: Bewegungslehre. Berlin 1976, S. 360.

[21] Das Muskelgewebe, welches bei der Geburt noch etwa 20% des Körpergewichts ausmacht, erreicht in diesem Alter etwa 33%, später — nach der physiologischen Reife — etwa 40%. Vgl. hierzu C. Bouchard: Sport im Jugendalter. In: W. Hollmann (Hrsg.): Sportmedizin. Berlin / Heidelberg / New York 1972.

Förderungen einsetzen — relativ langsam verlaufen. Die geschlechtsspezifischen Unterschiede sind in der Regel geringfügig. Im späteren Schulkindalter sind jedoch in der Kraftausdauer- und Ausdauerentwicklung aufgrund unterschiedlicher exogener Reizgebungen erhebliche individuelle Unterschiede nachweisbar[22].

Wesentliche Merkmale der Motorik im Schulkindalter sind:
- hohe motorische Mobilität;
- günstiges Last-Kraft-Verhältnis;
- Entwicklung der koordinativen und kombinationsmotorischen Fähigkeiten, Entwicklung von Automatisierung und Antizipation der Bewegung;
- Ausprägung der Bewegungsqualitäten, der Ökonomie, der Zielsicherheit, der rhythmischen Bewegungsstrukturen;
- gute motorische Lernfähigkeit, „motorisches Lernalter", Lernen auf Anhieb, allgemein gute motorische Disposition.

Die Motorik in der Pubertät

Wie in keinem anderen Entwicklungsabschnitt vollziehen sich in der Pubertät einschneidende Veränderungen im gesamten Organismus und somit auch in den motorischen Dispositionen. Die Pubertät setzt gewöhnlich um das 11.—13. Lebensjahr mit der Auflösung der kindlichen (morphologischen) Struktur ein. Im sogenannten *zweiten Gestaltswandel* (W. Zeller) zerbricht das bisher mehr oder weniger ausgeglichene Körperschema. Durch das einsetzende Längenwachstum verändern sich nicht nur die Körperproportionen (lange Extremitäten, kurzer Rumpf, große Hände), sondern auch die motorischen Bedingungen. Die Bewegungen werden zum Teil disharmonisch, schlaksig, ungelenk, plump, ungeschickt, unsicher.

Im Bereich der physiologischen Belastungs- und Leistungsfähigkeit der Jugendlichen treten solche Mängelerscheinungen nicht auf. Aus den Untersuchungen von Mellerowicz, Hollmann, König u. a. geht hervor, daß die Belastbarkeit kontinuierlich zunimmt und ... „daß die physiologische Reaktion des jungen Jugendlichen identisch ist mit der des jungen Erwachsenen"[23].

Die Wandlung der Motorik, die verschiedentlich als „Auflösung der Motorik" (H. Möckelmann), „Umsturz der spätkindlichen Motorik" (A. Homburger), „Zerfall der aufgebauten Bewegungsschemata" (W. Neuhaus) be-

---

[22] K. Meinel: Bewegungslehre. Berlin 1976, S. 357; vgl. auch: K. Willimczik / M. Grosser (Hrsg.): Die motorische Entwicklung im Kindes- und Jugendalter. Schorndorf 1979.

[23] C. Bouchard: a. a. O., S. 178.

schrieben wird, ist deshalb keineswegs nur eine Frage der hormonalen Vorgänge im Körper, sondern ist weitgehend auch davon beeinflußt, inwieweit die Bewegungsstruktur zu diesem Zeitpunkt schon gefestigt und gesichert ist.

Die Ausübung planmäßiger Leibesübungen in der vorpuberalen Phase erlangt unter diesem Aspekt noch einmal an Bedeutung. Denn der Grad der Beherrschung der Motorik ist ausschlaggebend dafür, ob in der Pubertät eine starke Verunsicherung der Bewegungen, die vielfach von Verlegenheit, Angst, Nervosität, übertriebenen und unangemessenen Handlungen begleitet sein können, auftritt, oder ob die erworbene motorische Ausprägung der Krisenzeit und der funktionellen Belastung einigermaßen standhält. Die einmal herausgebildeten Bewegungsweisen „bestimmen ja nicht nur die Grundstruktur der Beziehung zur Welt in diesem Alter, sondern auch die Art, in der das Kind in die Pubertätsphase eintritt“[24].

Auffallende Merkmale der Motorik in der Pubertät sind:

— Beeinträchtigung der Steuerungsfähigkeit der Motorik, dadurch Verlust an Leichtigkeit, Fluß, Rhythmus, Ökonomie, Dynamik der motorischen Akte;
— Umstrukturierung der motorischen Fähigkeiten und Fertigkeiten;
— verminderte motorische Anpassungs-, Umstellungs- und Lernfähigkeit, dadurch auch reduzierte Bewegungsgewandtheit und -geschicklichkeit, Koordinationsschwierigkeiten;
— motorische Leistungsinstabilität, hohe Streuungswerte, wenig Konstanz, Schwankungen der sportlichen Form;
— überdurchschnittliche Gewichtszunahme, vorwiegend bei Mädchen;
— erhöhte, auf endokrine Vorgänge zurückzuführende Sensibilität, dadurch größere Reizbarkeit, Unzufriedenheit, geringe Ich-Stärke;
— relativ gute Trainierbarkeit der konditionellen Fähigkeiten.

Die Motorik nach der Pubertät

Die im Zuge der somatischen und psychischen Reharmonisierung sich vollziehenden Prozesse dienen überwiegend der Festigung und Stabilisierung der motorischen Leistungsfähigkeit. Die einsetzende Differenzierung der motorischen Akte ist weitgehend vom Grad der speziellen Beanspruchung, der geschlechtsspezifischen und anlagebedingten Dispositionen, vor allem aber auch von der aktualisierten Motivation zu sportlicher Betätigung und Leistung abhängig. Potentiell ist die individuelle Ausbaufähigkeit des sportmotorischen Leistungsvermögens bis ins Alter hinein gegeben. Konditionelle und

[24] F. J. J. Buytendijk: a. a. O., S. 306.

motorische Fähigkeiten sind permanent trainierbar. Das Optimierungsvermögen nimmt zwar mit zunehmendem Alter ab, kann aber durch gezielte Maßnahmen auf einem relativ hohen individuellen Niveau gehalten werden.

Nach Beendigung der somatischen Reifungs-, Wachstums-, Entwicklungs- und Umstellungsprozesse setzt die Individualisierung der motorischen Leistungsfähigkeit ein, die in vieler Hinsicht von den sportartspezifischen Anforderungen und vom Ausprägungsgrad der motorischen Selbstbetätigung bestimmt wird. Vertiefte sportmotorische Erfahrung, Kenntnisse über den sportlichen Handlungsbereich, Selbstregulierung der sportlichen Betätigungen und Aktivitäten sind deshalb Voraussetzungen für die optimale Ausprägung der individuellen motorischen Möglichkeiten.

Ergänzende Literaturhinweise:

G. Bäumler / H. Rieder / W. Seitz: Sportpsychologie. Schorndorf 1972.
H. Gabler u. a.: Praxis der Psychologie im Leistungssport. Berlin 1979.
A. Thomas: Einführung in die Sportpsychologie. Göttingen 1978.

Dieter Ungerer / Reinhard Daugs

Bewegungslehre

Unter besonderer Berücksichtigung der Sensomotorik

1. Vorklärungen

Das umfangreiche Themengebiet der Bewegungslehre kann in diesem Rahmen nicht vollständig vorgestellt werden. Zur Darstellung gelangen daher nur sportorientierte Ansätze mit ihren Grundsachverhalten. Ausgegangen wird hierbei von den Definitionen und Auslegungen, die sich bisher innerhalb des Sports ergeben haben[1]. Danach heben sich einzelne Themenschwerpunkte ab, die an der beobachtbaren Bewegung, an den internen Prozessen des Menschen oder am Wirkungszusammenhang zwischen Wahrnehmung und Bewegung orientiert sind. Dieses Spektrum umreißt gleichzeitig die Gesamtheit der Bewegungslehre.

1.1 Die menschliche Bewegung

Die menschliche Bewegung als beobachtbarer Bereich des menschlichen Verhaltens ist ein Forschungsgegenstand, dem sich die wissenschaftliche Bewegungslehre schon in ihren Anfängen zuwandte. Er läßt sich beschreiben, messen und interpretieren, ohne Wirkungszusammenhänge zwischen Bewegung und Wahrnehmung oder zwischen Bewegung und psychischen Vorgängen auszuweisen. Die Bewegung wurde so als Produkt verschiedener Prozesse verstanden. Neuere Fragestellungen in der Bewegungslehre umfassen auch Entstehungszusammenhänge der Bewegung. Dadurch wird eine unterrichtsorientierte Bewegungslehre möglich.

1.2 Die Motorik

"As a modern science kinesiology not only must conform to the practice and standards worthy of the name of science, but must take use also of those facts and principles gathered by scientists in other fields which can contribute to a complete understanding of man's movements"[2]. Mit diesem Satz deutet sich eine Erweiterung des eben beschriebenen Definitionsbereiches an. "The aim of kinesiology is an understanding of this human machine and its processes of motor functioning"[3]. Ein anderer Forschungsgegenstand der Bewegungslehre wäre somit die Motorik, worunter wiederum die ver-

---

[1] P. Röthig (Red.): Sportwissenschaftliches Lexikon. Schorndorf 1976³.
[2] M. G. Scott: Analysis of Human Motion. New York 1963, S. 5/6.
[3] a. a. O., S. 6.

schiedenen Teilaspekte (Ausdrucksmotorik, Leistungsmotorik, Willkürmotorik usw.) gesehen werden können. Mit den Doppelwörtern wird eine Beziehung zwischen internen Prozessen des Menschen und außen sichtbaren (beobachtbaren) Bewegungen hergestellt. Dabei sind physiologische, psychische und mentale Bereiche mit in Betracht zu ziehen.

An dieser Stelle sind nun weitere Differenzierungen erforderlich. So kann das interne Prozeßgefüge des Menschen einmal in einer direkten Beziehung zur Bewegung verstanden werden, ein andermal gewinnt die interne Hierarchisierung des Menschen und das Subjekt an Bedeutung.

1.3 Das S-R-Modell

Während die Abschnitte über menschliche Bewegung und Motorik erkenntnistheoretische Schritte vom Außen- zum Innenaspekt des Verhaltens darstellen, verlief die Entwicklung im Behaviorismus etwas anders. Hier wurde von vornherein ein Denkmodell herangezogen, das nicht nur die Bewegung, sondern auch die Wahrnehmung vollauf berücksichtigte. Das operationale Feld der Bewegungslehre lag so im Bereich des S-R-Modells (stimulus-response-Modell). Während im klassischen Behaviorismus nur S und R gesehen wurden, wird im Neobehaviorismus auch noch der interne Bereich des Menschen berücksichtigt. S ist die unabhängige Variable (UV). R die abhängige (AV), die inneren Prozesse und Zustände werden als intervenierende Variable (IV) bezeichnet (Abb. 1). Die Verbindung von S und R wird linear interpretiert.

(UV) —— (IV) —— (AV)

Abb. 1: Das Verhaltensmodell des Neobehaviorismus.

Dieser Standort drückt sich konsequent in Bezeichnungen wie „perceptual-motor skill“, „sensory-motor performance“ u. ä. aus. Damit ist auch zu erkennen, daß die im deutschen Sprachraum z. T. noch üblichen Benennungen wie „motorische Fertigkeit“, „Bewegungsfertigkeit“ usw. genau besehen einem vorbehavioralen Standort entstammen. Hier spielt die unterschiedliche wissenschaftsgeschichtliche Entwicklung in Europa und den USA eine Rolle.

1.4 Ein Zwischenstadium

In den letzten Jahrzehnten bildete sich neben den erwähnten Positionen die Auffassung heraus, daß S und R bzw. Bewegung und Wahrnehmung nicht getrennt voneinander betrachtet werden können, sondern als zusammenwirkende Funktionen aufzufassen seien. So erkannte bereits

Dewey um die Jahrhundertwende, also in einer Zeit, in der das S-R-Modell in der Psychologie gerade entstand, daß zum Beispiele S_1 nicht nur R_1 auslöst, sondern R_1 auf S_1 so zurückwirkt, daß S_1 nach S_2 verändert werden kann. Er kritisierte das mechanistische S-R-Modell der Verhaltenslehre und versuchte, Zielhandlungen in sensomotorischen Kreisrelationen auszudrükken, das heißt er betrachtete sensorische und motorische Funktionen nicht mehr isoliert. „What we have is a circuit, not an arc or broken segment of a circle"[4]. In diesem Zusammenhang taucht nun zum ersten Male der für uns entscheidende Begriff „sensory-motor circuit" auf, womit Dewey das S-R-Modell zum S-R-S-Modell erweiterte. An Stelle des klassischen Reflexbogens trat der *Funktionskreis.*

Der Zusammenschluß von sensorischen und motorischen Prozessen zu einem sensomotorischen Wirkungsgefüge zeichnete sich in der ersten Hälfte dieses Jahrhunderts in vielen Wissenschaften ab. Zu denken ist vor allem an Buytendijk[5], Köhler[6], Merlau-Ponty[7], Plessner[8], Straus[9], Uexküll[10] sowie an die in 3.2 dargestellten Ansätze. Alle lassen sensomotorische Prozesse mehr oder weniger in ihren Gedanken und Modellen anklingen. Dennoch sind die erwähnten Autoren unterschiedlichen wissenschaftstheoretischen Standorten zuzuordnen. Damit zeigt sich, daß mit der Einbeziehung sensomotorischer Prozesse das Verhalten des Menschen mehrperspektivisch bleibt. Wesentlich ist zur Bestimmung der einzelnen Standorte die Lokalisation der sensomotorischen Prozesse in einem Kommunikationssystem, das von Mensch und Umwelt gebildet wird. Hier gibt es beträchtliche Unterschiede, auf die hier nicht eingegangen werden kann.

1.5 Sensomotorik

Mit der Auslegung und Erklärung des Verhaltens nach den Prinzipien der Informationsverarbeitung und Regelung in den letzten drei Jahrzehnten gewann die Kybernetik zunehmend an Bedeutung.

---

[4] J. Dewey: The reflex arc concept in psychology. In: Readings in the history of psychology. New York 1948. Original: Psychological Review 3, 1896.

[5] F. J. J. Buytendijk: Allgemeine Theorie der menschlichen Haltung und Bewegung. Berlin, Göttingen, Heidelberg 1956.

[6] W. Köhler: Gestaltprobleme und Anfänge einer Gestalttheorie. In: Jahresber. ü. d. ges. Physiol. 3, München 1924.

[7] M. Merleau-Ponty: Phänomenologie der Wahrnehmung. Berlin 1966.

[8] H. Plessner: Lachen und Weinen. Bern 1961.

[9] E. Straus: Vom Sinn der Sinne. Berlin, Göttingen, Heidelberg 1956.

[10] J. v. Uexküll: Streifzüge durch die Umwelten von Tier und Mensch. Hamburg 1958.

Eines ihrer Anwendungsgebiete ist die Sensomotorik. Sie ist die Theorie sensomotorischer Systeme. Solche Systeme besitzen einen sensorischen Eingang und einen motorischen Ausgang. Beide sind durch Rückmeldung miteinander verbunden. Dargestellt wird dieser Vorgang durch sensomotorische Funktionskreise (Abb. 2), wobei zwischen inneren und äußeren Funktionskreisen zu unterscheiden ist.

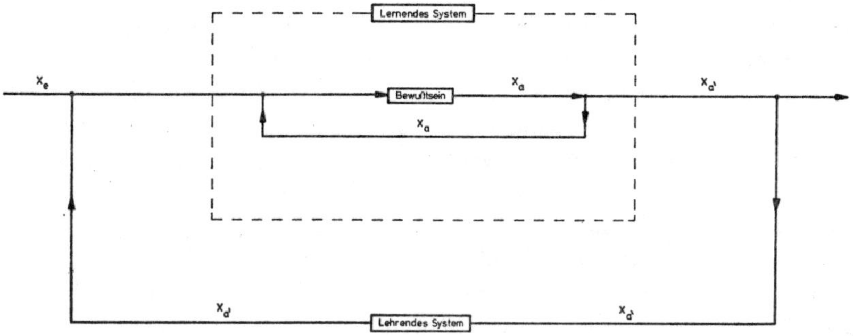

Abb. 2: Innere (x_a) und äußere (x_a') sensomotorische Funktionskreise.

Sensomotorische Systeme müssen nach den Bedingungen der kybernetischen Systemtheorie immer in einem Kommunikationssystem gesehen werden, das Informationsaustausch mit anderen Kommunikationssystemen zuläßt.

Der Unterschied zu den anderen Problemkreisen besteht u. a. darin, daß nach Prinzipien der Informationsverarbeitung und Regelung gefragt wird. Sensomotorisches Verhalten läßt sich jetzt in strukturelle und adaptive Bereiche einteilen. Damit wird zwischen Selbststeuerung und Anpassung des Menschen an seine Umwelt unterschieden.

Im Rahmen der derzeitigen Entwicklung der kybernetisch orientierten Verhaltenslehre kann gesagt werden, daß Bewegung — und im weiteren Sinne Verhalten — ohne Wahrnehmung nicht mehr betrachtet werden kann. Zur sachgerechten Erfassung dieser Ausweitung wäre der Begriff „Sensomotorik“ zweckmäßiger. Diese Entwicklung wird neuerdings durch die Neurophysiologie unterstützt[11].

1.6 Einzelne Aspekte der Bewegungslehre

In den nachfolgenden Ausführungen werden einzelne Aspekte der Bewegungslehre beleuchtet. Dabei läßt sich zeigen, daß standortbedingte

[11] H.-D. J. Haase u. a.: Sensomotorik. München, Berlin, Wien 1976.

Ausschnitte des Menschen und seiner Beziehung zur Umwelt erfaßt werden. Die einzelnen Aspekte lassen sich innerhalb des inzwischen abgesteckten Rahmens ansiedeln, wodurch im Einzelfall die Reichweite der einzelnen Betrachtungsebenen deutlich wird. So erfaßt die Biomechanik und Phänographie vorwiegend den Außenaspekt der Bewegung, die anthropologisch-phänomenologische Perspektive ist bemüht, das Wesen des Menschen im Verhalten zu erfassen, wobei auch interne Vorgänge bis zur Subjektivität gesehen werden. Die Motorik als auch die Psychomotorik umfassen mehr den psychophysischen Wirkungszusammenhang bei der Ausführung von Bewegungshandlungen, wobei vor allem in der Psychomotorik die psychisch-intellektuellen Ausgangsbedingungen von Handlungen untersucht werden. Dadurch gelingt es auch, soziokulturelle Bestandteile der Bewegung zu erkennen. Der Behaviorismus und die Sensomotorik sind dadurch gekennzeichnet, daß der Forschungsobjektraum auf die Empfangsseite des Menschen ausgeweitet wurde. Allerdings ist hier zwischen Stimulus im Behaviorismus und Eingangsinformation in der Kybernetik zu unterscheiden. Der Behaviorismus trug viel zur Entwicklung von Lerntheorien bei. Die Bewegungslehre wurde von ihm nur an ihren lerntheoretischen Weiterentwicklungen beeinflußt. Der Aspekt der Sensomotorik dagegen berücksichtigt die Bewegung und das Lernen von Bewegungen gleichermaßen.

Alle angedeuteten Gesichtspunkte sind zum Verständnis der menschlichen Bewegung bedeutungsvoll. Sie unterscheiden sich in ihren Forschungsobjektbereichen, ihrem jeweiligen Bild vom Menschen als auch in den einzelnen Forschungsmethoden voneinander. In der Bewegungslehre des Sports haben sich einige Aspekte herauskristallisiert. Sie sollen anschließend betrachtet werden.

2. *Geschichte der Bewegungslehre*

Ansätze einer Bewegungslehre lassen sich weit zurückverfolgen. Während die Anfänge in phänographischen, mechanischen und biomechanischen Entwürfen lagen, lief die Entwicklung in den letzten 100 Jahren über neurophysiologische und psychologische Themenkreise bis zur Kybernetik, von der die allgemeine Bewegungslehre augenblicklich bestimmt wird. Allerdings ist dieser Standort von der speziellen Bewegungslehre der Sportwissenschaft erst zum Teil erreicht.

Es fehlt in der Sportwissenschaft bislang noch eine Geschichte der Bewegungslehre. Übersichten finden sich vor allem bei Braun[12], Cooper und

[12] G. Braun: Kinesiology. From Aristoteles to the twentieth century. Res. Quart. 12, 1941.

Glassow[13], Rasch und Burke[14] und neuerdings bei Schmitz[15]. Darüber hinaus kann in Anlehnung an die Entwicklung bewegungstheoretischer Darstellungen auch auf einführende Beiträge zurückgegriffen werden[16].

3. Sensomotorischer Aspekt

3.1 Systemtheoretische Vorbetrachtungen

Die vielfältige Problematik erlaubt in diesem Rahmen nur Hinweise. Dabei soll es vor allem darum gehen, einige Grundbegriffe einzuführen und ihre Bedeutung im Modell einer kybernetisch orientierten Bewegungslehre anzuzeigen.

Die Bewegung im zielgelenkten Verhalten ist auf die Umwelt gerichtet. Im einfachen Fall liegt ein *Kommunikationssystem* vor, das aus einem Sender, einem Übertragungsmedium und einem Empfänger besteht. Die Verbindung wird durch *Nachrichten* (N) aufrecht erhalten. Kommt eine Nachricht zu den Rezeptoren, dann wird sie dort auf elektrochemischem Wege in das Signal (S_g) codiert. S_g läuft dann über die Nervenbahnen zum entsprechenden Zentrum. Dort wird S_g wieder nach N decodiert, also bewußt. Der Rezeptor und das Zentrum sind die Transformatoren.

Nachrichten können unsere sensomotorischen Muster und damit unsere Bewegungen verändern. Das ist besonders dann der Fall, wenn sie *Information* enthalten, also Neuigkeitswert besitzen. Das *Informationssystem* kann als Sonderfall eines Kommunikationssystems angesehen werden, weil der Informationsgehalt in der Nachricht für die Beantwortung der Nachricht (Bewegungsänderung) entscheidend ist. Das Prinzip besteht darin, daß der Eingang des sensomotorischen Systems (sensorischer Anteil) manipuliert und der Ausgang (motorischer Anteil) klassifiziert wird. Durch Bezugsetzung der Eingangs- und Ausgangsinformation kann ein internes Funktions- und Strukturmodell entworfen werden. Als Grundlage dienen dazu die Prinzipien der Informationsverarbeitung und Regelung. Ausgegangen wird von einer totalen oder partiellen Unkenntnis der internen Strukturen des

---

[13] J. M. Cooper/R. B. Glassow: Kinesiology. St. Louis 1963.

[14] Ph. J. Rasch/R. K. Burke: Kinesiology an Applied Anatomy. Philadelphia 1960.

[15] J. N. Schmitz: Studien zur Didaktik der Leibeserziehung. Teil II. Schorndorf 1970.

[16] J. D. Brooke / H. T. A. Whitting: Human Movement — a field of study. London 1973; B. J. Cratty: Motorisches Lernen und Bewegungsverhalten. Frankfurt 1978; F. Fetz: Bewegungslehre. Frankfurt 1979; H. Rieder (Hrsg.): Bewegungslehre des Sports. I/II. Schorndorf 1973/77; A. Rüssel: Psychomotorik. Darmstadt 1976; D. Ungerer: Zur Theorie des sensomotorischen Lernens. Schorndorf 1977.

Systems. Die Erkenntnis stellt sich beim externen Beobachter als eine „approximierende Folge von Modellen" dar[17]. Die interne Situation eines sensomotorischen Systems kann so schrittweise erfaßt werden.

Die zentrale Frage der black-box-Theorie lautet: „can the pattern of internal connections be deduced from the externally observed behavior? And if so, how"[18]. Der methodische Einstieg erfolgt durch die Quantifizierung der stimulus-response-Relationen, wodurch die Frage vorläufig und einschränkend bejaht werden kann. Allerdings läßt sich nicht unbedingt von der äußeren stimulus-Konfiguration auf die innere Struktur schließen. „What the method gives, about the connection, is what is topologically significant — the pattern of linkages — not the actual arrangement in space, as the anatomist would see it. In other words, it defines the pattern of connection only up to an isomorphism"[19].

Der skizzierte sensomotorische Sachverhalt ist in der Modell-Darstellung besonders deutlich, da hier konsequent nach den Beziehungen zwischen Eingangs- und Aufgangsfunktionen der black box gefragt wird. Während außerhalb des kybernetischen Ansatzes der Mensch und seine Bewegungen noch isoliert gesehen werden, richtet sich die Frage in der kybernetisch orientierten Verhaltenslehre auch auf die Beziehungen zwischen den Systemen (Abb. 3 a und Abb. 4). Ferner werden sensomotorische Systeme als Rückmeldesysteme verstanden (Abb. 3 a). Eine weitere Differenzierung ist darin zu sehen, daß die sensomotorischen Funktionskreise außerhalb (z. B. audiomotorisch) oder innerhalb (z. B. vestibulooptisch) des Systems verlaufen können.

Leicht läßt sich erkennen, daß die kybernetische Grundposition keine isolierte Betrachtung der Strukturen und Funktionen einzelner Systeme zuläßt[20]. Als Struktur eines Systems (H) sei nach Abb. 3 das Relationsgefüge verstanden, das durch die Subsysteme (H_1, H_2, H_3) des Systems (H) gegeben ist. Eine Funktion ist nach Abb. 3 zum Beispiel durch (y_1) ausgedrückt. Je nach Fragestellung des externen Beobachters lassen sich Subsysteme zusammenfassen, wodurch ihre Darstellung vereinfacht wird (Abb. 3 b).

Allgemein ist ein Kommunikationssystem durch Mensch und Umwelt (Gesellschaft) markiert (Abb. 4). Beide Subsysteme stehen in diesem Kom-

---

[17] H. Anschütz: Kybernetik. Würzburg 1974, S. 19.

[18] R. W. Ashby: General system theory and the problem of the black box. In: Regelungsvorgänge in lebenden Wesen. München 1961, S. 56.

[19] a. a. O., S. 56.

[20] J. H. Milsum: Biological Control Systems. McGill Univ. 1966.

munikationssystem in einer „bidirektionalen Kommunikation"[21]. Der Informationsaustausch läuft in diesem Fall in beide Richtungen.

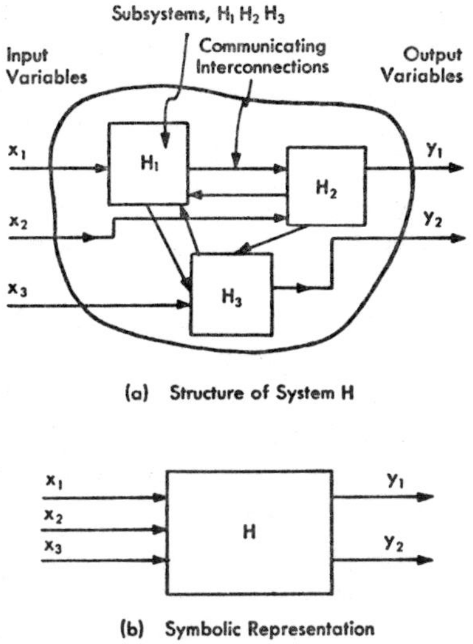

Abb. 3: Struktur eines Systems und seine allgemeine Darstellung[22].

Bei den entsprechenden Experimenten und Beschreibungen ist streng darauf zu achten, daß die gewählten Variablen vollständig, widerspruchsfrei und unabhängig formalisierbar sind. Für den Aufbau einer *Theorie der sensomotorischen Verknüpfungen* ist daher nicht nur die Evidenz der axiomatischen Verhaltensmuster entscheidend, sondern auch ihre nachrich-

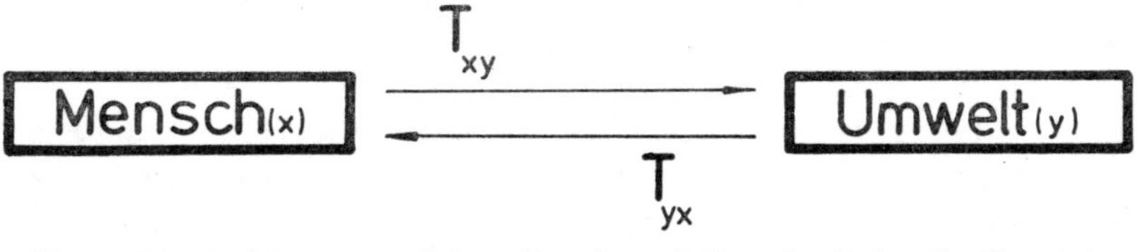

Abb. 4: Die Beziehungen zwischen Mensch und Umwelt. T ist die Transinformationsgröße.

---

[21] H. Marko: Die Anwendung nachrichtentheoretischer Methoden in der Biologie. In: H. Marko/G. Färber (Hrsg.): Kybernetik 1968. München, Wien 1968.

[22] J. H. Milsum, a. a. O.

tentheoretische und regeltheoretische Interpretierbarkeit. So sind z. B. Armstrecken, Armbeugen, Öffnen und Schließen der Hand etc. Bewegungen, die nicht nur sprachlich, sondern auch als Bewegungskonfigurationen voneinander abgegrenzt sind. Hierbei handelt es sich um elementare Bewegungskonfigurationen, die auch sensomotorische Sequenzen heißen[23]. Sie werden durch Entscheidungen ausgelöst und durch sensomotorische Regelung ausgeführt. Beide Vorgänge sind jedoch eng miteinander in der konkreten Bewegung verbunden.

Die sensomotorische Sequenz kann als Elementar-Zeichen des Verhaltens verstanden werden. Aus einem elementaren Zeichenrepertoire sind komplexe Zeichen aufgebaut. So lassen sich z. B. Sequenzkomplexe erkennen (z. B. Hin- und Herbewegen der Arme beim Laufen), die mit weiteren Sequenzkomplexen zu sensomotorischen Fertigkeiten (z. B. Laufen) verknüpft sind. Die nächst höhere Verknüpfung führt zu sensomotorischen Handlungen (z. B. Laufen und Werfen). Mit diesen Bezeichnungen sind Superzeichen verschiedener Komplexitätsgrade angesprochen. Der gesamte Vorgang wird als Superierung bezeichnet.

Die sensomotorischen Sequenzen werden durch *Entscheidungen* des sensomotorischen Systems ausgelöst. Entscheidungen lösen Armstrecken, Armbeugen usw. aus. Dabei handelt es sich um Entscheidungen mit Umgebungsbezug. Das gilt auch für die Superzeichen. Daher kann die sensomotorische Fertigkeit nicht als partialisiertes Verhaltensgebilde verstanden werden. Das ist schon deshalb nicht möglich, weil hier vom Standort der kybernetischen Systemtheorie ausgegangen wird.

Das Zeicheninventar des sensomotorischen Verhaltens und das Zeicheninventar der Umwelt läßt sich zueinander in Beziehung setzen. Es wird gefragt, welche verbale oder visuelle Information bestimmte sensomotorische Sequenzen bzw. Superzeichen des Verhaltens auslöst. Das Eingangs-Alphabet (verbale und visuelle Zeichen) und das Ausgangsalphabet (sensomotorische Zeichen) werden einander zugeordnet. Diese Zuordnung geschieht unter den Bedingungen der kybernetischen Prinzipien.

Über den hier angedeuteten Informationsaustausch innerhalb sensomotorischer Systeme als auch zwischen diesen Systemen und ihrer Umwelt liegen viele Untersuchungen vor, in denen eine informationstheoretische Bearbeitung dieser Vorgänge nach Shannon[24] versucht wird. Bevorzugt werden vor allem audiomotorische und visuomotorische Informationsauf-

---

[23] D. Ungerer, a. a. O.

[24] C. E. Shannon/W. Weaver: The Mathematical Theory of Communication. Urbana 1949.

nahme und -verarbeitungsprozesse[25] sowie optomotorische Prozesse, worunter spezielle Augenbewegungen gemeint sind[26]. Das Grundanliegen solcher Untersuchungen besteht neben der Messung des Informationsumsatzes eines sensomotorischen Systems darin, Kenntnisse über die internen Strukturen des Systems zu gewinnen[27].

Wir haben gesehen, daß Informationssysteme durch Nachrichtenverarbeitung funktionieren. Nachweisbare Verhaltensmuster entstehen dabei im Zuge von *Verknüpfungs-Prozessen*, die das System organisiert. Nach bestimmten Vorschriften werden Zeichen untereinander so verbunden, daß spezifische Antworten entstehen können. Während bereits vorhandene Verknüpfungen in einem sensomotorischen System durch *Üben* eine *funktionelle* Verbesserung erfahren, führen Verknüpfungs-Operationen zu Änderungen der Organisationshöhe des Systems und somit zu neuen Verhaltensformen. Durch Transformation geht der Zustand A, der durch die Merkmale a, b, c, ... bestimmt ist, in den Zustand A' über, der durch die Merkmale a', b', c', ... gekennzeichnet ist. Solche Vorgänge finden sich zum Beispiel bei allen sensomotorischen Lernprozessen[28].

Bisher wurde der Bereich der Informationsverarbeitung angesprochen. Dabei ging es darum, den *Strukturbereich* des Verhaltens zu erfassen. Unter Struktur des sensomotorischen Verhaltens (der sensomotorischen Fertigkeiten und Handlungen) wird die Menge der Verknüpfungen von elementaren Bewegungskonfigurationen verstanden. Das bedeutet, daß mit den Entscheidungen, die sensomotorische Sequenzen auslösen, das Verhaltensziel festgelegt wird. Das sensomotorische System steuert sich, indem es sein Verhalten strukturell verändert, also sich z. B. durch sensomotorisches Lernen neue Fertigkeiten und Handlungen aneignet. Hiervon ist der *Adaptationsbereich* des Verhaltens zu unterscheiden. Durch sensomotorische Regelung wird dafür gesorgt, daß die einzelnen Verhaltensstrukturen umweltabgestimmt angewandt werden. Das geschieht durch Kraft- und Geschwindigkeitsregelung. Verändert wird dabei die Sequenzweite (Entfernung zwischen den jeweiligen Endstellen der Sequenzen) und die Realzeit der Sequenz. Das ist die Zeit, die verstreicht, bis der Meßpunkt die Strecke vom Anfangspunkt

---

[25] D. Ungerer, a. a. O.; ders.: Leistungs- und Belastungsfähigkeit im Kindes- und Jugendalter. Schorndorf 1977.

[26] B. Hassenstein: Messung von Bewegung durch das Auge eines Insekts. In: Regelungsvorgänge in lebenden Wesen. München 1961.

[27] W. Reichardt/D. Varjú: Autokorrelation als Funktionsprinzip des Zentralnervensystems. In: Regelungsvorgänge in lebenden Wesen. München 1961.

[28] D. Ungerer, a. a. O.

bis zum Endpunkt der sensomotorischen Sequenz durchlaufen hat. Sequenzweite und Realzeit der Sequenz sind adaptive Anteile des Verhaltens. Sie wirken adaptiv bei sensomotorischen Fertigkeiten und Handlungen.

Sensomotorische Adaptation heißt also, die Kraft und Geschwindigkeit allmählich umweltabgestimmt einzusetzen. Die Verhaltensstruktur wird dabei nicht verändert. Während sensomotorisches Lernen im Strukturbereich anzusiedeln ist, liegt im Adaptationsbereich die Optimierung des Verhaltens.

3.2 Sensomotorische Modelle

Mit einer kurzen Darstellung der aktuellsten Verhaltensmodelle sollen weitere Grundbegriffe herausgearbeitet werden. Die Autoren sind in alphabetischer Reihenfolge zusammengestellt.

Anochin (Rückafferentation)

In Anlehnung an die Pawlowschen Grundlagenforschungen[29] am S-R-Modell erweiterte es Anochin[30] zum S-R-S-Modell. Die Bewegungs-Antwort (Efferenz) baut sich auf situationsgebundener Afferentation und der Anlasser-Afferentation auf. Beide liefern die Afferenzsynthese, die eine selegierende Funktion hat. Die Afferenzmuster, die durch die jeweilige Bewegung hervorgerufen werden, bilden die Rückafferentation. Sie wird vom Wirkungsakzeptor kontrolliert. „Dadurch wird auch seine weitere physiologische Rolle bestimmt: Indem er sämtliche afferenten Erregungen, die als Folge der Reaktion in Form der Rückafferentation auftreten, auf sich vereinigt (...), konfrontiert der Apparat des Wirkungsakzeptors gleichsam die Ergebnisse der Afferenzsynthese mit den Ergebnissen der ausgeführten Reaktion[31]. Das Modell wurde von Sokolow[32] modifiziert.

Fischel und Herold (Leipziger Modell der motorischen Rückenmarksbahnen)

Auf neurologischer Grundlage entwickelten Fischel und Herold[33] ein Prinzipschaltbild, mit dem die steuernden und bahnenden Leistungen der pyramidalen und extrapyramidalen Bahnen dargestellt wurden. Bei sensomotorischen Handlungen laufen die Impulse von den motorischen Zentren der vorderen Zentralwindung zu den Erfolgsorganen. Der Bewegungseffekt wird über afferente Bahnen zurückgemeldet und in den extrapyramidalen Führungsstellen gespeichert, worunter die Basalganglien zu verstehen sind. Der so festgehaltene Bewegungsentwurf wird vom extrapyramidalen Funktionskreis wieder an die Peripherie transportiert, wobei das

---

[29] L. P. Pawlow: Ausgewählte Werke. Berlin 1955.

[30] P. K. Anochin: Physiologie und Kybernetik. In: Sowjetwissenschaft 5, 1958.

[31] P. K. Anochin, a. a. O., S. 554.

[32] E. N. Sokolow: Neurodynamisches Reizmodell und Orientierungsreflex. In: Probleme und Ergebnisse der Psychologie. Berlin 1961.

[33] W. Fischel/W. Herold: Ein technisches Modell der motorischen Rückenmarksbahnen. In: Zschr. f. Psychol. 1/2, 1966.

Muster verschiedenen Muskelgruppen zugeleitet werden kann. Das über die Efferenz laufende Erregungsmuster verursacht die Bewegung, deren Ergebnis über die Afferenz wieder dem sensorischen Projektionszentrum gemeldet wird.

Von Holst und Mittelstaedt (Reafferenz)

Verhaltensstudien führten über die Analyse verschiedener Kopplungsmechanismen zum Nachweis eines Reafferenzprinzips[34]. Von einem höheren Zentrum kommt ein Kommando zu einem niedrigeren Zentrum, von dem aus eine Efferenz zu einem ausführenden Organ geschickt wird. Der Bewegungsablauf löst eine Reafferenz aus, die zum Zentrum zurückkehrt und den Bewegungserfolg meldet. Die Afferenz wird so als Reafferenz verstanden, die auf die im Zentrum vorgegebene Efferenzkopie (von der Efferenz hinterlassene Zustandsgröße) durch lineare Summation einwirkt. Dadurch ergeben sich bei ständig sich verändernden Umweltbedingungen entsprechende Minus- und Plusmeldungen, die zum höheren Zentrum weitergeleitet werden. Dort erfolgt eine entsprechende Korrektur der Befehlsausgabe.

Miller, Galanter und Pribram (TOTE-System)

Auf der Basis der Grundbegriffe „energy, information and control“ entwickeln Miller, Galanter und Pribram[35] ein Test-Operate-Test-Exit-System (TOTE-System), das ebenfalls ein Erklärungsmodell der Verhaltensorganisation darstellt. In der Testphase werden die ankommenden Signale mit den vorhandenen zentralen Mustern verglichen, wodurch eine gezielte Bewegungs-Antwort möglich ist, die vom „outcome“ des Testsystems abhängt. Der Funktionskreis wird durch „incongruity“ operierfähig gehalten, das heißt die Operation wird so lange in Gang gehalten, bis die Differenz zwischen den Verhaltensbedingungen und dem getesteten Zustand beseitigt ist. Entscheidend ist also hier, daß der stimulus erst durch die response-Muster definiert wird. Die sensomotorische Aktion modifiziert die Test-Resultate, wobei eine Bewegung nur dann ausgelöst wird, wenn das Test-System „incongruity“ anzeigt. Während das Operate-System die Bewegung ausführt, das Test-System den Handlungserfolg überprüft, soll ein Plan dazu dienen, überhaupt erst die Strukturbedingungen der Ausführung zu schaffen. „A plan is any hierarchical process in the organism that can control the order in which a sequence of operation is to be performed“[36]. Bewegungsmuster sollen durch eine hierarchische Plan-Organisation entstehen, die von einfachen zu komplizierten Mustern reicht. So kann das Verhaltensprofil X aus den Mustern A und B gebildet sein. A kann aber wieder aus zwei Teilen, nämlich a und b, und B vielleicht aus drei, nämlich c, d und e, organisiert sein. Damit ließe sich das Verhaltensprofil X folgendermaßen schreiben:

$$X = \mathring{A}B = abcde.$$

---

[34] E. v. Holst/H. Mittelstaedt: Das Reafferenzprinzip. In: Naturwissenschaft 37, 1950.

[35] G. A. Miller, u. a.: Plans and the Structure of Behavior. New York 1960. Dt. Ausgabe: Strategien des Handelns. Stuttgart 1973.

[36] a. a. O., S. 16.

von Weizsäcker (Cyclomorphes Prinzip)

Im Rahmen optokinetischer Experimente gelang es v. Weizsäcker[37] und seinen Mitarbeitern das cyclomorphe Prinzip nachzuweisen. Durch Kohärenz, Deduktion, Kompromiß, Kompensation und Grenzverschieblichkeit entsteht eine dynamische Relation zwischen Wahrnehmung und Bewegung. Im störungsfreien Zustand haben wir eine Kohärenz zwischen Sensorik und Motorik. Beim Angebot eines quantifizierten Stimulus kann es zu einer Gleichgewichtsstörung im System kommen. Dabei wird durch eine sensorische und motorische Korrekturleistung das Gleichgewicht wieder hergestellt. Da die Korrektur nach der sensorischen und motorischen Seite äquivalent ist, soll nicht mehr von „Reiz", sondern von „Störung" gesprochen werden. Die Störung bewirkt die Überführung eines in sich geschlossenen Zustandes in einen anderen in sich geschlossenen Zustand, was als Version bezeichnet wird. Entscheidend ist dabei, daß der Organismus Korrekturbewegungen ausführt, die quantifiziert ein Minusbetrag der Kohärenz sind. Das durch Transformation auftauchende Verhaltensprofil wird durch einen Deduktionsprozeß verursacht. Mit einem Kompromiß zwischen den Störkräften und der Kohärenz versucht das System einen Ausgleich. Das ist die Kompensationsleistung des Systems. Die sensomotorische System-Situation wird als genetisch und dynamisch organisiert verstanden.

Dieser Ansatz läßt erkennen, daß v. Weizsäcker und seine Mitarbeiter auf experimentellem Wege zu einem Modell kamen, in dem kybernetische Prinzipien zu finden sind. Damals fehlte nur das heutige Begriffssystem.

Gemeinsamkeiten der Modelle

Obwohl die einzelnen Modelle aus verschiedenen wissenschaftlichen Disziplinen und Strömungen kommen, weisen sie gemeinsame Merkmale und Prinzipien auf. Durchweg handelt es sich um sensomotorische Modelle, das heißt, mit ihnen wird der Definitionsbereich des S-R-Modells, des Reiz-Reaktions-Schemas, verlassen. „Die Reflexologie und Reaktologie gehören der Vergangenheit an"[38]. Als dominierende Gemeinsamkeiten heben sich die *Regelung*, die *Rückkopplung*, die *Steuerung*, die *Führungsgröße* (Bewegungsentwurf) und die *Informations-Verarbeitung* ab.

3.3 Das Prinzip der Regelung

Inzwischen sind bereits mehrere biologische Regelkreise untersucht worden. Der *sensomotorische Funktionskreis* nimmt darunter eine bevorzugte Stellung ein. Das Verständnis seiner grundlegenden Mechanismen ist im Sport unerläßlich.

---

[37] V. v. Weizsäcker: Der Gestaltkreis. Stuttgart 1973[2].

[38] B. G. Ananjew: Der Beitrag der sowjetischen psychologischen Wissenschaft zur Theorie der Empfindungen. In: Ergebnisse der sowjetischen Psychologie. Berlin 1967.

Durch Regelung werden Fehlbeträge (Gleichgewichtsstörungen) zwischen Umweltforderung und Systemleistung korrigiert. Im Unterschied zur Steuerung (3.4) wird keine externe Information (Störgröße) aufgenommen, sondern die Regelabweichung (Differenzbetrag zwischen Soll- und Istwert) bestimmt die Korrektur. Ein sensomotorisches System hat zum Beispiel eine bestimmte Regelstrecke (Extremitätenglied) mit einem variablen Merkmal, das als Regelgröße einen Meßwert (zum Beispiel Abstand des Extremitätengliedes zum Rumpf oder einem anderen Körperteil) liefert (Abb. 5). Die

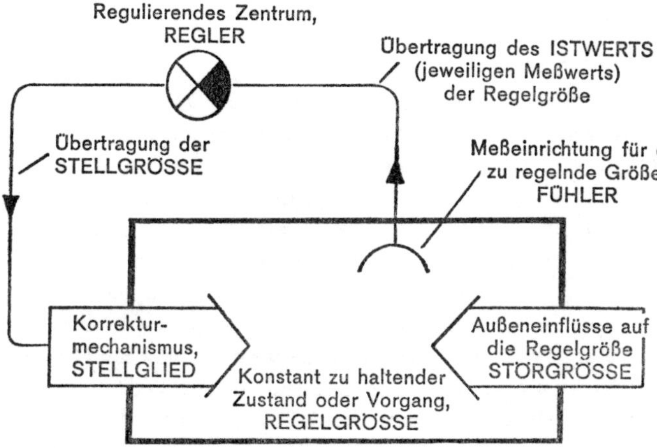

Abb. 5 Das Wirkungsgefüge eines Regelmechanismus[39]

Regelgröße ist bei einem dynamischen System ständigen Änderungen durch Einwirkungen der Störgröße (3.4) unterworfen. Über einen Meßfühler (sensibler Teil der Muskelspindel) wird der Meßwert als Istwert dem regulierenden Zentrum zugeleitet. Durch einen Vergleich mit dem gespeicherten Sollwert ergibt sich die Regelabweichung. Ist ein Differenzbetrag zwischen sensorischen und motorischem Muster vorhanden, dann setzt die Korrekturleistung ein. Der Fehlbetrag wird jetzt dadurch annulliert, daß über die veränderte Stellgröße am Stellglied eine Kompensationsleistung (Muskelkontraktion) zustande kommt. Das Stellglied realisiert den vom Regler kommenden Befehl. Nach der Größe der Fehlbeträge können verschiedene Korrekturinstanzen unterschieden werden.

[39] B. Hassenstein: Biologische Kybernetik. Heidelberg 1967, S. 42.

Rückkopplung

Das sensomotorische System wird mit Rückkopplung geregelt. Von einer Rückkopplung kann dann gesprochen werden, wenn der Effekt der Befehlsausgabe an das Zentrum zurückgemeldet wird, um eine eventuell erforderliche Korrektur zu veranlassen (vgl. 3.3). Stellgröße und Störgröße haben somit entgegengesetzte Vorzeichen. Eine Rückkopplung ist nur dann sinnvoll, wenn das sensomotorische System in der Lage ist, Vergleichswerte bereitzustellen. Zum „feedback" gehört also Speicherfähigkeit. Ob ein Rückkopplungsprozeß als Verstärkung (reinforcement) aufzufassen ist, kann hier nicht betrachtet werden.

Verschiedene Formen sensomotorischer Regelung

Regelkreise haben eine Laufzeit (Totzeit). Daher verstreicht eine bestimmte Zeit bis über die feedback-Schleife eine Korrekturmeldung am Stellglied eintrifft. Durch die so verzögerte Produktion sensomotorischer Sequenzen können bei rasch feuernden Informationsquellen die Störungen nicht mehr kompensiert werden. Das System kann dann zur Instabilität aufgeschaukelt werden. Eine sensomotorische Präzisionsleistung ist daher nur möglich, wenn über bestimmte Regelfunktionen für eine ständige Stabilisierung und Optimierung des Systems gesorgt wird. Diese Aufgabe übernehmen Regelkreise mit Proportional-Integral-Verhalten (PI-Regelung). Die Regelabweichung erwirkt eine dauernd anwachsende Stellgröße. Der Betrag der Regelabweichung und die Geschwindigkeit der anwachsenden Stellgröße sind proportional. Die Stellgröße entspricht dabei dem zeitlichen Integral der Regelabweichung. Das System wird instabil, wenn der Proportionalitätsfaktor einen durch die Laufzeit bestimmten Betrag übersteigt. Merkmale der PI-Regelung finden wir bei allen gezielten Bewegungen. Eine weitere Regelungsmöglichkeit besteht darin, daß der Regler nach der Änderungsgeschwindigkeit der Regelgröße und deren Betrag funktioniert. In diesem Fall haben wir eine Differentialregelung. Da die Stellgröße nicht nur proportional zur Regelabweichung bleibt, sondern zusätzlich ein Differentialverhalten zeigt, wird auch von Proportional-Differential-Regelung (PD-Regelung) gesprochen.

Die Theorie der Regelvorgänge mit Laufzeit erlaubt eine Unterscheidung in *Regelung* und *Steuerung*. Die Laufzeit des „inneren Regelkreises" (Muskelsensibilität — Rückenmark — Muskelkontraktion) ermöglicht eine Zielbewegung rascher auszuführen als die des „äußeren Regelkreises" (Auge — ZNS — Muskelkontraktion) mit Störgrößenaufschaltung (3.4). Weg — Zeit — Kurven zeigen, daß am Anfang einer Zielhandlung eine

Steuerung vorliegt, die dann allmählich in Regelung übergeht. Die Regelung wird zur schnellen Ziel-Annäherung benutzt. In Zielnähe aktiviert sich der äußere Regelkreis, wodurch die Bewegung wieder gesteuert werden kann. Solche regeltheoretischen Überlegungen sind bei der Bestimmung sensomotorischer Verhaltensaxiome notwendig. Das Wirkungsgefüge des Verhaltensprofils läßt sich durch die Objektivierung der sensomotorischen Sequenzen sowie deren Simultan- und Sukzessiv-Kopplung auf Regelungs- und Steuerungsgüte untersuchen[40].

Eine besondere Form der sensomotorischen Regelung ist die Regelleistung bei Handfolgebewegungen[41], die wir auch im Ballspiel nachweisen können. Der Ball wird z. B. mit den Augen wahrgenommen und verfolgt. Sein Flug liefert für den visuomotorischen Funktionskreis den Sollwert (die Vorgabe), nach dem sich die Handbewegung ausrichtet. Nach Vorgabemustern ausgeführte Handbewegungen ergaben, daß weniger eine Analyse des Frequenzinhaltes des Vorgabemusters vollzogen wird als vielmehr die Registrierung der „augenblicklichen dynamischen Bewegung des Zielobjektes“[42]. Das Muster wird in einem Weg-Zeit-Verhalten erfaßt, gespeichert und wieder ausgegeben. Aufgrund der bis zu einem bestimmten Zeitpunkt vorgenommenen Wahrnehmung kann das Muster des Zielobjektes vorhergesagt werden. Bei entsprechender Wahl des Vorgabemusters läßt sich zeigen, daß die Vorhersageeigenschaft des Systems der Handfolgebewegung auf einer Lang- und Kurzzeitvorhersage sowie auf einer Musternachbildung und -speicherung beruht.

Das System in Abb. 6 ist ein in seiner Funktionsstruktur nichtlineares System. Nach Vossius[43] sind für eine entsprechende Beschreibung der Vorhersageeigenschaften und Regelleistungen die bis jetzt in der Regelungstechnik üblichen mathematischen Hilfsmittel noch unzureichend. Vermutlich werden hier andere Wege der Informationsverarbeitung gegangen. Während die Nachlaufregelung bei langsamen Folgebewegungen die Führung übernehmen kann, ist bei schnelleren Bewegungsabläufen die Lang- und Kurzzeitvorhersage entscheidend. Bei höheren Geschwindigkeiten des Zielobjektes ist die vom Menschen ausgeführte Bewegung bereits nicht mehr determiniert; sie ist jetzt zunehmend statistisch bestimmbar. Mit abnehmbarer Wahr-

---

[40] D. Ungerer: Leistungs- und Belastungsfähigkeit im Kindes- und Jugendalter, a. a. O.

[41] G. Vossius: Die Vorhereigenschaft des Systems der Willkürbewegung. In: Kybernetik 1, 1961/63.

[42] a. a. O., S. 201.

[43] a. a. O.

scheinlichkeit der Ausführungs-Unsicherheit ist eine fortschreitende Musterbildung und Programmierung des Bewegungsablaufes anzunehmen.

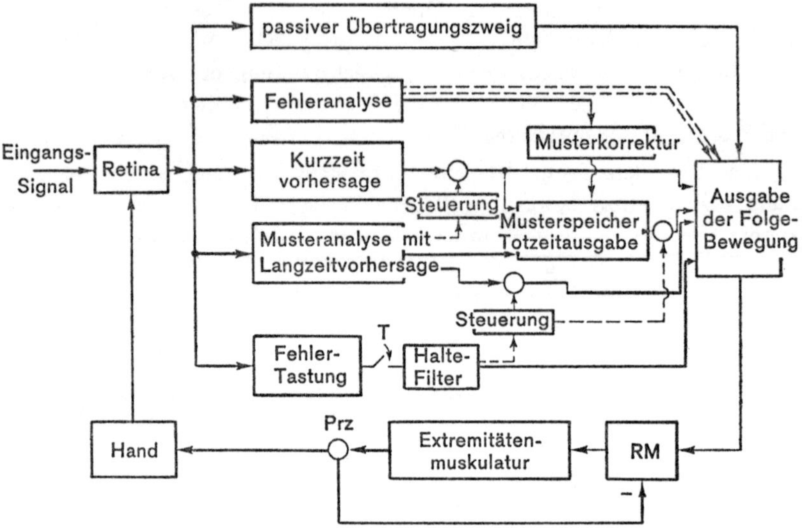

Abb. 6: Vorhersageeigenschaften des Regelsystems der Hand[44].

Einen probabilistisch-axiologischen Ansatz[45] entwickelte Christian[46]. Benutzt wurde im Versuch ein Pendel mit veränderlichem Trägheitsmoment und verschiedenartiger Dämpfung (Flüssigkeits- und Reibungsdämpfung), das angefacht, aufgeschaukelt und in Gang gehalten werden sollte. Der Vorgang läßt sich als eine gedämpfte, erzwungene Schwingung verstehen.

Bei den Versuchen konnte nachgewiesen werden, daß das sensomotorische System eine bestimmte Schwingungsstrategie entwickelt. Ihre spezifischen Komponenten liegen in der Minimalkraft (geringste Antriebskraft für das objektive System), der Schwellenregistrierung des Widerstandes und der zeitlichen Versetzung der mechanisch überschüssigen Kraft. Der sensomotorische Zugriff liegt, wie weiter gezeigt werden konnte, an der Stelle, wo durch kleine Veränderungen des Systems große Wirkungen erzielt wer-

[44] a. a. O., S. 206.
[45] Wahrscheinlichkeitstheoretisch und werttheoretisch ausgerichtet.
[46] P. Christian: Die Willkürbewegung im Umgang mit beweglichen Mechanismen. In: Sitzungsbericht d. Heidelberger Akad. d. Wiss. Math. Naturwiss. Kl. Heidelberg 1948.

den können. Die einzelnen Kräfte werden nicht nach ihrer Größe, sondern nach ihrer Wirksamkeit auf das schwingende System eingesetzt. Dadurch bekommen die Parameter erst im Rahmen der sensomotorischen Leistung ihren entsprechenden Stellenwert. Der sensomotorische Vollzug entsteht hier weniger durch einen vorgegebenen konstruktiven Plan, vielmehr gehorcht er wertevidenten Nachrichten (gelungen, gut, schwerer usw.), die das Bewußtsein erreichen (vgl. 7.).

Damit drängt sich die Frage nach der Steuerung und dem Programm der Bewegung auf, steht doch im angelsächsischen Schrifttum für Regelung und Steuerung nur der Terminus „control".

3.4 Steuerung

Wenn die Steuerung nach Küpfmüller „als die Einwirkung einer Nachricht auf einen Energiefluß"[47] definiert werden kann, dann bietet sich eine Behandlung der Nachrichten- und Informationsverarbeitung (3.1 und 3.5) unter diesem Kapitel an. Da jedoch die Nachrichtenverarbeitung und die Steuerung für die Verhaltens- und Bewegungsforschung von zentraler Bedeutung sind, werden sie getrennt betrachtet.

Wir können bis jetzt verschiedene Fälle von Steuerung nachweisen. Die wichtigsten seien kurz betrachtet.

Beim Steuerungsprozeß wird ein System mit dem Zustand A_0 in den Zustand A_n überführt. In unserem sensomotorischen Spezialfall ist ein Ziel vorhanden, das erreicht werden soll. Dieses Ziel kann räumlich lokalisiert sein, es kann aber auch eine sensomotorische Fertigkeit sein, die erworben werden soll (Lernziel). In jedem Falle, besonders aber im letzten, wird das Ziel durch das Informations-Muster der Umwelt bestimmt.

Störgröße und Störgrößenaufschaltung

In 3.3 haben wir gesehen, daß es zu Regelabweichungen kommen kann. Das wirkt sich immer dann nachteilig aus, wenn gezielte sensomotorische Aktionen verlangt werden. Durch die von außen auftreffende Störgröße wird die Ordnung des Systems beeinträchtigt. Störgrößen werden durch Umweltereignisse ausgelöst, die ein System zu einer Veränderung seines Verhaltens veranlassen. Für das Zustandekommen sensomotorischer Präzisionsleistungen gibt es Mechanismen, die es ermöglichen, den Informationsbetrag der Störgröße schon zu bestimmen, bevor diese auf das

[47] K. Küpfmüller: Regelungsvorgänge bei gezielten Bewegungen. In: Kybernetik. Frankfurt 1964, S. 31.

System einwirken kann. Die Ausgleichsbewegungen eines im Boot stehenden Menschen bei anrollender Woge sind hierfür ein Beispiel. Nach der Messung der Störgröße wird ein Kompensationsprozeß eingeleitet, der die Regelabweichung verhindert. Der Mensch im Boot wird von der Woge nicht umgeworfen. Die Bedeutung der Störgrößen-Messung durch die jeweils spezifischen Rezeptoren ließe sich noch markanter im Straßenverkehr erläutern. Es liegt allerdings auf der Hand, daß neben der speziellen Registrierfähigkeit auch Vergleichswerte (Erfahrungen) vorliegen müssen. Die Genauigkeit der Vorhersage über die zu erwartende Störgröße hängt also von der Organisationshöhe des Speicherareals ab, was sich besonders bei Sportspielen bemerkbar macht.

Beim Auftreffen einer Störgröße auf ein sensomotorisches System sind also zwei Möglichkeiten gegeben. Entweder die Störgröße wird abgefangen oder nicht abgefangen. Im letzten Falle wäre nur ein Regelmechanismus tätig, der nach dem Prinzip des Regelkreises funktioniert. Durch die plötzlich auftretende Regelabweichung käme es zu einer sensomotorischen Fehlleistung. Wird aber die Störgröße abgefangen, dann tritt neben der Regelkreisschaltung noch die Maschenschaltung in Kraft. Bei sensomotorischen Systemen kennen wir zur Realisierung gezielter sensomotorischer Leistungen mehrere solcher Maschenschaltungen, die mit Regelkreisen gekoppelt sind. Hier sprechen wir dann von Regelung mit *Störgrößenaufschaltung*, beim entsprechenden sensomotorischen System von einem *vermaschten* System.

Programmsteuerung

Die Überführung des Systemzustandes A_0 in den Systemzustand A_n, ein Vorgang, den wir als Steuerung bezeichneten, gehorcht bestimmten strategischen und ökonomischen Prinzipien. Das Insgesamt der sensomotorischen Etappen ist dabei einem Ziel zugeordnet. Eine solche Organisationsform nennen wir Programm. Durch sensomotorische Lernprozesse werden Programme im Menschen zur Steuerung und Regelung der Bewegung herausgebildet. Aufschlußreich sind in diesem Zusammenhang die Untersuchungen von Bauer[48]. Forschungsgegenstand war die Riesenfelge rückwärts am Reck. Der menschliche Körper wurde durch ein Zweimassen-

---

[48] W. L. Bauer: MathematischeModellbildung und Optimierung als Hilfsmittel zur Aufklärung des Lernvorganges bei der Turnübung „Riesenfelge am Reck". In: Regelungstechnik 10/11/12, 1976; ders.: Deutung des Lernvorganges bei der Turnübung „Riesenfelge" am Reck mit Hilfe der mathematischen Modellbildung und Optimierung. In: D. Ungerer (Hrsg.): 14. kybernetisch-pädagogische Werkstattgespräch. Sensomotorik-Labor, Bericht 1, Bremen 1979.

modell nachgebildet. Mit der Differenzierung der Bewegung in eine steuerbare und eine regelbare Phase wurde dem in 3.1 bereits angedeuteten Struktur- und Adaptationsbereich des Verhaltens entsprochen. Bei der Riesenfelge tritt nun eine interessante Kombination von Adaptions- und Strukturbereich auf. Während der Fallphase soll der Körper des Turners gestreckt bleiben. Das ist eine Bewegungsstruktur, die der Turner bereits aus den täglichen Bewegungen in allen möglichen Positionen erlernt hat. Diese Struktur ist in sich gefestigt. Die Schwierigkeiten für den Turner bestehen nur darin, den wechselnden Kräften durch Adaptation so zu antworten, daß der gestreckte Körper erhalten bleibt.

In der Aufstiegsphase muß der Turner zuerst die Bewegungsstruktur einer Beug-Streckbewegung erlernen, die im Normalfall für ihn fremd ist. Am Rechner gelang es, nach einem Verfahren für die Optimierung dynamischer Systeme den Vorgang der Steuerfunktionssuche zu simulieren. Dabei übernimmt der Digitalrechner die Rolle des Zentralnervensystems. Die Iterationsschritte, die der Rechner vollzieht, dienen zur Ermittlung der Steuerfunktion und bilden einen Lernvorgang nach. Für den Rechner besteht die Eingangsinformation darin, von der Handstandstellung nach einer Umdrehung wieder in diese Stellung zu gelangen, indem der Körper gestreckt fällt und dann in der Hüfte gebeugt wird. Das Abbeugen ist die Anfangssteuerung für die erwähnte sensomotorische Fertigkeit. Die Optimierungsprozesse verlaufen über die Verbesserung der End- bzw. Anfangsbedingungen der Riesenfelge und der Drehgeschwindigkeit bis zur Minimalisierung der Reibungsverluste der Handkräfte. Ist einmal die optimale Steuerfunktion erreicht, dann läßt sich die sensomotorische Fertigkeit durch Abrufen ihres Programmes mit gleicher Güte realisieren. Akute Störungen (z. B. Ermüdung, Krankheit) können jedoch zu Abweichungen vom Optimum beitragen.

Mit der Darstellung von sensomotorischen Optimierungsprozessen am Rechner mit Hilfe der mathematischen Modellbildung wurde von Bauer zum ersten Male ein Weg aufgezeigt, sensomotorische Regelungs- und Steuerprozesse in ihren Zusammenhängen mit sensomotorischem Lernen und Optimieren zu erfassen. Demgemäß wird das Lernmodell der kybernetischen Sensomotorik[49] nicht nur durch mathematische Modellbildungen erweitert, sondern erfährt auch in seinem bisherigen Entwicklungsstand rechneraxiomatische Bestätigungen. An dieser Stelle liegen die Verbindungen der Bewegungslehre zum Lernen von Bewegungen. Solche Verbindungen sind in der Bewegungslehre dann wichtig, wenn sie für einen lernorientierten Unterricht

[49] D. Ungerer: Zur Theorie des sensomotorischen Lernens, a. a. O.

herangezogen werden sollen. Dazu müssen aber Bewegung, Lernen und die dafür erforderliche Eingangsinformation standorthomogen erfaßt werden können. Das ist aber nur bei bestimmten Grundannahmen der Fall[50].

Gespeicherte sensomotorische Programme

Nach Fischel[51] soll den Basalganglien die Speicherung der Bewegungsmuster (Programme) zufallen. Die erworbenen Programme werden bis zu ihrer Verwendung (durch Enthemmung) dort gespeichert. „Die Inhalte der basalen motorischen Zentren (der extrapyramidalen Führungssysteme) entstehen durch die Rückmeldung der tätigen Muskeln"[52]. Der Vorgang ist somit bei sensomotorischen Lernprozessen wesentlich. Auf dieser Stufe der Regelung werden also bei gekonnten Bewegungen die Sollwerte ausgegeben. Die Steuerung der Bewegung wird von den Basalganglien und den extrapyramidalen Bahnen übernommen, wodurch eine Entlastung des pyramidalen Systems und des Bewußtseins erreicht wird. Erst bei sensomotorischen Präzisionsleistungen (zum Beispiel Schönschreiben) wird die Steuerung an das pyramidale System und das Bewußtsein abgegeben, das heißt, das Programm (der Bewegungsentwurf) wird jetzt bewußt. Dabei muß allerdings betont werden, daß die sensomotorischen Programme eine hohe Umwelt-Flexibilität besitzen, sie können keinesfalls als stabil bezeichnet werden (variable Führungsgröße). Ferner ist noch zu bemerken, daß die einzelnen Bewegungsmuster nicht extremitätengebunden sind. Ein Buchstabe kann mit Armen und Beinen realisiert werden[53].

Programmspeicherung und hierarchische Organisation des sensomotorischen Systems

Bei sensomotorischen Leistungen werden Sequenzverknüpfungen gespeichert. Eine Information trifft auf ein System und wird mit einem vorhandenen (gespeicherten) Muster verknüpft, wodurch eine adäquate Antwort möglich wird. Diesem Vorgang liegen Klassifizierungen, Entscheidungs- und Zuordnungsleistungen zugrunde. Dabei ist anzunehmen, daß die auftretende Information die zur Verfügung stehenden Verhaltensmuster des Systems weiter modifiziert, ausgliedert und zu höheren Handlungseinheiten entwickelt.

---

[50] D. Ungerer: Wissenschaftstheoretische Grundfragen der Lerntheorien. In: H. Stachowiak (Hrsg.): Theoriediskussion Bildungstechnologie. I. D.

[51] W. Fischel: Grundzüge des Zentralnervensystems des Menschen. Jena 1966.

[52] a. a. O., S. 78.

[53] a. a. O.

Die Handlungsstrukturen lassen sich auf Muster, die schon mannigfache Deutungen erfuhren, reduzieren. Zu denken wäre hier vor allem an die Gehbewegungen, Kletterbewegungen, Instinkte, Erbkoordinationen und Automatismen.

Die gespeicherten sensomotorischen Programme zeigen einen genetischen und einen situativen Aspekt. Ihre multifigurale Struktur ist als Funktion der Entwicklung und als Funktion des Lernens zu sehen. Das sensomotorische System organisiert im Laufe der Zeit ständig neue Bewegungsmuster, allerdings mit jeweils anderer objektiver Zielzentrierung. Die sequentielle Gliederung der Programme kann dabei aber nicht additiv verstanden werden.

Programmsteuerung und Störgröße

Läßt sich durch irgendwelche Informationen voraussagen, daß das sensomotorische System mit einer Störgröße zusammentreffen wird (zum Beispiel herannahende Welle, entgegenkommendes Auto beim Überholen), dann kann anhand der Zeitfunktion der Störgröße ein Programm für die Abfangmechanismen entworfen werden. Dadurch wird die Umwelt-Störung ohne Totzeit der Regelung nach der zeitlichen Gliederung des vorentworfenen Programmes kompensiert.

3.5 Der Bewegungsentwurf

Bei den bisherigen Ausführungen trat immer stärker die Frage nach einer zentralen Steuerungsinstanz im sensomotorischen System hervor. Aufgrund unserer Systematik wurde eine genauere Beantwortung bis jetzt vermieden. Fragen wir nun nach einer solchen Instanz, dann drängen sich aus dem herkömmlichen terminologischen Bestand mancherlei Begriffe auf. Bewegungsvorstellung, Bewegungsphantasie, Bewegungsidee, Bewegungsbild, visuelles Bild der Bewegung, Bewegungsplan usw. wären einige Bezeichnungen. Die Termini sind jedoch für eine Behandlung des sensomotorischen Systems kaum geeignet, da sie durch die tradierte Psychologie zu sehr belastet sind. Der Informationsaustausch im sensomotorischen System verlangt einen Terminus, der in psychischen und physischen Funktionsbereichen gleichermaßen Gültigkeit hat. Diese Bedingung erfüllt der Begriff „*Bewegungsentwurf*“[54]. Im kybernetischen Schaltmodell stellt er die

[54] Die Unterscheidung zwischen „Bewegungsvorstellung“ und „Bewegungsentwurf“ ist faktischer und methodischer Art. Während in der neurophysiologischen Akzen-

Führungsgröße dar (Abb. 7). Der Bewegungsentwurf ist für die Korrektur der größeren Differenzen zwischen Umweltbelastung und Bewegungsausführung zuständig. Die Programme können dort bewußt korrigiert werden und als Bewegungsmuster wiederum dem exekutiven Apparat zur Verfügung stehen.

Die Annullierung der sensomotorischen Differenzbeträge und die dadurch erforderliche systemadäquate Umorganisation des Bewegungsentwurfes veranlaßt uns, auch von einem *selbstprogrammierten Bewegungsentwurf* zu sprechen. Hiermit wird die *Selbstregulation* und *Selbstbewegung* des sensomotorischen Systems betont.

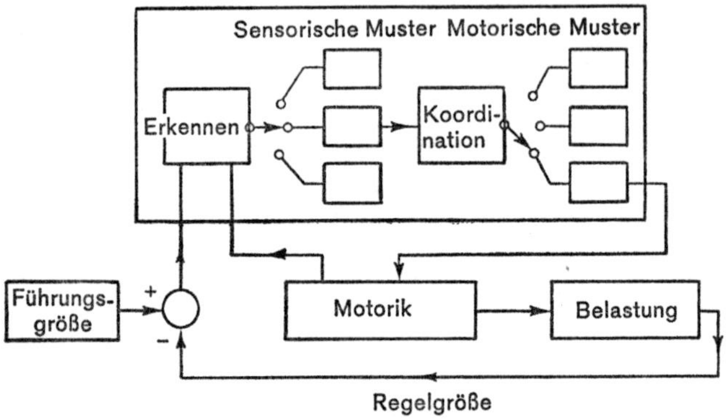

Abb. 7: Führungsgröße im sensomotorischen System[55]

Der afferente Aspekt

Informationen treffen auf ein sensomotorisches System und werden durch entsprechende Informationsverarbeitung (3.1) dem Bewußtsein zugeführt. Die Nachrichten sind nach strategischen Gesichtspunkten und nach der Momentan-Disposition des Systems selegiert. Das Stimulus-Inventar der Umwelt wird dabei nach dominierenden Merkmalen sowie nach systemadäquaten (bedeutungstragenden) Nachrichten klassifiziert. Die Wahrneh-

---

tuierung des Bewegungsentwurfes von „Muster“ gesprochen werden kann, drückt sich die Betonung der psychischen Vorgänge in dem Begriff „Bewegungsvorstellung“ aus, was etwa einem „bewußten Bewegungsentwurf“ gleichkommt.

[55] L. Hamos: Nichtlineare Regelungsvorgänge in der Technik und in der Biologie. In: Neue Ergebnisse der Kybernetik. München, Wien 1964, S. 177.

mungsleistung erfolgt mit einem „konkreten Situationskontext"[56], über den der umweltbezogene Bewegungsentwurf ermöglicht wird. In Anlehnung an Lesgaft, Onischtschenko und Surkow betont Puni[57], daß die Bewegungsvorstellung durch visuelle und kinästhetische Wahrnehmungen sowie durch Sprech- und Denkvorgänge entsteht. Das zuerst einfache schematische Bild der Bewegungsform erhält im Bewußtsein allmählich zeitliche, räumliche und dynamischen Komponenten.

Der informationspsychologische Ansatz

In der operationalen Abgrenzung des Versuchsfeldes sehen wir den externen Beobachter in der Nachrichtenzone zwischen Empfänger und Sender, deren Informationsaustausch dieser durch eine spezielle Metasprache zu erfassen sucht. Durch die Reduktion des verbalen und visuellen Angebotes in Zeit- und Ortskoordinaten gelingt die Erfassung der Struktur der Information. Neben der signalkonfigurativen und funktionellen Seite ist noch ein Zeicheninventar für die „logischen Konstanten"[58], in unserem Fall für die sensomotorischen Sequenzen, zu vereinbaren. Dazu gehört noch die Aufgliederung in physikalische und logisch-erkenntnistheoretische Dimensionen.

Die Information bewirkt eine Steuerung des sensomotorischen Systems (3.4.). Ihre Funktion ist dabei dreidimensional. Die syntaktische Dimension der Information bezieht sich auf das formal vorhandene Zeicheninventar. Zeichen sind vereinbarte und bewußte Äquivalenzen von Signalen. Signale sind physikalische (physiologische) Sachverhalte. Bei der semantischen Dimension der Information handelt es sich um die Bedeutung der Information. Die pragmatische Dimension der Information umfaßt den Effektiv-Bereich der Zeichenfunktion beim Perzipienten. Zu denken ist hier vor allem an die altersspezifischen Lernleistungen. Sie sind zum Beispiel von der Regelungs- und Steuerungsgüte der Extremitäten abhängig.

Die am Rezeptor eintreffende Information wird über informationsverarbeitende Instanzen dem Bewußtsein zugeleitet. Als basale Funktion dient hierzu der Transinformationsfluß der einzelnen Nervenfasern, der sich durch ein Impulsmodulationsverfahren auszeichnet. Gleichzeitig soll neben

---

[56] A. Wohl: Das zweite Signalsystem als programmierendes und sich selbstregulierendes Bewegungssystem. In: Über philosophische und soziologische Probleme der Körperkultur. In: Theorie und Praxis der Körperkultur, Sonderheft Sept. 1964.

[57] A. Z. Puni: Abriß der Sportpsychologie. Berlin 1961.

[58] W. Meyer-Eppler: Grundlagen und Anwendung der Informationstheorie. Heidelberg 1969, S. 226.

der Nachrichtenübertragung auch eine Nachrichtenverarbeitung in der Zelle einhergehen[59].

Das Impulsmuster wird im Bewußtsein wieder decodiert und so als Information der Umwelt erkennbar. Mit den Verfahren der Informationstheorie lassen sich die Informationen der Nervenfaser zum Bewußtsein bestimmen. Auf dem Wege dorthin wird die Information beachtlich reduziert. Der maximale Informationsfluß (Kanalkapazität) beträgt für das Auge etwa $5 \cdot 10^7$ bit/sec und für das Ohr etwa $4 \cdot 10^4$ bit/sec. Bewußt werden aber höchstens 50 bit/sec.

Die Kanalkapazität beträgt beim Zählen etwa 3 bit/sec, beim Lesen etwa 40 bit/sec, beim Hören ebenfalls etwa 40 bit/sec und beim Klavierspielen etwa 20 bit/sec[60]. Beim sensomotorischen Lernen werden in den verschiedenen puberalen Entwicklungsphasen zwischen 6 und 11 bit pro Lernzeit verarbeitet[61]. Der relativ geringe Betrag ist dadurch zu erklären, daß es sich hier um eine Informationsverarbeitung handelt, bei der neben der sensorischen Aufnahme und der bewußten Verarbeitung auch die motorische Produktion steht.

Gesteuert werden solche Reduktionen durch ein Optimalisierungssystem, das für das perzipierende System nur notwendige und bedeutungsvolle Nachrichten aufnimmt. Es wird eine Aufteilung des Informationsangebots zwischen den einzelnen Sinneskanälen angenommen. Entscheidend ist dabei vor allem die bewußte Auswahl-Strategie[62]. Durch intersensuelle Verbindungen werden sinnvolle Drosselungen vorgenommen. Sind die einzelnen Optimalisierungsfunktionen bekannt, dann können die Wahrnehmungsbedingungen und die informationellen Verarbeitungsbedingungen erleichtert werden. Das ist hauptsächlich bei sensomotorischen Leistungsprozessen empfehlenswert, weshalb diesen Vorgängen besondere Beachtung geschenkt werden sollte.

Die afferente Seite des Bewegungsentwurfes lenkt nun auf die Frage nach der Datenverarbeitung und Quantifizierung im Bewußtsein. Hier treten nicht geringe experimentalmethodische Schwierigkeiten auf, was bereits aus Schwellenbestimmungen ersichtlich ist. Stimulus, Erregung und Erre-

[59] G. Färber: Der Transinformationsfluß einer einzelnen Nervenfaser. In: Fortschritte der Kybernetik. München, Wien 1967.

[60] K. Küpfmüller: Informationsverarbeitung durch den Menschen. In: Nachrichtentechnik 12, 1959.

[61] D. Ungerer: Leistungs- und Belastungsfähigkeit im Kindes- und Jugendalter, a. a. O.

[62] W. D. Keidel/M. Spreng: Informationsphysiologische Aspekte der Sinnmodalitäten. In: Fortschritte der Kybernetik. München, Wien 1967, S. 403.

gungsverarbeitung sollen aus ihrer jeweils physikalischen, physiologischen und psychologischen Verflechtung zugunsten einer kybernetischen Problemstellung gelöst werden.

In letzter Zeit gelang es Keidel[63], durch Anwendung eines Mittlungsverfahrens Störungen bei Ableitungen an der Außenseite des Schädels am wachen Menschen zu verkleinern. Aus diesem Verfahren wurden Reiz-Erregungsbeziehungen gewonnen, die eine gute Übereinstimmung mit den „power functions"[64], der doppelt-logarithmischen Beziehung zwischen relativer Empfindungsstärke und relativer Reizstärke, zeigen. Danach wäre die Korrelierung elektrophysiologischer Meßdaten mit Empfindungen möglich. Mit der Erforschung der spezifischen Sinnesmodalitäten zeigt sich, „daß die Vorstellung der Unmöglichkeit einer Korrelierung psychischer und somatischer Vorgänge heutzutage nicht mehr haltbar ist"[65]. Damit wird ein grundlegendes Problem der Verhaltens- und Bewegungslehre beleuchtet, das durch kybernetische Modellvorstellungen aufschlußreiche Akzente bekommt. Zunehmend schwieriger wird die psycho-physikalische Analyse mit der Erhöhung der Informations-Komplexität. Experimentell tauchen vor allem die eingangs dieses Abschnittes angedeuteten Parameter-Bestimmungen und Skalierungsprobleme auf. Gilt es doch phänomenale und kategoriale Dimensionen zu erfassen[66]. Reenpääs Überlegungen gehen nun dahin, daß er versucht, das Stimulusinventar und die Erlebnisgrößen äquivalent zu betrachten[67]. Dadurch ergeben sich weitere Möglichkeiten, die Zusammenhänge zwischen Eingangsdaten und interner Informationsverarbeitung aufzuzeigen.

Soll dagegen der Bewegungsentwurf als Bewußtseinsinhalt figuralanalytisch erfaßt werden, dann ist das bis jetzt nur über die Exploration, das Verfahren der „multiple choise" und über die manuelle Wiedergabe des Bewußtseinsinhaltes durch Strichskizzen möglich. Voraussetzung für solche Methoden sind aber ebenso die eindeutigen Skalierungen.

Die Struktur des Bewegungsentwurfes

Der Bewegungsentwurf ist unter bestimmten Bedingungen ein Bewußtseinsinhalt. Als inneres Korrelat des Handlungsverlaufes ermöglicht er eine räumlich-zeitliche Gliederung der Bewegungsform. Dieser Bewußtseinsinhalt

---

[63] W. D. Keidel/M. Spreng, a. a. O.

[64] S. S. Stevens: The psychophysis of sensory function. In: Sensory Communication. New York 1961.

[65] W. D. Keidel/M. Spreng, a. a. O., S. 401.

[66] Y. Reenpää: Allgemeine Sinnesphysiologie. Frankfurt 1962.

[67] Y. Rennpää: Aufbau der Allgemeinen Sinnesphysiologie. Frankfurt 1959.

muß jedoch multidimensional gesehen werden. Der Aufbau des Bewegungsentwurfes ist vor und während einer Bewegungsausführung verschieden stark antizipiert und ausgeprägt[68]. Bei vollständiger Beherrschung der sensomotorischen Fertigkeit kann der entsprechende Entwurf frei verfügbar sein. Er konstituiert sich dann aus logisch organisierten sensomotorischen Sequenzen, die als simultan oder sukzessiv gekoppelt nachgewiesen werden können. Störungen in der Realisierung der Bewegungsform sind oftmals durch ungenügende simultan-dynamische und sukzessiv-dynamische Sequenz-Kopplungen bedingt. Bei mißlungenen Bewegungen soll daher zuerst der Bewegungsentwurf nach defekten Stellen abgesucht werden.

Ein wesentlicher Bestandteil des Bewegungsentwurfes ist das „Körperschema"[69]. Darunter ist die Raumvorstellung über den eigenen Körper im Handeln zu verstehen. Allerdings ist hier nicht nur der Umriß des Körpers im Bewußtsein gemeint, sondern auch seine Stellung im Gefüge komplexer Handlungsfolgen. Ein nur wenig ausgegliedertes Körperschema kann zur Desorganisation der Orientierung führen, wodurch der Bewegungsentwurf zusammenbricht bzw. überhaupt nicht entstehen kann.

Der Bewegungsentwurf beherrschter (gelernter) sensomotorischer Fertigkeiten ist als Muster gespeichert. Treffen Informationen im Bewußtsein ein, werden diese durch Diskriminierungsprozesse mit den bereits vorhandenen Mustern verglichen. Informationsidentische Muster werden abgerufen und als responses realisiert. Sind keine der input-Information entsprechende Muster vorhanden, dann werden vermutlich gespeicherte sensomotorische Sequenzen kombiniert, wobei auch Ähnlichkeitskriterien eine Rolle spielen können. Dadurch kann ein neuer Bewegungsentwurf entstehen, der sich aber wieder auf Grundmuster reduzieren läßt.

Der Auswahlvorgang ist eng mit Redundanz (R) verbunden. Der Begriff besagt informationstheoretisch, daß ein gespeichertes Bewegungsmuster den Informationsgehalt der Nachricht dann verringert, wenn die Information Kriterien dieses gespeicherten Bewegungsmusters enthält. Überflüssiges vermindert den Informationsgehalt, das heißt durch Bekanntes wird keine Ungewißheit beseitigt. Die betreffenden verbalen und visuellen Informationen (Bewegungsanweisungen, Vormachen) werden also zuerst mit dem vorhandenen Bestand an Mustern verglichen, bevor die Bewegungsform nach dem Informationsgehalt der exogenen Information geliefert wird.

---

[68] K. Kohl: Zum Problem der Sensumotorik. Frankfurt 1956.
[69] P. Schilder: Das Körperschema. Berlin 1923.

Auf die Bedeutung der Superzeichen kann in diesem Zusammenhang nicht eingegangen werden. Ebenso müssen Überlegungen zur „subjektiven Information" und zur „subjektiven Wahrscheinlichkeit" unterbleiben[70].

Redundanz wird offensichtlich mit kognitiven Operationen gewonnen. Die einzelnen Etappen bestehen nach Lomow[71] aus der Detektion, Unterscheidung, Identifizierung, Decodierung, Zuordnung und Interpretation. Es soll sich hier um Vorgänge handeln, die schrittweise erfolgen, bis die aufgenommene Information die Steuerung übernehmen kann. Im Gedächtnis vorhandene „Standards"[72] bilden eine „subjektive Skala", worauf sich die Signale beziehen. Der Übergang von der Wahrnehmung in die Vorstellung verändert daher die Bildstruktur. So lassen sich zum Beispiel bei sensomotorischen Lernprozessen oftmals nur dominierende Bewegungsabschnitte im Bewußtsein nachweisen.

Mit der Prägnanz des Bewegungsentwurfes hebt sich auch die *Güte* der Führungsgröße. Dem Strukturprofil, der Figuration des Bewegungsentwurfes, gehorchen die jeweiligen Sollwerteinstellungen. Ob dazu noch dem Bewußtsein selbst eine Steuerungsfunktion zugesprochen werden kann, läßt sich hier nicht beantworten[73]. Somit ist es jedenfalls die sequentielle Organisationsform des Bewegungsentwurfes, die nach dem spezifischen „input" und der anschließenden Selbstorganisation des Systems die komplizierte Steuerung der Bewegung übernimmt.

Während der Terminus „Bewegungsentwurf" auf den sensomotorischen Sachbereich beschränkt bleibt, ergeben sich mit dem ebenfalls dafür stehenden Begriff „plan"[74] weitertragende Möglichkeiten. Durch die Verbindung mit „image" läßt sich das erwähnte TOTE-System (3.2) auf verschiedenen Abstraktionsebenen verwenden, worunter auch das im Laufe der Zeit angehäufte Wissen über die Umwelt fällt.

An dieser Stelle müssen wir nun nach der *Bedeutung* der Information fragen. „Pläne ohne Bedeutungen sind blind, Bedeutungen ohne Pläne sind nicht wirksam"[75]. Wir betonten, daß die Information keine Bedeutung besäße (3.1). „Die Bedeutung ist nicht nur eine kompliziertere, sondern

---

[70] Vgl. D. Ungerer: Zur Theorie des sensomotorischen Lernens, a. a. O.

[71] B. F. Lomow: Zur psychologischen Struktur des Informationsaufnahmeprozesses durch den Menschen. In: Zeitschrift der Psychologie 171, 1965.

[72] B. F. Lomow, a. a. O.

[73] C. F. Graumann: Bewußtsein und Bewußtheit. Probleme und Befunde der psychologischen Bewußtseinsforschung. In: Allgemeine Psychologie I. 1. Halbband. Göttingen 1966.

[74] G. Miller u. a., a. a. O.

auch eine hierarchisch höhere Einheit als die Information“[76]. „Its ‚meaning‘ (for the agent in question) can be defined as its selective function relative to the range of the agent’s states of readiness, or for short, its orienting function for the agent“[77]. „Für den Organismus indessen besteht die wesentlichste Information nicht in dieser statistischen Komplexität des Reizes, die mathematisch natürlich gut berechnet werden kann. Für ihn ist von entscheidender Wichtigkeit die Signalbedeutung dieser Information, das heißt letzten Endes die biologische Bedeutung dessen, was erst in der Zukunft abläuft“[78]. Diese Formulierungen heben die syntaktische von der semantischen Information ab. Aus dieser Perspektive tauchen jetzt axiologische Dimensionen auf.

Der Mensch hat ein feines Empfinden dafür, ob seine sensomotorischen Leistungen gelungen oder mißlungen sind. Aus dieser Tatsache entsteht ein *Wertbewußtsein* über den Bewegungsvollzug. Situationsadäquate Handlungen werden als „richtig“ empfunden, inadäquate als „falsch“ oder „schlecht“. Es ist anzunehmen, daß ein solches Resultat der Bewegung nicht nur in der Aktualität des Vollzuges erkannt wird, sondern mit dem jeweiligen Programm gespeichert werden kann. Bei einer sensomotorischen Problemstellung werden dann jene Muster abgerufen, die in einer entsprechenden Situation als „gut“, „gelungen“, „richtig“ usw. bewußt waren. Die Gütekriterien werden somit für die Bedeutung der Information maßgebend. Das „Wertbewußtsein im Tun“[79] ermöglicht den Aufbau einer axiologischen Hierarchie mit sensomotorischer Entsprechung, worunter der hierarchische Aufbau der sensomotorischen Muster zu verstehen ist. Zunehmende Gliederung der Bewegungsformen (Verhaltensformen) ermöglicht auch eine zunehmende Wert-Intendierung. „Mit der Subtilität der Leistung nimmt also die phänomenale Eindringlichkeit des Wertes zu, entsprechend dem „esprit de finesse“[80].

Stellenwert und Funktion des Bewegungsentwurfes sind Ausdruck der Entwicklungen innerhalb der Bewegungs- und Verhaltenslehre. Während in den 20er Jahren noch eine mechanistische Auffassung im Sinne der Bewe-

---

[75] L. Linhart: Probleme der semantischen Information im menschlichen Lernen. In: Zeitschrift für Psychologie 171, 1965.

[76] L. Linhart, a. a. O., S. 320.

[77] K. MacKay: Information and Learning. In: Lernende Automaten. Beihefte zur Zeitschrift Elektronik, Bd. 3. Rechenanlagen. München 1961.

[78] P. K. Anochin, a. a. O., S. 541.

[79] P. Christian: Vom Wertbewußtsein im Tun. In: Beiträge aus der Allgemeinen Medizin, 4. Stuttgart 1948, S. 9.

[80] P. Christian, a. a. O., S. 8.

gungsantizipation im Mittelpunkt der Betrachtungen stand, gelang es in den 30er Jahren den Eigenraum und die Eigenzeit in den Bewegungsentwurf einzubinden. Dieser Sachverhalt ist als Prolepsis bekannt. Schon in den 60er Jahren wurden die einfachen feedback-Schleifen mit ihren Vermaschungen mit dem Bewußtsein durch das feedforward-System abgelöst, das neuerdings mit dem Prinzip der Vorausinformation verknüpft wird[81].

Der efferente Aspekt

Hier sollen nur solche Phänomene betrachtet werden, die als Funktion des bewußten Bewegungsentwurfes efferent wirken.

Hohe Bewußtseinsaktivität in mancherlei Hinsicht kann den motorischen Systemanteil beeinflussen (Ausdrucksbewegungen). Aus diesen Gründen lassen sich vasomotorische Simultanprozesse mit dem Psychogalvanometer nachweisen. Zu erinnern wäre hier auch an die vielen kreislauf-funktionellen Veränderungen als Folgeerscheinungen bestimmter Bewußtseins-Inhalte.

Dymerski[82] konnte eine reaktivierende Wirkung der Bewegungsvorstellung auf den Bewegungsablauf nachweisen. Krestownikow[83] zeigte den Einfluß vorgestellter Spielsituationen auf die optische Rheobase. Aus den von Puni[84] erwähnten Untersuchungen Polubabkins geht hervor, daß durch vorheriges Vorstellen des Weitsprung-Absprunges der Bewegungsablauf schneller vollzogen wird. Ferner legt Puni[85] zu diesem Themenkreis eigene Untersuchungen vor. „Zusammenfassend kann gesagt werden, daß sich in diesen Versuchen die Trainingswirkung der Bewegungsvorstellung hinsichtlich der Genauigkeit, Geschwindigkeit und andere Merkmale der Bewegung und der Bildung verschiedener Fertigkeiten eindrucksvoll nachweisen ließ“[86]. Der Autor betont weiter, daß durch die Verbindung des ideomotorischen Trainings mit der praktischen Ausführung der Effekt der Bewegung gesteigert werden kann.

---

[81] Vgl. D. Ungerer: Zur Theorie des sensomotorischen Lernens, a. a. O.

[82] W. J. Dymerski: Vorgestellte Handlungsvollzüge als Mittel zur Wiederherstellung und Festigung von Fertigkeiten. In: Fähigkeiten und Fertigkeiten. Berlin 1956.

[83] A. N. Krestownikow: Physiologie der Körperübungen. Berlin 1953.

[84] A. Z. Puni, a. a. O.

[85] A. Z. Puni, a. a. O.

[86] A. Z. Puni, a. a. O., S. 50. Vgl. hierzu auch: M. Däumling u. a.: Beiträge zum mentalen Training. Frankfurt 1973; W. Volpert: Untersuchungen über den Einsatz des mentalen Trainings beim Erwerb einer sensumotorischen Fertigkeit. Köln 1969.

3.6 Kritische Gesamtbetrachtungen zum sensomotorischen System

Mit der knappen Skizzierung des kybernetischen Konzeptes der Bewegungslehre konnten einige aktuelle Brennpunkte dieser Forschungsrichtung aufgezeigt werden. Das Modell des sensomotorischen Systems basiert auf dem „Prinzip der einfachsten Erklärung" und dem „Verfahren der zwingenden Ableitung"[87]. Keineswegs liegen die Vorteile der kybernetisch orientierten Verhaltens- und Bewegungslehre allein in der Simulation des sensomotorischen Wirkungsgefüges, sondern sie lassen in viel stärkerem Maße Darstellungseindeutigkeit und Klärung menschlicher Handlungsformen zu als dies bisher der Fall war. Nach den informationstheoretischen und regeltheoretischen Belangen liefert vor allem ein hierarchisch aufgebautes sensomotorisches System weittragende Erkenntnisse. Über Einzeldaten läßt sich allmählich eine umfassende *Systemtheorie der Sensomotorik* entwickeln, die weniger von den mathematischen Hilfsmitteln als vielmehr von der Problemstellung, dem experimentalmethodischen Vorgehen und der faktisch richtigen Beurteilung sensomotorischer Dimensionen und Funktionen abhängt. In der Sportwissenschaft wird man sich mit manchen Gedankengängen auf dieser Ebene noch weiter vertraut machen müssen. Vielleicht denkt man beim Lesen dieser Zeilen daran, daß Regelung und Rückkopplung „ein Urprinzip des Lebendigen"[88] sein sollen, was vielleicht eher befreundet. Gleichzeitig erinnert dieser Hinweis aber auch an die Grenzen einer kybernetischen Interpretation menschlicher Handlungsweisen[89]. Mit Sicherheit wird aber die Kybernetik in der Bewegungs- und Verhaltensforschung in den kommenden Jahrzehnten dominieren.

4. Der biomechanische Aspekt

An den Kontaktstellen des sensomotorischen Systems mit seiner Umwelt wirken Kräfte, die in funktioneller Relation zum Muskel- und Skelettapparat sowie den externen Bedingungen stehen. Während bisher die regulativen und informativen Funktionen im Vordergrund standen, versuchen wir jetzt die Skelett-, Gelenk- und Muskelanteile des sensomotorischen Systems unter kinematischem und dynamischem Blickwinkel zu erfassen, ohne jedoch die sensomotorischen Funktionen aus dem Auge zu verlieren.

---

[87] H. Mittelstaedt: Die Regelungstheorie als methodisches Werkzeug der Verhaltensanalyse. In: Naturwissenschaft 48, 1961.

[88] R. Wagner: Probleme und Beispiele biologischer Regelung. Stuttgart 1961, S. 242.

[89] Vgl.: P. K. Anochin, a. a. O.; F. J. J. Buytendijk/P. Christian: Kybernetik und Gestaltkreis als Erklärungsprinzipien des Verhaltens. In: Der Nervenarzt 3, 1963.

Die Bestimmung des biomechanischen Gegenstandsbereiches ist keineswegs einheitlich. Geht man von den Begriffen „bios“ (Leben) und „mechane“ (Mittel, Werkzeug, zweckmäßiges Gerät) aus, so wird man einerseits auf biologische Systeme (Mensch, Pflanze, Tier), andererseits auf den Bereich der Mechanik verwiesen. „Unter Biomechanik ist die Anwendung mechanischer Gesetzmäßigkeiten auf den menschlichen Bewegungsapparat und die von ihm ausgeführten Bewegungen unter voller Berücksichtigung biologischer Bedingungen des menschlichen Organismus zu verstehen“[90]. Entsprechend der Einteilung der Mechanik in Kinematik und Dynamik, wobei letztere wiederum in Kinetik und Statik differenziert wird, läßt sich auch die Biomechanik in Biokinematik und Biodynamik (Biokinetik, Biostatik) gliedern. Dabei untersucht die Biokinetik den Einfluß von Kräften, die zur mechanischen Bewegung (Ortsveränderung von Masseteilen) des biologischen Systems führen. Die Biostatik hingegen betrachtet den Einfluß solcher Kräfte, die keine Bewegung hervorrufen. Die Biokinematik schließlich fragt nicht nach den Krafteinwirkungen, sondern versucht die Bewegung des biologischen Systems geometrisch zu erfassen. Ziel biokinematischer Untersuchungsmethoden ist die quantitativ-metrische Erfassung der Bewegungsparameter Weg, Zeit, Winkel, Geschwindigkeit und Beschleunigung. Dafür stehen vor allem Verfahren der Kurzzeitmessung, der Chronographie, Lichtspuraufnahmen und Impulslicht-Photographie, Chrono-Zyklo-Photographie und Methoden der Goniometrie zur Verfügung. Biodynamische Untersuchungsmethoden ermöglichen die quantitativ-metrische Erfassung der wirkenden Kräfte, wobei dynamometrische Verfahren auf mechanischer Grundlage wie auch Dehnungsmeßstreifenverfahren Anwendung finden.

Neben den allgemeinen Systematisierungsversuchen nach mechanischen Gesichtspunkten finden wir in den Lehrbüchern der Biomechanik und „Kinesiology“ die Unterscheidungen zwischen „äußeren“ und „inneren“ Kräften bzw. „external“ und „internal“ forces und actions. „Äußere Kräfte in bezug auf den menschlichen Körper sind Kräfte, die von außen her auf ihn einwirken“[91]. „Innere Kräfte sind für den menschlichen Körper die Kräfte, die bei der Wechselwirkung der einzelnen Körperteile im Körper selbst entstehen“ [92]. Hochmuth[93] versteht unter den äußeren Kräften die

---

[90] Gutewort/Pöhlmann: Biomechanik-Motorik. Gedanken zum Terminologieversuch von Schnabel. In: Theorie und Praxis aus Körperkultur (15) 1966, S. 596.

[91] D. D. Donskoi: Grundlagen der Biomechanik. Berlin 1961, S. 38.

[92] A. a. O., S. 39.

[93] G. Hochmuth: Biomechanik Sportlicher Bewegungen. Berlin 1974.

Schwerkraft und entsprechend den Umweltbedingungen die Reibung sowie den Luft- und Wasserwiderstand. Als innere Kräfte bezeichnet er die zwei resultierenden Kräfte, die immer nach dem Gegenwirkungsgesetz entstehen, und zwar die Kraft, die zum Stütz hin gerichtet ist (Abstoßkraft) und die Kraft, die zum Körperschwerpunkt wirkt und dessen Bahnbeschleunigung bedingt. Das ist aber nur dann der Fall, wenn noch äußere Kräfte hinzukommen. Die Muskelkräfte sind zudem nur dann innere Kräfte, „wenn man den gesamten Bewegungsapparat in der Auseinandersetzung mit äußeren Kräften betrachtet“[94]. Eine ähnliche Unterteilung finden wir bei Williams und Lissner[95]. „1. Internally applied forces, including anatomical arrangements of muscles and tendons in relation to the joints they control. 2. Externally applied forces, including (a) gravitational pull on the body parts, (b) manual and mechanical resistances in therapeutic exercises and stretching procedures, and (c) forces applied to the body by protheses and in the use of tools and implements“[96].

Während die äußeren Kräfte mit den Bedingungen der physikalischen Umwelt nachzuweisen sind, umfaßt das Wirkfeld der inneren Kräfte das „musculoskeletal system“[97], das heißt das Muskel- und Skelettsystem, wobei vor allem die Hebelmechanismen, die Zugrichtungen der einzelnen Muskeln und die resultierenden Kräfte bedeutungsvoll sind. Hiermit taucht ein weiterer Problemkreis auf. Gleichzeitig müssen Ursprung und Ansatz der Muskeln, ihre Funktion als Synergisten, Antagonisten, Agonisten, *fixators, stabilizers, supporters* und *neutralizers* genaueren Betrachtungen unterzogen werden. Der Forschungsbereich der *funktionellen* Anatomie ist erreicht[98].

Der nächste Schritt führt zu den Muskelfunktionen und somit zum muskelphysiologischen Aspekt der Biomechanik, der durch die isometrische, isotonische und auxotonische Kontraktionsform markiert ist. Gleichzeitig läßt sich über die Muskelfunktionen wieder ein Bezug zum Außenaspekt der Biomechanik herstellen, der sich durch die „physical principles of total body action“[99] erfassen läßt.

---

[94] G. Hochmuth, a. a. O., S. 94.

[95] M. Williams/H. R. Lissner: Biomechanics of human movement. Philadelphia, London 1962.

[96] M. Williams/H. R. Lissner, a. a. O., S. 38.

[97] K. F. Wells: Kinesiologie. Philadelphia, London 1966, S. 69.

[98] M. Nemessuri: Funktionelle Sportanatomie. Berlin 1963; K. Tittel: Beschreibende und funktionelle Anatomie des Menschen. Jena 1962.

[99] M. G. Scott, a. a. O., S. 155.

Bei der Vielzahl der menschlichen Bewegungen ist der Nachweis allgemeingültiger Prinzipien eine wichtige Fragestellung der Biomechanik. „There are mechanical principles that govern all movement and determine what the body can and cannot do." Obwohl es verschiedenartige Bewegungen gibt „all use the same tool (the body) and the same medium (movement), and body movement ist governed by physical laws"[100].

Mit biomechanischen Untersuchungsmethoden lassen sich typische Verlaufskurven des Weges, der Geschwindigkeit, der Beschleunigung und des Kraftstoßes bestimmen. Die so gewonnenen Kennlinien konstituieren eine biomechanische Bewegungsstruktur. Auf der Grundlage von Kennlinien der zweckmäßigen Techniken verschiedener Sportdisziplinen formulierte Hochmuth[101] fünf allgemeine biomechanische Prinzipien, die „die allgemeinsten Erkenntnisse über das rationelle Ausnutzen der mechanischen Gesetze bei sportlichen Bewegungen darstellen"[102]. Es handelt sich dabei um die Prinzipien der Anfangskraft, des optimalen Beschleunigungsweges, der Koordination von Teilimpulsen, der Gegenwirkung und der Impulserhaltung. Dabei geht es um die Anwendung mechanischer Gesetzmäßigkeiten unter der Fragestellung der Optimierung sportlicher Leistung. Weitere grundlegende mechanische Prinzipien (basic mechanical principles) allgemeiner Art werden von Broer[103], Cooper und Glassow[104], Scott[105] und Wells[106] aufgeführt.

Im Zusammenhang mit der Frage sportlicher Leistungsoptimierung finden in letzter Zeit verstärkt statistische Verfahren im Bereich biomechanischer Untersuchungen Anwendung. Zur leistungsrelevanten Erfassung biomechanischer Merkmale von sensomotorischen Fertigkeiten erstellte Ballreich[107] eine Methodik, die sich in fünf aufeinanderfolgende Untersuchungsabschnitte gliedert. Ein *deskriptiver* Untersuchungsabschnitt strebt eine möglichst exakte Beschreibung der biomechanischen Merkmale an. Der folgende *komparative* Untersuchungsabschnitt bemüht sich um die Bestimmung der leistungsrelevanten Merkmale. Ein *dimensionsanalytischer* Untersuchungsabschnitt versucht die elementaren und voneinander unabhängigen Merkmalskomplexe (motorische Dimensionen) herauszufinden, während ein

---

[100] M. R. Broer: Efficiency of human movement. Philadelphia, London 1966, S. 22.
[101] G. Hochmuth, a. a. O.
[102] G. Hochmuth, a. a. O., S. 189.
[103] M. R. Broer, a. a. O.
[104] J. M. Cooper/R. B. Glassow, a. a. O.
[105] M. G. Scott, a. a. O.
[106] K. F. Wells, a. a. O.
[107] R. Ballreich: Weitsprunganalyse. Berlin 1970.

funktional-analytischer Untersuchungsabschnitt die Bestimmung des quantitativen Zusammenhangs von Leistung und leistungsrelevanten Merkmalen anstrebt. Ein *effektiv-analytischer* Untersuchungsabschnitt schließlich läßt die Ergebnisse in die Trainingssituation einfließen und bestimmt deren Einfluß auf die Leistung. Das Prinzip dieses Ansatzes wurde bisher für die sensomotorischen Fertigkeit im Sprint[108], Weitsprung[109], Hochsprung[110] und Hürdenlauf[111] angewendet.

Wir haben gesehen, daß die Biomechanik eine spezielle Forschungsrichtung der Bewegungslehre ist. Sie hat sich besonders in den letzten Jahren zu einer Thematik entwickelt, die auch die biologischen Bedingungen des Bewegungsapparates umfaßt. Da es sich hierbei um einen Systemanteil des Sensomotoriums handelt, wird auch in der Sportwissenschaft allmählich ein Weg gebahnt, der eine Beziehung zwischen Biomechanik und Kybernetik anzeigt ([112, 113, 114, 115]).

5. Der phänographische (morphologische) Aspekt

In der Skala der Betrachtungen erreichen wir jetzt den äußeren Bereich des sensomotorischen Systems, der sich als Verhaltensprofil mit einer mehr oder weniger differenzierten Merkmalsstaffelung und Verschachtelung anbietet. „Die Morphologie der Bewegung stellt die erste Stufe der Erforschung einer Bewegung dar. Ihr Gegenstand ist die *anschaulich gegebene Erscheinung* der sportlichen Bewegung, deren Objektivierung durch den Film möglich geworden ist“[116].

Während die Morphologie auch bestimmte Sachverhalte in anderen Wissenschaften bezeichnet, ist die Phänographie nur der Ausdrucks- und Verhaltenspsychologie eigen. „Mit dem Terminus sei jener Zugangstyp bezeich-

---

[108] R. Ballreich: Weg- und Zeitmerkmale von Sprintbewegungen. Berlin, München, Frankfurt 1969.

[109] R. Ballreich: Weitsprunganalyse, a. a. O.

[110] A. Kuhlow: Analyse moderner Hochsprungtechniken. Berlin 1971.

[111] K. Willimczik: Leistungsbestimmende Bewegungsmerkmale der 110-m-Hürdentechnik. Berlin 1972.

[112] W. Gutewort: Zur Problematik der biomechanischen Prinzipien. Ein Traktat über den mechanischen Determinismus in der Biomechanik auf sportwissenschaftlichem Gebiet. In: Theorie und Praxis der Körperkultur 1967, S. 359—374.

[113] R. Buchmann, a. a. O.

[114] R. Buchmann: Sportliche Motorik — Standpunkte zu Gegenstandsbereich, Aufgaben und Einordnung. In: Theorie und Praxis der Körperkultur 1976, S. 524 bis 532.

[115] R. Daugs, a. a. O.

[116] K. Meinel, a. a. O., S. 106.

net, innerhalb dessen es um die möglichst ungetrübte und vorurteilsfreie Erfassung eines unter bestimmten Bedingungen Angetroffenen ‚als solchem' geht“[117]. Beide Termini werden wechselweise gebraucht.

Der morphologische oder phänographische Zugangsmodus wird oftmals noch mit einer „phänomenologischen Betrachtensweise“ verwechselt. Dieser Begriff ist aber keineswegs empirisch-deskriptiv zu verstehen, sondern mehr als existentielle Wesensschau, die sich von einer Merkmalsanalyse entfernt.

Ziel der Morphologie ist die Strukturanalyse der sensomotorischen Fertigkeit mit ihren figuralen Merkmalen. Zum Nachweis der verschiedenen morphologischen oder phänographischen Prinzipien können nur vollständig ausgegliederte Bewegungsformen dienen. Daher muß das weite Zugehörigkeitsfeld des Terminus „Bewegungsfertigkeit“ eingeengt werden. Im Blickpunkt steht die sensomotorische Fertigkeit (Cratty[118], Knapp[119]). „It is that skill is the learned ability to bring about predetermined results with maximum certainty, often with the minimum outlay of time or energy or both“[120]. Weitere Kriterien der Bewegungsfertigkeit (sensomotorische Fertigkeit) finden sich bei Cratty[121], Fetz[122], Knapp[123] und Scott[124].

Die Verdichtung der figuranalytischen Merkmalsklassen zu grundlegenden morphologischen oder phänographischen Prinzipien liegt bereits in mehreren Versuchen vor. Der Vorzug solcher Nachweise und Rubrizierungen kann wohl darin gesehen werden, daß sich allmählich Anhaltspunkte für eine Klassifizierung der Fertigkeiten anbieten.

Broer[125] versteht unter „fundamental physical skills“ hauptsächlich „standing, walking, running, hopping, jumping, leaping, landing, falling, catching and striking“, auf die sie verschiedene mechanische Prinzipien bezieht. Cooper und Glassow[126] teilen die „basic pattern“ in drei Hauptgruppen ein. Unter „moving external objects“ finden wir „hand contact patterns, underarm and foot patterns, overarm patterns, sidearm patterns“ sowie „pushing and pulling patterns“; unter „the body supporting and

---

[117] R. Kirchhoff: Grundfragen der Ausdruckspsychologie. In: Ausdruckspsychologie. Göttingen 1965, S. 122.
[118] B. J. Cratty: Movement behavior and motor learning. Philadelphia 1967.
[119] B. Knapp: Skill in sport. London 1966.
[120] a. a. O., S. 4.
[121] B. J. Cratty, a. a. O.
[122] F. Fetz, a. a. O.
[123] B. Knapp, a. a. O.
[124] M. G. Scott, a. a. O.
[125] M. R. Broer, a. a. O.
[126] J. M. Cooper/R. B. Glassow, a. a. O.

moving itself" sind „balance activities, balance and locomotion in water, arm-supporting and locomotion" zu sehen; mit der letzten Gruppe wird „stopping moving objects" gefaßt, also „catching, falling and landing". Eine solche Zusammenstellung nach Grundmustern und Ähnlichkeitskriterien läßt durchgängige Prinzipien erkennen, die für mehrere Sportarten gültig sind. Aus der Sicht einer „funktionellen Morphologie der Bewegung" weist Meinel[127] verschiedene Kategorien nach, die er mit einer Merkmalssichtung (figurale und dynamische Merkmale) sowie einer Strukturanalyse näher bestimmt. Es handelt sich einmal um die „Phasenstruktur der Bewegung (räumlich-zeitliche Gliederung)", in der er „azyklische" und „zyklische", Bewegungen erkennt. Im ersten Fall ist die Phasenstruktur nochmals in eine „Vorbereitungsphase", „Hauptphase" und eine „Endphase" unterteilt. Bei den zyklischen Bewegungen ist dagegen nur eine Zweigliederung zu erkennen. Als nächste Kategorie finden sich der „Bewegungsrhythmus (dynamisch-zeitliche Gliederung)" und die „Bewegungsübertragung". Diese ist wiederum gemäß dem Nacheinander der Bewegungen in die Übertragung vom Rumpf auf die Gliedmaßen und von den Gliedmaßen auf den Rumpf untergliedert. Zudem werden noch der „vertikale", „horizontale Rumpfeinsatz", die „Rotation des Rumpfes", die „Verwringung" und die „Bogenspannung" unterschieden. Weiterhin finden wir den „Bewegungsfluß", die „Bewegungselastizität", die „Bewegungsvorausnahme (Antizipation)", wobei hier nur der morphologische Aspekt interessiert, die „Bewegungsgenauigkeit (Präzision der Bewegung)", die „Harmonie der Bewegung" mit den einzelnen Untergliederungen sowie die Prinzipien der Zweckmäßigkeit und der Ökonomie. In einer Analyse der „activities" formuliert Scott[128] ebenfalls eine dreiphasige Gliederung („preparatory movement, the act itself, the follow through"). Neben der Aufteilung der activities in „static position of the body" (standing, holding a load, hanging, start of a dive, stance of archery) und „locomotion" (walking, running, variations in the walk and run) sieht er in den „fundamental manipulative skills" die „precisions skills, pushing and pulling, throwing" (underarm throw, overarm throw und striking). Auch bei dieser Einteilung wird der biomechanische Bezug gesucht. In der Klassifizierung Wells[129] erkennen wir „skills of maintaining and regaining equilibrium", „skills of moving one's own body" (on land or other solid surface, in water, in the air, in suspension), „skills of receiving impetus" (of own body, of external

---

[127] K. Meinel, a. a. O.
[128] M. G. Scott, a. a. O.
[129] K. F. Wells, a. a. O.

objects) und „skills of giving impetus to external objects". Ebenso sucht auch dieser Autor die Relation der Fertigkeiten zur Anatomie und Mechanik herauszuarbeiten.

Der vorläufige Katalog sensomotorischer Fertigkeiten ist reichhaltig und noch weiter gliederungsbedürftig. Dennoch heben sich bei den einzelnen Entwürfen aktionsreale Bezugssysteme ab, die nicht nur gemeinsame und ähnliche Merkmale liefern, sondern einen unverkennbar pragmatischen Zug mitbringen. Erfüllen sie doch bis zu einem gewissen Grade die phänographischen Methoden-Kriterien der Anschaulichkeit, Gegenständlichkeit, Objektivität und Unmittelbarkeit. Über die konditionalen, funktionalen und sematologischen Zugangsweisen könnte sich hier eine sensomotorische Verhaltens-Axiomatik entwickeln, durch die Bedeutungen und Bildungsgehalte der einzelnen Bewegungsformen genauer bestimmt werden.

6. *Der soziokulturelle Aspekt*

Die Betrachtungen zum sensomotorischen System verweisen auf den Nachrichtenaustausch zwischen Mensch und Umwelt. Damit thematisieren wir neben sozial-psychologischen Belangen[130] vor allem auch differentialpsychologische Probleme der Wahrnehmung. Der umweltsensorische Bezug erlaubt bisher noch keine Vielfalt an Fakten. Neben den Hinweisen, die sich in der „social perception theory" finden[131], geht es vor allem um den Nachweis bestimmter Modifikationen des Sensomotoriums durch soziokulturelle stimulus-Muster. „Der Mensch entwickelt im Laufe seines Lebens bestimmte Wahrnehmungsgewohnheiten, ebenso wie die Gattung Mensch im Laufe ihrer Geschichte"[132]. In noch nicht abgeschlossenen Vergleichsuntersuchungen (Neutsch/Ungerer) zwischen antiken und modernen Bewegungsmotiven werden zum Beispiel epochalbestimmte Wahrnehmungsleistungen offensichtlich.

Der sensomotorische Funktionskreis ermöglicht mit seinem Informationsfluß eine direkte Bezugsetzung des Menschen zu seiner Umwelt.[133]. Aufgrund entsprechender Betrachtungen läßt „sich die Gesamtheit der Beziehungen des erkennenden Menschen zur Umwelt als eine Regelkreisbeziehung"[133] darstellen. Eine adäquate Beantwortung der Umwelt ist dann

---

[130] K. Meinel, a. a. O.

[131] C. F. Graumann: „Social perception". Die Motivation der Wahrnehmung in neueren amerikanischen Untersuchungen. In: Zeitschrift für experimentelle und angewandte Psychologie 3, 1955/56; B. J. Cratty, a. a. O.

[132] G. Klaus: Kybernetik und Erkenntnistheorie. Berlin 1966, S. 34.

[133] a. a. O., S. 199.

gegeben, wenn das Informationsniveau des jeweiligen Lebensraumes (Kulturraumes) verarbeitet ist. Die Verhaltensformen entsprechen dann der Stimuli-Bedingung der jeweiligen sensomotorischen Situation, wobei die situationsspezifische Signaltransformation den gezielten und richtigen sensomotorischen Zugriff ermöglicht. Sein Effekt wird im selbstregulierenden System laufend über feedback-Schleifen für neue Zugriffsformen verarbeitet, in denen die sensomotorischen Besonderheiten der Umwelt immanent sind. Geschieht der Vollzug in einem technisierten Kulturkreis, dann kann von einer *technomotorischen Leistung* gesprochen werden.

Aus der kybernetischen Systemtheorie entwickelte sich die politische Kybernetik und damit verbunden eine kybernetische Gesellschaftstheorie[134]. Hieraus ergaben sich nicht nur Ansätze für eine kybernetische Axiologie[135], sondern auch Querverbindungen zum Verhalten und zur Bewegung des Menschen[136]. In der kybernetischen Sensomotorik werden so vier Umweltnischen unterschieden. Sie umfassen Optimierung, Programmsteuerung, Lernprozeßsteuerung und normative Entscheidungen[137]. Ihr gleichwertiges Zusammenspiel oder ihre dominierenden Anteile signalisieren unterschiedliche Lebensräume der Menschen.

7. Der anthropologisch-phänomenologische Aspekt

Die Universalität des Verhaltens organisiert sich über meßtechnisch bestimmbare Leistungen und formale Prinzipien sensomotorischen Verhaltens zu intentionalen, thematischen und thetischen Bedeutungsfeldern. Bewegungen des Menschen werden dabei nicht nur als Regionen des Verhaltens gesehen, sondern vielmehr als im Verhalten erscheinende Totale des menschlichen Wesens. Ausgegangen wird dabei in den Anfängen der anthropologisch-phänomenologischen Entwicklung von der Deutung des Wesens der Bewegung, mit welcher der Mensch die Umwelt zur Welt distanziert. Bewegung war als Integrationsgebilde des Verhaltens besonders geeignet, nicht nur weltbezogener Ausdruck der Subjektivität zu verwirklichen, son-

---

[134] K. W. Deutsch: Politische Kybernetik. Freiburg 1969. W. Haseloff/H. Schramm: Kybernetik und Politik. Frankfurt, Berlin, München 1976.

[135] D. Ungerer: Axiologische Projektionen und das Funktionsmodell vom Menschen. In: G. Lobin (Hrsg.): Kybernetik und Bildung IV. Paderborn, Hannover 1980.

[136] D. Ungerer: Sportdidaktik auf kybernetischer Grundlage. In: St. Größing (Hrsg.): Spektrum der Sportdidaktik. Bad Homburg 1979.

[137] D. Ungerer: Die Leibeserziehung in den berufsbildenden Schulen als ergonomische Vorbereitung für den künftigen Beruf. In: VII. Int. Kongreß für zeitgemäße Leibeserziehung. Zeist 1978.

dern auch eine psychophysisch neutrale Situation aufzuzeigen. Aus dieser Perspektive versuchte die anthropologische Philosophie, ihre metaphysische Schranke zu überwinden, die sich vor allem als Leib-Seele-Dualismus ausdrückte. Der Mensch wird aufgrund seiner psycho-physischen neutralen Position als ein Wesen interpretiert, das mit seiner Leiblichkeit in der Welt bestimmte Historizität besitzt.

Untersucht wird unter phänomenologischem Aspekt das intentionale, thematische und thetische Verhalten des Menschen unter dem positionalen Charakter des Tuns. Dazu dienen die phänomenologische Interpretation des Erkenntnisgrundes, die Eigenbeobachtung sowie Verfahren zur Erfassung bewußtseinsphänomenaler Situationen des Mitlebens, Mitvollziehens und Miterfahrens. Erhellt werden dadurch die Bedingungen des menschlichen Handelns.

Im Laufe der Zeit machten sich zwei Strömungen bemerkbar. Die eine Seite orientierte sich am Gestaltkreisprinzip v. Weizsäckers[138], was anthropologische Akzente einer Bewegungs- und Verhaltenslehre schuf. Die andere Seite richtete sich mehr an der funktionellen Bewegungslehre Buytendijks[139] und einer Phänomenologie der Sinne[140] aus.

Die für die Bewegungslehre wesentlichen Grundfragen verdichten sich zu einer Phänomenologie des Leibes, der Wahrnehmung und der Bewegung sowie zu einer anthropologisch gedeuteten Verhaltensleistung unter weitgehender Ausklammerung der Leib-Seele-Frage[141]. Wesentlich ist in diesem Zusammenhang, daß sich Buytendijk in seinen jüngsten Überlegungen[142] dem Gestaltkreisprinzip noch stärker annähert. Mit diesem Schritt hebt er die der Leibphänomenologie noch immanente Frage nach Leib und Subjekt (im psychologischen Sinne) auf und setzt dafür Subjekte, die sich zu einer „thematischen und thematisierenden Ordnung"[143] konstituieren.

Eine Verbindung ist vom cyclomorphen Prinzip v. Weizsäckers zum Handlungskreis Gehlens[144] zu sehen. Die Handlung ist über „Außenwelt-

---

138 V. v. Weizsäcker, a. a. O.

139 F. J. J. Buytendijk: a. a. O.

140 E. Straus: a. a. O.

141 F. J. J. Buytendijk, a. a. O.; P. Christian: Vom Wertbewußtsein im Tun, a. a. O.; M. Merleau — Ponty, a. a. O.; H. Plessner, a a. O.; Straus a. a. O.; V. v. Weizsäcker, a. a. O.; vgl. auch O. Grupe: Grundlagen der Sportpädagogik. Anthropologisch-didaktische Untersuchungen. München 1969

142 F. J. J. Buytendijk: Prolegomena einer anthropologischen Physiologie. Salzburg 1967.

143 a. a. O., S. 32.

144 A. Gehlen: Anthropologische Forschung. Hamburg 1961.

sachen geschaltet"[145]. Mit der Verhaltenslehre Gehlens wird als Folgeschritt der v. Weizsäckerschule eine Plattform erreicht, die außerhalb der Leib-Seele-Frage liegt. Einzelne Ansätze wurden in der Sportpädagogik (Grupe, Schmitz u. a.) fruchtbar gemacht[145a].

Allgemein gesehen sind das Verhalten und die Bewegung als Leistung zu verstehen, mit der sich der Mensch die Bedingungen seiner Vollzüge organisiert. Während es sich bei den kybernetischen Auslegungen des sensomotorischen Funktionskreises um die Strukturbedingungen der Bewegung handelt, wird im anthropologisch-phänomenologischen Aussagebereich die Bewegung in ihrer Bedeutungshaftigkeit und Inhaltlichkeit erkannt. Das Subjekt antwortet nicht auf die Stimuli und Signale, sondern auf deren Bedeutung, die vor allem für die Antwort des Handelnden entscheidend ist. Handlungen sind thematisch orientiert und gerichtet, das erkennende Subjekt geht dabei über die binärvariable Zweideutigkeit hinaus. Dadurch verlieren die input-Variablen vermehrt ihre Vorhersageeigenschaften; die Handlung tritt zunehmend in den Spielraum des Möglichen. Das Programm und der Bewegungsentwurf liegen vorher nicht fest, sondern entstehen erst während des Tuns. Ihre Organisation erfolgt dadurch nach werthaften Ordnungssystemen. „Mit anderen Worten: Die *Bedeutung*, das *Thema*, der *Wert*, die *Intentionen organisieren und werden organisiert*"[146]. Hebt sich auch der intentionale Bezug der Bewegung von den bisherigen kybernetischen Modellen ab, so läßt er sich doch nach dem Vollzug auch regeltheoretisch und informationstheoretisch deuten.

8. Schlußbemerkungen

Bei einer Gesamtbetrachtung der thematischen Schwerpunkte erkennen wir die dominierende Stellung der kybernetisch orientierten Bewegungslehre. Die übrigen Aspekte werden dagegen weniger umfangreich behandelt. Das liegt keineswegs in einer Bevorzugung der Kybernetik, sondern im Gefüge der allgemeinen Bewegungslehre begründet. Eine fruchtbare Ausweitung und Vertiefung der Bewegungslehre in der Sportwissenschaft hängt davon ab, in welche Umfange die angedeuteten Themenkreise für theoretische und praktische Belange erkannt werden.

Ergänzender Literaturhinweis:

U. Göhner: Bewegungsanalyse im Sport. Schorndorf 1979.

---

[145] A. Gehlen, a. a. O., S. 19.
[145a] Vgl. dazu die Beiträge auf S. 88 ff. und 244 ff.
[146] F. J. J. Buytendijk/P. Christian, a. a. O., S. 100.

Kurt Hammerich / Günther Lüschen

Grundzüge soziologischer Bestimmungen von Leibeserziehung und Sport

Einführung

In einleitenden Bemerkungen zu umfassenderen sportsoziologischen Abhandlungen findet sich fast durchgehend der — sicherlich nicht nur rein rhetorisch gemeinte — Hinweis auf einen relativ niedrigen Entwicklungsstand einer *Soziologie des Sports*, wobei freilich nur selten angegeben wird, ob sich diese Einschätzung auf einen Vergleich mit dem Entwicklungsstand der Sportwissenschaft, der Soziologie oder einer anderen wissenschaftlichen (Teil-)Disziplin beziehen soll. Solche Bemerkungen mögen primär wohl als eine Art Koketterie mit dem eigenen Werk erscheinen, andererseits kommt darin auch eine recht pauschale Kritik an den bisherigen, zahlenmäßig gestiegenen sportsoziologischen Publikationen zum Ausdruck, ohne daß diese Vorwürfe inhaltlich näher konkretisiert werden[1].

Macht man sich diesen Vorwurf zu eigen, so wäre besonders für den deutschsprachigen Raum vor allem auf die Vielfalt der Definitionen und konzeptuellen Versuche einer soziologischen Bestimmung von Sport zu verweisen: Sport als zweckfreies, spielerisches Tun, als Showbusiness, als Verdopplung der Arbeitswelt oder als zwischen Spiel und *Arbeit* angesiedelt, um nur einige gängige Bestimmungen zu nennen. Dieser Streit, was denn für den Sport insgesamt so charakteristisch sei, mag als „historisches" Relikt einer Zeit gelten, in der Sport sich in außergewöhnlicher Weise zu legitimieren hatte. Unangebracht ist diese Auseinandersetzung erstens deshalb, weil nur allzu voreilig von *dem* Sport und *der* Gesellschaft gesprochen wird, ohne zu klären, weshalb es sich bei den angesprochenen Erscheinungen um Variationen desselben Grundphänomens handelt bzw. bestimmte Erscheinungen undiskutiert als atypisch ausgeschlossen werden. Diese Diskussion ist zweitens abwegig, solange damit fortgefahren wird, die soziologische Relevanz über eine bloße Bezugnahme auf soziologische Kategorien oder Konzepte nachweisen zu wollen, als wenn mit der Einführung soziologischer

[1] Vgl. z. B. G. Hortleder: Sport in der nachindustriellen Gesellschaft. Eine Einführung in die Sportsoziologie. Frankfurt/M. 1978; D. Grieswelle: Sportsoziologie. Stuttgart 1978; vgl. dagegen jedoch G. Lüschen / K. Weis (Hrsg.): Die Soziologie des Sports. Darmstadt, Neuwied 1976; K. Hammerich / K. Heinemann (Hrsg.): Texte zur Soziologie des Sports. Schorndorf 1979².

Begrifflichkeit bereits garantiert sei, daß Sport unter gesellschaftsbezogenen Aspekten analysiert wird. So ist z. B. eine Diskussion über *Schichtung* im Sport „unsoziologisch", solange Relevanz und Implikationen der verschiedenen Schichtungsmodelle nicht thematisiert werden und auf vergleichbare Erscheinungen in anderen Lebensbereichen nicht eingegangen wird. Die verschiedenen Sportdefinitionen verweisen nicht bloß auf die Möglichkeit divergierender Betrachtungsweisen von Sport, vielmehr ist auch eine Analyse des Sports unter soziologischen Gesichtspunkten nur eine von vielen möglichen Betrachtungsweisen, wie auch innerhalb der Soziologie viele konkurrierende Einstiege in die Bestimmung gesellschaftlicher Gegebenheiten vorhanden sind: durch Soziologen werden gesellschaftliche Phänomene in bestimmter Weise dingfest gemacht.

Solange nun diese „Designertätigkeit" des Soziologen nicht berücksichtigt wird, bleibt das „Niveau" sportsoziologischer Argumentation unbefriedigend. Gerade unter diesen Gesichtspunkten ist das völlige Fehlen wissens- und wissenschaftssoziologischer Analysen bemerkenswert. So wird z. B. gar nicht gefragt, in welcher Form und in welchen Bereichen sich welche der Definitionen und Konzeptualisierungen durchgesetzt haben, wer sie vertritt und welche Reaktionen sie bei anderen auslösen. Auch wird nicht analysiert, in welchem gesamtgesellschaftlichen Kontext welchen Argumentationszusammenhängen, thematischen Ausrichtungen oder auch Interpretationen gesellschaftlicher Phänomene Evidenzcharakter zugewiesen wird. In diesem Zusammenhang wäre auch die Frage einer Untersuchung wert, weshalb die aus dem Leistungssport bzw. aus der Sportlehrerausbildung hervorgegangenen, faktisch weitgehend funktionalistisch orientierten Sportsoziologen mit ihren Vorstellungen weder in der Sportlehrerausbildung noch im organisierten Sport nachhaltige Resonanz gefunden haben. Ebenso fehlt es an Informationen, wodurch die eigenartige thematische Zentrierung auf wenige Aspekte wie *Schichtung, Sozialisation, Struktur* von *Gruppen* und *soziale Funktionen* auch bei der Forschungsförderung zurückzuführen ist. Diese Schwerpunktsetzung ist zudem dadurch gekennzeichnet, daß fast ausschließlich nach dem Einmaligen und Unverwechselbaren des Sports im Vergleich zu anderen gesellschaftlichen Erscheinungen geforscht wird. Selbst „Fehl"-Leistungen werden dem Sport bzw. seiner spezifischen Organisationsform angelastet; die Besonderheit des Sports — zumindest als Anspruch — wird auch hier in keiner Weise in Zweifel gezogen. Und somit dokumentiert die hier vorgelegte zusammenfassende Darstellung sportsoziologischer Argumentation überwiegend auch nur die von „Soziologen" dem Sport zugeschriebenen Leistungen bzw. Fehlleistungen. Im Gegensatz dazu stehen

Vorgehensweisen, die grundsätzlich Erscheinungsweisen des Sports und im Sport in Zusammenhang etwa mit gesamtgesellschaftlichen Entwicklungsprozessen sehen.

Wollte man dennoch versuchen, die besondere Qualität des Sports herauszuarbeiten, also die Frage beantworten, worin denn die unaustauschbare, einmalige und unverwechselbare Bedeutung des Sports bzw. körperbezogener Aktivitäten bestehe, so wäre zunächst einmal in Erfahrung zu bringen, in welchen konkreten Lebenszusammenhängen Sport mit Bedeutung belegt wird, wie über sportbezogene Erzählungen Selbstdarstellungen erfolgen oder wie Sport, sportliche Ereignisse und Kontexte zu Eckpunkten der eigenen *Lebensgeschichte* gemacht werden[1a]. Zweitens müßte die Möglichkeit funktionaler Äquivalenzen für die dem Sport zugeschriebenen Leistungen stärker berücksichtigt werden. Dies ist freilich eine „unrealistische" Forderung, wenn man bedenkt, daß über funktionale Äquivalente für Sport nur sinnvoll zu verhandeln ist, wenn zumindest die relevanten sozialen Funktionen des Sports bekannt wären und wenn unterstellt werden könnte, daß sich diese Charakteristika wenigstens als relativ unabhängig von dem jeweiligen sozialen Kontext erweisen. Gerade in dieser Hinsicht macht sich das Fehlen interkulturell vergleichender Analysen besonders negativ bemerkbar.

Wenn nun — offensichtlich — soziologisches Wissen um Sport und seinen Kontext in heterogenen Gesellschaften keine einheitliche Struktur aufweist, sondern weit eher gesellschaftliche bzw. innergesellschaftliche „Gegebenheiten" widerspiegelt, wird die Rezeption solcher Wissensbestände in integrativ ausgelegten Wissenssystemen wie „der" Sportwissenschaft höchst prekär. Umso unverständlicher ist es „eigentlich", daß bislang die Art der Rezeption soziologischen Wissens um Sport und Leibeserziehung so gut wie gar nicht untersucht wurde.

Soziologie des Sports und pädagogische Theorie

Die Mehrzahl der soziologischen Abhandlungen über Sport und Leibeserziehung befaßt sich mit dem außerschulischen Sport auf der Basis von Analysen, die als beschreibende Erklärungen konzipiert sind. Bei den relativ wenigen Arbeiten dagegen, die den schulischen Sport oder die pädago-

---

[1a] Vgl. z. B. R. Lindner / H. Th. Breuer: „Sind doch nicht alles Beckenbauers". Zur Sozialgeschichte des Fußballs im Ruhrgebiet. Frankfurt/M. 1978; D. Field: Der Körper als Träger des Selbst. Bemerkungen zur sozialen Bedeutung des Körpers. In: K. Hammerich / M. Klein (Hrsg.): Materialien zur Soziologie des Alltags. Opladen 1978, S. 244—264.

gische Theorie des Sports, die Leibeserziehung, zum Gegenstand haben, handelt es sich vorwiegend um Beschreibungen *sozialer Prozesse* während des Sportunterrichts[2]. Dabei wären Fragen wie solche nach der formalen *Organisation* und der *Wert*struktur des Schulsports sicherlich auch von zentraler Wichtigkeit. Es liegen zwar zu dieser Frage einige neuere Publikationen vor, die sich mit der generellen Ausrichtung der sportpädagogischen Theorie, speziell der Leistungsbetonung, ideologiekritisch auseinandersetzen[2a]; diesen Erörterungen mangelt es jedoch aufgrund der gleichzeitigen Verwendung unterschiedlicher Funktionsbegriffe an einer klaren Trennung von dem Sport zuschreibbaren *Eigenschaften* und (ökonomischen) Verwertungsqualitäten, die den Personen über Sport vermittelt werden.

Bei einer solchen Entwicklung der soziologischen Fragestellung in bezug auf Sport ist es nicht überraschend, wenn Bedeutung und Funktion einer Soziologie des Sports im Rahmen der pädagogischen Theorie des Sports weithin ungeklärt geblieben sind. So mögen Aussagen über im Sportunterricht stattfindende soziale Prozesse für einen Pädagogen zwar interessant sein und der Erweiterung seines Allgemeinwissens dienen, für seine sportpädagogische Konzeption bleibt ein solches Wissen jedoch ohne Bedeutung, solange nicht sichtbar gemacht wird, in welcher Beziehung zur sportpädagogischen Theorie diese Aussagen stehen. Für den Sportpädagogen wäre es jedenfalls auch wichtig zu wissen, in welchem Maße solche sozialen Prozesse Begrenzungen der Einflußmöglichkeiten für sein erfolgreiches Wirken als Lehrer oder Trainer darstellen oder unter welchen sozialkulturellen Bedingungen er arbeitet, welche *Position* er innerhalb des jeweiligen sozialen *Systems* innehat und welche sozialen Konsequenzen sein Verhalten haben kann und in welcher Hinsicht seine Interpretation der im Sportunterricht ablaufenden Prozesse von der seiner jeweiligen Schüler abweicht.

---

[2] Vgl. G. Lüschen: The Sociology of Sport. A Trend Report and Bibliography. The Hague, Paris 1968; derselbe u. a.: Zur Soziologie des Sports. In: H. Baitsch u. a. (Hrsg.): Sport im Blickpunkt der Wissenschaften. Perspektiven, Aspekte, Ergebnisse. Berlin, Heidelberg, New York 1972, S. 103—135; Ausschuß Deutscher Leibeserzieher (Hrsg.): Sozialisation im Sport. Schorndorf 1974.

[2a] Vgl. u. a. B. Rigauer: Sport und Arbeit. Frankfurt/M. 1969; J. O. Böhme u. a.: Sport im Spätkapitalismus. Zur Kritik der gesellschaftlichen Funktionen des Sports in der BRD. Frankfurt/M. 1971; G. Vinnai: Leibeserziehung als Ideologie. In: ders. (Hrsg.): Sport in der Klassengesellschaft. Frankfurt/M. 1974[2], S. 9—25; zur Kritik vgl. H. Lenk: Leistungssport und Leistungskritik heute. In: Universitas 27, 1972, S. 827—840; ders.: Leistungssport: Ideologie oder Mythos? Zur Leistungskritik und Sportphilosophie. Stuttgart 1972.

Es hat jedoch nicht an Versuchen gefehlt, die Stellung und Bedeutung einer Soziologie des Sports zu klären[3]. Die sich dabei offenbarenden konträren Positionen zwischen „Sport-Soziologen" aus den sogenannten sozialistischen und kapitalistischen Ländern beziehen sich zwar auch auf die Frage der Anwendbarkeit soziologischer Forschung für die Sport-Praxis, besonders aber darauf, was oder wer das soziologische Erkenntnisinteresse in bezug auf Sport definiert und worin es besteht.

In den sozialistischen Ländern sind unter bestimmten geschichtsphilosophischen Prämissen Sportsoziologie und Sportpraxis dadurch aufeinander bezogen, daß die „Produktivkraft Wissenschaft auch im Bereich von Körperkultur und Sport sportsoziologische Gesetzmäßigkeiten" ermittelt, „die als grundlegende Erkenntnisse und Richtlinien für das praktische Handeln ... gelten können"[4]. Die Fragestellung geht dabei grundsätzlich vom Sport als einem innergesellschaftlich invarianten Zentralwert aus, so daß die gefundenen Gesetzmäßigkeiten zur „optimalen Strukturierung und Funktio-

---

[3] Vgl. z. B. F. Trogsch: Marxistische Sozialforschung und ihre Anwendung auf dem Gebiet von Körperkultur und Sport. In: Wissenschaftliche Zeitschrift der deutschen Hochschule für Körperkultur 4, 1962, S. 89—99; G. S. Kenyon / J. W. Loy, Jr.: Toward a Sociology of Sport. In: Journal of Health, Physical Education and Recreation 36, 1965, S. 24—25, 68—69; G. Erbach: Sportwissenschaft und Sportsoziologie. In: Theorie und Praxis der Körperkultur 14, 1965, S. 877—883 und S. 950—963; E. D. Saunders: Sociological Orientation to the Study of Physical Education. In: Physical Education 60, 1968, S. 21—26; G. S. Kenyon: A Sociology of Sport: On Becoming a Sub-Discipline. In: R. C. Brown / J. Cratty (Hrsg.): New Perspectives of Man in Action. Englewood Cliffs/N. J. 1969, S. 163 bis 180; H. Linde / K. Heinemann: Das Verhältnis einer Soziologie des Sports zu alternativen soziologischen Theorieansätzen. In: R. Albonico / K. Pfister-Binz (Hrsg.): Soziologie des Sports. Theoretische und methodische Grundlagen. Basel, Stuttgart 1971, S. 47—51; B. Rigauer: Inhaltliche und methodologische Bestimmung einer kritischen Soziologie des Sports im Rahmen der Sportwissenschaften. In: Die Leibeserziehung 20, 1971, S. 9—14; A. M. Olson: Sociology of Sport in Relation to Physical Education and Sport Theory. In: R. Albonico / K. Pfister-Binz, a. a. O., S. 13—21; R. Schulz: Über theoretische Grundlagen einer marxistisch-leninistischen Soziologie des Sports. In: R. Albonico / K. Pfister-Binz, a. a. O., S. 23—27; V. Rittner: Zur Konstitutionsproblematik der Sportwissenschaft. Eine programmatische Skizze. In: Sportwissenschaft 1974, S. 357—371; Z. Krawczyk: Theory and Empiricism in the Social Sciences Regarding Physical Culture. In: International Review of Sport Sociology 12, 1977, 1, S. 71—92; H. J. Schulke: Sociology in Sport Science. In: International Review of Sport Sociology 12, 1977, 3, S. 63—77.

[4] F. Trogsch: Forschungsergebnisse im Bereich der Körperkultur und der Formierungsprozeß von Sportgruppen. In: G. Lüschen (Hrsg.): Kleingruppenforschung und Gruppe im Sport. Köln, Opladen 1966, S. 268—272.

nalisierung bzw. zweckmäßigen Institutionalisierung"[5] des Sports und damit auch der Gesellschaft dienen; dabei wird für die Soziologie des Sports oft der Charakter einer Grundlagenwissenschaft in Anspruch genommen, wie z. B. von A. Wohl, der in der Soziologie des Sports eine Wissenschaft sieht, „which shapes the vision of a new and different sport"[6]. Unter den gesellschaftlichen Bedingungen einer Harmonisierung des Erkenntniszwecks der verschiedenen Wissenschaften und einer integrativen Beziehung von Sport und Gesamtgesellschaft bleiben die sportsoziologischen Fragestellungen immer in der Weise um Sport zentriert, daß entweder nach der manifesten (intentionalen) sozial integrativen Funktion des Sports oder nach den sozialkulturellen Bedingungen für eine optimale „Strukturierung, Funktionalisierung, Institutionalisierung" des Sports gefragt wird.

In den westlichen Ländern ist eine unmittelbare Verbindung in der Zielsetzung zwischen Soziologie und Pädagogik nicht zu erkennen; deshalb bleibt eine Soziologie des Sports solange ohne Beziehung zu pädagogischen Theorien des Sports, solange nicht das Erkenntnisinteresse des Soziologen arbeitsteilig mit dem des Pädagogen koordiniert wird. Solche soziologischen Untersuchungen nehmen jedoch nicht selten apologetischen Charakter an, indem die Fragestellung durch die pädagogische Bedeutungsanalyse vorgegeben erscheint und Sport von daher ontologisiert wird, d. h. zum Explikans und Explikandum gemacht wird: Sport soll in seinen Wirkungen erklärt werden durch die im Sport angeblich selbst liegenden Eigenschaften. Damit ist dann Sport, was er hervorbringt, wobei er allerdings nur das hervorbringen kann, was er selbst ist. Typische Beispiele hierfür sind die meisten Untersuchungen über die Beziehung von sportlichen und schulischen (beruflichen) Leistungen, in denen davon ausgegangen wird, daß diese Beziehung vom Sport bzw. von den im Sport angelegten Eigenschaften her zu erklären ist und daß dadurch Sport definiert wird[7].

Aus einer kritischen Einstellung gegenüber solcher Argumentation schließt sich die Mehrzahl der „Sport-Soziologen" einer Konzeption von Soziologie des Sports an, die sich in erster Linie als angewandte bzw. spezielle Soziologie begreift. Als Aufgabe einer Soziologie des Sports ergibt

---

5 a. a. O.

6 A. Wohl: Conception and Range of Sport Sociology. In: International Review of Sport Sociology 1, 1966, S. 5—17.

7 Vgl. hierzu die Diskussion in H. Linde / K. Heinemann: Leistungsengagement und Sportinteresse. Eine empirische Studie zur Stellung des Sports im betrieblichen und schulischen Leistungsfeld. Schorndorf 1974²; K. Heinemann: Sportengagement von Schülern verschiedener Sozialschichten. In: Sportwissenschaft 1, 1971, S. 214—228.

sich daraus[8], die Gültigkeit der (allgemeinen) soziologischen Erkenntnisse (Theorien) für den Bereich des Sports zu überprüfen und gegebenenfalls zu modifizieren bzw. zu entwickeln, wobei freilich die sozialen Bedingungen und Folgen einer solchen Wissensproduktion bislang kaum berücksichtigt wurden.

Denn auch bei einer engen Ausrichtung auf die soziologische Theorie und die damit verbundene empirische Kontrolle kann nicht von vornherein ausgeschlossen werden, daß selbst bei solchen soziologischen Beiträgen das Objekt der Analyse, nämlich Sport, ontologisiert wird; dies tritt vornehmlich dann auf, wenn soziologische Grundbegriffe auf den Bereich Sport angewandt und exemplifiziert werden, ohne daß ihr theoretischer Bezugsrahmen und die dabei impliziten Modelle bewußt werden. Als Beispiel hierfür mögen eine Reihe von Publikationen über Sozialisationsfunktionen von Spiel und Sport gelten, in denen dann oft sehr deutlich wird, daß sich in der Ontologisierung des Sports ein bestimmtes gesellschaftliches Selbstverständnis offenbart. Dies wird weitgehend dadurch ermöglicht, daß infolge der weitgehenden *sozialen Integration* des Sports z. B. auf der Ebene der Bezugspunkte für Bewertungen von Ereignissen bzw. Objekten eine hohe Übereinstimmung zwischen den im Sport praktizierten und den in der Gesellschaft vorherrschenden Bewertungsgesichtspunkten vorliegt.

Wenn etwa die Träger der sogenannten dominanten *Kultur* und des Sports den gleichen sozialen Kategorien angehören und zudem die gleichen sozialen Orientierungs- und Bewertungsmuster vertreten, so wird bei Fragen nach der Wirkung des Sports in bezug auf Hinführung und Übernahme der gesamtgesellschaftlichen Wertmuster und Bezugspunkte der Bewertung tatsächlich danach gefragt, welche Bedeutung in einer stark rationalisierenden und somit angeblich typisch mittelschichtspezifisch geprägten Kultur dem Sport im Rahmen einer gesamtgesellschaftlichen Sozialisation zuerteilt wird. Wenn nun unter Absehung von den spezifischen sozialkulturellen Bedingungen dem Sport eine solche Sozialisationsfunktion als generell gültig zugeschrieben wird, so wird Sport (in analytischer Absicht) ontologisiert. Dabei ist diese Ontologisierung das Produkt der Selbstdarstellung eines bestimmten, in diesem Fall mittelschichtspezifischen Denkmodells[9]. Die Soziologie erhebt natürlich immer wieder die Forderung nach Kontrolle

[8] G. Lüschen: Soziologie des Sports. In: H. Groll / H. Strohmeyer (Hrsg.): Jugend und Sport. Wien 1970, S. 158—168.

[9] Vgl. hierzu K. Hammerich: Bemerkungen zu Thesen über eine Sozialisationsfunktion von Spiel und Sport. In: R. Albonico / K. Pfister-Binz, a. a. O., S. 127 bis 137; K. Heinemann: Sozialisation im Sport, In: Sportwissenschaft 4, 1974, S. 49—71.

solcher Wertungen, ohne sie wie in dem oben geschilderten Fall (ganz) vermeiden zu können. So ist nicht zu bestreiten, daß das soziologische Frageinteresse und die kategorialen Schemata der soziologischen Analyse nicht völlig losgelöst von gesellschaftlich-politischen Prozesse bestehen.

Damit ist allerdings noch nicht das Problem der Stellung und Funktion einer Soziologie des Sports im Rahmen einer pädagogischen Theorie des Sports geklärt. Auch wenn man den Ausführungen von H. Linde und K. Heinemann[10] zustimmt, denen zufolge Soziologie des Sports sowohl spezielle Soziologie als auch Teil der Sportwissenschaft sein kann, bleibt für eine pädagogische Theorie des Sports das Problem der Relevanz der soziologischen Aussagen bestehen. Es fragt sich dabei, ob nicht bei vielen Sportpädagogen aufgrund vorgegebener pädagogischer und anthropologischer Zielsetzungen auf verschiedene soziologische Publikationen kein Bezug genommen wird oder ob nicht bestimmte soziologische Aussagen bevorzugt ausgewählt werden und dann Rechtfertigungszwecken dienen, wie z. B. bei Diskussionen um Sport im Rahmen der Freizeitsituation. Dabei bleibt zu bedenken, daß eine nicht geringe Problematik bereits in dem anthropozentrierten Grundzug der pädagogischen Erörterungen selbst liegt, so daß Ergebnisse als nicht relevant aufgefaßt werden, wenn sie inhaltlich außerhalb des von der pädagogischen Theorie des Sports vorgezeichneten Erkenntnisbereiches liegen. Durch diese Tatbestände ist die Funktion einer Soziologie des Sports im Rahmen der pädagogischen Theorie natürlich ganz erheblich eingeschränkt.

Wegen der gesellschaftlichen Bedeutung der in die pädagogische Theorie des Sports einbezogenen soziologischen Aussagen kommen am Sport interessierte Soziologen nicht umhin, die Art der Verwendung bzw. die fehlende Berücksichtigung soziologischer Erkenntnisse zu analysieren und damit die pädagogischen Theorien des Sports auf deren gesellschaftliches Reflexionsniveau hin zu beleuchten, indem nach den sozialkulturellen Bedingungen, auf deren Hintergrund sie entstanden und in bezug auf den die jeweiligen Konzeptionen Lösungsversuche darstellen, sowie nach den aus solchen Theorien erwachsenden sozialen Konsequenzen gefragt wird. Gerade eine unmittelbare Auseinandersetzung mit den jeweiligen pädagogischen Gesamtkonzeptionen und dem ihnen immanenten gesellschaftlichen Bewußtsein scheint von besonderer Wichtigkeit zu sein. Das eigentliche Problem ist nicht so sehr, daß die soziale Dimension nicht oder nicht genügend gesehen wird, sondern daß durch Entmaterialisierung dieses Aspektes der Versuch unter-

---

[10] H. Linde / K. Heinemann: Das Verhältnis einer Soziologie des Sports zu alternativen soziologischen Theorieansätzen, a. a. O.

nommen wird, die soziale Dimension zu nivellieren, indem *Wandel* und *Differenzierung* von sozialen Verhaltensmuster unberücksichtigt bleiben.

In einer solchen Vereinheitlichung der sozialen Dimension des Sports äußert sich auch der Versuch, Sport als allgemein menschliches Grundphänomen und somit außerhalb bestimmter gesellschaftlicher Interessen stehend zu definieren. Neben der wissenschaftstheoretisch fragwürdigen Annahme eines als sozialkulturell invariant angenommenen Evidenzerlebnisses wird hier eine Gesellschaft mit einem homogenen Wertsystem als Bedingung vorausgesetzt. In beiden Fällen wird ein Zustand undiskutiert akzeptiert, dessen notwendige Verwirklichung erst einmal begründet werden müßte. Wenn außerdem eine allgemeine Übereinkunft über das Exemplarische von Spiel und Sport wegen der vorliegenden sozial bedingten Unterschiede in den *Orientierungs-* und Wertsystemen nicht möglich ist, dann wird im Wege der oben skizzierten Formalisierung von Aussagen die Verwendung des Sports zu je beliebigen Zwecken ermöglicht: In den vorliegenden Konzeptionen sind ja keine Kriterien enthalten, nach denen die Berechtigung der jeweiligen Verwendung von Sport abgeleitet werden könnte. Diese Tendenz wird oft noch dadurch gefördert, daß Spiel als Grundphänomen des Sports angesehen und als durch seinen ambivalenten Charakter definiert hingestellt wird.

Der Doppelcharakter der Soziologie des Sports ist somit einmal dadurch gekennzeichnet, daß das Erkenntnisinteresse von unterschiedlichen Ansätzen ausgeht und daß die soziologischen Erkenntnisse eine unterschiedliche Aufgabe erfüllen können. Gerade deshalb ist der Soziologe auch verpflichtet, sich nicht nur um die Wissenschaftlichkeit seiner Aussagen zu bemühen, sondern auch auf die Konsequenzen seiner Aussagen im Sinne wissenschaftlich adäquater Verwendung und gesellschaftlicher Folgen zu achten.

Von daher ergeben sich für die nachfolgenden Darlegungen drei umfassendere Problemkreise. Es geht einmal um die soziale und kulturelle Bedingtheit der Bedeutungszuweisung von Leibeserziehung und Sport, weiterhin um eine Analyse der sozialen Prozesse im Bereich des Sports bezüglich ihrer Bedeutung für die Theorie des Sports am Beispiel der Leistungsdiskussion und schließlich um den Versuch der Anwendung und Entwicklung soziologischer Theorien (Theoreme) für den Bereich des Sports als einer genuin soziologischen Aufgabenstellung. Die ersten beiden Problemkreise wären dabei — nach der hier vertretenen Auffassung — als weitgehend durch den dritten determiniert zu verstehen; denn soziologisch bedeutsame Fragen lassen sich nur auf der Basis der allgemeinen Theorie stellen und beantworten. Auf dieser Basis lassen sich ebenfalls die oben als konträr geschilderten Positionen von „Sport-Soziologen" aus sozialistischen und kapitalistischen Ländern mit Gewinn für beide Positionen diskutieren.

Zur sozialkulturellen Bedeutung von Leibeserziehung und Sport

Wenn wir uns nun dem ersten Aufgabenbereich zuwenden, so bleibt zunächst festzustellen, daß es an soziologischen Versuchen oder in anderen Wissenschaften eingestreuten kultursoziologischen Ausführungen über Sport nie gefehlt hat. 1921 erschien bereits eine „Soziologie des Sports" von H. Risse[11], eine Arbeit, der historisch heute noch Bedeutung zukommt. Der Sport wird von Risse wesentlich als Leistungssport aufgefaßt und in seiner Bedeutung für die menschliche Individuation durch Schulung des Willens gesehen.

Auch in einer „Psychologie des Sports" von A. Peters[12] ist soziologisch sehr viel angesprochen, ohne daß im einzelnen der konkrete Nachweis für oftmals weitreichende Behauptungen erbracht würde. Peters schildert einen Idealtypus, dem alles zum Sport wird. Der Sportler aus der Retorte eines geistvollen Psychologen wird hier „im tiefsten Grunde ein nihilistischer Typ". Sport ist für Peters „reine Betriebsamkeit" und dient „der Erringung sozialer Geltung im Wettbewerb ... durch werthaft entwurzelte, einzig am Rekord zu messende Leistung"[13].

Zwischen diesen beiden Polen, der Sport „als die große Hoffnung ... für die Zukunft"[14] und der Sport als „kulturelle Schmarotzererscheinung"[15], bewegte sich lange die Diskussion über die soziale Bedeutung des Sports. Dabei überwogen deutlich die kulturkritischen Stimmen, für die der Sport als ein Unterschichtphänomen in manchen Erscheinungsformen (Zuschauer, Rekorde) auch heute ein dankbares Objekt ist, um die Entartung der Massengesellschaft zu demonstrieren.

So bezeichnete L. von Wiese im „System der Allgemeinen Soziologie", in das sich der Sport nur schwer einordnen läßt, diesen als einen der „beiden Götzen des heutigen öffentlichen Lebens" — interessanterweise neben dem Verkehr[16].

J. Huizinga stellte in „Homo ludens" die Frage, wie weit der Sport noch Spiel sei, um von da aus seine kulturelle Bedeutung zu beurteilen. Da

---

11 H. Risse: Soziologie des Sports. Berlin 1921.
12 A. Peters: Psychologie des Sports. Leipzig 1927.
13 a. a. O., S. 92 f.
14 H. Risse, a. a. O., S. 5.
15 A. Peters, a. a. O., S. 58.
16 L. von Wiese: System der Allgemeinen Soziologie. München 1933², S. 605.

durch das immer mehr verfeinerte Regelwerk des modernen Sports der reine Spielgehalt verlorengehe, spricht Huizinga im Gegensatz zu E. Rosenstock-Huessy[17] oder A. Gehlen[18], die trotz Regel, Leistung und Wettkampf das Spiel im Sport durchaus anerkannten, dem modernen Sport als „Element sui generis“ jede Bedeutung für die Kultur ab. „Im heutigen Gesellschaftsleben nimmt der Sport einen Platz neben dem eigentlichen Kulturprozeß ein, und dieser findet außerhalb von ihm statt“[19]. An anderer Stelle heißt es: „Der Sport ist vollkommen weihelos geworden und hat keine organische Verbindung mehr mit der Struktur der Gemeinschaft ... Er ist vielmehr eine selbständige Äußerung agonaler Instinkte als ein Faktor eines fruchtbaren Gemeinschaftssinnes“.

Während einige Pädagogen und Kultursoziologen, die den Sport aus kulturkritischer Sicht ablehnen, im Sport eben das beste Zeichen für die Auflösung aller Werte in der heutigen Gesellschaft sehen, betonen viele Leibeserzieher wiederum, der Sport sei das beste Heilmittel in unserer angeblich denaturierten Gesellschaft. Konkretes Material wird auch hier so gut wie nicht vorgelegt. Im allgemeinen zieht man zur Begründung dieser These die Terminologie der Massensoziologie heran. Mit J. Ortega y Gasset, der im Sport die Kraft zu sehen glaubt, die erst eine Kultur entstehen läßt[20], wird die Gesellschaft zunächst verdammt und dann der Sport als das beste Gegenmittel präsentiert.

Auch heute erfährt der Sport von verschiedenen Seiten Kritik. Während jedoch früher die negative Bewertung weitgehend auf einer Klassifikation des Sports als Unterschichtphänomen beruhte, gilt die heutige Kritik dem mittelschichtspezifischen Charakter von Sport und bezieht sich dabei nicht selten gerade auf jene Funktionen des Sports, die von seinen Befürwortern besonders geschätzt werden. In diesem Zusammenhang wäre etwa auf die unterschiedliche Bewertung der Sublimierungsfunktion des Sports bei G. Vinnai[21] und H. Dietz[22] zu verweisen. An diesen Beispielen wird die Vieldeutig-

[17] E. Rosenstock-Huessey: Soziologie. Stuttgart 1957/58; Huizingas Grundthese wurde übrigens durch die Ethnologie am Beispiel kultischer Handlungen widersprochen. Vgl. A. E. Jensen: Spiel und Ergriffenheit. In: Paideuma 2, 1942, S. 124—139.

[18] A. Gehlen: Der Mensch, seine Natur und seine Stellung in der Welt. Bonn 1950, S. 220 ff.

[19] J. Huizinga: Homo ludens. Vom Ursprung der Kultur im Spiel. Reinbek 1956, S. 186 ff.

[20] J. Ortega y Gasset: Über des Lebens sportlich-festlichen Sinn. In: Jahrbuch des Sports 1955—56. Frankfurt/M. 1955, S. 16.

[21] G. Vinnai: Fußballsport als Ideologie. Frankfurt/M. 1970.

[22] H. Dietz: Sexus, Sport und geistiger Elan. Neuwied, Berlin 1968.

keit in der Wahrnehmung und Bewertung der dem Sport zugeschriebenen Eigenschaften sichtbar: Die divergierenden Bewertungen des Sports sind nicht nur auf generelle Einstellungsunterschiede dem Sport und seinen sozialen Funktionen gegenüber zurückzuführen, sondern ebenso auf Unterschiede in der Bestimmung der Sport allgemein auszeichnenden Eigenschaften. So ist es nicht überraschend, wenn für die eben skizzierten Probleme, die wissenschaftslogisch eine durchaus unterschiedliche Behandlung erfordern, (noch) keine befriedigende Lösung gefunden wurde. Allerdings wurden bisher nur wenige Versuche einer solchen gesamtgesellschaftlichen Analyse der dem Sport zugeschriebenenen Bedeutungen unternommen.

Ansätze zu einem solchen umfassenden Bezugsrahmen finden sich etwa bei G. S. Kenyon[23], der verschiedene dem Sport zugeschriebene Eigenschaften bzw. dem Sport substituierte Zwecksetzungen (as a social experience, as the pursuit of vertigo, as an aesthetic experience, as catharsis, as an ascetic experience, as chance, for health and fitness) auf internationaler Ebene auf die Beziehungen zu Geschlecht, Alter, Schulbildung und Schichtzugehörigkeit hin analysierte. Auf dem Hintergrund eines solchen mehrdimensionalen Schemas, das darüber hinaus auch Aussagen über die Beziehung der einzelnen Dimensionen zu den verschiedenen Sportarten und auch zu deren unterschiedlichen Vollzugs- und (institutionellen) Durchführungsformen sowie gesamt-gesellschaftlichen Konsequenzen beinhalten müßte, könnte eine mehrdimensionale Konzeption von Sport erstellt werden, wenn die sozialkulturelle und politisch-ökonomische Standortgebundenheit der einzelnen dem Sport zugeschriebenen Eigenschaften mitberücksichtigt würde. Solche oder ähnliche Kategorien wären den Sportpädagogen bei der Bestimmung ihrer Gesamtzielsetzung und der inhaltlichen Ausformung der sportpädagogischen Theorie als Entscheidungshilfen von Nutzen.

Soziale Implikationen und Determinanten von Leistung und Sport

Ein weiterer Anwendungsbereich der sportsoziologischen Fragestellung im Rahmen der sportpädagogischen Theorie liegt in der Analyse von personalen und sozialen Konsequenzen der verschiedenen pädagogischen Verfahrensweisen und in der Bestimmung der sportliche Leistung beeinflussenden sozialen Faktoren. Solche Fragen werden bei einer systematischen, langfristigen Leistungsförderung und Leistungsauslese an Bedeutung gewinnen. Gesichtspunkte der effektiven Nutzung von finanziellen Investi-

[23] G. S. Kenyon: Values Held for Physical Activity by Selected Urban Secondary School Students in Canada, Australia, England and the United States. Madison 1968.

tionen werden dann verstärkt im Vordergrund stehen. Außerdem wird bereits jetzt von verschiedenen Seiten die Entwicklung von sozialpsychologischen Tests zur Prognose sportlicher Leistung angestrebt.

Die Kenntnis sozialer Nebenwirkungen der verschiedenen pädagogischen Verfahrensweisen würde der Leibeserziehung eine größere Transparenz verschaffen und damit die Basis des pädagogischen Entscheidungsfeldes im Sinne einer verstärkten Rationalität als Verantwortungsethik (im Gegensatz zur Gesinnungsethik) erweitern. Besonders angebracht wäre in diesem Zusammenhang eine umfassende Analyse der sozialen und personalen Konsequenzen von sportlicher Leistungsforcierung in Schulklassen; nach den bisherigen Erkenntnissen ist hier beispielsweise mit einer Zunahme aggressiver Handlungen zwischen Gruppenmitgliedern durchaus zu rechnen[24].

Aus den Ergebnissen der Kleingruppenforschung lassen sich Strategien ableiten, die zu einer optimalen Gestaltung der sozialen und psychischen Bedingungen für Erfolge von Mannschaften dienen könnten. So ist es nach den bisherigen Ergebnissen generell erfolgversprechender, wenn die einzelnen Mitglieder über eine unterschiedlich hohe Leistungsmotivation verfügen, solange in der Mannschaft eine Übereinstimmung bezüglich der spielentscheidenden Akteure vorliegt[25]. Bei einem solchen *Status*konsensus in Mannschaften und eindeutiger, allgemein akzeptierter Zielsetzung sind emotionale Spannungen zwischen den Akteuren außerhalb der unmittelbar spielbezogenen *Situation* für den Mannschaftserfolg relativ irrelevant[26]. Der Einfluß der persönlichen Beziehungen der Spieler untereinander auf das *Interaktions*netz der Mannschaft (gemessen am Ballweg) nahm bei Zunahme der Bedeutsamkeit der Spiele ab[27]. Diese Tendenz ist freilich kaum als Ergebnis

---

[24] G. Lüschen: Leistungsorientierung und ihr Einfluß auf das soziale und personale System. In: G. Lüschen (Hrsg.): Kleingruppenforschung, a. a. O., S. 209—223; vgl. auch C. W. Sherif: Intergroup Conflict and Competition. Social-Psychological Analysis. In: Sportwissenschaft 3, 1973, S. 138—153.

[25] Vgl. M. Klein / G. Christiansen: Gruppenkomposition, Gruppenstruktur und Effektivität von Basketballmannschaften. In: G. Lüschen (Hrsg.): Kleingruppenforschung, a. a. O., S. 180—191.

[26] H. Lenk: Maximale Leistung trotz inneren Konflikten. In: G. Lüschen (Hrsg.): Kleingruppenforschung, a. a. O., S. 168—172; J. E. McGrath: The Influence of Positive Interpersonal Relations on Adjustment and Effectiveness in Rifle Teams. In: Journal of Abnormal and Social Psychology 65, 1962, S. 365—375; vgl. auch R. Martens / J. A. Peterson: Group Cohesiveness as a Determinant of Success and Member Satisfaction in Team Performance. In: International Review of Sport Sociology 6, 1971, S. 49—61.

[27] M. Klein / G. Christiansen: Gruppenkomposition, Gruppenstruktur und Effektivität von Basketballmannschaften, a. a. O.

isolierter gruppendynamischer Prozesse aufzufassen; sie ist vielmehr primär das Resultat der Erfolgsorientierung von Leistungssportlern, speziell ihrer Einschätzung erfolgversprechender Strategien, und hängt somit wesentlich ab von den Vorstellungen der Spieler über den „richtigen“ Weg zum Erfolg und somit gegebenenfalls auch von der Unterordnung unter ein (vom Trainer entworfenes) spielstrategisches Konzept[28]. Das Problem der Führerschaft in Sportmannschaften erfuhr gerade durch das Kontingenz-Modell von A. E. Myers und F. E. Fiedler[29] eine größere aufgaben- und situationsspezifische Differenzierung, nachdem psychologische Ansätze zur Führerschaft weitgehend ohne Ergebnis blieben und auch die bisherige sozialpsychologische Auseinandersetzung um demokratische oder autoritäre Führungsstile unbefriedigend verlief.

Sport als Gegenstand soziologischen Erkenntnisinteresses

Eine Soziologie des Sports allerdings, die ihren Ausgangspunkt von einem „genuin“ soziologischen Erkenntnisinteresse nimmt und von daher grundsätzlich auf Theorienbildung hin angelegt ist, richtet ihren Blick auf den Sport in allen seinen Erscheinungen, Bedingungen und Auswirkungen. Für den Soziologen ist der professionelle Boxer genau so wichtig und theoretisch interessant wie das spielende Kind in der Schulklasse, die Wirkung des Fernsehens auf den Sport ebenso wie die von schulischen Lehrplänen.

Die soziologischen Publikationen über Sport lassen sich für eine zusammenfassende Beschreibung in vier Themenbereiche einteilen:

1. Der Sport in seiner Abhängigkeit von sozialkulturellen Bedingungen und in seiner sozialstrukturellen Funktion.
2. Die Sozialstruktur des Sports als System sui generis (z. B. Organisationsstruktur — Ziele, Werte und *Normen* — soziale Rekrutierung).
3. Der Sport in *Institutionen* (z. B. Schule, Kirche, Familie, Militär, Massenmedien).
4. Sport und soziale Probleme (z. B. Freizeit, Arbeit, Kriminalität, Minoritäten).

In jedem Fall wird es dabei nicht nur auf Beschreibung und theoretische Erklärung gegenwärtiger sozialer Organisation ankommen, sondern auch

---

[28] Vgl. K. Hammerich: Soziologische Analysen zur Leistung im Sport. Eine Nachbetrachtung. In: Die Leibeserziehung 20, 1971, S. 15—22.

[29] A. E. Myers / F. E. Fiedler: Theorie und Probleme der Führung. Unter spezieller Berücksichtigung des Mannschaftssports. In: G. Lüschen (Hrsg.): Kleingruppenforschung, a. a. O., S. 92—106.

auf eine Erörterung des sozialen Wandels, wie er im Sport erkennbar ist oder sich durch den Sport ereignet. Diese Frage ist bisher sehr vernachlässigt worden.

Eine Übersicht über die Soziologie des Sports und die bisher erschienene Literatur weist zahlreiche Arbeiten im deutschen Sprachbereich auf; in Ländern wie Finnland, Japan, Polen und USA liegen gleichrangige Arbeiten vor; seit kurzem setzt auch in England, Frankreich und in osteuropäischen Ländern eine bemerkenswerte Entwicklung ein, die sich insgesamt auch in der Herausgabe einiger Sammelbände zur Soziologie des Sports dokumentiert[30].

Die vorliegenden Ergebnisse zur Soziologie des Sports, der als Oberbegriff für den informalen Freizeitsport, den formalisierten Sport in speziellen Sportorganisationen und den institutionell-instrumentalisierten Sport (wie z. B. in Schulen oder beim Militär) aufgefaßt wird, lassen sich in den oben angeführten vier Bereichen diskutieren: Sport in seinem Zusammenhang mit Kultur und Gesellschaft; Sport als Subsystem und seine Struktur; Sport als Teil von Institutionen; Sport und soziale Probleme.

Sport in Kultur und Gesellschaft

Die Strukturierung des Sports in Kultur und Gesellschaft

Die Bedingtheit von Sport und Spiel durch bestimmte sozio-kulturelle Faktoren ist bislang vornehmlich bloß auf der Basis von Werten, die als allgemeine Orientierung für soziales Handeln zu verstehen sind, diskutiert worden. Ausgehend von der statistischen Häufigkeit von bestimmten religiösen Gruppen im Hochleistungssport (zum Beispiel Protestanten, Sikhs speziell im individuellen Sport, Katholiken auch im Mannschaftssport) hat

[30] Vgl. z. B. J. W. Loy / G. S. Kenyon (Hrsg.): Sport, Culture, and Society. A Reader on the Sociology of Sport. New York, London, Toronto 1969; G. S. Kenyon (Hrsg.): Aspects of Contemporary Sport Sociology. Chicago 1969; G. Lüschen (Hrsg.): The Cross-Cultural Analysis of Sport and Games. Champaign 1970; R. Albonico / K. Pfister-Binz (Hrsg.): Soziologie des Sports, a. a. O.; E. Dunning (Hrsg.): The Sociology of Sport. London 1971; M. Hart (Hrsg.): Sport and the Socio-Cultural System. Dubuque 1971; G. P. Stone (Hrsg.): Games, Sport, and Power. New Brunswick 1972; J. T. Talamini / Ch. H. Page (Hrsg.): Sport and Society. Boston, Toronto 1973; D. W. Ball / J. W. Loy (Hrsg.): Sport and the Social Order. Reading 1975; K. Hammerich / K. Heinemann, a. a. O.; G. Lüschen / K. Weis, a. a. O.; D. Kamper / V. Rittner (Hrsg.): Zur Geschichte des Körpers. Perspektiven der Anthropologie. München, Wien 1976; J. W. Loy u. a.: Sport and Social Systems. A Guide to the Analysis, Problems, and Literature. Reading 1978; D. Bierhoff-Alfermann (Hrsg.): Soziale Einflüsse im Sport. Darmstadt 1976.

G. Lüschen[31] die Werte der Leistung und Askese im individuellen Sport, zusätzlich den der Kollektivität im Mannschaftssport als Bedingung für den Sport herausgestellt. Diese Ableitung wird durch inter-kulturelle Vergleiche über verschiedene Formen des Spiels und ihren Zusammenhang mit dem Sozialisationsprozeß, die besonders von J. M. Roberts und B. Sutton-Smith durchgeführt wurden[32], bestätigt. Parallele Wertorientierungen zeigen sich ebenfalls in anderen Subsystemen der Gesellschaft wie etwa in Politik und Wirtschaft. Ein ähnlicher Zusammenhang wird ebenfalls von L. A. Zurcher und A. Meadow für Familienstruktur und dem Nationalsport in USA und Mexiko unterstellt[33].

Auf der Basis anderer Strukturgegebenheiten hat J. W. Loy[34] bei Benutzung eines Paradigmas von Merton und der Klassifikation von Spielen nach Caillois Orientierungsmuster im Sport diskutiert, die auch einen Zusammenhang mit sozialer Schicht erkennen lassen. Danach verhält sich die mittlere/obere Mittelschicht hinsichtlich der kulturellen Ziele und institutionalisierten Mittel zur Erreichung dieser Ziele konform und demonstriert diese Konformität in einer Konzeption von Sport als aktivem Wettkampfsport. Die untere Mittelschicht zeigt ihren Ritualismus auch im Sport, indem sie sich vorwiegend auf Zuschauen ausrichtet. Die Unterschicht tendiert im Sport entsprechend ihrer Orientierung auf *Innovation* verstärkt zum Professionalismus. Auch in Studien dieser Art werden gesamtgesellschaftlich relevante ökonomische Strukturgegebenheiten und Ressourcenkontexte des jeweiligen Sporttyps immer noch zu wenig berücksichtigt.

---

[31] G. Lüschen: The Interdependence of Sport and Culture. In: International Review of Sport Sociology 2, 1967, S. 127—141 (deutsch in: E. K. Scheuch / R. Meyersohn (Hrsg.): Soziologie der Freizeit. Köln, Berlin 1972, S. 290—303); vgl. hierzu auch P. Seppänen: Die Rolle des Leistungssports in den Gesellschaften der Welt. In: Sportwissenschaft 2, 1972, S. 135—155; A. D. Novikov / M. Maksimenko: Soziale und ökonomische Faktoren und das Niveau sportlicher Leistungen verschiedener Länder. In: Sportwissenschaft 2, 1972, S. 156—167.

[32] J. M. Roberts u. a.: Games in Culture. In: American Anthropologist 61, 1959, S. 579—605; B. Sutton-Smith / J. M. Roberts: The Cross-Cultural and Psychological Study of Games. In: G. Lüschen, a. a. O., S. 100—108; E. Avedon / B. Sutton-Smith (Hrsg.): The Study of Games. New York 1971; B. Sutton-Smith: Folk-Games of Children. Austin 1973; ders.: Dialektik des Spiels. Eine Theorie der Spiele, des Spielens und des Sports. Schorndorf 1977.

[33] L. A. Zurcher / A. Meadow: On Bullfights and Baseball. An Example of Interaction of Social Institutions. In: International Journal of Comparative Sociology 8, 1967, S. 99—117 (dt. in: Hammerich / Heinemann).

[34] J. W. Loy, Jr.: Game Forms, Social Structure, and Anomie. In: R. C. Brown / B. J. Cratty (Hrsg.): New Perspectives of Man in Action, a. a. O., S. 181—199 (dt. in: Hammerich / Heinemann).

Eine weithin ungeklärte Frage ist die des sozialen Wandels in Zusammenhang mit Sport. Evolutionistische Theorien vermögen hier wenig zu erklären, denn die Vielfalt von Sport und Spiel in primitiven Gesellschaften, etwa bei Indianerstämmen, übertrifft wahrscheinlich die des Sports der frühen industriellen Gesellschaften. Allenfalls ist auf der Basis von Durkheims Theorien zur Arbeitsteilung eine Entwicklung von einem Stadium mechanischer Solidarität, in dem relativ einfache Regeln und Spiele bestehen, zu einem in industriellen Gesellschaften erkennbaren Stadium organischer Solidarität, in der Regeln und Spiele differenzierter und formalisierter werden, zu sehen. Von daher ist in Zukunft eine stärkere Formalisierung und *Bürokratisierung* zu erwarten, als sie schon jetzt im Sport besteht.

E. Allardt[35] hat von Durkheims Theorie zur Arbeitsteilung ausgehend die verschiedenen Formen des Sports auf der Basis dreier dichotomisch kategorisierter Variablen zu erklären versucht: Arbeitsteilung (niedrig — hoch), Gehorsamstraining (hart — weich), soziale und politische Zwänge (stark — schwach). Auf der Basis dieser Variablen stellt er beispielsweise die Hypothese auf, daß Fußball vorherrschend in Systemen mit hoher Arbeitsteilung, schwachem Gehorsamstraining und schwachen politischen bzw. sozialen Zwängen zu finden ist. In Gesellschaften mit niedriger Arbeitsteilung, starken sozialen und politischen Zwängen sowie hartem Gehorsamstraining werden nichtformalisierte aggressive Sportarten, die körperliche Kraft erfordern, und Mannschaftsspiel populär sein. Allardt geht dabei von vier Voraussetzungen in seiner theoretischen Ableitung aus:

1. Je höher die Arbeitsteilung, desto formalisierter sind die Regeln der Aktivität.
2. Je stärker die sozialen und politischen Zwänge, desto wichtiger ist körperliche Stärke und desto unwichtiger technische Fertigkeit.
3. Je härter das Gehorsamstraining, desto aggressiver sind die Aktivitäten.
4. Je niedriger die Arbeitsteilung und je stärker die sozialen Zwänge, desto populärer ist der Mannschaftssport; und vice versa, je höher die Arbeitsteilung und je schwächer die sozialen Zwänge, desto populärer ist ebenfalls der Mannschaftssport.

Wie weit diese Hypothesen, die grundsätzlich eine funktional äquivalente Beziehung von Gesellschaftsstruktur und dominanter Sportform beinhalten, zu gültigen Theorien fortgeführt werden können, mag für den

[35] E. Allardt: Basic Approaches in Comparative Sociological Research and the Study of Sport. In: International Review of Sport Sociology 2, 1967, S. 89—107 (dt. in: Lüschen / Weis).

Augenblick dahingestellt bleiben. Jedenfals dürften derartige theoretische Ansätze der beste Ausgang für weitere Untersuchungen und Diskussionen sein[36].

Die bisher unterstellte Übereinstimmung von Kultur und Sport kann allerdings unter bestimmten Bedingungen durchbrochen werden und zu Formen sozialer *Anomie* führen. Zwei interessante Beschreibungen dieses Phänomens bieten N. Polsky[37] und M. B. Scott[38].

Soziale Funktionen des Sports

Die Frage, welche Funktion der Sport für die Gesellschaft hat, ist bislang ziemlich unbefriedigend beantwortet worden, obwohl der größere Teil der bisherigen Publikationen explizit Funktionen des Sports diskutiert. Im allgemeinen werden solche Funktionen nur im Hinblick auf die Bedürfnisse von Individuen oder von Organismen formuliert, während die Soziologie in ihren vorherrschenden Richtungen an den Bedürfnissen von sozialen Systemen (Gesellschaft, gesellschaftlichen Subsystemen, Gruppen) interessiert ist. Auch eine Feststellung wie die von P. Lersch[39], daß der Sport eine soziale Funktion habe, weil er gemeinschaftsbildend sei, bleibt unbefriedigend; denn hier ist ein Tatbestand zur Voraussetzung gemacht, der erst noch nachzuweisen ist. So beschreibt J. R. Fox[40] beim Baseball der Pueblos das Aufbrechen alter Rivalitäten zwischen Verwandtschaftsgruppen. Es ist also überhaupt eine offene Frage, ob Sport sozialen Konsensus fördert oder ihn nicht sogar stört[41].

Die Funktionen des Sports lassen sich auf der Basis der vier funktionalen Probleme (Integration, Erhaltung von Verhaltensmustern, Adaptation an die physikale Umwelt, Zielverwirklichung), die jedes soziale System nach Parsons zu bewältigen hat, beschreiben. Danach hat Sport in erster Linie Funktionen für die soziale Integration und die Erhaltung von Verhaltensmustern. Diese kann speziell im Hinblick auf die *Verinnerlichung* grundlegender Werte beschrieben werden. So ergibt sich aus Untersuchungen von

---

[36] Vgl. die Abhandlungen in G. Lüschen, a. a. O.

[37] N. Polsky: Hustlers, Beats, and Others. Garden City 1967.

[38] M. B. Scott: The Racing Game. Chicago 1968.

[39] Ph. Lersch: Der Sport als Aufgabe unserer Zeit. In: Jahrbuch des Sports 1959/60. Frankfurt 1960, S. 7—16.

[40] J. R. Fox: Pueblo Baseball: A New Use for Old Witchcraft. In: J. W. Loy, Jr. G. S. Kenyon, a. a. O., S. 136—144 (dt. in: Lüschen / Weis).

[41] P. McIntosh: Sport in Society. London 1963; K. Heinilä: Notes on the Inter-Group Conflicts in International Sport. In: International Review of Sport Sociology 1, 1966, S. 31—40.

M. R. Winterbottom[42], daß die frühzeitige Begegnung mit sportlichen Spielen zu späterer hoher Leistungsmotivation aktiviert; die Entwicklung von leistungsorientiertem Wettkampfverhalten kann jedoch auch in Nationen mit annähernd gleicher kultureller Gesamtausrichtung zeitlich durchaus unterschiedlich sein[43]. Die soziale Integration gilt nicht nur im Hinblick auf den „aktiven" Sportler selbst, der über seine Gruppe, seinen Verein integriert wird, sondern diese Funktion gilt auch über die Identifikation mit einer Mannschaft, einer Nationalvertretung, für die „passiv" beteiligten Zuschauer. Eine Funktion der Adaptation an die physikale Umwelt zur Bereitstellung der Lebensbedürfnisse hat der Sport allenfalls bei Primitiven. Die Funktion der Zielverwirklichung, speziell auf politischer Ebene, gilt dagegen für den modernen Sport in zunehmendem Maße, so daß sich hier wieder eine Angleichung an die Funktionen des Sports in primitiven Kulturen (Südseestämme, Indianer) ergibt, wo Sport für die direkten Kriegsvorbereitungen oder für die Festlegung einer politischen bzw. sozialen Position durch sportlichen Wettkampf diente.

Zur Sozialstruktur des Sports

Demographische Variablen

Die Gliederung des Sports ist auf der Ebene demographischer Variablen durch einen erhöhten Anteil von männlichen Teilnehmern, und zwar besonders zu einem altersmäßigen Zeitpunkt, da sich die Geschlechterrollen stärker differenzieren, bestimmt. Nach Alter ist der höchste Anteil überhaupt unter Jugendlichen festzustellen, wodurch sich auch statistisch die Ausprägung des Sports als Teil der jugendlichen Sozialstruktur ausweist. Soziologisch ist dabei allerdings nicht so ohne weiteres vom Sport als einer (jugendlichen) Subkultur zu sprechen, wenn man auf der Basis von Werten und Normen argumentiert. Darüber hinaus bleibt zu beachten, daß der Rückgang von Sportvereinsmitgliedschaften mit zunehmendem Alter nur bedingt mit dem Familienzyklus kovariiert.

In Landgemeinden und Kleinstädten erfährt der Sport die relativ stärkste Beteiligung. Es ist eine offene Frage, ob das an den besseren ökologischen Voraussetzungen bezüglich Raum und Ausstattung mit Sportstätten oder

---

[42] M. R. Winterbottom: The Relation of Childhood Training in Independence to Achievement Motivation. PhD-Dissertation der Universität Michigan, Ann Arbor/Mich. 1953.

[43] Ch. G. McClintock / J. M. Nuttin, Jr.: Development of Competitive Game Behavior in Children Across Two Cultures. In: Journal of Experimental Social Psychology 5, 1969, S. 203—218.

an den besonderen sozialstrukturellen Unterschieden zwischen Landgemeinden bzw. Kleinstädten und Großstädten liegt. Auf jeden Fall ist im deutschen Bereich das in Klein- und partiell auch in Mittelstädten traditionell starke, nicht nur rein sportlich orientierte Vereinswesen[44], das in den Großstädten mit ihrer höheren regionalen *Mobilität* weniger gute Voraussetzungen findet, für die stärkere Beteiligung am Sport mitverantwortlich. Diese Aussagen gelten für den Leistungssport jedoch nur zum Teil.

Soziale Schichtung und Mobilität

Sehr gute Daten liegen bisher zu den Zusammenhängen zwischen Sport und sozialer Schicht vor. Da die am stärksten auf Leistung orientierte Schicht die (obere) Mittelschicht ist, stellt diese Schicht auch im Sport den relativ höchsten Anteil. Untersuchungen von Lüschen, die in anderen Ländern wie Schweden, USA, Schweiz und Österreich zu ähnlichen Ergebnissen führten[45], ergaben 1958 unter 15 bis 25 Jahre alten Sportlern des Deutschen Sportbundes folgende Schichtverteilung[46]:

	Sportler	Bundesrepublik
Unterschicht	36,5 %	51,9 %
Untere Mittelschicht	53,0 %	38,6 %
Obere Mittelschicht/Oberschicht	10,0 %	4,6 %
unklassifizierbar	0,5 %	4,9 %
n = 100	1880	3385

Die Schichtzugehörigkeit bei Sportlerinnen lag höher als bei männlichen Sportlern; nur 15,5% kamen aus der Unterschicht. Neuere Untersuchungen bestätigen diese Ergebnisse[47]: Nach K. Schlagenhauf war 1974 fast jeder Zweite aus der oberen Mittelschicht Mitglied eines Sportvereins, etwa jeder

[44] Vgl. Ch. Graf v. Krockow: Sport und Industriegesellschaft. München 1972.

[45] G. P. Stone: Some Meanings of American Sport. In: G. S. Kenyon, a. a. O., S. 5—27 (dt. in: Lüschen / Weis); J. W. Loy, Jr.: Social Origins and Occupational Mobility Patterns of a Selected Sample of American Athletes. Weltkongreß für Soziologie. Varna 1970; W. Zingg: Spitzensport und soziale Mobilität. Magglingen 1971.

[46] G. Lüschen: Soziale Schichtung und soziale Mobilität bei jungen Sportlern. In: Kölner Zeitschrift für Soziologie und Sozialpsychologie 15, 1963, S. 74—93.

[47] Vgl. die Daten im Anhang zu J. Bausenwein / A. Hoffmann: Frau und Leibesübungen. Mülheim 1967; vgl. weiterhin G. Kunz / G. Lüschen: Leisure and Social Stratification. Weltkongreß für Soziologie. Evian 1966; F. R. Pfetsch u. a.: Lei-

Dritte aus der unteren Mittelschicht und nur jeder Siebte aus der unteren Unterschicht; bei Männern manifestieren sich im „mittleren" Schichtbereich gewisse Ähnlichkeiten im Ausmaß der Sportvereinsmitgliedschaft, während sich bei Frauen eine fast lineare Beziehung von Schichtzugehörigkeit und Mitgliedschaft in Sportvereinen zeigt. Unter Ausklammerung der Problematik soziologischer Schichtkonstruktion weisen auch neuere Studien einen unverhältnismäßig hohen Anteil von sozial aufgestiegenen Sportlern auf. Besonders stark ist die soziale Mobilität unter Leistungssportlern[48], obwohl bei Hochleistungssportlern oft ein intergenerationaler Statusverlust zu beobachten ist, der dann meistens durch intra-generationale Mobilität wieder ausgeglichen wird[49].

In dem Maße, wie der (organisierte) Sport in der Bundesrepublik Deutschland sich aus Mittelschichtangehörigen rekrutiert, bestimmt diese soziale Schicht auch die manifesten Werte im Sport; die heute dem Sport zugeschriebenen Eigenschaften — wie etwa in der Charta des deutschen Sports — entsprechen weitgehend dem Wert- und Orientierungssystem bzw. Begründungsverfahren dieser Mittelschichten[50].

Die Abhängigkeit des Sports von dem ihn umgebenden komplexeren Sozialsystem dokumentiert sich nicht zuletzt auch darin, daß Rassenschranken in Mannschaftssportarten wie American Football oder Baseball bestehen bleiben; Neger werden oftmals nur für wenig spielentscheidende und relativ unpopuläre Positionen nominiert, so daß in der rassisch unterschiedlichen Verteilung von zentralen und weniger zentralen Positionen die soziale *Segregation* nach Rassen im Sport reproduziert wird[51]. Segregatio-

---

stungssport und Gesellschaftssystem. Die Bundesrepublik Deutschland im internationalen Vergleich. Schorndorf 1975; H. E. Ulrich: The Social Structure of High-level Sport. In: International Review of Sport Sociology 11, 1976, 2, S. 139—152; K. Schlagenhauf: Sportvereine in der Bundesrepublik. Teil I: Schorndorf 1977; K. Lehnertz: Berufliche Entwicklung der Amateurspitzensportler in der Bundesrepublik Deutschland. Unv. Manuskript (1978).

48 G. Lüschen: Soziale Mobilität bei Sportlern. In: Sportarzt und Sportmedizin 16, 1965, S. 136—141.

49 Dieser Fragenbereich wurde neuerdings unter dem Aspekt der Karrierenproblematik in einer international vergleichenden Studie systematisch untersucht; K. Hammerich: Berufskarrieren von Spitzensportlern. In: Sportwissenschaft 2, 1972, S. 168—181.

50 K. Hammerich: Leibesübung in einer „kopflastigen Gesellschaft". Bemerkungen zur Wertschätzung des Sports bei Vertretern des Sports. In: Anstöße 16, 1969, S. 184—195.

51 J. W. Loy, Jr. / J. F. McElvogue: Racial Segregation in American Sports. In: R. Albonico / K. Pfister-Binz, a. a. O., S. 113—127, J. C. Phillips: Toward an

nen nach Schichten lassen sich beispielsweise auch in einzelnen Sportarten nachweisen, wo sich eine soziale Hierarchie etwa von Fußball bis Tennis ergibt. Zusätzlich rekrutiert sich im deutschen Sport der einzelne Verein nicht selten vorwiegend aus Mitgliedern gleicher sozialer Schicht[52].

Die Struktur von Sportgruppen

Die Kleingruppenforschung, ein spezieller methodischer Ansatz in Soziologie und Sozialpsychologie, hat sich in der Beobachtung und experimentellen Erforschung von Gruppen zwischen 2 und etwa 20 Mitgliedern auch mit Sportgruppen beschäftigt und ist dabei — wie bereits kurz aufgewiesen — zu Ergebnissen gekommen, die oft eine unmittelbare Anwendung für die sportliche Praxis ermöglichen. Drei Probleme sind dabei von besonderer Bedeutung: soziale Bedingungen für sportliche Leistung, Leistungsorientierung in ihrem Einfluß auf die Gruppenstruktur, Führung von Sportgruppen.

a) Die allgemeine Trainerregel, daß nur 11 gute Kameraden eine gute Mannschaft bilden, die in der Sozialpsychologie so formuliert worden ist, daß die Harmonie einer Gruppe Voraussetzung für optimale Leistung darstellt, hat keine unumstrittene Gültigkeit mehr. Es zeigte sich vielmehr eine weitreichende Irrelevanz dieses Aspektes für die Leistungen von Mannschaften. Nicht nur erwiesen sich Rudermannschaften trotz starker emotionaler Binnen*konflikte* als sehr leistungsfähig[53], sondern bei einer systematischen Untersuchung an Volleyballmannschaften erwiesen sich Beziehungen von Sympathie und Leistung als zufällig und eindeutig von Drittfaktoren abhängig[54]. D. Landers und G. Lüschen[55] ermittelten in Bowling-Mann-

---

Explanation of Racial Variations in Top-Level Sports Participation. In: International Review of Sport Sociology 11, 1976, 3, S. 39—55; N. Theberge / J. W. Loy: Replacement Processes in Sport Organizations: The Case of Professional Baseball. In: International Review of Sport Sociology 11, 1976, 2, S. 73—93; M. H. Medoff: Positional Segregation and Professional Baseball. In: International Review of Sport Sociology 12, 1977, 1, S. 49—56.

[52] Vgl. die Angaben in H. Lenk: Zur Soziologie des Sportvereins. In: Der Verein, Standort — Aufgabe — Funktion in Sport und Gesellschaft. Schorndorf 1967, S. 253—314.

[53] H. Lenk: Konflikt und Leistung in Spitzensportmannschaften. In: Soziale Welt 15, 1964, S. 307—343; ders.: Leistungsmotivation und Mannschaftsdynamik. Schorndorf 1970.

[54] K. Vos / W. Brinkmann: Erfolg und Zusammenhalt in Sportgruppen. In: Leistungssport 2, 1972, S. 128—134.

[55] D. Landers / G. Lüschen: The Interdependence of Structural Levels and Performance in Bowling Teams. Weltkongreß für Soziologie. Varna 1970.

schaften, daß *Kommunikations-* und Aufgabenstruktur für Leistung von größerer Bedeutung sind als *Macht-* und Sympathiestruktur.

Eine der klassischen Untersuchungen in der Kleingruppenforschung, daß von der Kommunikationsstruktur Qualität und Umfang der Leistung abhängig sind[56], ist am Beispiel der amerikanischen Himalaja-Expedition dahingehend ergänzt worden, daß auch der Inhalt der Kommunikation in ganz charakteristischen Zusammenhängen mit der Zielverwirklichung einer Gruppe stehen kann. Der Soziologe und Bergsteiger R. M. Emerson[57] fand, daß Ungewißheit der Zielverwirklichung zu Optimismus, Gewißheit zu Pessimismus in den Kommunikationsinhalten führt und daß Ungewißheit über den Ausgang die Leistungsmotivation fördert. Das dürfte allerdings nur so weit gültig sein, wie die Verwirklichung eines Ziels überhaupt denkbar erscheint und die Teilnehmer wie an dieser Expedition entsprechend hoch motiviert sind.

Durch soziodramatische Untersuchungen ermittelte man, daß unter vorgegebenen Kategorien Loyalität zur Gruppe, kurzfristige Ziele der Mannschaft (Meisterschaftsgewinn), Selbstachtung, abstrakte Ideale (Schultradition), Sieg über den alten Rivalen in dieser weitgehend gleichbleibenden Reihenfolge die wichtigsten *„Verteidigungsschichten"* für einen Wettkampf-Sportler sind[58].

b) Ein nicht nur für den Soziologen, sondern auch aus pädagogischen Überlegungen wichtiger Untersuchungsansatz versuchte den Einfluß verstärkter Leistungsorientierung, wie sie im Sport üblich ist, in ihrer Auswirkung auf die Gruppenstruktur (in diesem Fall von Schulklassen) zu untersuchen. Dabei wurde in ersten Untersuchungen eine nach der Strukturiertheit der Gruppe unterschiedliches Ausmaß von Veränderungen[59] sowie die Wirksamkeit von Ausgleichsmechanismen innerhalb der Gruppe festgestellt, die ein strukturelles Gleichgewicht der Gruppe zu bewahren suchten[60]. Die Heraus-

---

[56] A. Bavelas: Communication Patterns in Task-oriented Groups. In: D. Cartwright / A. Zander (Hrsg.): Group Dynamics. Evanston/Ill. 1960, S. 669—682.

[57] R. M. Emerson: Mount Everest. Eine Fallstudie über Kommunikationsrückfluß und Erhaltung des Zielstrebens von Gruppen. In: G. Lüschen (Hrsg.): Kleingruppenforschung, a. a. O., S. 135—167.

[58] H. Charnofsky: Die Aufgabe von Verteidigungsschichten in Drucksituationen. In: G. Lüschen, a. a. O., S. 237—250; H. Lenk: Aufgabe von Wertbindungen bei westdeutschen Hochleistungsruderern unter soziodramatisch fingiertem Stress. In: Soziale Welt 19, 1968, S. 66—73.

[59] H. Hammerich: Leistungsforcierung im Sportunterricht und ihr Einfluß auf die Struktur von Schulklassen. In: G. Lüschen, a. a. O., S. 224—236.

[60] G. Lüschen: Leistungsorientierung und ihr Einfluß auf das soziale und personale System, a. a. O.

stellung guter Leistungen im Sport hatte deshalb nur dann den Effekt, daß in ihren Leistungen verbesserte Sportler ihren *sozialen Rang* erhöhten, wenn sie in anderen Schulfächern ebenfalls eine Verbesserung aufwiesen. Ein Effekt der Übertragung einer allgemeinen Leistungsorientierung schien sich dadurch nachzuweisen, daß nach Beendigung des Feldexperimentes allgemein gute Leistungen in allen Aktivitäten wichtiger für die Zuerkennung eines sozialen Ranges wurden als vorher. Als erste Reaktion in den personalen *Beziehungen* glaubten die Beobachter eine Erhöhung der Aggressivität und Affiliation durch verstärkte Leistungsorientierung festzustellen.

Diese Untersuchungen gehören zu den wenigen empirischen Bestätigungen für Hypothesen, wie sie früher von G. Simmel[61], neuerdings von N. Elias und E. Dunning[62] im Hinblick auf Streit und Konflikt aufgestellt worden sind; daß nämlich Wettstreit nicht in rücksichtslosen Kampf ausartet, sondern daß sich im Krieg wie auch auf dem Sportplatz zwischen Gegnern auf der Basis einer sozialen „Konfiguration" ein Konsensus ergibt. Auch aus Untersuchungen der deutschen Sportjugend ergab sich, daß steigende sportliche Leistung mit der verstärkten Betonung affiliativer Werte (Kameradschaft) verbunden war[63]. Die sportliche Fairneß als Ausdruck solcher Wertorientierung bei gleichzeitiger Betonung von Erfolg und Leistung im System ist dafür ein signifikanter Ausdruck. Abhängig ist das Funktionieren dieser strukturellen Bindung zwischen Leistung und Affiliation vom Ausmaß sozialer *Kontrolle*, die durch die vielfältige soziale und formale Organisation im Sport bedingt ist. Wo diese sozialen Kontrollen schwach sind wie im Berufsboxen, wird sich diese Verbindung zwischen Leistung, Erfolgsstreben und Affiliation nicht einstellen[64].

c) Erste Untersuchungen über die Führung von Basketball-Mannschaften ergaben, daß Mannschaften um so erfolgreicher waren, je distanzierter sich der Mannschaftsführer verhielt[65]. Neuere Erkenntnisse gehen jedoch dahin, gute Führung aus einer ganzen Reihe von Faktoren zu erklären, zu denen nach F. E. Fiedler die Führer-Mitglieder-Beziehung, die Position des Führers und die Komplexität der Aufgabe gehören. Es wird also in Zukunft weni-

---

[61] G. Simmel: Der Streit. In: G. Simmel: Soziologie. Berlin 1958⁴, S. 186—255.

[62] N. Elias / E. Dunning: Zur Dynamik von Sportgruppen. In: G. Lüschen (Hrsg.): Kleingruppenforschung, a. a. O., S. 118—134.

[63] G. Lüschen: Die deutsche Sportjugend. Untersuchung von 15—25 Jahre alten Sportvereinsmitgliedern (1958 — unveröffentlicht).

[64] S. K. Weinberg / H. Arond: The Occupational Culture of the Boxer. In: The American Journal of Sociology 67, 1952, S. 460—469 (dt. in: Lüschen / Weis).

[65] F. E. Fiedler: The Leader's Psychological Distance and Group Effectiveness. In: D. Cartwright / A. Zander, a. a. O., S. 586—606.

ger wichtig sein, von bestimmten Führerqualitäten als von Führungssituationen auszugehen. So kann derselbe Führer in der einen Situation ebenso erfolgreich sein, wie er in der anderen erfolglos sein mag[66]. In anderen Ansätzen zum Problem der Führung von Mannschaften zeigt sich im Leistungssport die Wahl des Mannschaftsführers in hohem Maße von der Zentralität seiner Position im gesamten Interaktionsnetz auf dem Spielfeld bestimmt[67].

Analysen der umfangreichen amerikanischen Baseball-Statistiken haben im übrigen ergeben, daß der Einfluß des Trainers auf den Erfolg seiner Mannschaft wahrscheinlich überschätzt wird. Dafür ist auch eine kurzfristige Zunahme von gewonnenen Spielen nach einem Trainerwechsel kein Beweis. Der Wechsel eines Trainers nach Mißerfolgen führt nämlich in erster Linie zu besseren Ergebnissen, weil Clubleitung, Zuschauer und Mannschaft auf diese Weise ihre Frustrationen ableiten und den alten Trainer zum „Sündenbock" machen können[68].

Sport und Institutionen — Sport und soziale Probleme

Sowohl zum Thema Sport als Teil von Institutionen (Schule, Militär, Massenmedien) als auch zum Sport und soziale Probleme (Freizeit, Arbeit, Delinquenz) sind die vorhandenen Ergebnisse lückenhaft und weitgehend ohne großen Erkenntniswert. Es wäre aber von größter Wichtigkeit zu erkennen, in welchem Umfang etwa die speziellen Kulturen der Schule, des Militärs oder anderer Institutionen den Sport verändern; denn daß sich bei gleichen Regeln und Techniken oft eine völlig andere Wertstruktur und Funktion entwickeln kann, liegt etwa am Beispiel der Leibeserziehung in der Schule auf der Hand. Das ist aus der ideologischen Position, die das Materielle und Essentielle überbewertet, oft übersehen worden. Überschätzt wird entsprechend auch die Wirkungsmöglichkeit des Sports in diesen institutionellen Kontexten, vor allem im Rahmen totaler Institutionen. Seinen Niederschlag hat dieses Wunschdenken vor allem in der Diskussion um die Bedeutung von Sport im Rahmen von Resozialisierungsmaßnahmen — z. B. im Strafvollzug — gefunden.

---

[66] A. E. Myers / F. E. Fiedler, a. a. O.

[67] O. Grusky: The Effects of Formal Structure on Managerial Recruitment: A Study of Baseball Organization. In: Sociometry 26, 1963, S. 345—353; J. W. Loy, Jr.: Effects of Formal Structure on Organizational Laedership: An Investigation of Interscholastic Baseball Teams. 2nd International Congress of Sport Psychology. Washington 1968.

[68] W. A. Gamson / N. A. Scott: Scapegoating in Baseball. In: The American Journal of Sociology 70, 1964, S. 69—72.

Daß Sport eine wichtige Freizeitbeschäftigung ist, geht aus vielen Untersuchungen hervor[69]. Die tatsächliche Position und Wertigkeit, die Beziehungen zu anderen Aktivitäten sind aber kaum bekannt, da die Gültigkeit der Ergebnisse aus der Freizeitforschung relativ gering ist. Ebenso wenig sind Zusammenhänge zwischen Sport und Arbeit — wenn man von phänomenologischen Beschreibungen der Grundstrukturen des Leistungssports und des industriellen Arbeitsprozesses einmal absieht[70] — erfaßt worden. Jedenfalls läßt sich die Behauptung einer bloßen Funktion des Ausgleichs zur Arbeit zurückweisen. In Sport und Arbeit zeigen sich nämlich durchaus auch gleichgerichtete Aktivitäten; so sucht etwa das einzelne Individuum die in der Arbeit trainierte Aktivität auch im Sport zur Erreichung eines besseren Status einzusetzen und umgekehrt[71].

Wahrscheinlich offenbart sich die unreflektierte Übertragung einer für den betreffenden Autor zwar evidenten Wertschätzung des Sports auf weitere gesellschaftliche Zusammenhänge nirgends so drastisch wie bei der Diskussion um Sport und soziale Probleme. Versucht wird nämlich durchgehend, die besondere Leistung des Sports bei der Lösung des fraglichen Problems aufzuzeigen, ohne zu berücksichtigen, in welchem Maße Sport in anderen sozialen Kontexten seine sonst vielleicht typische Ausprägung und Wirkung verlieren kann. Vor allem aber wird die jeweilige Problemdefinition undiskutiert übernommen, und die Bedeutung des Sports für das so definierte Problem wird in einer Weise thematisiert, als wenn Problemdefinitionen nicht selbst Ausdruck bestimmter gesellschaftlicher Machtverteilungszustände wären[72]. Von daher darf es auch nicht verwundern, wenn etwa die (angebliche) *Diskriminierung* des Leistungssports oder die (angebliche) soziale Benachteiligung des Leistungssportlers zu einem gesamtgesellschaftlich relevanten Problem erklärt wird[72a]. „Soziologisch" interessanter

---

[69] J. P. Robinson: Time Expenditure of Sports Across Ten Countries. In: International Review of Sport Sociology 2, 1967, S. 67—87.

[70] Vgl. B. Rigauer: Sport und Arbeit, a. a. O.

[71] E. M. Schaginger: Arbeit und Freizeit. In: Psychologie und Praxis 4, 1960, S. 18—26; G. Lüschen: Die Freizeit der Arbeiterschaft und ihre Beziehung zum Sport. In: International Congress on Leisuretime and Physical Recreation of the Workers. Bruxelles 1964, S. 112—138; H. Linde: Zur Soziologie des Sports. Versuch einer empirischen Kritik soziologischer Theoreme. In: H. Plessner u. a. (Hrsg.): Sport und Leibeserziehung. Sozialwissenschaftliche, pädagogische und medizinische Beiträge. München 1967, S. 103—120.

[72] Vgl. A. Wohl: Sport and the Quality of Life. In: International Review of Sport Sociology 12, 1977, 2, S. 35—48.

[72a] Vgl. F. Neidhardt: Zeitknappheit, Umweltspannungen und Anpassungsstrategien im Hochleistungssport. In: Sportwissenschaft 8, 1978, S. 333—349.

wären jedoch Fragen wie: Welche sozialen Gruppierungen verwenden mit welchen Mitteln, welchem Erfolg und in welcher Form in einem bestimmten gesellschaftlichen Kontext eine solche Problemdefinition, welche Problemdefinition, welche Problemsicht mit welchen möglichen gesellschaftlichen Konsequenzen wird dadurch kreiert, oder welche anderen, für den Sport durchaus wichtigen Probleme erfahren durch diese Problemdefinition eine neue Bedeutung[73].

Wenn auch einleitend betont wurde, daß in den bisherigen soziologischen Publikationen über Sport, Formen, Bedingungen und Konsequenzen der eigenen Wissensproduktion so gut wie gar nicht bedacht werden, so ist doch immerhin festzuhalten, daß das Stadium reiner Beschreibung, oft in nicht-soziologischen Kategorien, mehr und mehr abgelöst wird durch eine Orientierung auf Theoriestücke, die trotz ihrer begrenzten Reichweite nicht nur Grundlage für die weitere Diskussion über Sport und Leibeserziehung sein werden, sondern wegen der Relevanz dieses Bereiches für die allgemeine Soziologie auch die Entwicklung der allgemein soziologischen Erkenntnisse fördern dürften. Dies wird nicht zuletzt daran sichtbar, daß aus der Kenntnis der strukturellen Besonderheit des Sports von Elias und Dunning[74] ein spezifischer soziologischer Ansatz entwickelt und von Lüschen[75] die Notwendigkeit einer analytischen Trennung von *Kooperation* und *Assoziation* und die Bedeutung ihrer polaren Bezogenheit im Konflikt zwischen Gruppen aufgewiesen wurden.

---

[73] Vgl. dazu auch K. Hammerich: Kritische Studien zur Freizeitpädagogik und Freizeitsoziologie. Kastellaun 1978.

[74] N. Elias / E. Dunning: Zur Dynamik von Sportgruppen, a. a. O.; N. Elias: Die Genese des Sports als soziologisches Problem. In: K. Hammerich / K. Heinemann, a. a. O., S. 81—109.

[75] G. Lüschen: Cooperation, Association, and Contest. In: Journal of Conflict Resolution 14, 1970, S. 21—34 (dt. in: Hammerich / Heinemann); derselbe: Kooperation und Assoziierung. Zwei Formen sozialer Beziehungen im Wettkampf als sozialer Konflikt. In: R. Albonico / K. Pfister-Binz, a. a. O., S. 137 bis 143.

Ergänzende Literaturhinweise *

Andreano, R.: No Joy in Mudville. Cambridge/Mass. 1965.

Balazs, E.: In Quest of Excellence. A Sociological Study of Women in the Olympics. Waldick 1975.

Ball, D. W.: Failure in Sport. In: American Sociological Review 41, 1976, S. 726 bis 739.

Beisser, A. R.: The Madness in Sports. Psychosocial Observations on Sports. New York 1967.

Blalock, H. M.: Occupational Discrimination: Some Theoretical Propositions. In: Social Problems 9, 1962, S. 240—247.

Boering, S. A., Bergen, A. v.: Prestige en belangstelling. In: Sociologische Gids 7, 1960, S. 70—77.

Bouet, M.: Signification du sport. Paris 1968.

Brailsford, D.: Sport and Society. Elizabeth to Anne. London-Toronto 1969.

Brower, J. J.: Professional Sports Team Ownership: Fun, Profit and Ideology of the Power Elite. In: International Review of Sport Sociology 12, 1977, 4, S. 79—98.

Caillois, R.: Die Spiele und die Menschen. Stuttgart 1960.

Charnofsky, H.: The Major League Professional Baseball Player: Self-Conception Versus the Popular Image. In: International Review of Sport Sociology 3, 1968, S. 39—55.

Cikler, J.: The Rise, the Development and the Extinction of a Soccer Team of Boys. In: International Review of Sport Sociology 2, 1967, S. 33—46.

Civiaho, P.: The Regional Distribution of Sport Organizations as a Function of Political Cleavages. In: Sportwissenschaft 4, 1974, S. 72—81.

Clignet, R., Stark, M.: Modernization and the Game of Soccer in Cameroun. In: International Review of Sport Sociology 9, 1974, 3—4, S. 81—98.

Coleman, J. S.: Athletics in Highschool. In: Annals of the American Academy of Political and Social Sciences 338, 1961, S. 33—43.

Damm, H.: Vom Wesen sogenannter Leibesübungen bei Naturvölkern. In: Studium Generale 13, 1960, S. 3—10.

Dauriac, C.: L'Economie du Sport en France. Paris 1977.

Downes, D., Davies, B., David, M., Stone, P.: Gambling, Work and Leisure. A Study across Three Areas. Oxford 1976.

Dumazedier, J.: Some Remarks on Sociological Problems in Relation to Physical Education and Sports. In: International Review of Sport Sociology 3, 1968, S. 5—15.

— Sport and Sports Activities. In: International Review of Sport Sociology 8, 1973, 2, S. 7—34.

Dunning, E., Sheard, K.: The Bifurcation of Rugby Union and Rugby League: A Case Study of Organizational Conflict and Change. In: International Review of Sport Sociology 11, 1976, 2, S. 5—30.

* Eine ausgewählte Bibliographie findet sich im Anschluß an den Beitrag von G. Lüschen u. a. In: Zur Soziologie des Sports, a. a. O., S. 125—135, und in: G. Lüschen / K. Weis, a. a. O.

— Barbarians, Gentlemen, and Players. A Sociological Study of the Development of Rugby Footbool. Oxford 1979.

Edwards, H.: Sociology of Sport. Homewood/Ill. 1973.

Eggleton, J.: Secondary School and Oxbridge Blues. In: British Journal of Sociology 16, 1965, S. 232—242.

Eichberg, H.: Der Weg des Sports in die industrielle Zivilisation. Baden-Baden 1973.

— Leistung, Spannung, Geschwindigkeit. Sport und Tanz im gesellschaftlichen Wandel des 18./19. Jahrhunderts. Stuttgart 1978.

Eitzen, D. St.: The Effect of Group Structure on the Success of Athletic Teams. In: International Review of Sport Sociology 8, 1973, S. 7—18.

Elias, N., Dunning, E.: The Quest for Excitement in Unexciting Societies. In: G. Lüschen (Hrsg.): The Cross-Cultural Analysis of Sport and Games. Champaign/Ill. 1970, S. 31—51.

Ellis, M.: Why People Play. Englewood Cliffs 1973.

Famaey-Lamon, A.: Some Aspects of Social Status, Culture and Promotion Factors of the Family in Relation to Sport Practice. In: International Review of Sport Sociology 12, 1977, 4, S. 5—15.

Frank, B.: Soziale Determinanten des organisierten Sportbetriebs. Phil.-Diss. Münster 1963.

Grusky, O.: Managerial Succession and Organizational Effectiveness. In: American Journal of Sociology 69, 1963, S. 21—31.

Habermas, J.: Soziologische Notizen zum Verhältnis von Arbeit und Freizeit. In: H. Plessner, H. E. Bock, O. Grupe (Hrsg.): Sport und Leibeserziehung. München 1967, S. 28—46.

Hammerich, K.: Zur Frage einer gesundheitsfördernden Wirkung des Sports — Versuch einer soziologischen Analyse. In: Sportcahiers 6, 1970, S. 4—17.

Hanhart, D.: Freizeit und Sport in der industriellen Gesellschaft. In: Arbeit, Freizeit und Sport. 3. Magglinger Symposium 1962. Bern 1963, S. 13—68.

Heinemann, K.: Einführung in die Soziologie des Sports. Schorndorf 1980.

— Soziale Determinanten des Sportengagements. In: Sportwissenschaft 1976, 6, S. 374—383.

Heinilä, K.: Leisure and Sport. Publikation Nr. 5, Institut für Soziologie, Universität Helsinki 1959.

— Survey of the Value Orientations of Finnish Sport Leaders. Jyväskylä 1970.

— Citius-Altius-Fortius. The Olympic „Contribution“ to the Professionalization of Sport. In: O. Grupe u. a.: Sport in unserer Welt — Chancen und Probleme. München 1973, S. 383—388.

Helanko, R.: Sports and Socialization. In: Acta Sociologica 2, 1957, S. 229—240.

Hermann, H. U.: Die Fußballfans. Schorndorf 1977.

Horkheimer, M.: New Patterns in Human Relations. In: E. Jokl (Hrsg.): International Research in Sport and Physical Education. Springfield 1964, S. 173 bis 185.

Iso-Ahola, S.: Evaluation of Self and Team Performance and Feelings of Satisfaction after Success and Failure. In: International Review of Sport Sociology 11, 1976, 4, S. 33—46.

Jaeggi, U.: Sport und Gesellschaft. In: Sociologia internationalis 5, 1967, S. 57—80.

—, Bosshard, R., Siegenthaler, J.: Sport und Student. Bern, Stuttgart 1963.

Jensen, A. E.: Wettkampfparteien, Zweiklassensysteme und geographische Orientierung. In: Studium Generale 1, 1948, S. 38—48.

Jütting, D. H.: Freizeit und Erwachsenensport. München, Basel 1976.

Kenyon, G. S.: The Significance of Physical Activity as a Function of Age, Sex, Education, and Socio-Economic Status of Northern United States Adults. In: International Review of Sport Sociology 1, 1966, S. 41—57.

Klein, M.: Die Beziehung der Leistungsfähigkeit zur Form der Gruppenbeziehungen bei Spielern im Basketballteam. In: 2. Mezinárodní Kongres, o Tělesné Zdatnosti Mladeže (Praha 29. 9.—1. 10. 1966). Praha 1967, S. 165—169.

Krawczyk, Z.: Natura, Kultura, Sport. Warschau 1970.

— Sport as a Factor of Acculturation. In: International Review of Sport Sociology 8, 1973, 2, S. 63—75.

Krockow, Ch. Graf von: Der Wetteifer in der industriellen Gesellschaft und im Sport. In: Neue Sammlung 4, 1962, S. 297—308.

— Selbst-Bewußtsein, Entfremdung, Leistungssport. In: Sportwissenschaft 4, 1974, S. 9—20.

Landers, D. M.: Sibling-Sex-Status and Ordinal Position Effects on Females' Sport Participation and Interests. In: Journal of Social Psychology 80, 1970, S. 247 bis 248.

Latten, W.: Bürokratisierung im Sport. In: Kölner Viertelsjahrshefte für Soziologie 12, 1933/34, S. 297—304.

Lenk, H.: Werte, Ziele, Wirklichkeit der modernen olympischen Spiele. Schorndorf 1972².

— Zu Coubertins olympischen Elitismus. In: Sportwissenschaft 4, 1974, S. 404—424.

Loy, J. W., Jr.: A Paradigm of Technological Change in the Sports Situation. In: International Review of Sport Sociology 1, 1966, S. 177—193.

Lüschen, G.: Prolegomena zu einer Soziologie des Sports. In: Kölner Zeitschrift für Soziologie und Sozialpsychologie 12, 1960, S. 505—515.

— Der Leistungssport in seiner Abhängigkeit vom sozio-kulturellen System. In: Zentralblatt für Arbeitswissenschaft 16, 1962, S. 186—190.

— Psychologischer Reduktionismus und informelle Beziehungen im Wettkampf. In: G. Albrecht u. a. (Hrsg.): Soziologie. Opladen 1973, S. 753—759.

— Policy-Making in Sport Organizations and Their Executive Personnel: A Proposal for a Cross-National Project. In: M. Archer (Hrsg.): Current Research in Sociology. The Hague 1974, S. 307—382.

Magnane, G.: Sociologie du sport. Paris 1964.

McClintock, Ch. G., McNeel, St. P.: Reward and Score Feedback as Determinations of Cooperative and Competitive Game Behavior. In: Journal of Personality and Social Psychology 4, 1966, S. 606—613.

McPherson, B. D.: Involuntary Turnover: A Characteristic Process of Sport Organizations. In: International Review of Sport Sociology 11, 1976, 4, S. 5—16.

Meyer, H.: Der Hochleistungssport — ein Phänomen des Showbusiness. In: Zeitschrift für Soziologie 2, 1973, S. 59—78.

— Puritanism and Physical Training. In: International Review of Sport Sociology 8, 1973, 1, S. 37—52.

Meynaud, J.: Sport et politique. Paris 1966.

Mihovilović, M.: The Status of Former Sportsmen. In: International Review of Sport Sociology 3, 1968, S. 73—96.

Myers, A. E.: Performance Factors Contributing to the Acquisition of a Psychological Advantage in Competition. In: Human Relations 19, 1966, S. 283—295.

— Psychological Advantages in a Competitive Game. In: International Review of Sport Sociology 5, 1970, S. 163—174.

Nixon II, L.: Reinforcement Effects of Sports Team Success. Cohesiveness-Related Factors. In: International Review of Sport Sociology 12, 1977, 4, S. 17—38.

Nühlen, K.: Das Publikum und seine Aktionsarten. In: Kölner Zeitschrift für Soziologie und Sozialpsychologie 5, 1952/53, S. 446—474.

Petrović, K.: Effects of Social Stratification and Socialization in Various Disciplines of Sport in Yugoslavia. In: International Review of Sport Sociology 11, 1976, 2, S. 95—173.

Pickford, R. W.: Aspects of the Psychology of Games and Sports. In: British Journal of Psychology 31, 1941, S. 270—293.

Pidoux, F.: Vers une politique de promotion sportive. Basel 1972.

Plessner, H.: Soziologie des Sports. In: Deutsche Universitätszeitung 7, 1952, S. 9—11, 12—14, 22—23.

Polsky, N.: Poolrooms: End of the Male Sanctuary. In: Trans-action 4, 1967, S. 32—40.

Prokop, U.: Soziologie der Olympischen Spiele. München 1972.

Rehberg, R. A., Schafer, W. E.: Participation in Interscholastic Athletics and College Expectations. In: American Journal of Sociology 63, 1968, S. 732—740.

Riesman, D., Denney, R.: Football in America. In: D. Riesman: Individualism Reconsidered. Glencoe 1954, S. 242—257.

Rigauer, B.: Leistungssport als Arbeitsleistung. Zur Dialektik sportspezifischer Leistung. In: Die vertrimmte Nation oder Sport in rechter Gesellschaft. Hrsg. von J. Richter. Reinbek 1972, S. 60—74, 140—142.

Roadburg, A.: Is Professional Football a Profession? In: International Review of Sport Sociology 11, 1976, 3, S. 27—37.

Roberts, J. M., Sutton-Smith, B.: Child Training and Game Involvement. In: Ethnology 1, 1962, S. 166—185.

Röblitz, G.: Freizeit und Körperkultur der Menschen in Sozialismus-Kommunismus. In: Wissenschaftliche Zeitschrift der Deutschen Hochschule für Körperkultur 4, 1962, S. 121—127.

Rosenblatt, A.: Negroes in Baseball: The Failure of Success. In: Trans-action 5, 1967, S. 51—53.

Schafer, W. E., Armer, J. M.: Athletes Are Not Inferior Students. In: Trans-action 6, 1968, S. 21—26, 61—62.

Schelsky, H.: Friede auf Zeit. Die Zukunft der Olympischen Spiele. Osnabrück 1973.

Scheuch, E. K.: Der Sport in einer sich wandelnden Gesellschaft. In: Jahrbuch des Sports 1971/72. Frankfurt/M. 1971, S. 7—29.

Schmidt, H. D.: Versuch einer Inhaltsanalyse nationaler Tendenzen in Sportreportagen. In: Psychologische Rundschau 16, 1965, S. 43—51.

Simon, R. J., Carey, J. W.: The Phantom Racist. In: Trans-action 4, 1966, S. 5—11.
Sport, culture et repressions. In: Partisans 43, 1968, Juli-September, S. 5—152.
Stogdill, R. M.: Team Achievement under High Motivation. Columbus/Ohio 1963.
Stone, G. P.: American Sports — Play and Display. In: E. Larrabee / R. Meyersohn (Hrsg.): Mass Leisure. Glencoe 1958, S. 253—264.
Sutton-Smith, B., Roberts, J. M.: Studies of an Elementary Game of Strategy. In: Genetic Psychology Monographs 75, 1967, S. 3—42.
Umphlett, W. L.: The Sporting Myth and the American Experience: Studies in Contemporary Fiction. Cranbury 1975.
Watson, G.: Games, Socialization and Parental Values: Social Class Differences in Parental Evaluation of Little League Baseball. In: International Review of Sport Sociology 12, 1977, 1, S. 17—48.
Wohl, A.: Competitive Sports and Its Social Functions. In: International Review of Sport Sociology 5, 1970, S. 117—130.
Wurzbacher, G.: Der Verein in der freien Gesellschaft. In: Dt. Sportbund (Hrsg.): Der Verein als Träger der deutschen Turn- und Sportbewegung. Dortmund 1963, S. 5—14.
Ziemilski, A.: In der zweiten Hälfte des „Jahrhunderts des Sports". Eine soziologische Skizze über den bürgerlichen Skeptizismus im Sport. In: Theorie und Praxis der Körperkultur (Sonderheft) 13, 1964, S. 170—178.

3.

Erziehung, Bildung und Unterricht im Sport

Ommo Grupe

Bewegung, Spiel und Sport in der Erziehung – Ziele und Aufgaben

Bewegung, Spiel und Sport — bis vor wenigen Jahren sprach man noch von Leibesübungen oder Leibeserziehung — sind deshalb in der Schule vertreten oder werden deshalb als wesentlicher Teil der Kinder- und Jugenderziehung angesehen, weil man annimmt oder davon überzeugt ist, daß sie entweder einen allgemeinen Beitrag zur Erziehung leisten, indem sie zur Erreichung bestimmter übergreifender Erziehungsziele beitragen oder aber spezielle Aufgaben erfüllen, die von anderen Fächern oder Erziehungsgebieten nicht hinreichend wahrgenommen werden können, deren Erfüllung jedoch als Antwort auf Erziehungsprobleme oder gesellschaftliche Erfordernisse notwendig ist. Unter diesen beiden Perspektiven ist — von den Philanthropen um die Wende vom 18. zum 19. Jahrhundert, die als Wegbereiter und Neugründer der Leibeserziehung in der Schule gelten[1], angefangen — bis heute die Diskussion um die Aufnahme der Leibesübungen in die Erziehung und um ihre angemessene pädagogische Bewertung geführt worden. Einerseits sollten Leibesübungen möglichst breit zur Persönlichkeits- und Charakterbildung beitragen, andererseits spezielle Aufgaben z. B. in der Gesundheits- und Bewegungserziehung übernehmen. Je nach Zielbestimmung wurde auch der Erwerb turnerischer bzw. sportlicher Fertigkeiten bewertet; er war entweder eher Selbstzweck oder aber diente als Mittel, allgemeinere Ziele der Erziehung zu erreichen.

Innerhalb eines solchen Spannungsfeldes von Zielorientierungen haben sich drei gleichsam klassische Bildungsmotive herausgebildet:

Das erste Bildungsmotiv liegt in dem wohl ältesten Ziel der Leibesübungen, nämlich dem der Gesundheit. Von körperlicher Betätigung, Turnen, Sport und Leibesübungen wurden positive Wirkungen auf Gesundheit, Leistungsfähigkeit und Wohlbefinden des Menschen erwartet.

Das zweite — allgemeinere — Motiv liegt in dem der „Harmonie" der Erziehung. Der Erziehung des Geistes soll die des Körpers zur Seite gestellt, die Anlagen des Menschen sollen gleichmäßig entfaltet und ausgebildet werden. Das Prinzip der Ganzheit verlangt in der Erziehung die Berück-

[1] Vgl. dazu H. Bernett: Die Neugestaltung der bürgerlichen Leibesübungen durch die Philanthropen. Schorndorf 1960.

sichtigung aller „Teile“ des Menschen und nicht die bevorzugte Ausbildung des einen auf Kosten oder zu Lasten des anderen.

Das dritte Motiv findet sich im Beitrag der Leibesübungen zur charakterlichen Entwicklung. Neben der Ausbildung körperlicher Fertigkeiten sollen sie zur Entfaltung von Mut, Beharrlichkeit, Fairneß, Anstand, innerer Stärke und Kraft beitragen. Sie gelten als Mittel der Charakter- und Persönlichkeitsbildung. „Tugenden“, die in den Leibesübungen erworben werden, sollen sich darüber hinaus auch in anderen Lebensbereichen auswirken.

Motive dieser oder ähnlicher Art bestimmen bis heute die Ziele der Bewegungs- und Sporterziehung, wenngleich sich diese zunehmend auf erreichbare Ziele und auf unmittelbar mit der sportlichen Praxis verbundene, die „Handlungsfähigkeit“ *im* Sport bestimmende und in sportlichen Fertigkeiten begründete Ziele konzentriert.

1. Ziele der Leibesübungen in ihrer historischen Entwicklung

Will man die pädagogischen Ziele des Sports von heute richtig und angemessen einschätzen, so ist es sinnvoll, sie zunächst in ihrer geschichtlichen Entwicklung zu verfolgen. Man erkennt dann sehr schnell, was an ihnen neu ist, was historischer Herkunft unterliegt, und auch, welche wechselnden Begründungen jeweils maßgebend waren, um Stellung und Umfang der Leibesübungen in der Erziehung zu rechtfertigen[2].

Obwohl heute kaum noch erkennbar, stand am Anfang dieser Entwicklung J. J. Rousseau (1712—1778). Ihm verdanken wir nicht nur die „Entdeckung“ des Kindes in seinem besonderen Sein und Eigenanspruch, sondern auch eine erste umfangreichere Rechtfertigung der Leibesübung. Für ihn war der Mensch in seinem „guten“ Urzustand Ausgangspunkt seiner Überlegungen. Nicht Geist und Vernunft des Menschen sind das Entscheidende, sondern es sind seine natürlichen Bedürfnisse; sofern er in Übereinstimmung mit ihnen ist, kann er glücklich sein. Vernunft und Moral hingegen bewirken seinen Abfall von der Natur, lösen ihn aus der Übereinstimmung mit seinen natürlichen Bedürfnissen.

---

[2] C. Kleindienst-Cachay hat aufgezeigt, welche Konzepte letztlich realisiert wurden; ihre Umsetzung in die pädagogische Wirklichkeit hängt oftmals mit Gründen zusammen, die keineswegs auf pädagogischen Überlegungen beruhen, sondern auf der jeweiligen sozialen und gesellschaftlichen Lage (vgl. C. Kleindienst-Cachay: Die Verschulung des Turnens. Über Bedingungen und Folgen der Institutionalisierung der Leibesübungen in den öffentlichen Schulen. Schorndorf 1980.

Erziehung hat sich demzufolge nicht auf Geist und Vernunft zu richten, sondern auf das körperliche Sein des Menschen. Sie muß in erster Linie leibliche Erziehung und — den inneren Gesetzen der Natur folgend — Verhinderung und Fernhaltung schädlicher Einflüsse sein; sie tut nichts, darf nichts tun, darf nicht von außen in den Erziehungsvorgang eingreifen. Sie ist in diesem Sinne *„negative"* Erziehung. Richtet sie sich — der natürlichen Ordnung entsprechend — auf den Körper, ergibt sich die geistige Erziehung gleichsam von selbst. Unsere ersten „Philosophielehrer", so sagt Rousseau deshalb, sind unsere Füße, Hände und Augen[3]. Je mehr der Körper geübt wird, desto klarer und kräftiger wird dann auch der Geist; je stärker der junge Mensch wird, desto einsichtsvoller wird er auch, und er wird eines Tages besitzen, was man zuvor für unvereinbar hielt: „Kraft des Körpers und des Geistes, die Vernunft des Weisen und die Stärke des Athleten"[4]. Man werde niemals Weise erziehen können, wenn man nicht zuvor „Gassenjungen" und „Wildfänge" erzogen habe.

Im Vergleich zu Rousseau sind es bei den Philanthropen zunächst hygienische Begründungen, mit denen die Gymnastik gerechtfertigt und ihre Ziele bestimmt werden sollen. Gesundheit, Behendigkeit, Geschicklichkeit und nützliche „Brauchkünste" des täglichen Lebens werden erstrebt, Abhärtung und Wohlgeratenheit des Körpers gefordert. Darüberhinaus ist es Aufgabe der Leibesübungen, geistig-intellektuelle Anforderungen auszugleichen, nach geistiger Anspannung Ablenkung zu gewähren und die Harmonie zwischen Leib und Seele zu fördern.

J. B. Basedow (1723—1790), einer der führenden Philanthropen, nannte aus diesen Gründen die Leibesübungen die „Vorübungen"[5] des wahren

---

[3] J. J. Rousseau: Emile. Schöninghs Sammlung pädagogischer Schriften. Quellen zur Geschichte der Pädagogik. Übersetzt von J. Esterhues. Paderborn 1958, S. 121.

[4] a. a. O., S. 114.

[5] Eine bezeichnende Stelle bei Basedow lautet: „Er (der Knabe) muß die Bewegungen, worinnen die Geschicklichkeit uns und andere zuweilen aus Gefahren rettet, von einem erfahrenen und vorsichtigen Manne ordentlich lernen: das Bergklettern, sich am Seile herunterlassen. Würfen und fallenden Körpern ausweichen, über schwaches Eis kommen, auf schmalen Balken gehen, schwimmen, rudern, steuern, segeln, die Sicherheit eines geladenen Fahrzeugs beurteilen, andere aus dem Wasser retten, reiten, selbst fahren, die Ladung eines Wagens beurteilen, schießen, sich wehren (auch gegen Hunde) mit Stöcken, Degen und Säbeln ...
Er muß nach und nach zur unschädlichen Ertragung solcher Beschwerlichkeiten gewöhnt werden, die im männlichen Leben zuweilen unvermeidlich sind, z. B. in kalten Zimmern auszuhalten, auch ein zu warmes zu ertragen, nach Schweiß

männlichen Lebens; C. G. Salzmann (1744—1811) knüpfte an diesen Gedanken an. „Für den Körper meiner Zöglinge werde ich sorgen, daß er Gesundheit, Kraft, Festigkeit und Geschicklichkeit bekommt, stets eingedenk meines Grundsatzes, daß es schwer sei, daß eine glückliche und starke Seele in einem schwächlichen Körper wohnen und wirken könne", schreibt er in einer Werbeschrift für seine Schule in Schnepfenthal.

Auch J. C. F. GutsMuths (1759—1839), der besonders durch seine Schrift „Gymnastik für die Jugend" (1793, 2. Aufl. 1804) bekannt wurde, verfolgte ähnliche Ziele. Für ihn ist der Mensch „ein einziges Ganzes, ein untheilbares Wesen; ein geistiger Körper und ein verkörperter Geist"[6]. Man muß den Geist sehen, „wie er sich unabhängig vom Körper nicht bilden kann; wie er nicht frey ist von den Einwirkungen seines irdischen Gefährten; wie er diesen als Organ seiner Kräfte in der physischen Welt durchaus gebraucht"[7]. Deshalb gilt die Forderung: „Bilde alle Anlagen im physischen Menschen aus zur möglichsten Schönheit und vollkommensten Brauchbarkeit des Körpers, als Lehrers und Dieners des Geistes"[8]. „Wenn das Physische und Geistige im Menschen nur Eins macht; wenn beyder Schicksale unzertrennlich zusammenhängen, wenn ihre Bildung nur unzertrennt statt finden kann; so muß beyder Bildung immer in voller Harmonie Hand in Hand gehen."[9]. In der Leibesübung geht es um die „Gründung einer innigern Harmonie zwischen Geist und Leib"[10].

In der Erziehung seiner Zeit kommen nach Auffassung von GutsMuths jedoch Leibesübungen viel zu kurz. Schlechte körperliche Haltung, Untätigkeit und Faulheit werden begünstigt. Man „beabsichtiget nur Bildung der

---

in Zugluft sein, bäurische harte Kost zu genießen, nach großer Ermüdung nicht zu schlafen, auf harten Bänken ohne Polster einzuschlafen, lange Weile bei allerlei Umständen zu ertragen oder vielmehr abzuwenden, sich im Finstern und in unbekannten Gegenden zurecht zu finden oder die größeren Gefahren der Verirrung zu unterscheiden oder zu vermeiden usw....
Ich bin in meinen Schulen und von meinen Führern nicht zum Manne gebildet, aber wünsche, daß die Nachwelt wieder Männer erhalte. Nur so, sage ich, erziehen wir wahre Männer, denen vernünftige Weiber desto williger nachgeben werden, je mehr sie solche oft brauchbare und nützliche Kenntnisse und Fertigkeiten an ihnen sehen, welche sie selbst nicht haben."
(Zit. nach J. B. Basedow: Ausgewählte Schriften. Besorgt von A. Reble. Paderborn 1965, S. 192—193).

6 J. C. F. GuthsMuths: Gymnastik für die Jugend, Schnepfenthal 1804², S. 15.

7 a. a. O., S. 24.

8 a. a. O., S. 30.

9 a. a. O., S. 18 f.

10 a. a. O., S. 82.

Seele, gleichsam als ob wir keinen Körper hätten"[11]. Ziel der Gymnastik ist es dagegen, den Körper gehorsam zu machen. „Willst du einen kraftvollen Körper haben, so lehre ihn Gehorsam gegen deinen Willen, gymnastisire ihn unter Schweiß und Arbeit."[12]. „Wir streben nach einer Vollkommenheit, die etwas Entzückendes mit sich führt; nach einer Zusammenstimmung, durch welche Geist und Leib gleich stark, gleich kraftvoll, in ihrer Verbindung Wollust, nicht Kümmerniß empfinden; wir streben nach Harmonie zwischen beyden"[13].

Eine fundierte Zielbestimmung der Leibesübungen, der „physischen" Erziehung bzw. der Gymnastik, ist J. H. Pestalozzi (1746—1827) zu verdanken. Für Pestalozzi sind es die Natur des Menschen, seine Bedürfnisse und Naturanlagen, die zur pädagogischen Bestimmung der „physischen" Erziehung heranzuziehen sind. Die entscheidende Voraussetzung, unter der sie steht, ist die Einheit der Persönlichkeit, die Ganzheit des Menschen. Jeder Ansatz der Erziehung in physischer, geistiger und sittlicher Hinsicht ist „ein Ausfluß der menschlichen Natur als ein Ganzes im Ganzen". Die verschiedenen „Hinsichten" der Bildung sind nicht voneinander zu trennen; Erziehung des „Kopfes", der „Hand" und des „Herzens" gehören zusammen. Auch die Gymnastik — als eine „Hinsicht" der menschlichen Bildung — zielt deshalb grundsätzlich auf die Bildung des ganzen Menschen; auch sie steht unter dem Prinzip der „Einheit der Menschennatur"[14]. „Die Natur gibt das Kind als ein untrennbares Ganzes, als eine wesentliche organische Einheit mit vielseitigen Anlagen des Herzens, des Geistes und des Körpers. Sie will entschieden, daß keine dieser Anlagen unentwickelt bleibe ... Die Entwicklung des einen ist nicht nur mit der Entwicklung des andern unzertrennlich verbunden, sondern sie entwickelt auch eine jede dieser Anlagen vermittelst der andern und durch sie. Die Entfaltung des Herzens wird ein Mittel selbst, auch den Geist, die des Geistes, den Körper, und umgekehrt zu entfalten."[15]

Die beste körperliche Ausbildung führt deshalb im Grunde zu gar nichts, wenn sie nicht mit einer sittlichen Haltung verbunden ist. Es ist falsch, von dem „Trugschimmer äußerer vereinzelter Fertigkeiten" auszu-

---

[11] J. C. F. GuthsMuths: Gymnastik für die Jugend. 1793. In: Quellenbücher der Leibesübungen, Bd. 1. Dresden o. J., S. 12.

[12] a. a. O., S. 204.

[13] a. a. O., S. 143.

[14] J. H. Pestalozzi: Ges. Werke. Hrsg. v. E. Boshart u. a. Zürich 1944—1947, Bd. 10, S. 452.

[15] a. a. O., S. 249 f.

gehen; Leibesübung ist nicht auf die Erziehung von Tänzern und Fechtern gerichtet, sondern auf die Erziehung von Menschen. Erst in Verbindung mit der sittlichen und geistigen Erziehung erreicht sie die vollkommene Entfaltung der Persönlichkeit. In sittlicher Hinsicht hat die Elementarbildung deshalb „keine geringere Aufgabe, als der Vernunft und dem guten Willen des Zöglings eine der Natur und den Gesetzen des Körpers angemessene, aber nach diesen Gesetzen unbedingt freie und selbständige Herrschaft über denselben zu verschaffen. Das Kind soll durch sie seiner Glieder Meister, eine Macht über dieselben und seinen Leib als über das Werkzeug seiner Seele behaupten, die es fähig machen, jedem Gebot der Pflicht zu gehorchen“[16].

Nach und neben Pestalozzi wurden Selbstverständnis und Zielsetzung der Leibesübungen besonders von der Pädagogik der Romantik bestimmt. Die Grundzüge romantischen Denkens werden in einer Pädagogik sichtbar, die die Forderung nach harmonischer Entfaltung aller im Menschen angelegten Kräfte und Anlagen und den Gedanken des Wachsenlassens nach den Gesetzen der Natur gleichermaßen betont. Menschenbildung heißt „Nichtstörung dieses einfältigen Naturverfahrens“[17]. Wir fürchten uns, die „jungen Triebe zu disciplinieren, als wenn wir etwas Besseres kennten und wüßten, als sie, die drinnen in der verborgnen Klause ihren Wegweiser und Hüter haben, der sie allein führen und schützen soll“[18], so schreibt E. M. Arndt. Hinter dieser Einstellung steht eine Auffassung vom Leiblichen, die ihm bzw. den Instinkten im Menschen die sichere Führung des Lebens zuerkennt. Vertraut sich der Mensch dieser Führung an, so befestigt sich bei ihm der „erhabene Begriff einer physischen Notwendigkeit, die nur dem Leben und Schicksal Gestalt und Ruhe bringen kann .... Er fühlt die Unbezwinglichkeit und Herrschaft der Elemente über sich und mit Ehrfurcht und ohne Zittern da, wo er diese Herrschaft nicht abschütteln soll; und so kommt es zur Verehrung auch der Gesetze seines Leibes“[19]. Für Arndt z. B. ist deshalb der Leib „göttliches Meisterstück“, „Schattenschein“ des „heiligsten inneren Lebens“, „Tempel“ und „Ebenbild Gottes“, die durchscheinende Hülle des Seelischen[20].

---

[16] a. a. O., S. 264.
[17] E. M. Arndt: Fragmente über Menschenbildung I. Altona 1805, S. 46.
[18] ders.: Fragmente II. S. 41.
[19] ders.: Germanien und Europa. 1803, S. 154.
[20] Vgl. auch R. Andresen: Gedanken über den Leib und seine Bewertung für eine ganzheitliche Erziehung in Ernst Moritz Arndts „Fragmenten über Menschenbildung 1805“. Diss. Mainz 1958, S. 37 und 39.

Die romantische Pädagogik will dabei nicht Bürger, nicht „Fechtmeister und Schleuderer", sondern wieder Menschen bilden. So bemerkt Arndt[21], daß die Menschen seiner Zeit Sklaven ihrer Bedürfnisse geworden seien, am Leibe verkrüppelt und das Leibliche nicht achten; man meint „wunder, was geworden sei, seitdem durch den Geist alles zur Einheit und Möglichkeit, Maschine zu sein und Maschinerie zu verstehen hingebracht ist"[22]. Es fehle ihnen die Nähe zur Natur, das Verständnis für das Ursprüngliche, für die dunklen Hintergründe und die geheimnisvollen Tiefen des Seins. Statt Männlichkeit sind Kraftlosigkeit und falschen Sentimentalität zum Zeichen der Menschen geworden, sie sind eitel „Träumer und Grübler"[23], „tolle(n) Schreier" und der „Schönheit übermütige Entweiher"[24]. Deshalb wendet E. M. Arndt sich gegen ein kraftloses „Wassertränenleben", gegen „weinerliche(r) Empfindsamkeit", gegen diese „triefenden Oelkrüge im Mondschein der Empfindelei"[25]; die „Hurerei des Gemüthes" ist schlimmer als „alle Hurerei des Leibes"[26].

Vom gleichen romantischen Geist sind die pädagogischen Vorstellungen Jean Pauls (1762—1825) geprägt. Für ihn ist das Kind eine „unfaßliche" organische Einheit, eine „Winterwüste voll Frühlingskeime" und „wohin ein Strahl treffe, da grünt es hervor". Etwas, was in ganz besonderer Weise der kindlichen Entwicklung und der Entfaltung seiner Anlagen förderlich ist, ist das Spiel. Spiele sind die „Äußerungen ernster Tätigkeit, aber in leichtesten Flügelkleidern"[27]; sie sind „die erste Poesie des Menschen", bilden alle seine Kräfte, „ohne einer eine siegende Richtung anzuweisen"[28]. Sie fördern die „Herrscherkräfte", den „Widerstand", das „Vergeben" und „Geben", die „Milde", sind damit die „Wurzel und Blüte der Gesellschaft". Man lasse die Kinder deshalb aufwachsen, wie die Natur es will, ihr nahe und in Übereinstimmung mit ihr. Das Kind springe „barfuß durch seine Morgenwelt"; man lasse es spielen, gönne ihm Bewegung und härte es ab. „Körperliche Abhärtung ist, da der Körper der Ankerplatz des Mutes ist, schon geistig nötig. Ihr Zweck und Erfolg ist nicht sowohl Gesundheit — Anstalt und Verlängerung des Lebens — denn Weichlinge

[21] R. Andresen, a. a. O.
[22] Zit. nach Andresen, a. a. O., S. 9.
[23] E. M. Arndt: Fragmente I. S. 129.
[24] ders.: Fragmente I. S. 6.
[25] ders.: Fragmente I. S. 129.
[26] ders.: Fragmente II. S. 141.
[27] E. M. Arndt: Levana oder Erziehlehre. Klinkhardts Pädagogische Quellentexte. Bad Heilbrunn/Obb. 1963, S. 64.
[28] a. a. O., S. 65.

und Wollüstlinge wurden öfters alt, ... — als die Aus- und Zurüstung desselben wider das Ungemach und für Heiterkeit und Tätigkeit“[29]. Leitgedanke ist dabei: „Wagt man nichts an Kindern, so wagt man sie selber, den Leib wahrscheinlich, den Geist gewiß“[30]. Weil der Körper der „Panzer und Küraß“ der Seele ist, muß dieser zu Stahl gehärtet, geglüht und gekältet werden, damit wieder Männer erzogen werden, deren Mut ihrer körperlichen Tüchtigkeit entstammt und für die der „Hase“ keine „Gottheit“ ist.

Auch den pädagogischen Darstellungen F. Froebels (1782—1852) liegt ein romantisches Menschenbild zugrunde. Er entdeckt die Altersstufen des Kindes und Knaben, von denen keine übersprungen werden kann, ihr Spielen und ihre leibliche Erziehung. Vor allem die Spiele des Kindes sind die „Herzblätter des ganzen künftigen Lebens“[31]. „Spielen, Spiel ist die höchste Stufe der Kindesentwicklung, der Menschenentwicklung dieser Zeit; denn es ist freitätige Darstellung des Innern, die Darstellung des Innern aus Notwendigkeit und Bedürfnis des Innern selbst, ... Spiel ist das reinste geistigste Erzeugnis des Menschen auf dieser Stufe, und ist zugleich das Vorbild und Nachbild des gesamten Menschenlebens, ... Die Quellen alles Guten ruhen in ihm, gehen von ihm hervor; ein Kind, welches tüchtig, selbsttätig still, ausdauernd, ausdauernd bis zur körperlichen Ermüdung spielt, wird gewiß auch ein tüchtiger, stiller, ausdauernder, Fremd- und Eigenwohl mit Aufopferung befördernder Mensch“[32]. Das Fehlen des Spiels führt hingegen zu Einseitigkeit und zu leiblicher und geistiger „Verkrüppelung“. Es gibt den Kindern kein Paradies, wohl aber tut dies das Spiel, das „menschlich mild und fühlend denken“ und „sittig wie sinnig im Handeln“ macht. Es entwickelt das Kind für die Welt, es fördert die Gliederung des einigen Lebens und bewirkt umgekehrt die Einigung des gegliederten und mannigfaltigen Lebens. Es zeigt ihm Nützlichkeit, Wahrheit und Schönheit. Es läßt es allseitig erstarken für des Lebens Ernst und gibt ihm Ausdauer und Gewandtheit für die Erfüllung seiner Forderungen.

Was für das Spiel der Kinder gilt, gilt auch für das Spiel auf der Stufe der Knaben, der es eigentümlich ist, Äußerliches innerlich zu machen. Spiele sind die Hauptwurzel der „moralischen Kraft der Zöglinge“. Nicht nur die „physische, leibliche, körperliche Kraft“ erfährt Stärkung aus

---

[29] a. a. O., S. 97.

[30] a. a. O., S. 91.

[31] F. Froebel: Die Menschenerziehung. Ausgewählte Schriften. Bd. 2, hrsg. v. E. Hoffmann, S. 36.

[32] a. a. O., S. 36.

ihnen, auch die „Geistes-, die sittliche Kraft erscheint bei allen diesen Spielen in einer Erhöhung, Steigerung, Bestimmtheit, Sicherheit, daß, wenn es darauf ankäme, abzuwägen, nach welcher Seite hin sich der Ausschlag neige, ob auf die geistige oder leibliche Seite, schwerlich wohl dem Körper oder dem Leibe das Übergewicht zuzugestehen sei: — Gerechtigkeit, Mäßigung, Selbstbeherrschung, Wahrheit, Treue, Brüderlichkeit und doch auch strenge Unparteilichkeit ... Mut, Ausdauer, Entschlossenheit, Besonnenheit, Geißelung und Ausscheidung des aus Trägheit Bequemlichen ... Schonung, Duldsamkeit, Pflege, Ermutigung des nicht durch eigene Schuld Schwächeren, des Zarteren, Jüngeren, Billigkeit gegen den mit dem Spiele noch Unbekannten“, all dies sind Werte des Spiels[33]. Jeder Ort muß deshalb für seine Knabenwelt einen eigenen Spielplatz besitzen, weil die Spiele der Knaben „unmittelbar fürs Leben“ wirken und viele „bürgerliche und sittliche Tugenden“ wecken und nähren[34].

Der Leib ist für Froebel „Träger des Geistes“; er ist das „Mittel zur Darstellung seines Wesens“. Leibliches und Geistiges sind gemeinsam Ausdruck eines sie bindenden „tieferen Gesetzes“. Die Tätigkeit des Innern tritt am Leiblichen hervor. Der Leib ist „ein Leben der Seele“; es ist das Leben, „woran, womit sich das innere Leben des Menschen äußert, als Leben des Leibes“. Geist und Leib zeigen das Innen und Außen einer sie begründenden Ganzheit, deren Bestimmung die Darstellung des Göttlichen im Menschen und des Lebens des Menschen mit Freiheit und Selbstbestimmung ist. Allseitige Entfaltung des Menschen und seiner Anlagen des Gemüts, des Geistes und des Leibes gemäß des im Menschen wohnenden inneren Gesetzes wird damit zum erzieherischen Ziel.

Zum Kreis der romantischen Pädagogen muß in mancher Beziehung auch F. L. Jahn (1778—1852) gerechnet werden. Seine Auffassung ist der ihren in vieler Hinsicht verwandt. Er ist aber auch unter dem Gesichtspunkt der nationalen Erziehung zu sehen, zu der u. a. Arndt und Fichte zu zählen sind. Jahns Erziehungsziel war der sittlich und politisch freie, selbständige und volksgebundene Mensch: „Unerläßlich bleibt die Erziehung zum wahren Menschen, zu einem vernünftig denkenden, menschlich fühlenden, und selbsthandelnden Wesen. Nur die einträchtige Ausbildung des gesamten Menschen bewahrt vor aller und jeder leiblichen und geistigen Verkrüppelung und Verzerrung. Wehe der Erziehung, die sich zu Abrichtungshandgriffen erniedrigt und mit Pfuschergewalt in die Natur

---

[33] a. a. O., S. 67. f.
[34] a. a. O., S. 68.

greift, statt vermittelnd herbeizutreten. Es ist keine Menschenbildung, wenn das Einzelwesen auf Kosten geistiger Bedürfnisse staatsbürgerliche Fortschritte macht; der Geist zum Schaden und Nachteil der Kraft und Gesundheit hoch fliegt, und endlich der Körper nur auf Unkosten des Geschmacks und der Menschlichkeit auf gut thierisch besteht"[35].

Zur Persönlichkeit gehört nach Jahns Auffassung die Ausbildung des Körpers, weil es in ihr um „Gleichmäßigkeit" von Leib und Seele geht. Für ihr „Gleichgewicht" hat man zu sorgen:

„Die Turnkunst soll die verloren gegangene Gleichmäßigkeit der menschlichen Bildung wieder herstellen, der bloß einseitigen Vergeistigung die wahre Leibhaftigkeit zuordnen, der Überverfeinerung in der wiedergewonnenen Mannlichkeit das nothwendige Gegengewicht geben, und im jugendlichen Zusammenleben den ganzen Menschen umfassen und ergreifen.

So lange der Mensch noch hienieden einen Leib hat und zu seinem irdischen Dasein auch ein leibliches Leben bedarf, was ohne Kraft und Stärke, ohne Dauerbarkeit und Nachhaltigkeit, ohne Gewandtheit und Anstelligkeit zum nichtigen Schatten versiecht — wird die Turnkunst einen Haupttheil der menschlichen Ausbildung einnehmen müssen. Unbegreiflich, daß diese Brauchkunst des Leibes und Lebens, diese Schutz- und Schirmlehre, diese Wehrhaftmachung so lange verschollen gewesen. Aber diese Sünde früherer leib- und liebloser Zeit wird auch noch jetzt noch an jeglichem Menschen mehr oder minder heimgesucht. Darum ist die Turnkunst eine menschheitliche Angelegenheit, die überall hingehört, wo sterbliche Menschen das Erdreich bewohnen. Aber sie wird immer wieder in ihrer besondern Gestalt und Ausübung recht eigentlich ein vaterländisches Werk und volksthümliches Wesen. Immer ist sie nur zeit- und volkgemäß zu treiben, nach den Bedürfnissen vom Himmel, Boden, Land und Volk. Im Volk und Vaterland ist sie heimisch, und bleibt mit ihnen immer im innigsten Bunde. Auch gedeiht sie nur unter selbständigen Völkern, und gehört auch nur für freie Leute. Der Sklavenleib ist für die menschliche Seele nur ein Zwinger und Kerker"[36].

Jahnsches Turnen ist ohne das Moment des Volkstums — darin ist es romantisch — und ohne das Streben nach Einheit Deutschlands nicht denkbar. Das sollte zwar nicht in eng nationalistischer Absicht erfolgen, sondern vielmehr für alle Menschen und Völker gelten; darum nannte Jahn die Turnkunst auch eine „menschliche Angelegenheit". Jedoch ist nicht zu übersehen, daß nationalistische Enge und Deutschtümelei immer wieder durchschlagen.

Schließlich ist A. Spieß (1810—1850) zu nennen. Ihm kommen für den organisatorischen Aufbau des Schulturnens im deutschen Bildungs-

---

[35] F. L. Jahn: Das Deutsche Volksthum. In: Quellenbücher der Leibesübungen, Bd. 3. Dresden o. J., S. 175 f.

[36] F. L. Jahn / E. Eiselen: Die Deutsche Turnkunst. In: Quellenbücher der Leibesübungen, Bd. 4. Dresden o. J., S. 225 f.

wesen große Verdienste zu. Seine methodischen Lehranweisungen, die vor allem in Halte- und Ordnungsübungen bestanden und dem Spiel kaum Platz einräumten, prägten das Schulturnen in der zweiten Hälfte des vergangenen Jahrhunderts; erst die Spiel- und Sportbewegung, die Gymnastikbewegung, die reformpädagogischen Bestrebungen um die Jahrhundertwende und die Bewegung des „Natürlichen Turnens" von Gaulhofer und Streicher erbrachten die Rückkehr zu eher natürlichen Bewegungsformen. Die Grundgedanken von Spieß über die Leibesübungen zeigen folgende Absätze:

„Wir wollen dem Geiste den Leib als sein freiestes Werkzeug ausbilden, zugleich mit ihm und für ihn, daß unser Leben aus vorherrschend geistiger Abgezogenheit sich heimischer einwohne im Leibe, daß es weniger verschwebe und verschwimme, dafür aber bodenfester, gesunder und völliger wachse und gedeihe"[37].

„Eine Kunst, die wie das Turnen mit dem Leben in so vielfältigem und unmittelbarem Verkehr steht, die von so mächtigem Einfluß auf Versittlichung des Lebens sein kann, in dem sie den geregelten Gebrauch der Kraft, das Maß in jeglicher Gebärdung, die Zucht und Ordnung im besondern und allgemeinen Verhalten des Leibes, beim einzelnen, wie beim Gemeinleben der Mehrzahl zum Gegenstande der Erziehung machen kann, greift darum mit ihren Wirkungen in das ganze Gebiet der Erziehung und des Unterrichtes"[38].

Der Geist ist für Spieß Lehrer, Herr und Meister des Körpers; der Körper ist das Instrument, mit dem der Geist handelt. Seine Ausbildung bedeutet deshalb zugleich Bildung des Geistes. „Wenn das Turnen ausgeht den Leib als Tempel des Geistes wohnlich zu machen und rein zu halten, wenn es den Leib als fügigstes Werkzeug für den Geist und durch denselben zu erarbeiten zweckt, so erfaßt es zugleich auch den Leib in Gebärde und Leben als sinnbildlichen Doppelgänger unseres geistigen Wesens, als leibhaften Ausdruck unserer gesamten Innerlichkeit"[39].

Aufgabe des Turnens ist es aus diesem Grunde, den Körper in die Zucht des Geistes zu bringen: „In der Turnkunst haben wir stets auch wesentlich eines der Mittel erkannt, durch welche das Leben zu geordneter und darum freier Kraft erzogen werden soll. Freie Kraft allein ist es, welche die Ordnung erzeugt und erhält in der Zucht des Geistes. In Zucht geordneter freier Kraft bedarf der einzelne wie Alle für das ganze Leben, das ist Ziel aller Menschenerziehung"[40].

---

[37] A. Spieß: Gedanken über die Einordnung des Turnwesens in das Ganze der Volkserziehung. In: Quellenbücher der Leibesübungen. Dresden o. J., Bd. 8. S. 91.
[38] a. a. O., S. 77 f.
[39] a. a. O., S. 52.
[40] Zit. nach Taube: Meister der Leibesübungen. S. 128.

Darüber hinaus soll sogar jedes einzelne Glied des Körpers unter der Herrschaft des Geistes stehen. Spieß will, „daß jedes einzelne Glied des Leibes, je nach seiner natürlichen Bestimmung, kunstgemäß geübt werde und somit überhaupt der ganze Leib, ebenmäßig ausgebildet, unter der Herrschaft des Geistes stehe“[41].

Gewöhnung zu Ordnung und Zucht, zu Gehorsam und Untertanendisziplin werden damit zu erklärten Zielen des Turnens. „Wo immer das Turnen betrieben wird, soll es mit Ernst und Strenge als ein Unterricht gehandhabt werden, der vor allem auch zum Gehorsam bildet, zum willigen Dienst gefügig macht; denn die Freiheit ist ein Dienst. Allen Schülern, und zumeist den an Jahren gereifteren, muß die Gewöhnung in der Zucht, die Unterordnung unter die Herrschaft des Gesetzes unnachsichtig zugemutet werden.“[42] Denn nur „so erwächst dem Staate ein wackerer, immer sich erneuender Kern geschickter, ordnungsstarker Unterthanen für den Frieden“[43].

Daß solche Auffassungen Gegenströmungen auslösen mußten, ist leicht verständlich. Es war die Philosophie des Lebens, insbesondere die von Nietzsche, Bergson und dann auch die Psychologie von Klages, die dem Leib eine neue Wertung verschaffen wollten. Ohne sich zwar ausdrücklich auf Fragen der Leibesübungen zu richten, war dies von großem Einfluß auf die Jugend- und Gymnastikbewegung, auf die Theorie der Gymnastik und zum Teil auch auf die Theorie der Leibeserziehung. Unter Hinweis auf das „Leben“ wurde nunmehr die Abhängigkeit des Geistes vom Leib und vom leiblichen „Leben“ betont. So bemerkt F. Nietzsche im „Zarathustra“: „Aber der Erwachte, der Wissende sagt: Leib bin ich ganz und gar, und nichts außerdem; und Seele ist nur ein Wort für ein Etwas am Leibe. Der Leib ist eine große Vernunft, eine Vielheit mit einem Sinn, ein Krieg und Frieden, eine Herde und ein Hirt ... Es ist mehr Vernunft in deinem Leibe, als in deiner besten Weisheit. Und wer weiß denn, wozu dein Leib gerade deine beste Weisheit nötig hat?“[44].

Für L. Klages ist der Geist sogar der „Widersacher“ des Leibes (und der Seele). Er ist (als Wille) grundsätzlich gegen das Leben als dem eigentlichen Kern des Menschen gerichtet. Leib und Seele bilden eine „organische

---

[41] A. Spieß: Das Turnen in den Hangübungen. In: Quellenbücher der Leibesübungen, Bd. 8. Dresden o. J., S. 42.

[42] Zit. nach E. Neuendorff: Geschichte der neueren deutschen Leibesübung vom Beginn des 18. Jahrhunderts bis zur Gegenwart. Dresden 1932, Bd. 3, S. 211.

[43] A. Spieß, a. a. O., S. 44.

[44] F. Nietzsche: Werke in zwei Bänden, hrsg. v. Messer, Leipzig 1930, Bd. 1, S. 313 f.

Einheit"; sie sind „untrennbar zusammengehörige Pole der Lebenszelle", in die von außen her jedoch, „einem Keil vergleichbar", der Geist sich einzuschieben sucht mit dem Ziel, sie „untereinander zu entzweien, also den Leib zu entseelen, die Seele zu entleiben, und dergestalt alles ihm nur irgend erreichbare Leben zu ertöten"[45]. Diese Auffassung wurde vor allem im Begriff des Rhythmus verarbeitet[46]. Der Rhythmus wird zum Ausdruck des eigentlich Lebendigen. Mit ihm und durch ihn hat der Mensch teil an der Natur und an den ihn und sie durchziehenden Schwingungen. Das Rhythmische steht dem Leiblich-Seelischen, dem Gefühl, dem Vitalen nahe. Sein Gegensatz ist der Takt als Symbol des zergliedernden, zerteilenden, zersetzenden, abbauenden Verstandes. Er ist das Bedrohliche, das dem Leben, seinem Dahinströmen und Dahinfließen feindlich ist.

Diese Auffassung verdichtet sich in jener Theorie der Gymnastik, in der der Geist zum feindlichen Gegenpol von Leib und Leben wird. Der Geist hemmt die Gefühle, bremst das Vitale, unterdrückt das Irrationale. Gesetze, der Wille zur Macht, Technik, Zivilisation, Gesellschaft sind sein Ergebnis. R. Bode bringt dies auf die einfache Formel: logos ist Lüge, Lüge deshalb, weil „die Umfälschung der Wirklichkeit" Voraussetzung aller Logik ist[47]. Weil der Geist und die Vorherrschaft des Geistes Verfall bedeuten, muß es das Ziel aller Erziehung und insbesondere der gymnastischen Erziehung sein, dem Leben wieder zum Durchbruch zu verhelfen, das Gemüt- und Naturhafte, das Vitale, das Emotionale und Irrationale zum Vorschein zu bringen. Die nationalsozialistische Erziehung der dreißiger Jahre fand hier einen ihrer Anknüpfungspunkte.

Die Hauptziele der Leibesübungen sind, so zeigte sich, historisch bereits weitgehend vorgezeichnet. Ganz neue finden sich kaum. Selbst die nationalsozialistische Leibeserziehung griff in ihren Zielsetzungen auf solche zurück, die bereits vorlagen, wenngleich sie diese zum Teil erheblich verschärfte und anders gewichtete[48]. Ihre zentralen Prinzipien wie z. B. Rasse, Blut und Boden, Wehrhaftmachung, Führertum und Gemeinschaft wurden bis in die konkrete Auswahl der Inhalte wirksam[49].

Die neueren sportpädagogischen Konzepte haben die aus der Geschichte vorgegebenen Ziele zwar oftmals differenziert, im Detail beschrieben,

---

[45] L. Klages: Der Geist als Widersacher der Seele. 1960⁴, S. 7.
[46] Dazu vor allem die Schriften von R. Bode: Rhythmus und Körpererziehung. Jena 1925²; Ausdrucksgymnastik. München 1933; Leib und Seele in der Leibeserziehung. Berlin 1938.
[47] R. Bode: Rhythmus und Körpererziehung. Jena 1925², S. 66.
[48] Vgl. den Beitrag von H. Bernett, S. 64 ff. in diesem Band.
[49] Vgl. dazu ebenfalls den Beitrag von H. Bernett, S. 69 in diesem Band.

manchmal ausführliche Begründungen dafür geliefert, warum sie notwendig sind, neuerdings auch Zweifel an ihrer Erreichbarkeit verbreitet; aber im Grunde haben sie ihnen — mit einer Ausnahme — keine völlig neuen hinzugefügt. Immer noch (und auch richtigerweise) soll der Sport

— speziell zu Gesundheit, Leistungsfähigkeit und Wohlbefinden beitragen und
— im Rahmen der Gesamterziehung bestimmte Aufgaben erfüllen, die der Vervollständigung der Erziehung oder dem Ausgleich erzieherischer Defizite dienen.

Darüber hinaus soll der Sport aber — und dies ist neu — gezielter als bisher auf den Sport außerhalb der Schule vorbereiten. Weil dieser ein wichtiger Teil des Freizeitlebens und der Alltagskultur der Menschen geworden ist, ist es erforderlich, diejenigen Einstellungen, Fertigkeiten und Fähigkeiten zu entwickeln, die es möglich machen, sich in angemessener Weise in ihm zu bewegen, an ihm teilzunehmen und seine Möglichkeiten auszuschöpfen.

Im folgenden sollen nun

1. anhand zweier grundlegender Dokumente die Zielvorstellungen, die mit dem Sport in der Erziehung heute, und das heißt vor allem seit den fünfziger Jahren, verbunden werden, präzisiert,
2. einige solcher Ziele und Motive systematisch anhand einiger Autoren aufgeführt,
3. Ziele des Schulsports im Zusammenhang mit einem allgemeinen Begriff von Bildung beschrieben sowie
4. drei Aufgaben und Zielsetzungen des Sports detaillierter dargestellt werden.

2. Dokumente zum Sport in der Schule

Nach dem zweiten Weltkrieg hat es zwei wichtige Dokumente zur Zielsetzung der Leibesübungen gegeben, die sowohl die pädagogisch-didaktische Diskussion jener Zeit widerspiegeln als auch in einer bestimmten Entwicklungslinie des Schulsports zu sehen sind.

Das erste Dokument[50], die „Empfehlungen zur Förderung der Leibeserziehung in den Schulen", wurde 1956 gemeinsam von den Kultusministern der Bundesländer, dem Deutschen Sportbund und den kommunalen Spitzenverbänden herausgegeben und stand am Ende einer langen

---

[50] Vgl. N. Wolf: Dokumente zum Schulsport. Schorndorf 1974, S. 169.

Entwicklung — nur unterbrochen von der nationalsozialistischen Leibeserziehung —, in der die Leibeserziehung nicht nur um ihren Platz in Schule und Erziehung zu ringen und dafür Begründungen beizubringen hatte, sondern die auch dadurch gekennzeichnet war, daß sie ihr pädagogisches Interesse an der Entwicklung des Kindes und jungen Menschen insgesamt, ihren Beitrag zur Gesamterziehung und Persönlichkeitsbildung besonders betonte. Leibeserziehung verstand sich zwar zunächst als Erziehung des Leibes, an ihm setzte sie an und vermittelte aus diesem Grunde praktische Fertigkeiten, aber sie richtete sich auf den ganzen Menschen; über den Leib, über die Bewegung, über das Spiel wollte sie ihn pädagogisch erreichen. Die Sportlehrer sahen sich entsprechend als „Leibeserzieher", die Inhalte, die sie vermittelten, dienten ihnen aber vor allem als Anlässe und Gelegenheiten, an denen sich Erziehung und Bildung ereignen sollten. Der entscheidende Satz der Empfehlungen lautet entsprechend:

> „Die Leibeserziehung gehört zur Gesamterziehung der Jugend; Bildung und Erziehung sind insgesamt in Frage gestellt, wenn sie nicht oder nur unzureichend gepflegt werden"[51].

Es heißt dann weiter:

> „Die Schule wird zu ihrem Teil durch einen planvollen und ausreichenden Unterricht in den Leibesübungen zur Körpererziehung und zur Gesunderhaltung der Jugend beitragen. Die Leibeserziehung in der Schule ist jedoch nur als ein Teil, allerdings als ein wesentlicher Teil, in dem Bemühen um das erstrebte Ziel anzusehen. Erst wenn alle Träger der Jugenderziehung aus ihrer Verpflichtung in vollem Maße an der Leibeserziehung mitwirken, kann das Ziel, die Jugend gesund zu erhalten, in seiner ganzen Breite erreicht werden"[52].

Und ferner:

> „Die vorgesehenen Maßnahmen im Schulwesen werden insbesondere dann erfolgreich sein, wenn die ganze Erzieherschaft die Bedeutung der Leibeserziehung anerkennt und an der Erfüllung ihres Auftrags mitarbeitet; alle Lehrer, Schulleiter und Schulaufsichtsinstanzen sollen die Leibeserziehung als Aufgabe aller Erzieher und als wesentlichen Bestandteil aller Erziehung sehen"[53].

---

[51] a. a. O., S. 46.
[52] a. a. O., S. 46.
[53] a. a. O., S. 47.

Schließlich:

> „Der Leibeserziehung in der Schule fällt vor allem die Grundausbildung der Jugendlichen in den Leibesübungen zu. Sie wird mit fortschreitendem Alter insbesondere durch die Arbeit der Sportvereine und der Jugendverbände ergänzt. Damit fällt dem Vereinssport eine sich laufend verstärkende Verantwortung für die körperliche Erziehung der Jugend zu. Diese Jugendarbeit, die in ihren Absichten in mancher Hinsicht den Zielen und Grundsätzen der Leibeserziehung in der Schule ähnelt, wird daher in stärkerem Maße nach pädagogischen Gesichtspunkten zu vollziehen sein“[54].

1972 veröffentlichten die drei Träger, nunmehr ergänzt durch den Bundesminister für Wissenschaft und Bildung, das sogenannte „Aktionsprogramm für den Schulsport“, das im Unterschied zu den „Empfehlungen“, in denen man die bildungstheoretische, also vom Ziel allgemeiner Bildung ausgehende Diskussion der fünfziger Jahre noch erkennt, stärker von der curriculumtheoretischen Diskussion der zweiten Hälfte der sechziger Jahre bestimmt war[55]. Statt Leibeserziehung, der als zentraler Begriff die Empfehlungen geprägt und damit vor allem noch die Absicht der Erziehung betont hatte, heißt es nun Schulsport. Wurden bislang Leibesübungen als Anlaß verstanden, Bildungsprozesse beim Kind und jungen Menschen anzuregen und in Gang zu setzen, so hatte der Schulsport nun den pädagogischen Auftrag, den Sport als öffentliches und gesellschaftliches Phänomen zu verarbeiten, auf ihn vorzubereiten und die für sein Betreiben angemessenen Fähigkeiten und Fertigkeiten zu entwickeln. Lernen und Wissen wurden stärker betont, Ansprüche und Rechte der Kinder und jungen Menschen verdeutlicht; statt Erziehungs- und Bildungsziele hieß es nun Lernziele; was man zuvor „Erziehung“ nannte, trat entsprechend zurück.

So heißt es im Aktionsprogramm:

> „Der Sport in seinen vielfältigen Erscheinungsformen ist zu einem bedeutsamen sozialen Phänomen unserer Gesellschaft geworden.
> Da es zu den wichtigen Aufgaben der Schule gehört, das Kind und den jungen Menschen auf die gesellschaftliche Wirklichkeit und deren Weiterentwicklung vorzubereiten, darüberhinaus ihre Begabungen zu wecken und ihre Anlagen voll zu entfalten, muß sie dem Sport einen angemessenen Platz einräumen.

---

[54] a. a. O., S. 48.

Sie hat davon auszugehen, daß Kinder und Jugendliche ein elementares Bedürfnis und Recht auf Bewegung und Spiel haben.

Der Sport trägt auf der Grundlage dieser Einsicht dazu bei,

— zweckfreies und undeterminiertes Handeln zu ermöglichen;
— für das Leben in unserer technisierten Welt wichtige und nicht austauschbare Grunderfahrungen zu vermitteln;
— gesund zu erhalten, Mängel auszugleichen und die Leistungskraft zu fördern;
— das Wohlbefinden zu steigern und für die emotionale Ausgeglichenheit zu sorgen;
— ein wichtiges Feld der Kommunikation sowie sozialer Erfahrungen und Einsichten anzubieten;
— Verhaltensweisen und notwendige Techniken für einen sinnvollen Vollzug der Freizeit sichtbar zu machen."

Für den Schulsport werden daraus die folgenden Aufgaben abgeleitet:

— „Mehr als bisher muß dem jungen Menschen auch in der Schule durch neue didaktisch-methodische und organisatorische Maßnahmen ein zweckfreier Spielraum geschaffen werden. So lassen sich berufsunabhängige Interessen und Fähigkeiten entwickeln, die auch über die Schulzeit hinaus wirksam bleiben.
— Das „Lernen" als besondere Aufgabe der Schule schließt den Sport ein. Deshalb ist der Sportunterricht an Lernzielen zu orientieren und stufenspezifisch zu organisieren.
— Die kompensatorischen Möglichkeiten des Sports müssen mehr als bisher genutzt werden.
— Den Schülern ist die Möglichkeit zur Mitarbeit, Mitbestimmung und Mitverantwortung bis hin zur selbständigen Organisation und Durchführung sportlicher Veranstaltungen zu geben.
— Die Urteilsfähigkeit der Schüler über Inhalte und Formen des Sports in und außerhalb der Schule ist anzuregen und zu entwickeln."[55]

Inzwischen ist die pädagogische Diskussion von der detaillierten Beschreibung von Lernzielen im engeren Sinne wieder abgerückt; sie beschreibt diese vielmehr in Form von Aufgaben oder „Motiven", verzichtet allerdings in hohem Maße darauf, zu allgemeine bzw. fächerübergreifende und damit weniger sportspezifische zu benennen.

---

[55] a. a. O., S. 46.

3. Zur Systematik möglicher Ziele

In der bislang gründlichsten Zusammenfassung von möglichen Zielgruppen des Schulsports hat D. Kurz neun solcher Gruppen unterschieden, wobei seine Unterscheidung vor allem dem Finden von Kriterien gilt, die geeignet sind, die Auswahl von Inhalten und Elementen des Schulsports zu bestimmen, weniger jedoch als Angaben dazu gedacht sind, woraufhin erzogen werden soll[56]. Er nennt folgende:

1. Die Vielfalt der Bewegung: Situationen leiblicher und materialer Erfahrung. 2. Das gemeinsame Sporttreiben. 3. Freizeit: Elemente des Sports der Gleichaltrigen. 4. Freizeit: Elemente des Sports der Erwachsenen. 5. Freizeit und Ausgleich. 6. Gesundheit. 7. Leistung und Ausdruck. 8. Spannung im Spiel: Elemente des sportlichen Wettkampfs. 9. Die Veränderlichkeit des Sports.

Solche pädagogischen Sinnrichtungen, die dem Schüler in seinen sportpraktischen Tätigkeiten zugänglich und erfahrbar gemacht werden sollen, dienen zugleich der Auswahl von Inhalten des Schulsports, der Bestimmung der Form ihrer methodischen und didaktischen Vermittlung und geben eine grobe Orientierung ab, woraufhin erzogen werden soll.

C. Menze[57] charakterisiert die Ziele des Schulsports wie folgt:

1. Junge Menschen sollen im Schulsport qualifiziert werden, über die Schulzeit hinaus Sport treiben zu können, nicht allein aus gesundheitlichen Gründen, sondern auch um über „Kontakt- und Umgangsmöglichkeiten“ mit anderen Menschen zu verfügen. Zu diesem Zweck sind gängige und eingeführte Sportarten zu lehren und ist an vorhandene Sportinteressen anzuknüpfen.
2. Im Sportunterricht sollen junge Menschen Bewegungseigenschaften erlernen, die es ihnen ermöglichen, sich darüberhinaus selbst neue Sportarten

---

[56] D. Kurz: Elemente des Schulsports. Schorndorf 1977, S. 208—236.

[57] C. Menze: Die Ziele des Sportunterrichts. In: Sportwissenschaft 1975, 251—271. Ausgehend von einem anderen Ansatz beschreiben Brodtmann/Kleine-Tebbe (1977, 7—25) die Aufgaben des Schulsports unter den Gesichtspunkten Ausgleichen, Nachholen, planmäßiges Qualifizieren, Anbieten von Gelegenheiten zu selbständigem Handeln. Eine verbreitete und wirksame Richtung der Didaktik der Leibeserziehung sieht in menschlichen Grundverhaltensweisen wie dem Spielen, Üben, (Wett-) Kämpfen, Leisten und Gestalten diejenigen Formen, die dem Kind und dem jungen Menschen durch planmäßige Leibeserziehung zugänglich zu machen sind (z. B. die Ansätze von Mester, Paschen, Schmitz. Vgl. den Beitrag von Schmitz in diesem Band, S. 244 ff.).

anzueignen und zu erarbeiten; das heißt konkret, daß Kraft, Ausdauer, Schnelligkeit, Flexibilität, Gewandtheit und Geschicklichkeit geübt werden müssen.

3. Der Schulsport soll auch zur selbsttätigen Ausführung eigenen sportlichen Handelns Voraussetzungen schaffen, den jungen Menschen befähigen, Bewegungsabläufe so zu kombinieren, daß er zu einer von ihm selbst als befriedigend empfundenen Bewegungsgestaltung gelangt.
4. Schließlich soll der Sportunterricht auch Wissen über den Sport vermitteln, Aufklärung über die sportliche Praxis beinhalten, so etwas wie „Sportkunde" anbieten.

In einer Veröffentlichung von O. Grupe[58] werden zusammenfassend fünf Bildungsmotive unterschieden, und zwar 1. spezifische Erfahrungen von Spiel und Sport, 2. Gesundheit, Leistungsfähigkeit, Vitalität, Aktivität, Wohlbefinden, 3. Natürlichkeit, Lockerheit, Gelöstheit, Sicherheit, 4. Soziales Verhalten, Fairneß, Disziplin, Selbstbeherrschung, Freiwilligkeit, 5. Spiel, Bewegungsfreude, Zwecklosigkeit.

In einem Gutachten für den Deutschen Bildungsrat[59] schließlich werden einige Ziele benannt, die Sport bieten kann. Er kann z. B.

— jungen Menschen das Bewußtsein eigenen Könnens durch ihnen adäquate Leistungen vermitteln, ihr Selbstvertrauen durch Können stärken;
— ihre Selbsttätigkeit und Spontaneität ansprechen, ihre Phantasie anregen;
— ihre Mitverantwortung in Planung und Organisation beanspruchen und dabei ihre Mitbestimmung ermöglichen; ihre soziale Aktivität und Kooperation herausfordern;
— ihren Anspruch auf Freude, Befriedigung, Lust und Vergnügen — auch an hohen Leistungen — erfüllen;
— ihr Bewegungsbedürfnis durch entsprechende Angebote sichern;
— sie das Lernen (Training) lernen lassen;
— sie das Zuschauen und das Sich-Entspannen lehren;
— ihnen Realitätserfahrungen vermitteln;

---

[58] O. Grupe: Grundlagen der Sportpädagogik. Anthropologisch-didaktische Untersuchungen. Schorndorf 1975², S. 116—122.

[59] O. Grupe / K. Bergner / D. Kurz: Sport und Sportunterricht in der Sekundarstufe II (Begründungen und Vorschläge). In: Deutscher Bildungsrat (Hrsg.): Spiel und Kommunikation in der Sekundarstufe II. Gutachten und Studien der Bildungskommission, 40. Stuttgart 1974, S. 109—140.

— ihre Bewußtseinsinhalte (als eine der Grundlagen von Einstellungen und Haltungen) erweitern, ihre Kritik- und Reflexionsfähigkeit entwickeln;
— natürliche Wachstumsreize setzen und ihre körperliche Belastbarkeit erhöhen, ihre Anstrengungs- und Risikobereitschaft fördern;
— körperliche Sensibilität erreichen und leibliche Erfahrungen ermöglichen;
— ihr infantiles Spielbedürfnis erhalten und ihnen Spiele beibringen und damit Kommunikations- und Freizeittechniken vermitteln;
— auch gar nichts zu tun lehren.

Es zeigt sich hier, daß zwar die enge Lernzielorientierung, die im Gefolge der Curriculumtheorie die sportdidaktische Situation zeitweise bestimmt hatte, damit überwunden, daß jedoch zugleich aber auch zunehmend darauf verzichtet wird, Ziele zu benennen, deren Erreichung im Sport nicht oder nur sehr begrenzt möglich ist. Persönlichkeits- und Charakterbildung als allgemeine Ziele tauchen kaum noch auf, die Übertragung von im Sport erworbener Einstellungen in andere Lebensbereiche wird vorsichtig beurteilt, wenn nicht sogar für zweifelhaft gehalten; stattdessen werden solche Ziele beschreiben, die mit dem Sport unmittelbar verknüpft sind. Im letzten Abschnitt dieses Beitrags wird dieser Gesichtspunkt noch einmal aufgenommen.

4. Ziele des Schulsports im Zusammenhang mit allgemeiner Bildung

Ziele und Aufgaben des Sports ergeben sich nun in der Regel aus drei Quellen: den sozialen und individuellen Entwicklungsbedürfnissen des Kindes und jungen Menschen[60], kulturellen und gesellschaftlichen Anforderungen und Notwendigkeiten sowie schließlich anthropologischen Einsichten und deren Bezug zu einem bestimmten Verständnis von Erziehung und Bildung[61].

Anthropologische Einsichten gewinnen für die Sporterziehung angesichts gesellschaftlicher Entwicklungen und Probleme, denen wir uns heute gegenübersehen, besonders an Gewicht. Zwei Problemgruppen heben sich besonders hervor. Die eine bezieht sich auf die veränderten Lebensbedingungen, denen der Mensch in einer technisierten Welt unterliegt und die dazu führen, daß er einerseits überbeansprucht wird, daß ihm andererseits aber Formen der körperlichen Entlastung zuteil werden, die ihn für viele Gefahren einer bewegungsarmen Lebensweise besonders anfällig machen. Die andere Problemgruppe hängt mit der Veränderung der Arbeits- und Lei-

[60] Vgl. dazu den Beitrag von H. Gabler / P. Röthig, S. 111 ff.
[61] Vgl. dazu den Beitrag von O. Grupe, S. 88 ff.

stungsgesellschaft in Richtung auf eine „Freizeitgesellschaft" zusammen; Lebenshaltung und Lebensführung vieler Menschen sind immer stärker auf den Bereich der Freizeit und den in diesem Bereich gegebenen Möglichkeiten ausgerichtet.

Dies ist für Zielsetzungen des Sports außerordentlich wichtig. Er ist eine der auffälligen Erscheinungen im sozialen Leben der Gegenwart, die dem jungen Menschen in vielfältiger Art begegnet: einerseits unproblematisch, anziehend und spontan, andererseits spannungsvoll, aufregend, abweisend; Sport begegnet ihm in Schule und Freizeit, in Schwimmbad und Stadion, in Fernsehen und Zeitung, in und außerhalb von Vereinen, mit Stars und Massen, als Zuschauen und Mittun; Sport zeigt sich ihm als Skilaufen und Schwimmen, auch in Formen kommerzieller Angebote. Hier ist ihm ein — teilweise elementarer und machtvoller — individueller und sozialer Erlebnis- und Erfahrungsbereich gegeben, der zugleich den sozialen Interaktionsraum darstellt, durch den seine Spiel- und Bewegungsbedürfnisse vermittelt und geformt werden.

Was dies nun für die Bestimmung der Aufgaben und Ziele des Sports bedeutet, ist nicht ohne weiteres zu beantworten. Einmal kann eine solche Antwort ja nicht allein von individual-anthropologischen Grundlagen und deren Beziehung zu jugendlichen Erlebnisweisen und Äußerungsformen ausgehen, sondern hat genauso die sozialpsychologischen und soziologischen Bedingungen des Sports in Betracht zu ziehen[62]; wesentliche Möglichkeiten sportlicher Erziehung hängen ja gerade von diesen ab. Zum zweiten ist sie nur auf der Basis eines bestimmten Verständnisses von Erziehung und Bildung zu geben, und zum dritten auch nur im Hinblick auf die Möglichkeiten, die der Sport selbst besitzt. Was unser bisheriges Bildungsverständnis betrifft, so zeigt sich zwar, daß es Bewegung, Spiel und Sport im Grunde nur in geringem Maße einbezogen hat — sie standen am Rande, hatten vor allem Aufgaben des Ausgleichs, der Entspannung und Erholung zu erfüllen, wenngleich ihnen „höhere" Ziele gesetzt waren —, daß sich aber im pädagogischen Denken des letzten Jahrzehnts doch eine deutliche Neuorientierung hinsichtlich eines veränderten Verständnisses von Bildung abzeichnet[63].

---

[62] Vgl. dazu den Beitrag von K. Hammerich / G. Lüschen in diesem Band, S. 183 ff. Außerdem die sozialwissenschaftlichen Beiträge in H. Plessner u. a. (Hrsg.): Sport und Leibeserziehung. Sozialwissenschaftliche, pädagogische und medizinische Beiträge. München 1967.

[63] Vgl. dazu z. B. H. von Hentig: Lerngelegenheiten für den Sport. In: Sportwissenschaft 1973, 239—257.

Wenn Bildung zum Beispiel als eine bestimmte Weise des menschlichen In-der-Welt-Seins zu verstehen ist und auf die verantwortliche Ordnung und Einordnung aller Bezüge des Menschen nach Maßgabe von Wissen, Können und Fähigkeiten zielt, wenn sie von der Welt-, Sach- und Aufgabenbezogenheit menschlichen Handelns, von der Dynamik und dem Spannungscharakter menschlicher Lebensvollzüge her gedacht wird und in ihnen ihre „Gestalt" findet, so geschieht dies auch in bezug auf Probleme, Konflikte und Spannungen des (erlebten) Leibes. Und wenn das Profil der Bildung sich an Situationen und Aufgaben, aber auch Widerständen und Konflikten des Lebens ausformt, sie sich in verschiedene Bereiche hin „auslegt", so muß dies auch im Hinblick auf jene Aufgaben und Lebensbereiche gelten, die das Körperliche in besonderer Weise berühren, nämlich Bewegung, Spiel und Sport. Nach dem, was wir bislang wissen, sind Einstellung und Verhalten eines Menschen immer auch über leibliche und spielerisch-sportliche Handlungen mit beeinflußbar[64].

Damit ist über die Übertragbarkeit (transfer) von in Spiel und Sport erworbenen Erfahrungen und Einstellungen in andere Lebensbereiche noch nichts gesagt[65]. Gewiß handelt es sich zunächst um bereichsgebundene, für Spiel und Sport spezifische Erfahrungen und Einstellungen, die hier erreicht werden, sogar sich widersprechende und ausschließende sind möglich. Aber dies widerspricht nicht gleichzeitig gegebenen Bildungsmöglichkeiten. Jede Inanspruchnahme des Körpers in Bewegung, Spiel und Sport, jedes sportliche Erleben und jede spielbezogene Erfahrung können Spuren und Eindrücke in der Erziehung hinterlassen, weil eben diese auch in ihnen besteht und ihnen nicht — gleichsam wie ein Etikett — aufgeklebt wird. Daß die Bewußtmachung und die Bewußtheit der Erziehungsvorgänge und Bildungsvollzüge oder das intensive Engagement Erziehungschancen erhöhen, liegt auf der Hand.

Auf etwas anderes ist hinzuweisen: Einmal bringen Spiel und Sport ihre besonderen pädagogischen Möglichkeiten immer erst im Vollzug hervor, diese sind in ganz konkrete Vorgänge eingelassen wie zum Beispiel dem Lernen und Üben im Sport, der Anstrengung und dem Training in sportlichen Disziplinen oder auch gruppendynamischen Prozessen. Bewegung, Sport und Spiel zeigen sich dabei zunächst einmal als „Träger" von Bildungsvorgängen; diese nehmen sie — gleichsam unsichtbar — in Anspruch. Sodann können sie aber auch selbst zum unmittelbaren Ansatzpunkt von

[64] Vgl. hierzu W. Klafki: Studien zur Bildungstheorie und Didaktik. Weinheim, Berlin, Basel 1963.

[65] Dazu K. Egger: Lernübertragungen in der Sportpädagogik. Basel 1975.

Bildungsvollzügen werden; dies geschieht zum Beispiel im Training, im Wettkampf oder im Lernen. In jedem Fall aber stellen sie einen wichtigen Bereich der Erfahrung von Können und Nicht-Können, von Gelingen und Mißlingen, von Anstrengung und Auseinandersetzung, von sozialen Kontakten und Beziehungen dar, sind sie eine wesentliche Grundlage für wichtige und nur in diesem Bereich mögliche Erfahrungen, z. B. von Vitalität und Frische, Wohlbefinden und Mißbefinden, Gesundheit, Aktivität, Leistungsfähigkeit und Anstrengung, aber auch von Glücks- und Erfolgserlebnissen. Indem durch Bewegung, Sport und Spiel uns unsere Welt „erschlossen“ wird, wir uns selbst in ihnen erfahren und in einer nicht austauschbaren Weise bewußt werden, werden sie zu einem der nicht ohne weiteres ersetzbaren „Medien“ von Bildung und Erziehung.

In Training und Wettkampf haben wir es sogar mit Beispielen besonders akzentuierter Erziehungssituationen zu tun. Sie bieten in besonderem Maße Gelegenheiten zum Erleben von Widerstand und Erfolg, Gefährdung und Bereicherung. An Phänomenen wie Üben und Lernen, Ermüdung und Anstrengung, Wettkampf und Leistung ermöglichen sie jeweils spezifische und exemplarische Erfahrungen und auf diese gründende Einsichten.

Freilich bedeutet dies nicht schon, daß solche Erfahrungen aus dem Bereich des Sports beliebig zu verallgemeinern wären. Was mit ihnen geschieht, was aus ihnen gemacht wird, stellt gleichsam die zweite Ebene des Bildungsvorgangs dar. Dieser selbst aber gründet in solchen primären Erfahrungen, die damit auch eine zentrale pädagogische Möglichkeit darstellen.

5. Drei pädagogische Zielgruppen des Sports

Ausgehend nun von einem mehr anthropologischen, also auf den Menschen bezogenen pädagogischen Ansatz, einem bestimmten Verständnis von Bildung und Erziehung, dabei kulturelle und soziale Anforderungen an die Erziehung gleichermaßen berücksichtigend, sollen nun drei Zielperspektiven eines pädagogisch verstandenen Sports dargelegt werden. Dabei soll weniger von der Bildung von Einstellungen, Haltungen, Charakter- und Persönlichkeitszügen die Rede sein — so wünschenswert diese auch sind und so sehr man sie dem Sport abverlangen möchte —, sondern zunächst von jenen Erlebnissen und Erfahrungen, die aus der Bewegung und aus der sportlichen Betätigung selbst und unmittelbar gewonnen werden können. Diese wiederum sind dann die Grundlage für die Entwicklung von Einsichten, Urteilen, Gewohnheiten und Einstellungen, ohne daß wir heute jedoch schon genau wüßten, wie diese wirklich zustande kommen und welche Bedingungen im einzelnen und neben spielerischer und sportlicher Betätigung ihre Entstehung und Verfestigung bestimmen. Dazu sind noch zwei einschränkende Hinweise erforderlich:

Zum ersten ist es nicht sinnvoll und auch nicht richtig, im Hinblick auf das Verhältnis von Sport und seinen Erziehungsmöglichkeiten pauschal von *dem* Sport zu sprechen; man muß differenzieren. Regelmäßiges und langfristig über Jahre hinweg geplantes und durchgeführtes Training in leistungssportlich orientierten Neigungsgruppen z. B. beansprucht und prägt einen jungen Menschen mehr und in einer anderen Weise, als wenn er nur gelegentlich den Sportplatz oder das Freibad aufsucht, was nach seiner Auffassung natürlich auch Sport ist, oder wenn er nur widerwillig, wenn auch regelmäßig, am Sportunterricht teilnimmt.

Eine ähnliche Differenzierung ist (zweitens) im Hinblick auf Erziehung erforderlich. Sie ist, so sehr sie in soziale Normen und kulturelle Werte verflochten ist, letztlich individuell und vom einzelnen zu verantworten. Das gesellschaftliche und kulturelle Sein des Menschen durchdringt sie zwar, gleichwohl ist sie etwas Individuell-Persönliches. Deshalb kann man Erziehung nicht reglementieren und für alle Menschen in gleicher Weise bestimmen.

Was junge Menschen also aus den vielfältigen Möglichkeiten, die Spiel und Sport bereithalten, für sich selbst fruchtbar oder sogar verbindlich machen, hängt aus diesem Grunde von vielen, zum Teil äußeren Bedingungen ab. Eine Bedingung liefern Kinder und junge Menschen sozusagen selbst, nämlich in dem, was sie wirklich bereit sind, von solchen Möglichkeiten des Sports anzunehmen. Eine andere Bedingung stellen die Sportarten dar, wobei die Sportart, die ein Kind anregt und beeindruckt, nicht auch einen Jugendlichen prägen muß; diejenige Sportdisziplin, die den einen formt, kann bei einem anderen unwirksam sein. Und oft sind es ganz andere Bedingungen, die den Sport „bildungswirksam“ machen: etwa der Lehrer oder der Trainer, die Sport unterrichten und die als Vorbilder wirken; oder die Sportgemeinschaft, in die man gern geht, in der man sich wohlfühlt und die einen anregt; dann sind es Freunde oder das Elternhaus, die ermutigen und Interessen unterstützen können; und nicht zuletzt ist es die Schule selbst, ist es das Beispiel ihrer Lehrer, ist es ihr Klima, sind es ihre Einrichtungen, sind es die Sportgelegenheiten, die sie anbietet. Sport bedeutet nicht für jeden dasselbe, ist nicht für alle in gleicher Weise wirksam, selbst dann nicht, wenn sie in gleichem Umfang und gleich intensiv an ihm beteiligt sind.

Die eher allgemeinen Möglichkeiten des Sports lassen sich unter diesen Einschränkungen in drei Schwerpunkten zusammenfassen:

Kinder und junge Menschen brauchen Bewegung

In hochindustrialisierten und hochtechnisierten Ländern zeigt sich ein Prozeß zunehmender Bewegungsverarmung und Bewegungsunterdrückung. Auf die Folgen solcher Entwicklung und auf die Notwendigkeit, ihr rechtzeitig zu begegnen, ist häufig genug hingewiesen worden. Krankheiten durch Bewegungsmangel, Herz-, Gefäß- und Kreislauferkrankungen gehören heute zu den verbreitetsten Krankheiten; was die Einschränkung oder Unterdrückung des Bewegungsbedürfnisses an Mißbefinden und Fehlhaltungen auslöst, ist bislang erst zum Teil bekannt.

Hätten und haben Kinder und Jugendliche jedenfalls nicht genügend Bewegung, dann treten Folgen ein, die pädagogisch nicht erwünscht sein dürfen: Kreislauf-, Haltungs- und Muskelschwächen, Fettleibigkeit, Mißbefinden, Anfälligkeit, vegetative Störungen und Stoffwechselprobleme; hinzu kommen die langfristigen Folgen des Bewegungsmangels.

Natürlich ist das Maß an körperlicher und sportlicher Aktivität, das z. B. in der Schule möglich ist, allein kaum imstande, wirklich und auf umfassende Weise präventiv zu wirken, und auch nicht jede Bewegung ist es. Wirksam ist letztendlich nur plan- und regelmäßig und das heißt auch langfristig und trainingsmäßig betriebene Bewegung; und sie ist dies dann auch erst, wenn sie mit einer disziplinierten Lebensführung zusammengeht wie z. B. Kontrolle der Eßgewohnheiten, Rauchverzicht und andere hygienische Maßnahmen. Alles zusammen erst vermag so etwas wie Gesundheit und Wohlbefinden zu vermitteln.[66]

Unter pädagogischen Gesichtspunkten hat der Sport deshalb sowohl dem konsequenten Ausgleich einer bewegungsarmen und unphysiologischen Lebensweise, die die Schule Kindern und Jugendlichen oftmals auferlegt, zu dienen, als auch der Bewegungsverarmung und ihren Folgen in unserer Zeit entgegenwirkende Gewohnheiten aufzubauen.

Kinder und junge Menschen brauchen bestimmte Grunderfahrungen, die ihnen vor allem Bewegung und Sport vermitteln können

Kinder und junge Menschen benötigen zu ihrer Entwicklung primäre Erfahrungen, dies besonders in einer Welt, die Erfahrungen einschränkt und oft nur noch sekundäre Erfahrungen, Erfahrungen aus zweiter Hand

---

[66] Vgl. dazu O. Grupe: Leibeserziehung und Erziehung zum Wohlbefinden. In: Sportwissenschaft 1976, S. 355—373.

also, ausgewählt und manchmal auch verfälscht, zuläßt; sie benötigen solche Erfahrungen, wie sie Bewegung und Sport bieten. Das sind keine abstrakten Erfahrungen, sondern unmittelbare, d. h. an die sportliche Betätigung selbst geknüpfte. Vier Erfahrungsebenen lassen sich dabei unterscheiden:

Einmal handelt es sich um unmittelbare *körperliche* Erfahrungen: Erfahrungen von Ermüdung und Anstrengung, aber auch der wohltuenden Entspannung nach ihnen, Erfahrungen der wechselnden Reaktionen unseres Körpers, seiner veränderlichen Belastbarkeit, seiner Empfindlichkeiten und Gesetzlichkeiten, aber auch der Grenzen der Leistungsfähigkeit und deren Abhängigkeit wiederum davon, wie wir mit uns und unserem Körper umgehen. Solche Erfahrungen sind nur über Eigenaktivitäten zugänglich.

Körperliche Erfahrungen sind verbunden mit dem, was *materiale* Erfahrung genannt werden kann, nämlich der Erfahrung der Eigenschaften der Dinge, mit denen wir umgehen, wie sie beschaffen sind, was man mit ihnen machen kann, und die, wenn wir mit ihnen umgehen können, andere und neue Eigenschaften entfalten als die, die Funktionalisierungs- und Normierungslust ihnen zufügt. Wer das Wasser meidet, weiß nichts vom Wechsel der Elemente; wer die Natur nicht erwandert, kennt sie eigentlich nicht. Dem Erwachsenen geht oft die Fähigkeit verloren, Gegenstände in ihren nicht-funktionalen Zusammenhängen zu verwenden. Dem kindlichen Bewegungsreichtum entspricht dagegen die größere Fülle, die die Umwelt für sie bereithält. Daß diese nicht verlorengeht, dafür hat die Sporterziehung durch ein hinreichend variables Bewegungsangebot zu sorgen.[67]

Die dritte Erfahrungsebene bezieht sich auf *soziale* Erfahrungen. Sich auseinandersetzen, siegen und auch besiegt werden, gemeinsam üben oder lange Strecken laufen, zusammen einen Berg besteigen, erfahren, wie Rollen wechseln, vermittelt etwas von sozialen Beziehungen, von sozialer Distanz und Nähe, von der Bedeutung von Regeln und Absprachen (und deren Einhaltung), von der Wirkung von Regellosigkeit, aber auch vom Wert einfacher, unbefangener und entspannter Gemeinschaft und verschafft über den Sport Einblicke in grundlegende soziale Zusammenhänge, die auf andere Weise nicht oder nur schwer gewonnen werden können.

Im Zusammenhang damit ist das *Spiel* zu nennen in seinen besonderen — einerseits sozialisierenden, andererseits innovativen — Möglichkeiten: Das Spiel paßt sich immer auch an die geltenden Normen und Werte einer Kultur an, die diese zu ihrem Bestand benötigt und die sich im Spiel widerspiegeln; aber es fördert zugleich Haltungen, die nicht oder noch nicht in

[67] Das Konzept der materialen Erfahrung wird von K. H. Scherler: Sensomotorische Entwicklung und materiale Erfahrung. Schorndorf 1979^2, dargestellt.

einer Kultur vorkommen, so z. B. kreatives Verhalten, die Umkehrung von Rollen, das Erproben von Verhaltensmustern ohne die Folgen, die ihre Anwendung im Ernstfall hätte, die Verarbeitung von Konflikten und Problemen, die ansonsten unverarbeitet blieben, den Erwerb neuartiger Antworten und ungewöhnlicher Erfahrungen; es vermittelt dabei Spannung, Aufregung, Belebung. Es bildet grundlegende Gegensätze des Lebens ab und macht sie zugleich lösbar: die Spannung zwischen Ordnung und Unordnung, zwischen Verfolgen und Fliehen, Annäherung und Abweisung, Erfolg und Mißerfolg. Es nimmt Umkehrungen, „Transformationen" und Vertauschungen vor; aus „Chaos" entwickelt es Sinnvolles, Ordnung läßt es in Unordnung zerfallen. Dinge erweisen sich in ihm als veränderlich, Stabiles als nicht stabil, Regeln werden gemacht, und man hält sie doch so fest ein, als seien sie Gesetz. Verlieren und Gewinnen sind nicht ernst, auch wenn man sie oft sehr ernst nimmt; indem man verliert, überwindet man Verlust und Gewinn; wenn man gewinnt, muß man schon wieder mit Niederlagen rechnen. Beleben, Lebendigmachen, Erweiterung der Erfahrung und Vermehrung der Fülle des Lebens und der Verhaltensmöglichkeiten — das ist der besondere und auch pädagogische Sinn spielerischer Betätigung[68].

Schließlich (und viertens) ist auf die Bedeutung der unmittelbaren *Selbsterfahrung* durch Sport hinzuweisen. Es sind dies Erfahrungen von Können und Versagen, von realistischer oder unrealistischer Selbsteinschätzung, von Mängeln und Grenzen, von den Möglichkeiten, Wirkungen und Folgen von Selbstaktivierung. Wer gelernt hat, sich etwas abzufordern, mehr als das, was notwendig ist, tut, zeigt sich seine Überlegenheit über Dinge und Umstände, schafft sich ein Mehr an Möglichkeiten und auch ein Mehr an individueller Freiheit. Pädagogisch wichtig sind dabei das Lernen des souveränen Umgangs mit Dingen und Situationen und die Entwicklung von Selbständigkeit, die der erfahren kann, der gelernt hat, das gleichsam Nicht-Notwendige zu tun, sich künstlich und freiwillig jene Schwierigkeiten schafft, an deren Bestehen er dann wachsen kann.

Junge Menschen brauchen auch diese *(personale)* Bedeutung der Bewegung im Sport: die Erfahrung, daß und wie man sich auch in und mit ihr verwirklichen kann, wie weit man das kann, was sie versagt, wie sie so etwas wie Erfolg und Identität erleben lassen kann und wie sie damit auch manche Einseitigkeiten und Zurücksetzungen schulischen Lebens ausgleichbar macht. Und sie brauchen sie auch, um einfach besser über sich selbst Bescheid zu wissen.

---

[68] Vgl. dazu vor allem B. Sutton-Smith: Die Dialektik des Spiels. Eine Theorie des Spielens, der Spiele und des Sports. Schorndorf 1978.

Junge Menschen brauchen Wissen über das gesellschaftliche Phänomen Sport

Sport ist zu einer wichtigen Sozialerscheinung in unserer Welt geworden, in der sich zurechtzufinden und die angemessen zu beurteilen nicht leicht fällt. Sport in der Schule, in Vereinen, im Rahmen kommerzieller Angebote, im Urlaub als konsumierbarer Sport, in verschiedenen Belastungs- und Anspruchsstufen, als Schauspiel in großen Stadien, im Fernsehen — wer kann das alles über die bloße Kenntnisnahme hinaus noch beurteilen.

Auch dies ist ein Stück Bildung: Wissen über das zu vermitteln, was erforderlich ist, um sich innerhalb dieser Sozialerscheinung Sport orientieren zu können, „handlungsfähig" in ihr zu sein oder zu werden und zugleich jenen Abstand zu ihr zu halten, der es erlaubt, manche ihrer Formen kritisch-distanziert zu beurteilen und vielleicht bessere Formen zu entwickeln.

Solche unmittelbar aus der spielerischen und sportlichen Tätigkeit gewonnenen und mit ihnen verbundenen Ziele sind wichtig und letztlich unverzichtbar für jede Erziehung. Für jemanden, der Bildung oder Handlungsfähigkeit hoch ansetzt und sie nur in ihren intellektuellen und kognitiven Ausdrucksformen begreift, mag das zu wenig sein. Bildung jedoch, die nicht auch auf Erfahrungen beruht, aus ihnen ihre Grundlage, ihre Breite und Urteilskraft bezieht, sich nicht durch die Fülle verschiedener Erfahrungen ergänzt, bleibt blaß und leer. Bildung, die nur an Lernen orientiert ist, sich nur auf Lernfächer konzentriert, ist unvollständig. Einsichten und Urteile entwickeln sich erst auf der Grundlage verarbeiteter Erfahrungen; und nirgends bilden sich dauerhafte Gewohnheiten und Einstellungen, wenn sie nicht auf Erfahrungen und auf praktische Tätigkeiten, wie dies im Sport der Fall ist, begründet sind.

Ergänzende Literaturhinweise:

E. Bannmüller: Neuorientierung der Bewegungserziehung in der Grundschule. Stuttgart 1979.

H. Ehni: Sport und Schulsport. Didaktische Analyse und Beispiele aus der schulischen Praxis. Schorndorf 1977.

H. Meusel: Einführung in die Sportpädagogik. München 1976.

L. Mester: Grundfragen der Leibeserziehung. Braunschweig 1972.

Josef N. Schmitz

Fachdidaktische Grundlagen zum Sportunterricht und zur Leibeserziehung

Die Fachdidaktik ist ein eigenständiges Lehr- und Forschungsfeld innerhalb der Sportpädagogik. Eigenständigkeit erwächst jedoch nicht in unabhängigen Erfahrungen, Reflexionen oder Konstruktionen. Gleich jeder anderen Wissenschaft muß auch die Fachdidaktik der Leibeserziehung bzw. Sportdidaktik benachbartes Denken und Wissen auf Verfügbarkeit und Erkenntnisgewinn hin überprüfen. Wissenschaft stellt zudem einen Prozeß fortschreitenden Erkenntniszuwachses dar, der nur selten die radikale Ablösung des je zu einem Zeitpunkt gegebenen Wissensbestandes bewirkt. Insofern sind zur Konstituierung jeder fachdidaktischen Theorie entsprechende Analysen problembezogener Aussagen aus Vergangenheit und Gegenwart mit heranzuziehen. Damit relativiert sich auch der mögliche Alleinvertretungsanspruch einzelner fachdidaktischer Konzepte. Grundlegungen zur Sportdidaktik können folglich nur den Problembereich umgreifen und in seinen wesentlichen Aspekten darstellen, um so zu einem allgemeinen Verständnis für weiterführende Studien zu verhelfen.

Begriff und Entwicklung der allgemeinen Didaktik und des Curriculumansatzes

Pädagogische Grundbegriffe sind einem ständigen Auffassungswandel unterworfen; sie erfahren in ihrer Gewichtung zeitbedingte Akzentuierungen. Das gilt auch für Begriff und Inhalt der Didaktik. Dennoch lassen sich in Vergangenheit und Gegenwart zwei *Grundrichtungen* feststellen; mit freilich unterscheidbaren Varianten sind dies eine *unterrichtstheoretische* und eine *bildungstheoretische* Richtung.

Vom griechischen Wortursprung (didaskein) aus betrachtet, bedeutet Didaktik im Aktiv lehren, belehren oder unterrichten und im Passiv lernen, belehrt oder unterrichtet werden. In der Fassung im Aktiv wäre Didaktik mit Lehrkunst zu übersetzen[1].

Lehren und Lernen bedürfen eines Vollzugsfeldes, dessen Grundform der Unterricht ist. Auf diesen bezogen kann Didaktik als die wissenschaftlich begründete Lehre vom sachgerechten und erfolgreichen Unterrichten verstanden werden.

---

[1] Siehe: J. Dolch: Grundbegriffe der pädagogischen Fachsprache. München 1960³, S. 45.

Eine solche Auffassung wird mit W. Ratke (1571—1635) als „methodus didactica“ (d. i. Lehrweg oder Lehrart) im „Frankfurter Memorial“ (1612) über die darin enthaltenen Verfahrensanweisungen zur wirksamsten Unterrichtsmethode begründet. Ihm folgen später die Herbartianer[2], hauptsächlich vertreten durch T. Ziller (1817—1882) und W. Rein (1847—1929). Diese vertraten über ihre Formalstufentheorie eine schablonisierte Normierung des Unterrichtsaufbaus, die auch „dem weniger Begabten eine sichere Herrschaft über die Unterrichtsmethode“[3] vermittelte. In mittelbarer Abhängigkeit von den Herbartianern oder in selbständiger Ausprägung wird in der Gegenwart eine Didaktik als *„Allgemeine Unterrichtslehre“*, *„Theorie des Unterrichts“* oder *„Wissenschaft vom Unterricht“* u. a. von J. Esterhues, J. Göttler, F. Schneider, Th. Schwerdt, K. Stöcker und R. Wegmann u. a. vertreten[4].

Unterricht ist jedoch nur eine Art der Aktualisierung von Lehr- und Lernakten. Die vielfältigen Formen und Einrichtungen sachorientierter Vermittlung oder bildender Einflußnahmen außerhalb des institutionalisierten Schulunterrichts im Raum der Selbst- und Erwachsenenbildung durch Vortrag, Gespräch, Information beispielsweise in den öffentlichen Medien sind in Ökonomie, Inhaltsgestaltung, Aufbau und Erfolgssicherung ebenso von didaktischen und methodischen Überlegungen abhängig wie der Unterricht

[2] Herbartianer nannten sich eine Reihe von Pädagogen in der 2. Hälfte des 19. Jh. Sie glaubten, die Pädagogik J. F. Herbarts (1776—1841) weiterzuführen, hatten ihn jedoch hinsichtlich seiner Erziehungs- und Unterrichtslehre zu einseitig verstanden und interpretiert. Ihre „Buch- und Lernschule“ wurde in den schulreformerischen Bestrebungen der Jahrhundertwende stark angegriffen, wobei zugleich über die Ablehnung der Herbartianer die originale Erziehungslehre Herbarts in Vergessenheit geriet. Erst in neuerer Zeit wurde die tatsächliche Bedeutung des Begründers der wissenschaftlichen Pädagogik wieder voll erkannt und gewürdigt. Siehe: H. Nohl: Der lebendige Herbart. In: Erziehergestalten. Göttingen 1952; B. Schwenk: Das Herbartverständnis der Herbartianer. Weinheim 1963; J. N. Schmitz: Die Leibesübungen im Erziehungsdenken J. F. Herbarts. Schorndorf 1965.

[3] E. Spranger: Fünfundzwanzig Jahre deutscher Erziehungspolitik. In: Päd. Blätter 1916, S. 113.

[4] J. Esterhues: Didaktik. Paderborn 1970[11] (1948); J. Göttler: System der Pädagogik. München 1957[10]; F. Schneider: Einführung in die Erziehungswissenschaft. Graz, Wien 1953[4]; Th. Schwerdt: Kritische Didaktik. Paderborn o. J.[19] (1933); K. Stöcker: Neuzeitliche Unterrichtsgestaltung. 1970[13] (1954); R. Wegmann: Theorie des Unterrichts. München, Basel 1964; M. Koskenniemi: Elemente der Unterrichtstheorie. München 1971; G. Dohmen u. a. (Hrsg.): Unterricht — Aufbau und Kritik. München 1978; H. Maier / H. J. Pfistner: Die Grundlagen der Unterrichtstheorie und Unterrichtspraxis. Heidelberg 1971,; J. S. Brunner: Entwurf einer Unterrichtstheorie. Berlin 1974.

in der Schule. Insofern muß der Didaktikbegriff neutraler und weiter gefaßt werden, als dies seine reine Bezogenheit auf Unterrichtsmethode intendiert.

So begreift J. Dolch Didaktik als jenes der Pädagogik eingeordnete wissenschaftliche Forschungs- und Lehrfeld, das sich „mit dem Lernen in allen Formen und dem Lehren aller Art auf allen Stufen ohne Besonderung auf den Lehrinhalt“ befaßt. Mehr lerntheoretisch ist M. J. Langeveld orientiert, wenn er „Didaktik als die Lehre von der systematischen Übertragung des Wissens und Könnens“ definiert. Eine lernpsychologische Fundierung gibt H. Aebli; didaktische Aussagen sollen „aus der psychologischen Kenntnis der Vorgänge geistiger Formung diejenigen methodische Maßnahmen erkennen lassen, welche für die Entwicklung der Prozesse am besten geeignet sind“. Th. Wilhelm sieht das Didaktikproblem speziell unter dem Aspekt der unterrichtlichen Effektivität; Didaktik ist für ihn „die Wissenschaft von der Ökonomie des Lehrens und Lernens im Zeitalter der Wissenschaftlichkeit“[5].

Diese Beispiele von Didaktikauffassungen innerhalb einer „unterrichtstheoretischen Richtung“ machen eine Verlagerung auf den notwendigen Einschluß der neueren *Lerntheorie* in die didaktische Diskussion deutlich. In umfassender und systematischer Weise wurde gegenwärtig diese Ansicht von der „Berliner didaktischen Schule“ (P. Heimann, W. Schulz u. a.) vertreten, die vielfach auch als *„lerntheoretische Didaktik“* bezeichnet wird. Didaktik ist für P. Heimann primär lehr- und lernbezogen, ist „Theorie des Unterrichts“ im nichtaufhebbaren Zusammenhang von inhaltlichen und verfahrensmäßigen Vorüberlegungen und Entscheidungen, in die zugleich Grundfragen der Erziehung und deren Realisierung an konkreten Inhalten, demnach auch die Methodik als eine „Dimension der Didaktik“ eingeschlossen sind. Das didaktische Feld strukturiert sich nach „intentionalen, inhaltlichen, methodischen, medienbedingten, anthropologisch-psychologischen und situativ-sozial-kulturellen“ Aspekten und Determinanten. Diese sollen freilich weder aus der Tradition noch im Sinne „einer normativ auftretenden pädagogischen Heilslehre“, sondern über „eine weitgehend erfahrungswissenschaftlich orientierte Durchforstung und Klärung“ der aktuellen, Gesellschafts-, Erziehungs- und Unterrichssituation gewonnen werden[6].

---

[5] J. Dolch, a. a. O., S. 45; M. J. Langeveld: Die Schule als Weg des Kindes. Braunschweig 1960; H. Aebli: Psychologische Didaktik. Stuttgart 1970[4] (1963); T. Wilhelm: Theorie der Schule. Stuttgart 1967.

[6] P. Heimann: Didaktik als Theorie und Lehre. In: D. C. Kochan: Allgemeine Didaktik-Fachdidaktik-Fachwissenschaft. Darmstadt 1970, S. 124, 111; zuerst in:

Im lern- und unterrichtstheoretischen Bezugsfeld der Didaktik kommt gegenwärtig der über die „Programmierte Instruktion" geforderte Einschluß der Unterrichtstechnologie eine große Bedeutung zu. Die Sruktur-Analyse des Unterrichts von P. Heimann trägt dem bereits durch die besondere Heraushebung des „medienbedingten" Aspekts Rechnung. Insofern lassen sich die Bemühungen um eine didaktische Nutzung aller technischen Lehr- und Lernmittel bis hin zum „Computer-gesteuerten Unterricht" einschließlich der informationstheoretischen Erklärung der damit ausgelösten Lernprozesse einer lern- und unterrichtsorientierten Didaktik eingliedern. Die sog. *„Informationstheoretische Didaktik"* versteht sich dann als jene „Wissenschaft, die untersucht, wie die Lernprozesse eines Lernsystems zu initiieren und zu steuern sind, um vorgegebene Lernziele in optimaler Weise zu erreichen"[7]. Didaktische Schwerpunkte sind: Probleme der Lernorganisation, des Lernsystems und der Lernkontrolle.

Die zweite, mehr bildungstheoretisch orientierte Grundrichtung der Didaktik beginnt bei J. A. Comenius (1592—1670). Dessen „Didactica magna" (1657) steht als Kunst „alle, alles zu lehren" im Zusammenhang eines umfassenden philosophisch-pädagogischen Systems. Erziehung und Unterricht haben die eine Aufgabe, den in Unordnung geratenen Menschen schrittweise wieder „instandzusetzen". Diesem Ziele fügen sich alle Inhalte, Verfahren und Einrichtungen der Erziehung ein. Bei Comenius ist demnach die so verstandene Didaktik eigentlich *Pädagogik* schlechthin[8].

Dem „didaktischen Materialismus" (Dörpfeld) der Herbartianer setzt O. Willmann (1839—1920) eine „Didaktik als Bildungslehre" entgegen. *Didaktik* ist ihm die *„Lehre vom Bildungserwerb"*, der er die *Pädagogik* als reine *Erziehungstheorie* gegenüberstellt. Zentrum der didaktischen Reflexion wird damit die „Bildungsarbeit". Diese ist nicht allein Unterweisung, Anlernen und Stoffaneignung, sondern ein „inneres geistiges Gestalten", das durch „Zuwachs an plastischer Kraft des Geistes" die „Bestimmtheit der Persönlichkeit" und „Bildung als Qualität des Subjekts" erstrebt. Damit dies auch realisiert werden kann, bedarf es der „Bildungsobjekte, nämlich

---

Die Deutsche Schule 1962, S. 407 ff. — Siehe auch: P. Heimann u. a.: Unterricht — Analyse und Planung. Hannover 1970[5] (1965); G. Otto (Hrsg.): Geplante Information — Paul Heimanns didaktisches Konzept. Weinheim 1969.

[7] F. v. Cube: Der kybernetische Ansatz der Didaktik (1968). In: D. C. Kochan, a. a. O., S. 143.

[8] Siehe hierzu neben der „Didactica magna" besonders das erst 1935 entdeckte Hauptwerk „Pampaedia"; eine kurz gefaßte Übersicht und Deutung gibt: K. Schaller: Die Pampaedia des Johann Amos Comenius. Heidelberg 1958[2]; vgl. auch K. Schaller: Die Pädagogik des Johann Amos Comenius. Heidelberg 1962.

jener formalen und materialen „Bildungsmittel“, „Bildungsgüter“ oder „*Bildungsinhalte* (des „Stoffes“ also), an denen sich aufgrund eines ihnen immanenten „*Bildungsgehaltes*“ die Erzeugung und Entbindung von Kräften“ im „Bildungssubjekt“ ereignen kann[9].

Von Willmann aus führt eine direkte Linie u. a. über G. Kerschensteiner (1854—1932), E. Spranger (1882—1963), H. Nohl (1879—1960). W. Flitner, insbesondere aber E. Weniger (1894—1961) in die neuzeitliche Didaktikdiskussion, die vor allem von W. Klafki vorangetrieben worden ist. Dieser stößt bei seinen bildungstheoretischen Untersuchungen zum Elementaren, Exemplarischen, Fundamentalen und Kategorialen[10] auf das Didaktikproblem und übernimmt zunächst die Formel seines Lehrers E. Weniger, wonach „Didaktik als die Theorie der Bildungsinhalte, ihrer Auswahl und Struktur“ verstanden werden soll[11]. Die etwa um 1958 einsetzende weitgespannte Diskussion um ein neues Didaktikverständnis, in der weitere Begriffsdefinitionen vorgetragen worden sind[12], hat die Vielfalt der Problemstellung in den größeren Zusammenhängen von Bildungsreform und Bildungstheorie offensichtlich gemacht. Das wird von Klafki berücksichtigt, wenn er den ursprünglich bei Weniger gegebenen Zuschnitt auf das Auswahlproblem der Inhalte aufgrund ihres Bildungsgehaltes zur „*Didaktik im engeren Sinne*“ erklärt. Sie versteht sich als „*Theorie der Bildungsaufgaben und Bildungsinhalte* (bzw. Bildungskategorien) und fragt nach ihrem Bildungssinn, den Kriterien ihrer Auswahl, nach ihrer Struktur und damit nach ihrer Schichtung“. Wenngleich dieser engere Didaktikbegriff letztlich nur das in der Bildungstheorie vorrangig zu behandelnde Problem der Lehrinhalte und des Lehrplans akzentuiert, darf doch nicht übersehen werden, daß er zugleich die weiteren didaktischen Fragestellungen bereits enthält, wie beispielsweise „die Frage nach den Lehr- und Lernvollzügen, nach den pädagogischen Wegen, Methoden, Formen und Medien der bewußten

---

[9] O. Willmann: Didaktik als Bildungslehre nach ihren Beziehungen zur Sozialforschung und zur Geschichte der Bildung. Freiburg, Wien 1957[6] (1888), S. 14 ff. und 322 ff.

[10] W. Klafki: Das pädagogische Problem des Elementaren und die Theorie der kategorialen Bildung. Weinheim 1963[2] (1959).

[11] E. Weniger: Didaktik als Bildungslehre. Weinheim 1960 (zuerst in: Nohl/Pallat: Handbuch der Pädagogik, Bd. 3. Langensalza 1928 ff.).

[12] So u. a.: J. Derbolav: „Didaktik ist die Theorie der Bildungskategorien“ (Versuch einer wissenschaftstheoretischen Grundlegung der Didaktik. Ztschr. f. Pädagogik, 2. Beiheft 1960, S. 17 ff.); G. Siewerth: „Didaktik ist die Wissenschaft vom Wesen bildender Lehre“ (Vierteljahrsschr. f. wiss. Pädagogik 2, 1962); H. Sperber: „Didaktik ist die Theorie der bildenden Begegnung von Person und Sache und von Sache und Person“ (Welt der Schule 1, 1960).

Lehre und des Lernens, also der Methodik im strengen Sinne des Wortes"[13]. *Didaktik* also im *„weiteren Sinne"* wird dieserart zu einem umgreifenden und selbständigen wissenschaftlichen Forschungs- und Lehrgebiet, dessen Erkenntnisse und Übertragung in die praktische Erziehungswirklichkeit die aufgegebene Neuorientierung der pädagogischen Arbeit stützen sollen. Sie gliedert sich in eine *„Allgemeine Didaktik"*, eine *„Besondere Didaktik der einzelnen Schularten"* und die *„Fachdidaktiken der einzelnen Fach- und Sachgebiete"*.

Das didaktische Grundlagendenken hat im Anschluß an angloamerikanische und skandinavische Forschungen und Diskussionen besonders seit 1967 durch S. B. Robinsohn neue Anstöße erfahren, die nicht ohne Zwang in die dargestellte didaktischen Grundrichtungen eingegliedert werden können. Die hier gemeinten *Curriculumtheorien* betonen vorrangig die Lehrplanproblematik und setzen sich im Methodologischen bewußt von der „bildungstheoretischen Didaktik" ab, indem sie ein erfahrungswissenschaftliches Instrumentarium benützen. Berücksichtigt man jedoch, daß sowohl Weniger als auch Klafki mit dem von ihnen vertretenen „engeren" Didaktikbegriff („Theorie der Bildungsinhalte, ihrer Struktur und Auswahl") auf eine Neuordnung der Lehrinhalte im Lehrplan abgezielt haben und daß für einige Curriculumtheoretiker als Bezugspunkt nach wie vor der Unterricht in seinen didaktisch-methodischen Aspekten bleibt, so liegen dennoch unmittelbare Beziehungen zur Didaktik im allgemeinen Verständnis vor, wie überhaupt die Lehrplanproblematik als ein wesentlicher Teil des didaktischen Gesamtgefüges zu gelten hat.

Im Kern beabsichtigen Robinsohn und andere Curriculumtheoretiker nicht eine Korrektur der tradierten Lehrinhalte im Sinne einer „Verjüngungskur", sondern eine „systematische Revision und Weiterentwicklung des Curriculums" mit Hilfe von Methoden, welche Entscheidungen über die Inhalte des Bildungsprogramms aus der Beliebigkeit und diffusen Tradition hinaus in Formen rationaler Analysen und objektivierter Alternativen zu treffen vermögen[14]. Dies hat durch erfahrungswissenschaftliche Situationsanalysen von Mensch und Gesellschaft einschließlich etwa erkennbarer Zukunftsperspektiven zu erfolgen, aus denen dann die erforderlichen Qualifikationen und Fähigkeiten als maßgebende Bildungs- und Ausbildungsaufgaben abgelesen und begründet werden können. Für deren Aktualisierung und Konkretisierung müssen daraus die Lehr- und Lerninhalte als die

[13] W. Klafki: Studien zur Bildungstheorie und Didaktik. Weinheim 1963, S. 84.
[14] S. B. Robinsohn: Bildungsreform als Revision der Curriculum. Neuwied 1970[3], S. 10 und 31.

einzelnen Curriculumelemente zusammengestellt und formuliert werden. Allein eine solche curriculare Wegweisung für Erziehung und Unterricht genügt aber noch nicht. Sowohl die ermittelten Qualifikationen als auch die einzelnen Curriculumelemente bedürfen ebenso wie die jeweilige pädagogisch-didaktische Handlungsstrategie eines ständigen Begleitprozesses der objektiven Effektivitätskontrolle und Gültigkeitsprüfung. Insofern Curriculumtheorien auch entsprechende pädagogische Handlungsstrategien mitentwerfen (was im Grunde auch unausgesprochen beinhaltet ist, da ein erstelltes Erziehungs- und Lehrprogramm stets die Realisierungsmöglichkeiten miteröffnet), umgreifen sie das, was im allgemeinen Sinne mit Didaktik gemeint ist. Hieraus resultieren im deutschen Sprachraum solche Forderungen, die den Begriff der Didaktik durch Curriculum ersetzen wollen und zwar als Kontrastprogramm gegen die „bildungstheoretische" Didaktik. Dabei wird aber zweierlei übersehen: nämlich, daß weder das bildungstheoretische Modell als *die* Didaktik angesehen werden kann noch hinsichtlich des Curriculums eine einheitliche Theorie existiert, ja daß selbst über die Begriffsdefinition von Curriculum keine letzte Klarheit herrscht. So werden bereits 1960 in der angloamerikanischen Fachliteratur insgesamt 98 Definitionen registriert[15]. Auch sind engere und weitere Fassungen zu unterscheiden. Z. Z. besteht jedenfalls noch keine Einigung darüber, ob der Begriff in seiner Inhaltsbestimmung bis in die Realisierungsebene ausgedehnt werden soll. Hinsichtlich der Einordnung von Aussagen der Curriculumtheorien in das didaktische Gesamtfeld bleibt entscheidend, daß das Problem der Bildungsaufgaben, der Lernziele, der Lehrinhalte und damit des Lehrplans als vorgreifendes didaktisches Entscheidungsfeld in seinen Planungselementen und seiner Erkenntnismethodenorganisation erneut und vor allem regulativ zu den bisherigen Erörterungen in den Blick gerückt und zur didaktischen Bewältigung aufgegeben worden ist[15a].

In der Bewertung der didaktischen Auffassungen und Modelle nach einer unterrichts-, lern-, informations- und curriculumtheoretischen Richtung kann H. Blankertz gefolgt werden. „Wer die didaktische Diskussion der letzten zwei Jahrzehnte aufmerksam und unvoreingenommen verfolgt hat, wird immer mehr eine Aspektverschiedenheit in dem Sinne annehmen, daß der heute mögliche und notwendige Problemhorizont der Didaktik sich erst in

---

[15] K. Frey, a. a. O., S. 32.

[15a] Zu diesem Problemkreis siehe ein- und weiterführend: F. Achtenhagen / H. L. Meyer: Curriculumrevision — Möglichkeiten und Grenzen. München 1971; H. Blankertz: Curriculumforschung — Strategien, Strukturierung, Konstruktion. Essen 1971²; K. Frey: Theorien des Curriculums. Weinheim 1971.

der Verschränkung und Überlagerung verschiedener Ansätze eröffnet" und daß es deshalb „wissenschaftlich unzulässig" sei, die Bemühungen um eine Neuorientierung der Didaktik nur „auf eine Position zu beschränken"[16]. Zusammengefaßt und abstrahiert von den einzelnen Richtungen umgreift folglich die Allgemeine Didaktik auf der Grundlage eines aktualisierten Erziehungsdenkens drei zentrale Theoriefelder, nämlich die *Theorie des Lehrplans*, die *Theorie des Lernens* und die *Theorie des Lehrens* (einschließlich des Unterrichts), die über die Methodik in den Unterricht als planmäßige Lehrveranstaltung hineinwirken. Dies gilt dann auch entsprechend für die Fachdidaktiken[17].

Allgemeine Didaktik

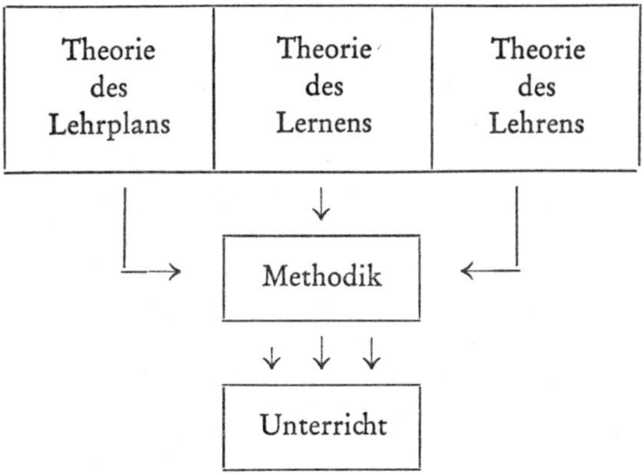

Abbildung 1

Die fachdidaktische Diskussion seit 1960 und die gegenwärtigen Bemühungen um ein Sportcurriculum

Die mit den Veröffentlichungen W. Klafkis um 1960 begonnene Diskussion um eine Neuorientierung des Didaktikverständnisses hat auch auf die einzelnen Fachgebiete und Lehrfächer der Schule übergegriffen. Bis zu diesem Zeitpunkt angelehnt an die Allgemeine Didaktik oder die jeweiligen

[16] H. Blankertz: Theorien und Modelle der Didaktik. München 1970^4, S. 17.

[17] Ergänzend zu diesem Problemkreis der Allg. Didaktik siehe auch: J. N. Schmitz: Fachdidaktische Analysen und Grundlagen — Studien zur Didaktik I, Schorndorf 1972^3 (1966), Kap. I; W. Klafki: Studien zur Bildungstheorie und Didaktik. Weinheim 1967^8; H. Blankertz: Theorien und Modelle der Didaktik. München 1969

Fachwissenschaften, hatten sie nun eine eigenständige *Fachdidaktik* zu entwickeln. Hinsichtlich der Leibeserziehung und des Sportunterrichts ist das fachinterne Gespräch zunächst durch K. Paschens Entwurf einer „Didaktik der Leibeserziehung“ (Frankfurt 1961) in Gang gekommen. Unter Einschluß früherer Arbeiten[18] vertritt er im Sinne einer „Didaktik als Bildungslehre“ nach Weniger und Klafki die Auffassung, daß der „Ansatzpunkt einer Didaktik der Leibeserziehung die Frage nach dem *Wesen der zugrunde liegenden Sache*“ ist[19]. Danach hat zunächst eine „Strukturanalyse der Leibesübungen und des Sports“ zu erfolgen, ehe didaktisch in Richtung der Bildungsinhalte, ihrer Auswahl, Ordnung und Bewertung nach Bildungsgehalten weitergefragt werden kann. Diese Struktur bestimmt Paschen in letzter Verdichtung mit *„elementarer Selbstbewegung“* als einer „Grundrichtung des Geistes“, welche sich in den Erscheinungsformen des Sports und der Leibesübungen, also in den von ihm erkannten *„Übungsweisen“* (das „Sportliche, Spielhafte, Tänzerische und Erholsame“ — verstanden als „die gedachte Zusammenfassung der Einzelgebilde nach Sinnbereichen“ im Aspekt der „geistigen Durchdringung der Elementaren Selbstbewegung“) bis hinunter zu den einzelnen Disziplinen und Bewegungsgestalten (Spiele, Wettkämpfe, Tänze, Hochsprung usw.), *objektiviert* hat. „Übungsweisen“ und Einzelgebilde repräsentieren demnach einen „zugrunde liegenden Gehalt, einen tiefen Sinn, der sich auch den einzelnen Bewegungen in diesem Zusammenhang mitteilt“. Durch Struktur- und Gehaltsanalysen gilt es folglich, eine Didaktik der Leibeserziehung zu konstituieren, welche dieserart die Bildungsgehalte des Fachgebiets erfaßt und zugleich in den Einzelgehalten wertend ordnet, damit von dieser Ordnung her die Inhalte ausgewählt und der Bildungsabsicht durch Leibesübungen verfügbar gemacht werden[20].

Die didaktischen Thesen Paschens sind nachfolgend nicht ohne Widerspruch geblieben[21]. Vor allem sind Zweifel geäußert worden, ob von den

[18] K. Paschen: Bewegungserziehung. Bad Godesberg 1953; ders.: Die Bildungsgehalte der Leibeserziehung. In: Die Leibeserziehung 1958, S. 43—49.

[19] Ab der 2. erweiterten Auflage (1966) ist dieser Satz gestrichen, aber die darauf fußende Gesamtkonzeption nicht gändert (1972[4]).

[20] K. Paschen: Didaktik der Leibeserziehung. Frankfurt 1961, S. 13, 51, 26 ff., 63. — Die Darstellung macht deutlich, daß Paschen in den Dimensionen des engeren Didaktikbegriffes denkt.

[21] L. Mester: Zur Didaktik der Leibeserziehung. In: Ztschr. f. Pädagogik 1, 1962; ders.: Aktuelle Fragen im Spannungsfeld der Didaktik. In: Die Leibeserziehung 1963, S. 347—353; J. N. Schmitz: Die Leibeserziehung im Feld des Didaktischen. In: Die Leibeserziehung 1962, S. 137—145; ders.: Das Problem der Didaktik in der Leibeserziehung. In: Die Leibeserziehung 1965, S. 358—365; O. Grupe: Zur pädagogischen Begründung der Leibeserziehung und ihrer Didaktik aus dem

„Sachen", den „objektiven Gebilden" der Erscheinungsweisen von Leibesübungen allein Bildungsstruktur und Bildungsauftrag als *die* didaktische Kernfrage erschlossen werden können. Letztlich geht es im Sportunterricht, wie in der Erziehung überhaupt um den *Menschen*, so daß der eigentliche und grundlegende Ansatz zur Begründung einer neuzeitlichen Sportdidaktik der Mensch als das sich *bewegende und leiblich konstituierte Wesen* ist. Deshalb hat dann Bernett die sich so unterscheidenden Auffassungen in eine „objektivistische" und eine „anthropozentrische" Richtung unterschieden, zugleich aber im Bemühen, einen didaktischen Konsens zu erwirken, darauf hingewiesen, daß die bis dahin an der Diskussion beteiligten Autoren (Paschen, Mester, Grupe, Schmitz) „das doppelendige Verhältnis des pädagogischen Bezugs auch in der Leibeserziehung" berücksichtigen, freilich mit einem unterschiedlichen Akzent[22].

Hierbei ist ohne Zweifel richtig, daß das Grundgefüge des didaktischen Gesamtfeldes der Leibeserziehung ohne Berücksichtigung des doppelpoligen Bildungsvorganges in der Angewiesenheit auf subjektiv-anthropologische und sachlich-objektive Faktoren nicht entworfen werden kann. Wie O. Willmann und nachfolgend besonders G. Kerschensteiner mit seinem „Grundaxiom des Bildungsprozesses" verdeutlicht haben[23], sind Erziehung und Bildung nicht ein gleichsam automatisierter Wachstumsprozeß im Ich, sondern ein Ereignis, das der Auseinandersetzung mit objektiv gegebenen Sachverhalten und dadurch des Innewerdens von Welt bedarf. Dies gilt für *alle* Bildungsbereiche und Fachgebiete, folglich auch für die Leibeserziehung und Sportunterricht.

Gleichwohl hat diese Differenzierung die Diskussion um das facheigene Didaktikverständnis bestimmt. Vom gegenwärtigen Sach- und Aussagestand her können die vorgelegten fachdidaktischen Entwürfe verschieden gruppiert werden.

Verhältnis von Leib und Seele. In: Vierteljahrsschrift f. wiss. Pädagogik 2, 1962 (auch in: Studien zur pädagogischen Theorie der Leibeserziehung. Schorndorf 1965); G. Stöcker: Zum Problem von Bildung und Erziehung in der Leibeserziehung. In: Die Leibeserziehung 1964, S. 184—188; O. Neumann: Die leibseelische Entwicklung im Jugendalter. München 1964, S. 362 ff.; D. Ungerer: Die Bedeutung der menschlichen Bewegung in der Leibeserziehung. In: Die Leibeserziehung 1966, S. 189—196; O. Hanebuth: Zur didaktischen Situation in der Leibeserziehung. In: Die Leibeserziehung 1966, S. 197—203.

[22] H. Bernett: Der Kanon der Leibeserziehung. In: Die Leibeserziehung 1962, S. 288 und 209.

[23] Siehe hierzu: J. N. Schmitz: Studien zur Didaktik der Leibeserziehung I, a. a. O., Kap. I, IV und V.

„Objektivistische" Fachdidaktik

Hier sind jene anzuführen, die eindeutig oder mit einigen Varianten dem „bildungstheoretischen" Didaktikmodell von Weniger/Klafki zuzuordnen sind. Das gilt vorab für K. Paschen. Im speziellen Feld einer Spieldidaktik ist dann H. Hilmer zu nennen. Nach ihm „kann auch die Spielerziehung im Rahmen des Sportunterrichts nicht mehr in den Dienst formaler körperlich-geistig-seelischer Kräfte- und Vermögensbildung gestellt werden; vielmehr müssen Spiele als ‚Objektivationen' geistigen Lebens, ihre Vollzüge als eigenwertige, humane Weisen aktiven In-der-Welt-Seins aufgefaßt werden". Insofern sind Spiele — je nach Spielgedanke und Spielregeln — latente Träger von „Bildungsgehalten", die aber nur „im Erleben und Erfahren im konkreten Vollzug zugänglich sind"[24]. Hilmer hat seinen Ansatz bis in die praktische Ebene durch eine „Elementarisierung" der Spielgedanken einschließlich der notwendigen Systematisierung der entsprechenden Spielformen durchentwickelt und das Gemeinte an einem „Spiellehrgang" belegt. — Auch H. Nattkämper gehört zu dieser Gruppe, wenngleich seine bildungstheoretischen Grundlagen von J. Derbolav und dessen „bildungskategorialen" Didaktikverständnis geleitet werden[25]. Von dort her begreift Nattkämper „Bildung als Selbstverwirklichung des Menschen im Vorgang zwischen Stoff und Selbst", womit dann „Leibesbildung zur Selbstverwirklichung des Menschen zwischen Vorgang und Übung" wird. Den kategorialen Bildungsgehalt einzelner Leibesübungsformen bestimmt Nattkämper wie folgt: Sport ist versammelter Einsatz, Turnen gelöste Haltung, Gymnastik die Schwerelosigkeit der Bewegung, Spiel verantwortet Wetteifer, Wandern planvolle Muße und Tanz die Summe der Leibesübung[26]. Wie subjektiv und damit wenig kategorial diese Festlegungen sind, zeigt ihre mögliche Austauschbarkeit wie etwa „Gymnastik ist gelöste Haltung" oder „Sport ist versammelter Wetteifer".

Anthropologische Schwerpunktsetzungen

Vom Anthropologischen und Sportpädagogischen her hat O. Grupe eine Reihe von Beiträgen zur Didaktikdiskussion vorgelegt[27]. Nach ihm „resul-

[24] H. Hilmer: Grundzüge einer pädagogischen Theorie der Bewegungsspiele. Hannover 1969, S. 56 und 57.

[25] Siehe: J. Derbolav: Versuch einer wissenschaftstheoretischen Grundlegung der Didaktik. In: Ztschr. f. Pädagogik, 2. Beiheft (Didaktik in der Lehrerbildung), Weinheim 1960, S. 17 ff.

[26] H. Nattkämper: Zum Problem der Bildungskategorien in den Leibesübungen. In: Die Leibeserziehung 1963, S. 262 ff.; ders.: Die Leibesübungen und ihre Bildung. Bonn 1963 (Diss.), S. 73 f.; ders.: Der Leib und seine Übung in der Leibeserziehung. Ratingen 1968.

tiert die Vollständigkeit der Bildung" daraus, daß sie „nicht auf spielerische Züge und auf ein geordnetes Leibverhältnis verzichten kann". Im Kanon der Schulfächer sind hierfür die Leibeserziehung und der Sportunterricht verantwortlich. Erst eine didaktisch-methodisch begründete Organisation der Lehr- und Lernakte kann garantieren, daß der Sport als Leibeserziehung in seinem „gesundheitlichen Wert (Gesundheit, Leistungsfähigkeit, Vitalität, Wohlbefinden)" in seinen „ästhetischen Gehalten (Anmut, Natürlichkeit, Lockerheit)", in seiner „personalen und sozialen Bedeutung (Fairneß, Selbstvertrauen, soziales Verhalten)" und in seiner „Bedeutung als Spiel (Spontaneität, Bewegungsfreude, Zwecklosigkeit)"[28] bildungsrelevant wird. Den anthropologischen Aspekt will Grupe auch bei der Curriculumkonstruktion gewahrt wissen.

Bildungsorientierte Reduktionsmodelle

Eine weitere Gruppe didaktischer Aussagen ist dadurch gekennzeichnet, daß sie — in der Erkenntnis der Schwierigkeiten, einzelne Leibesübungen und Sportarten auf ihren je spezifischen Bildungsgehalt zu hinterfragen und dann festzulegen — das Erziehungselement sportlichen Tuns in grundlegenden Verhaltensweisen, Tätigkeitselementen, Aktionsweisen oder Aktivitätsdispositionen angesiedelt betrachten. Hierzu gehören: L. Mester, der aus der Beobachtung des aktiven kindlichen und jugendlichen Lebens die Verhaltensweisen des Übens, Spielens, Kämpfens und Tanzens ableitet; O. Hanebuth mit den Tätigkeitselementen des Spielens, Leistens, Kämpfens und Gestaltens, welche für ihn zugleich „der menschlichen Natur als elementare Lebensäußerungen angeboren" sind; H. Bernett, der die historischen Grundformen von Leibesübungen phänomenologisch und hermeneutisch abfragt und so für das Turnen das Beherrschen, für die Gymnastik das Gestalten, für das Spiel das Spielen und für den Sport das Kämpfen erkennt; J. N. Schmitz deduziert aus einer lebenskategorialen Strukturanalyse der Leibesübungen (verstanden als die Summe ihrer Einzelformen) mit Bewegung, Spiel, Wetteifer deren spezifische Aktivitätsdispositionen nach Gestalten, Spielen und Lei-

---

[27] Vgl. u. a. O. Grupe: Leibesübung und Erziehung. Freiburg 1964²; ders.: Studien zur pädagogischen Theorie der Leibeserziehung. Schorndorf 1965 (1968²); ders.: Bildungsaufgaben und Bildungsmotive der Leibeserziehung. In: Sport und Leibeserziehung, hrsg. v. H. Plessner u. a., München 1967, S. 123 ff.; ders.: Grundlagen der Sportpädagogik Schorndorf 1975²; ders.: Zur anthropologischen Dimension von Curriculumentscheidungen im Sport. In: Sportwissenschaft 1971, S. 156 bis 178. Vgl. auch S. 215 ff. in diesem Band.

[28] Grundlagen der Sportpädagogik, a. a. O., S. 115.

sten[29]. Im Kern wird hier ausgedrückt, daß die je latenten Bildungsgehalte der einzelnen Strukturphänomene und Aktivitäten im Vollzug von Leibesübungen in personalem und sozialem Bezug wirksam werden können.

Andere Darstellungen zur fachdidaktischen Problematik bewegen sich in ihren Aussagen teilweise im Gefolge bisheriger Denkrichtungen mit der doppelten Tendenz der Verdichtung oder der Vermittlung, teilweise behandeln sie aber auch speziellere Ausschnitte aus dem fachdidaktischen Gesamtfeld[30].

Das Charakteristische der bis hierhin angeführten fachdidaktischen Beiträge ist, daß sie vornehmlich die Bildungsproblematik des Fachgebiets berühren, eine freilich wichtige Frage der notwendigen Begründung von Repräsentanz und Aufgaben des Sportunterrichts im Kanon der Schulfächer; ein fachdidaktisches Grundanliegen überdies, das bisher vorrangig durch apodiktische Festlegungen, unreflektierte Übernahmen des tradierten Tugendkanons oder amtliche Verordnungen erledigt worden ist, wie leicht an den Richtlinien und Bildungsplänen der Leibeserziehung von 1860 bis in die jüngste Zeit nachgewiesen werden kann[31]. Damit ist jedoch immer nur ein Teil der fachdidaktischen Gesamtproblematik angesprochen, nämlich vor allem die des Lehrplans in seiner Schicht der übergreifenden Zielbestimmung des fachspezifischen Bildungsauftrags oder der entsprechenden Qualifikationen als Gesamtausstattung des Menschen in Welt und Gesellschaft.

Sensomotorik als „Fachdidaktik"

In einem anderen Teil fachdidaktischer Grundlegungen auf informationstheoretischer Basis argumentiert D. Ungerer. Seine „Theorie des sensomotorischen Lernens" (Schorndorf 1971, 1977)[32] bietet neben den lerntheoretischen Grundlagen des Bewegungslernens auch eine Reihe von didaktisch-

---

[29] L. Mester: Planvolle Leibeserziehung im Kindesalter. Weilburg 1951; ders.: Grundfragen der Leibeserziehung. Braunschweig 1969³ (1962); O. Hanebuth: Grundschulung zur sportlichen Leistung. Frankfurt 1964⁴; H. Bernett: Grundformen der Leibeserziehung. Schorndorf 1965; J. N. Schmitz: Das Grundgefüge des Didaktischen Feldes in der Leibeserziehung S. 9—38; Studien zur Didaktik der Leibeserziehung II. Schorndorf 1970² (1967).

[30] Siehe: A. Geissler: Was ist Leibeserziehung? Ratingen 1970; A. Kirsch: Grundriß der Leibeserziehung. Bochum 1971; G. Stöcker: Didaktik — Leibeserziehung (Grundlagen der Leibeserziehung in Theorie und Praxis). Düsseldorf 1970; G. Hecker / A. Trebels: Sportdidaktik. Ratingen 1970. Siehe auch Anm. 36.

[31] Siehe: J. N. Schmitz: Fachdidaktische Analysen und Grundlagen — Studien zur Didaktik der Leibeserziehung I. Schorndorf 1972³, Kap. III.

[32] D. Ungerer: Theorie des sensomotorischen Lernens. Schorndorf 1977³ (1971).

methodischen Konsequenzen und Möglichkeiten. Von seinem kybernetischen Ansatz aus kann Ungerer die bisher vorrangige Bildungsproblematik außer Betracht lassen und ausschließlich den Lernaspekt in den Vordergrund stellen. So selbstverständlich es ist, daß erst ein gelerntes und gekonntes Bewegungsrepertoire die zwingende Voraussetzung auch für die mögliche Aneignung der im Sport latenten Bildungsgehalte bedeutet, kann dennoch eine „Theorie des sensomotorischen Lernens" nicht für das Ganze der Fachdidaktik stehen[32a].

Erfahrungswissenschaftliche Korrekturen

Die zeitbedingte Relativierung der bislang vorrangig geisteswissenschaftlich orientierten Pädagogik in der Linie von W. Dilthey (1833—1911) bis E. Weniger und der notwendige Einschluß erfahrungswissenschaftlicher und kritischer Methoden in die Erziehungswissenschaft hat auch im fachdidaktischen Denken eine Reihe von Impulsen gesetzt, in die u. a. auch die Argumentationen zu einem zeitgemäßen Sportcurriculum einzugliedern sind. Einen Anstoß dazu gab H. Retter mit dem Vorschlag einer „Induktiven Didaktik", deren „Ausgangspunkt die Praxis des Sportunterrichts und der Sportausübung (Schule, Verein, Freizeitstätten usw.)" sein soll. Die bisher mehr personalistisch orientierte Bildungsproblematik als fachdidaktischer Aussageschwerpunkt sollte nach Meinung Retters ersetzt werden durch rückgekoppelte Analysen der gegebenen Situation der Gesellschaft, des Sports in dieser Gesellschaft und der „Konflikthaftigkeit des Menschen", aus denen dann erst die Aufgaben des Sportunterrichts abgelesen werden können. Konkrete Wege hierzu werden freilich nur andeutungsweise eröffnet[33].

Ansätze über das Sportcurriculum

Eine der Thesen H. Retters führt unmittelbar in die aktuelle Diskussion um ein neuzeitliches Sportcurriculum. Er fordert nämlich, daß „die bisher vorrangig geisteswissenschaftliche Betrachtungsweise abgelöst wird durch eine umfassende fachspezifische Curriculum-Forschung mit dem Ziel, ein System von rational begründbaren und ständig zu überprüfenden Lernzielen zu gewinnen", einen Lehrplan also, „der nicht mehr vom Stoff, sondern von zuvor festgelegten, empirisch verifizierten Zielvorstellungen her struk-

---

[32a] Siehe hierzu ausführlicher den Beitrag von Ungerer in diesem Band S. 142 ff.

[33] Zur gegenwärtigen Situation der Leibeserziehung. In: Die Leibeserziehung 1971, S. 77 ff. — Siehe hierzu auch die Kritik von R. Gessmann: Leibeserziehung und Curriculumforschung — Zur Problematik einer induktiven Didaktik. In: Die Leibeserziehung 1972, S. 4—8.

turiert“ ist. Die fachinterne Curriculumdiskussion findet u. a. ihren Niederschlag in Heft 2/1971 der „Sportwissenschaft“, in der Sondernummer „Curriculum“ der Zeitschrift „Die Leibeserziehung“, Heft 7/1972, und in der Arbeit von K. Dietrich[34].

Eine Bewertung des curricularen Ansatzes zur Klärung der fachdidaktischen Problemlage stößt derzeit noch insofern auf Schwierigkeiten, da sich die bisherige Diskussion erst im Vorfeld der kritischen Bestandsaufnahme und der methodischen Klärungen für die Lehrplanentscheidungen und Lehrplandeterminanten bewegt hat. Jedenfalls liegt ein Sportcurriculum, das den Forderungen und Ansprüchen der Curriculumtheorien gerecht wird, bis zur Gegenwart nicht vor. Vorschläge oder verfügte Sportcurricula signalisieren meist nur den neuen Begriff, sind folglich *Lehrpläne* oder *Richtlinien* mit einem teils andersartigen Vokabular. Gleichwohl sollten in allen fachdidaktischen Forschungen das durch die Curriculumtheorien bereitgestellte Instrumentarium seine sachbezogene Anwendung finden.

Neuere Tendenzen innerhalb der Fachdidaktik

Die bisherige Entwicklung der Fachdidaktik weist sehr unterschiedliche Ausprägungen in Anlehnung an Theorieansätze aus der allgemeinen Didaktik auf. Jedenfalls existiert gegenwärtig noch keine Sportdidaktik in dem Sinne, daß ein allgemein anerkanntes Modell als Maßgabe für die Praxis des Sportunterrichts verfügbar wäre. Aber die Fachdidaktik spiegelt hier nur die Situation in der allgemeinen Didaktik wider.

Indessen kann oder sollte das „Einheitsmodell“ einer Sportdidaktik auch nicht erwartet werden. Die didaktische Problemstellung ist zu komplex und so vielgestaltig, aber auch die Auffassungen über das, was Erziehung und Unterricht — und damit auch Sportunterricht und Leibeserziehung — sollen und können, sind so unterschiedlich, als daß ein derartiger Gesamtentwurf gelingen könnte. Insgesamt muß man sich auch bei der fachdidaktischen Situationsanalyse an H. Blankertz halten und alle Ansätze und Modelle als *Beiträge* zur sportdidaktischen Problemerhellung unter je möglichen Aspekten und Theorieansätzen betrachten.

Darüber hinaus bilden sich überdies stets neue Aspekte und Theorieansätze zur Problembearbeitung heraus. Das trifft auch für die Sportdidaktik zu, so beispielsweise für die Gegenwart durch die *handlungstheo-*

---

[34] K. Dietrich: Zum Problem der Lehrplanentscheidungen — Eine Analyse der Reformbestrebungen in der Leibeserziehung. Ahrensburg 1972 (Diss.). — Siehe auch: E. Jost (Hrsg.): Sportcurriculum. Schorndorf 1973. Neuerdings und weiterführend vor allem D. Kurz: Elemente des Schulsports 1979.

retischen Interpretationen von Erziehung, Unterricht, Lehren und Lernen. Ebenso wirken neue Impulse aus der *Bewegungs- und Trainingslehre* sich aus, aber auch aktuelle Ansätze zur Erhellung der Erziehungs- und Unterrichtsproblematik über die *Sozialisations- und Kommunikationstheorien* oder auch freilich manchmal ideologiebesetzte *Gesellschaftstheorien.* Man muß folglich letztlich abwarten, inwieweit alle diese Theorien sich als *erkenntniskonstant* erweisen, um konkrete Folgerungen daraus auch für die Sportdidaktik zu ziehen.

Für die Sportdidaktik kommt in ihrem bisherigen Bearbeitungsspektrum hinzu, daß seit 1969 sich die *Sportpädagogik* als selbständige Disziplin innerhalb der Sportwissenschaft zu konstitutieren beginnt[35].
Sie ist wesentlich für die Erziehungsproblematik im und durch Sport zuständig. Die Sportdidaktik versteht sich dann als Teildisziplin der Sportpädagogik. Dadurch gibt sie einen Teil ihrer bisherigen Fragestellungen an die Sportpädagogik ab. Dies gilt insbesondere für die Erziehungs- und Bildungsproblematik, ohne die freilich Sportdidaktik — jedenfalls in der Lehrplan- und Unterrichtsfrage — nicht auskommt.

Zwischenzeitlich hat es indessen nicht an Versuchen gefehlt, eine Sportdidaktik als verbindliches Modell zu entwerfen bzw. aus der bisherigen kontroversen Diskussion herauszukommen und gleichsam einen integrativen Standpunkt zu vertreten. Hier sei beispielsweise verwiesen auf Trebels/Hecker, G. Stöcker (siehe Anm. 30) und neuerdings auf St. Grössing, ebenso auf die Diskussion um die Sportdidaktik überhaupt, an der zahlreiche Autoren beteiligt sind[36].

Im gleichen Sinne wird das nachfolgende Modell eines *bildungsorientierten sportdidaktischen Gesamtkonzeptes* vorgestellt.

---

[35] Siehe hierzu: E. Beyer u. a. (Hrsg.): Beiträge zur Gegenstandsbestimmung der Sportpädagogik. Schorndorf 1975; O. Grupe, a. a. O.; H. Meusel: Einführung in die Sportpädagogik. München 1976; K. Widmer: Sportpädagogik. Schorndorf 1974; J. N. Schmitz: Allgemeine Grundlagen der Sportpädagogik. 2 Bde., Schorndorf 1978/79.

[36] H. Bernett: Zur Konstruktion der Sportdidaktik und zu ihrem Stellenwert im Sportstudium. In: Sportwissenschaft 1975, S. 147—161; W. O. Brettschneider: Grundlagen und Probleme einer unterrichtsrelevanten Sportdidaktik. Ahrensburg 1975; H. W. Ehni: Sport und Schulsport. Schorndorf 1977; S. Grössing, Einführung in die Sportdidaktik. Frankfurt 1975; H. Haag (Hrsg.), Didaktische und curriculare Aspekte des Sports. Hofmann 1972; K. Koch u. a. (Hrsg.): Beiträge zur Didaktik und Methodik der Leibesübungen. Schorndorf 1972; A. Seybold: Didaktische Prinzipien der Leibeserziehung. Schorndorf 1972; D. Kurz: Sportpädagogik und Sportdidaktik, in: Ztschr. f. Sportpädagogik 1977, S. 274 bis 289.

Gefüge und Ebenen des didaktischen Feldes von Leibeserziehung und Sportunterricht

Der Einblick in das allgemeine und fachlich orientierte didaktische Grundlagendenken weist Wege zum Aufriß der Konturen und Perspektiven für die Entwicklung einer Sportdidaktik. Dabei ist festzuhalten:

1. Jede Fachdidaktik steht hinsichtlich der allgemeinen Grundlagen, Prinzipien und Kategorien in einem engen Zusammenhang mit der Allgemeinen Didaktik. Dieser Zusammenhang stellt sich als ein gegenseitiges Beziehungsgeflecht dar, das unreflektierte Übernahmen einzelner didaktischer Theoreme verbietet, dafür aber die jeweilige Überprüfung der zutreffenden Fakten und Bestimmungen an der spezifischen Fachstruktur fordert. So kann die Fachdidaktik gegenwärtig weder einseitig bildungstheoretisch, lerntheoretisch oder informationstheoretisch konzipiert sein, noch kann sie das Curriculummodell als alleinige Maßgabe übernehmen.
2. In der derzeitigen Situation ist nach wie vor die Klärung der strukturspezifischen Bildungsaufgaben von Sport und Leibeserziehung vorrangig. Bisher hat die Leibeserziehung diese Aufgabe eigenständig kaum zu lösen vermocht. Unreflektierte Übernahmen und allzu große Abhängigkeiten von allgemeinen Erziehungstheorien haben teilweise zu Verfälschungen ihres spezifischen Bildungsauftrags geführt. Zwar kann sich auch die Leibeserziehung nicht dem aktuellen Erziehungsdenken entziehen. Sie muß sich sogar an ihm orientieren, aber dann in der Weise, daß sie es auf dem Hintergrund ihrer konkreten Aufgaben und Möglichkeiten eigenständig durchdenkt und formuliert. Hier kann die Sportpädagogik möglicherweise neue Wege weisen.
3. Wie Bildung allgemein sich nur in einem Bezugsfeld von Mensch — Gesellschaft und Sache — Inhalt ereignen kann, vollzieht sich auch die Leibeserziehung an konkreten Bewegungsformen — dem Sport also und seinen vielfältigen Ausprägungen. Dies setzt planmäßiges Lehren und Lernen und damit die gezielte Aneignung der je notwendigen Bewegungseigenschaften und Bewegungsfertigkeiten voraus. Die Sportdidaktik

---

[37] Eine ausführliche Übersicht und Analyse des fachdidaktischen Denkens geben: J. N. Schmitz: Studien zur Didaktik der Leibeserziehung I. Schorndorf 1972[3], Kap. V; G. Stöcker: Didaktik-Leibeserziehung (Grundlagen der Leibeserziehung in Theorie und Praxis). Düsseldorf 1970; H. Bernett: Zum gegenwärtigen Entwicklungsstand der Fachdidaktik der Leibeserziehung. In: Sportwissenschaft 1971, S. 65—74; Vgl. außerdem das Schwerpunktheft der Sportwissenschaft 1975.

kann sich folglich nicht auf die Bildungs- und Lehrplanproblematik allein beschränken, sondern hat ihre Grundlagenaussagen auch auf die facheigenen Lehr- und Lernbedingungen und -voraussetzungen einschließlich der Methodik auszudehnen.

Dies vorausgesetzt, versteht sich dann die Sportdidaktik als jenes fachbezogene Forschungs- und Lehrgebiet für die Grundsätze, Inhalte und Vorgänge des Erziehens, Lehrens und Lernens *durch und im Sport*. In ihrer wissenschaftssystematischen Zuordnung stellt die so verstandene Fachdidaktik ein Teilgebiet der Sportpädagogik dar, die ihrerseits der Sportwissenschaft eingegliedert ist[38].

Modell eines bildungsorientierten fachdidaktischen Gesamtkonzepts

Die gegebene Definition strukturiert das fachdidaktische Feld in seinen problembezogenen Konturen und Aussagesektoren. Hierfür wird nachfolgend ein Modell geboten.

In bezug auf Möglichkeiten und Absichten einer *Erziehung* durch den Sport in seinen unterschiedlichen Erscheinungsformen sind in einem fachübergreifenden Ordnungsrahmen die strukturspezifischen Bildungsaufgaben des Fachgebiets zu zentralisieren und zu systematisieren. Dabei empfiehlt sich eine Beschränkung auf anthropologische Grundkategorien (einschließlich der gesellschaftlichen Dimension) oder zentrale Aspekte, in die sich alle Möglichkeiten fachbezogener Bildungsperspektiven, personaler Qualifikationen oder wünschenswerter Verhaltensdispositionen einordnen lassen. Als solche anthropologischen Aspekte oder Grundkategorien können *Ganzheit*, *Entwicklung* und *Soziabilität* benannt werden.

Anthropologische Ordnungsaspekte der Bildungsaufgaben

Der Aspekt der *Ganzheit* konzentriert sich auf die Konstitution des Menschen als leib-seelische Person. Nur wenn belegt und verdeutlicht werden kann, daß das geistige Leben im Leiblichen mitverankert ist, daß die Weltgegenwärtigkeit des Menschen ohne diesen Zusammenhang nicht gedacht werden kann und daß letztlich alles menschliche Handeln in der Korrespondenz mit der Umwelt geistig und leiblich zugleich fundiert ist, dann erst kann es gelingen, Leibeserziehung und Sportunterricht aus der bisherigen Bewertung als technisches oder musisches Fach einschließlich der ihm zugeschriebenen Tendenz als frei wählbare Freizeitbeschäftigung her-

[38] Siehe auch: Sportwissenschaftliches Lexikon. Red. P. Röthig. Schorndorf 1972, S. 214.

auszuführen und als einen in der Tat integrativen Teil der Erziehung zu vertreten. Es geht also hier um das konstitutive anthropologische Moment der *Leiblichkeit* des Menschen, für welches die Leibeserziehung und der Sportunterricht innerhalb der Bildung die Verantwortung und damit einen originären Bildungsauftrag besitzt[39].

Der anthropologische Aspekt der *Entwicklung* ist mit dem der Ganzheit verschränkt, akzentuiert aber die Aufgabe der Leibeserziehung in ihren Impulsen zur Entwicklungsförderung in den Jahren des Wachstums und der Entwicklungsstabilisierung nach der Reife einschließlich der leibseelischen Funktionserhaltung bis ins Alter hinein. Die heutige Auffassung von der Entwicklung als eines kontinuierlichen und dynamischen Prozesses mit aufbauender, bewahrender und abbauender Tendenz und die diesbezüglichen Einschränkungen durch den modernen technischen Lebensstil läßt diese Aufgabe im Rahmen einer ganzheitlichen Gesundheitsförderung vorrangig werden. Zugleich bietet der Aspekt der Entwicklung auch ein didaktisch-methodisches Wissen an, das für die Realisierung von Sportunterricht in den einzelnen Entwicklungsabschnitten von entscheidender Bedeutung sein kann.

Bei *Soziabilität* geht es um den ursprünglichen Gesellschaftsbezug des Menschen und um den Beitrag, den hierfür Leibeserziehung und Sport leisten können. Das meint nicht etwa eine Belegführung über deren Nutzung und Dienstleistung für gesellschaftliche Zwecke, etwa der politischen Repräsentanz durch sportliche Höchstleistungen oder gar systemstabilisierender bzw. systemüberwindender Bewußtseinsbildung. Vielmehr ist hier die notwendige Ergänzung zum Befund des menschlichen In-der-Welt-Seins angesprochen, nämlich die Angewiesenheit des einzelnen auf Mitmensch und Gesellschaft im Spannungsfeld von Individuum und Sozietät. Das zentrale Problem dieses Spannungsfeldes ist die gelernte und gekonnte Abstimmung der berechtigten Ansprüche von Individuum und Sozietät in den täglichen Fällen des Lebens und im größeren Ganzen einer demokratisch verfaßten Lebensordnung, die allein das rechte Maß zwischen purem Individualismus und nivellierendem Kollektivismus zu halten vermag. Es ist folglich unter diesem Aspekt zu belegen, was der Sport in seinen vielfältigen Formen für Sozialisation und Individuation in spezieller Weise leisten kann.

---

[39] Die offensichtliche Schwierigkeit einer rationalen Erhellung des gut seit zweitausend Jahren diskutierten Leib-Seele-Problems gestattet nicht, es einfach zu negieren oder aus der Diskussion auszuklammern, wie zuweilen zu lesen ist. Siehe zu dieser Problematik der Leiblichkeit des Menschen und dem gegebenen Sachstand die Schriften von O. Grupe (Anm. 27) und Bd. II der „Didaktischen Studien“ von J. N. Schmitz (Schorndorf 1970²). Vgl. auch S. 87 ff. in diesem Band.

Sachstruktur des Sports und der Leibeserziehung

Derartige anthropologische Fachbetrachtungen, die zugleich sportpädagogisches Grundlagenwissen mitberühren bzw. darauf aufbauen, bedürfen von der doppelpoligen Struktur der Bildungs- und Lernprozesse her der Ergänzung durch bildungs- und lernrelevante Analysen des Mediums, in dem sich Leibeserziehung ereignen kann, nämlich des *Sports* ganz allgemein und undifferenziert nach den objektivierten Ausprägungs- und Vollzugsformen. Eine solche Analyse stößt in letzter Verdichtung auf die Phänomene der *Bewegung* (Formelement), des *Spiels* (Sinnelement) und des *Wetteifers* (Motivelement) und deren *dispositionellen Aktivitäten des Gestaltens*, des *Spielens* und des *Leistens*. Die letzteren sind dann auch jene fachspezifischen Handlungsformen oder Aktionsweisen, die in der praktischen Erziehungsarbeit provoziert, aktualisiert und konkretisiert werden müssen. Indem sie zugleich Aktivitäten der Lebensführung schlechthin sind, besitzen sie auch den Rang tatsächlicher Bildungsgehalte oder Lebensqualifikationen.

Bewegung ist Gesetz und Prinzip, Prozeß und Funktion der Natur insgesamt. Sie waltet in allen Seinsstufen in differenzierten Abläufen und findet beim Menschen in ihrer geistigen Durchformung durch bewußte Intentionen, spontanen Vollzug oder gestalteten Ausdruck als *Selbstbewegung* lebensbestimmende Bedeutung. Wirksam in Zeit und Raum hat sie über ihre Gesetzmäßigkeit der Mechanik und Rhythmik personale Gestaltcharakter und aktualisiert sich in Handlungen und Tätigkeiten. Folglich zeigt sie eine Disponibilität zum Handeln, Beherrschen und Darstellen, insgesamt dem nach zum *Gestalten* nach Form, Ausdruck, Ökonomie und Rhythmus. Von der Anlage und Organisation des Leibes bedingt, in ihren sichtbaren Auswirkungen vom Willen geführt und vom Geiste mitgeprägt, zeigt sich die Bewegung für alle Lebensbereiche bestimmend, in denen der Mensch tätig sein kann: im unbewußten und unreflektierten Alltag und in bewußter Intention in den Primärbereichen der Arbeit und des Spiels. Für den Sport ist sie das *bestimmende* und *tragende* Formelement seiner Struktur. Bei ihm geht es immer um *gestaltete Bewegung*[40].

---

[40] Wissenschaftstheoretisch fügt sich hier unter dem Strukturprinzip der Bewegung die neuzeitliche Bewegungslehre als didaktische Grundlagendisziplin ein. Siehe die Beiträge von O. Grupe und D. Ungerer in diesem Band sowie E. Hahn u. a. (Red.): Die menschliche Bewegung. Schorndorf 1976. — Zum „Gestalten" siehe den Bericht über den „IV. Kongreß für Leibeserziehung" (Stuttgart 4.—7. 10. 1967) mit dem Thema „Die Gestaltung", Schorndorf 1967, hrsg. v. Ausschuß Deutscher Leibeserzieher.

Seltsamerweise ist gerade im Zweckdenken der heutigen Industriegesellschaft wieder ein besonderes Verständnis für das *Spiel* und seine ihm eigene Irrationalität gewachsen. Von Schiller schon angedeutet, hat die Spieltheorie seit Spencer, Groos, Huizinga, Buytendijk, Scheuerl, Fink, Caillois, Sutton-Smith u. a. herausgestellt, daß Spielenkönnen und Spielenmüssen ebenso zur Lebensgestaltung des Menschen gehören wie Arbeit und Ernährung. Deshalb ist das Spiel nicht nur für das Kind, sondern auch für den Erwachsenen neben den notwendigen Obliegenheiten des Alltags von lebensgestaltender Bedeutung. Das Spiel als Strukturprinzip des Sports vermittelt dem Menschen über seine allgemeine Disponibilität freudiger Gestimmtheit in der Sphäre freiheitlicher Lebensbejahung den lustvollen Vollzug seiner Bewegungen und den Genuß erlebter Leiblichkeit durch die Erprobung körperlicher Fertigkeiten. Leibesübungen können von ihrer Spielstruktur nie gegenständliche und nutzbare Zwecke verfolgen, andernfalls gewinnen sie den Charakter der Arbeit, selbst wenn sie als Sport „erscheinen". Nur vom recht verstandenen Spielelement aus kann die notwendige Abgrenzung der „reinen Leibesübungen" gegenüber dem Berufssport erfolgen[41]. Spiel läßt sich folglich als das Sinnelement des Sports interpretieren.

Der *Wetteifer* entspringt dem Streben des Menschen nach Selbstbehauptung und Selbstbestätigung. In den Leibesübungen findet er im Wettkampf seine typische Ausprägung. Er motiviert die dort gezeigte Leistung im Sich-miteinander-Messen und Sich-miteinander-Vergleichen und hat folglich die *Disposition zum Leisten.* In seiner Aktualisierung fordert er den Partner, an dessen Leistungsmaß sich der eigene Anstrengungswille entzündet und die Kräfteentfaltung begünstigt. Mit dem Wetteifer als Strukturprinzip ist zugleich auch die soziale Dimension der Leibeserziehung angezeigt (siehe Soziabilität). Über die Tatsache hinaus, daß zu seiner Aktualisierung in der Regel ein Partnerschaftsverhältnis nötig ist und dieses zugleich verabredete Formen mitmenschlicher Beziehungen, ja selbst die Organisationsformen

---

[41] Das Strukturprinzip „Spiel" fügt die gesamte Spieltheorie als Erkenntnis- und Forschungsfeld in die fachspezifische Didaktik ein. Siehe ein- und weiterführend: Ausschuß Deutscher Leibeserzieher (Hrsg.): Das Spiel (I. Kongreß f. Leibeserziehung, 3.—5. 10. 1959 in Osnabrück). Frankfurt 1959, einschließlich der dort angegebenen Literatur; vgl. auch die neueren Interpretationen im Beitrag von B. Sutton-Smith: Dialektik des Spiels. Schorndorf 1977.

[42] Siehe hierzu: Der Wetteifer (Kongreß f. Leibeserziehung v. 25.—28. 10. 1961 in Göttingen). Frankfurt 1962; Die Leistung (Kongreß f. Leibeserziehung v. 20. bis 23. 5. 1964 in Wiesbaden). Schorndorf 1964; beide Titel sind v. Ausschuß Deutscher Leibeserzieher herausgegeben und enthalten eine umfangreiche Bibliographie zur jeweiligen Thematik.

stiftet, fordert seine Anwesenheit im Wettkampf ein bestimmtes Verhalten zu Mit- und Gegenspieler, welches das Streben nach ichbehaupteter Leistung in die geselligen und mitmenschlichen Bezüge einordnen muß[42]. Im wetteifernden Leistenkönnen ohne Leisten zu müssen akzentuiert sich das Motivelement des Sports.

Aus der in dieser Weise erfolgten Analyse der *Bildungsstruktur* des Fachgebietes[43] lassen sich die fachrelevanten Bildungsaufgaben, Qualifikationen und übergreifenden Lernziele abheben, die in einer ersten Ebene des Lehrplans näher zu formulieren sind. Um jedoch im Hinblick auf die fachdidaktische Diskussion keine Irrtümer aufkommen zu lassen, handelt es sich bei dieser Bestimmung der Bildungsstruktur der Leibeserziehung um eine übergreifende Maßgabe, welche die je möglichen Einzelanalysen von Sportformen hinsichtlich ihrer speziellen sachstrukturellen Gegebenheiten wie Regelwerk, Spielgedanke, Umgang und Handhabung des Geräts, mediale Vollzugsbedingungen und physiologische Einzelwirkungen unberücksichtigt läßt. Deren Bedeutung liegt mehr in einer zweiten Schicht des Lehrplans, wo es um die Festlegung von speziellen Lernzielen geht und möglicherweise aus der Fülle des Angebots an Lerninhalten näher zu bestimmen gilt, ob diese oder jene Sportform das angestrebte Bewegungs- und Leistungsverhalten besser vertreten kann. In dieses Aussagefeld sind auch die Ergebnisse der Curriculumforschung einzubeziehen.

Didaktische Aspekte der Realisierungsebene

Wie die Definition der Sportdidaktik ausweist, hat die fachdidaktische Theorie sich auch mit der *Realisierungsebene* zu beschäftigen und sachdienliche Aussagen zu *Lern-, Lehr- und Unterrichtsfragen* zu machen. Da Lehren die Kenntnis der Lernprozesse voraussetzt, ist zunächst eine facheigene *Lerntheorie* zu erarbeiten. Dies hat durch Einsichtnahme in die Erkenntnisse und Forschungen der Lernpsychologie und Bewegungslehre zu erfolgen, aus denen die Grundlagen, Prinzipien und Vorgänge der Aneignung von Bewegungsabläufen und Sportformen überführt, eigenständig durchdacht und als spezielles didaktisches Theoriefeld formuliert werden müssen. Insofern gliedert sich hiermit die „Theorie des sensomotorischen Lernens“ beispielsweise in das didaktische Gesamtfeld mit ein oder hat zumindest die entsprechen-

[43] Die bis hierher gegebene Darstellung der fachdidaktischen Bildungsproblematik wird spezieller und belegter ausgeführt in: J. N. Schmitz: Grundgefüge des didaktischen Feldes der Leibeserziehung. — Studien zur Didaktik der Leibeserziehung II. Schorndorf 1970[2] (1967), S. 9—38.

den Fakten und Wegweisungen zu liefern, die dann freilich im letzten Falle didaktisch aufbereitet werden müssen[44].

In bezug auf *Lehren* und *Unterricht* bedarf es einer Sichtung der diesbezüglichen Aussagen und ihre Eingliederung in ein fachdidaktisches Gesamtkonzept. Das fängt bei einer Analyse der allgemein gültigen Lehrverfahren und der Herausarbeitung der für den Sport gemäßen Weisen der Vermittlung an. Im Zusammenhang mit der Unterrichtstechnologie sind die medialen Instruktionshilfen nach Struktur, Auswahl und Anwendung ebenso zu bearbeiten wie die allgemeine Prinzipienlehre des Unterrichts einer kritischen Betrachtung zu unterziehen ist, um sie in konkrete und von der traditionellen pädagogischen Prinzipienlehre unabhängigen Ordnungsaspekte für die Gestaltung des Sportunterrichts zu überführen. Auch die speziellen methodischen Elemente sollten in diesem Sektor des fachdidaktischen Feldes ihre angemessene Berücksichtigung finden[45].

Zum Schluß ist noch anzumerken: Erziehung, in welchen Bereichen oder Fachgebieten sie auch immer bewältigt werden muß, ist so schwierig und verantwortungsvoll, daß sie allein mit gängiger Routine, übernommenen Rezepten oder unreflektierter Aktivität nicht erledigt werden kann. Letztlich geht es um den Menschen und dessen Ausstattung für sein zukünftiges Leben, an das zugleich jede gesellschaftliche Fortentwicklung gebunden ist. So bleibt für jeden Lehrer und Erzieher die Pflicht zu einem begründeten und einsichtigen Wissen als Grundlage seines pädagogischen Handelns. Den Sportlehrer für die Realisierung von Erziehen, Lehren und Lernen im Rahmen der Leibeserziehung und des Sportunterrichts dieses Wissen bereitzustellen, ist Aufgabe der Fachdidaktik.

Ergänzende Literaturhinweise:

W. Brettschneider: Grundlagen und Probleme einer unterrichtsrelevanten Sportdidaktik. Hamburg 1977².

G. Hecker: Kompendium Didaktik Sport. München 1979.

J. Hilmer: Allgemeine Didaktik und Sportdidaktik. Schorndorf 1979.

D. Kurz: Elemente des Schulsports — Grundlagen einer pragmatischen Sportdidaktik. Schorndorf 1978.

---

44 Zu diesem fachdidaktischen Sachkomplex siehe ausführlicher: J. N. Schmitz: Lernen in den Leibesübungen — Studien zur Didaktik der Leibeserziehung III. Schorndorf 1973² (1970).

45 Vgl. hierzu: J. N. Schmitz: Lehr-, Unterrichts- und Curriculumprobleme — Studien zur Didaktik der Leibeserziehung IV. Schorndorf 1975², sowie den Beitrag von Rieder / Schmidt in diesem Band, S. 267 ff.

Hermann Rieder / Inge Schmidt

Grundlagen der Sportmethodik

I. Begriffe, Abgrenzungen, Bezugsfeld

1. Einleitende Bemerkungen

Die Diskussion über Aufgabenbereiche und Art der Durchführung des Sportunterrichts konzentrierte sich in den vergangenen Jahren vor allem auf die Lernziele und das Curriculum, mehr auf didaktische Begründungen als auf die Vermittlung von Lerninhalten. So sind die meisten neueren Beiträge[1] primär pädagogisch oder didaktisch ausgerichtet, während der methodischen Umsetzung von Zielen wie etwa dem sozialen Lernen, der Kreativität, dem emotionalen Klima ein eher erkundender Charakter zukommt.

Geht man davon aus, daß Methodik ohne didaktische Vorentscheidungen nur recht zufällige Ergebnisse liefern kann und zu wenig reflektiert bleibt, daß aber die Verwirklichung der beabsichtigten Lernziele nur über adäquate methodische Wege möglich ist, die das Lehrerverhalten und die Lehrer-Schüler-Interaktion mit einbeziehen, so wird deutlich, daß heute von einem methodischen Defizit gesprochen werden muß. Dieses äußert sich einerseits in der methodischen Einseitigkeit von festen, manchmal zu festen Positionen, andererseits in einer Vielfalt von sich teils widersprechenden Lernzielen bei unausgereifter methodischer Umsetzung. So entsteht die Situation einer relativen Orientierungslosigkeit für den Studenten. Dies hat möglicherweise sogar positive Seiten, da die Suche nach Neuem zu einem befriedigenderen Ergebnis und zur Verwirklichung der als richtig erkannten Lernziele führen könnte. So besteht die Notwendigkeit, aus dem Versuchsstadium von Stundengestaltungen und -planungen heraus auch eine theoretisch fundierte methodische Linie zu finden, ohne die Flexibilität des Lehrers überzubeanspruchen und methodische Umsetzungen von Zielen dem Zufall zu überlassen. Die Bedürfnisse der Bezugsgruppe sind für die Gestaltung des Unterrichts letztlich maßgebend. Methodik umfaßt dabei nicht nur den Schulsport, sondern erhält durch die Differenzierung in der Schule und neue Bereiche des Vorschul- und Alterssports, des Behindertensports etc. bei Kindern und Erwachsenen einen immer größer werdenden Umfang an

---

[1] Vgl. z. B. H. Meusel: Sportpädagogik. München 1976; St. Grössing: Einführung in die Sportdidaktik. Frankfurt 1975; K. Egger: Sportdidaktische Grundlagen. In: Turnen und Sport in der Schule, Band 1, Theorie. Bern 1978, S. 112—183; Sportwissenschaft, 3/4 1975, Schwerpunktthema Sportdidaktik.

Verfahren, Hilfsmitteln, Verhaltensweisen, Inhalten und Aufgaben. Aufgezeichnete Modellstunden und Unterrichtsdokumente[2] können helfen, die methodische Diskussion voranzubringen und sie von der Überforderung zu befreien, mehr überfachliche als fachbezogene Lernziele verwirklichen zu müssen.

Die Methodik ist nun nicht als der Didaktik untergeordnet anzusehen, wenn dies in vielen Veröffentlichungen auch der Fall zu sein scheint. Sie ist ein praxisnaher Lehrgegenstand, der sowohl zur Kontrolle der Umsetzbarkeit didaktischer Entwürfe dienen kann, wie zur Erschließung neuer didaktischer Möglichkeiten, etwa der Erweiterung der Lernziele bei intelligenzbehinderten Kindern. So werden Impulse auf die Didaktik durch die Methodik aufgrund der Variabilität ihrer Möglichkeiten und der experimentellen Erprobung von Lehrwegen erwartet werden können. Freilich sind dazu vermehrt Auswertungen der Erfahrungen aus der Praxis des geplanten Unterrichts und eine methodiknähere Diktion aus der pädagogisch-didaktischen Theorie erforderlich.

2. *Methodik und Didaktik*

In der sportdidaktischen Literatur entsteht oft der Eindruck, als ob an dem Thema Methodik wenig Interesse bestünde. Eine solche Einstellung wäre aus grundsätzlichen Überlegungen heraus aber zu bedauern. Denn die Erziehungswissenschaft wird es sich kaum „leisten können, die intellektuellen Glasperlenspiele der Curriculum-Forschung zu akzeptieren, während Probleme der methodischen Realisation curricularer Innovationen dem Praktiker zur Lösung überlassen bleiben“[3]. Vielmehr ist das „dialektische Beziehungsgefüge von Ziel-Stoff-Methode im Unterricht stets in Übereinstimmung zu bringen und keine dieser Komponenten zu isolieren oder zu verselbständigen“[4]. Sich mit Methodik zu befassen ist keine Aufgabe von untergeordneter Wichtigkeit. Es gilt, das praktische, tägliche Handwerkszeug zu studieren und zu verbessern und so auf dem Boden der Erfahrung Ideales und Ideologisches, Machbares und Unübersetzbares voneinander unterscheiden zu lernen.

Während die Fachdidaktik des Sports oder der Leibeserziehung generelle Aussagen über anthropologische Grundlagen, Ziele und Inhalte des

[2] Vgl. dazu: U. Hanke: Unterrichtsdokumente. In: Sportunterricht 9, 1978.

[3] W. D. Brettschneider: Grundlagen und Probleme einer unterrichtsrelevanten Sportdidaktik. Ahrensburg 1975, S. 127.

[4] G. Stiehler u. a.: Methodik des Sportunterrichts. Berlin 1973², S. 101. — Dies entspricht auch den Auffassungen von Blankertz, Klafki, Schultz, Stöcker und Schmitz.

Unterrichts macht — als Theorie und Lehre des Sportunterrichts ist sie oft Ersatzbegriff für die Sportpädagogik geworden —, bleibt die Methodik des Sportunterrichts als *allgemeine* Methodik zu unpräzise und unverbindlich. Aus der Praxis des Sportlehrers aber kommen stets neue Rückwirkungen auf die Didaktik. So bringen Rhythmisierungen von Übungen einen wertvollen Erlebnisakzent, Gruppenaufgaben stärken die Schüler-Schüler-Interaktion, Mannschaftsbildung und Zusammenspiel verbessern Taktik und Spielverständnis, wenn das methodische Verhalten des Lehrers unterstützend einwirkt.

In der Ziel-, Inhalt- und Methode-Relation wurden von Stiehler die Interdependenzen von Methodik und Didaktik aufgezeichnet (Abb. 1). Die Aufteilung von Zielstellung, dem *Was* (Didaktik) gegenüber dem *Wie*, der

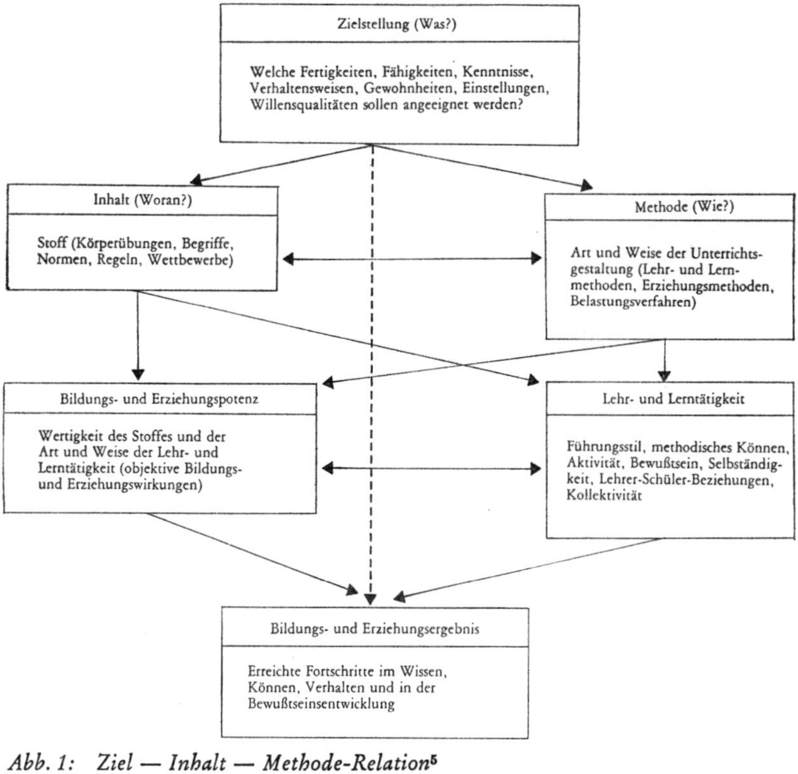

Abb. 1: Ziel — Inhalt — Methode-Relation[5]

[5] G. Stiehler u. a.: Methodik des Sportunterrichts. Berlin 1976[3], S. 114.

Methode und dem Inhalt bzw. Stoff *(Woran)*, entspricht dabei traditionellen Vorstellungen. Schmitz[6] hat den Zusammenhang von Methodik und Didaktik veranschaulicht (Abb. 2). Er faßt Methodik und Didaktik als „integrative Aspekte" der Lerntheorie zusammen. Ihre Beziehung kann auch durch die Methodik gestört werden, wenn nämlich methodische Wege sich zu dogmatischen Verfahrensweisen verfestigen und statt Flexibilität, Innovationen und Ideen Sterilität, verfestigtes Verhalten oder nur gelernte methodische Wege praktiziert werden. Eine recht verstandene Methodik, ein wirklicher Theorie-Praxis-Bezug[8] und eine gründliche Ausbildung der Sportlehrer könnten dies aber verhindern.

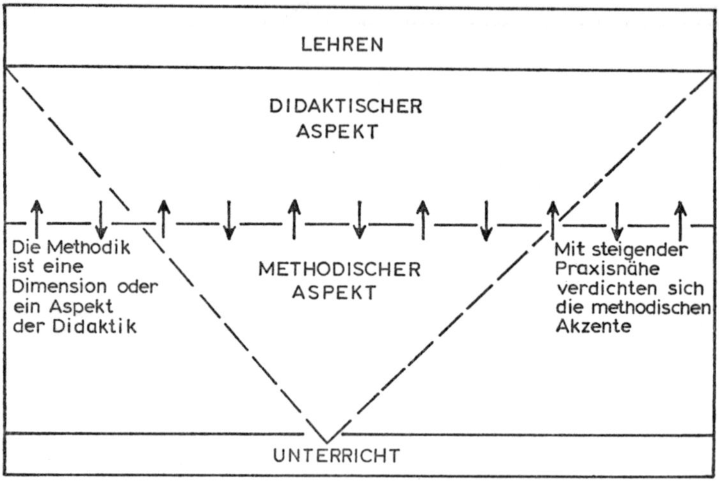

Abb. 2: Zusammenhang von Didaktik und Methodik[7]

3. Der Gegenstandsbereich der Methodik

Soll Methodik (als *allgemeine* Methodik) nicht lediglich ein theoretisches Diskussionsfeld werden, muß sie immer auch als *spezielle* Methodik gesehen und dargestellt werden, nämlich als konkrete Anwendung von Prinzipien und methodischen Mitteln in einer bestimmten Sportart und Situation bzw. als Anwendung von Grundsätzen (z. B. Entwicklungsgemäßheit, Zielstrebig-

---

[6] J. N. Schmitz: Lehr-, Unterrichts- und Curriculumprobleme. Studien zur Didaktik der Leibeserziehung, Band 4. Schorndorf 1972.

[7] J. N. Schmitz, a. a. O., S. 29.

[8] A. Trebels u. a.: Sportwissenschaft auf dem Weg zur Praxis. Schorndorf 1978.

keit) innerhalb eines größeren Bezugsfeldes der Schule oder des Sportvereins. Die allgemeine Methodik ist der größte gemeinsame Nenner aller Sportarten. Dabei konnten bisher aber nur die gängigen Schulsportarten in sie einbezogen werden, während die schulferneren wie etwa Ringen, Schießen oder Bergsteigen in den bisherigen Entwürfen fast gar nicht berücksichtigt sind. In der allgemeinen Methodik ist auch immer noch die historisch bedingte Vorherrschaft des Turnens spürbar.

Fachspezifische Ziele des Sportunterrichts sind zunächst das *Verbessern des Bewegungsverhaltens* im engeren Sinne, nämlich das „Erwerben, Verfeinern, Stabilisieren und Anwenden“ von neuen Bewegungen[9]. Das Erwerben und *Verbessern von konditionellen und koordinativen Fähigkeiten führt* über solches mehr fertigkeitsbezogene Lernen hinaus. Darauf aufbauend ergibt sich das *situationsadäquate Verhalten* im Sport[10] und im weiteren schließlich die (motorische) Handlungsfähigkeit.

Soll die Methodik diese Aufgabenfülle bewältigen, sind dazu detaillierte Kenntnisse des motorischen Lernens unerläßlich. Dieses verlangen wiederum informationstheoretische Überlegungen, etwa der Aufnahmekapazität und der selektiven Wahrnehmung. Auch die semantische Analyse der Unterrichtssprache ist wichtig, da entsprechende Artikulation und Intonation verbesserte Informationen über den Inhalt etwa von Anweisungen oder Korrekturen geben können. Gründlich zu kennen sind auch die entwicklungsbedingten Voraussetzungen des Lernens und der Zusammenhang von Lernen, Reifung, Entwicklung, Begabung, Übung. Jeder einzelne methodische Schritt orientiert sich an solchen impliziten Bedingungen der Vermittlung von Lerninhalten und kann daher nicht abgelöst von einem solchen Gesamthintergrund vorgenommen werden. Schließlich sind Lernfähigkeit und Lernübertragung (Transfer) komplexe und zugleich konkrete Fragestellungen, die um so mehr in die Methodik eingehen werden, je mehr über sie bekannt wird.

Die Methodik des Sportunterrichts war lange Zeit vor allem *produktorientiert,* da sich Lehrwege fast ausschließlich an dem erstrebten Ergebnis, meist einer Fertigkeit, orientierten. Neuere Überlegungen allerdings, verbunden mit der weiteren Fächerung der Lernziele, sehen im *prozeßorientierten Vorgehen* Möglichkeiten, bestimmte Lernziele, etwa im kognitiven oder affektiven Bereich, besser zu erreichen, indem nicht das Ergebnis der

---

[9] K. Meinel: Bewegungslehre. Berlin 1976², S. 223.

[10] H. Rieder: Spezielle Probleme der Optimierung des motorischen Lernens und Verhaltens. In: Kl. Carl (Red.): Psychologie in Training und Wettkampf. Berlin 1973, S. 70—84.

Übungsreihe im Mittelpunkt steht, sondern die Art, wie es in einer bestimmten Lehrer-Schüler- und Schüler-Schüler-Interaktion erarbeitet wird. Im Kreativitätstraining, Projektunterricht oder der Spielerziehung können soziale Vorgänge, Einsichten in die Art des Lernens, Selbsttätigkeit und Autonomie höher geschätzt werden als das motorische Ergebnis.

4. Der Begriffsbereich der Methodik

Methodik ist zunächst generell als das Lehrverfahren in allen Sportarten zu verstehen. Sie erfordert eine Aufgliederung in allgemeine und spezielle Methodik. Die allgemeine Methodik stellt ein Abstraktionsergebnis von in vielen Sportarten auftretenden Fragen, Mitteln, Wegen oder Verhaltensweisen dar; sie kann nur Beispiele und in der konkreten Situation einer Sportart erst verbindliche Verhaltensanweisungen für den Sportlehrer liefern. Geht man von der Methodik als dem Weg zur Erreichung von langfristigen Lernzielen auf die Definition der konkreten und kurzfristigen Ziele über, dann wäre folgende Definition angebracht:

Methodik ist das Abschätzen der Möglichkeiten, im geplanten Lernen von sportlichen Fertigkeiten, Fähigkeiten und Handlungen den nächstmöglichen Lernschritt richtig, schnell und sicher zu vollziehen. Damit wird der Lernende mehr in das Lehr-Lernverfahren einbezogen und zum Maßstab für methodische Entscheidungen gemacht. Die Methodik setzt sich dabei ein mehrfaches Ziel: Sie will einerseits auf kurzem Wege begrenzte Ziele bzw. Fertigkeiten vermitteln und andererseits durch langfristige Planung und Einwirkung übergreifende Fähigkeiten ausbauen, die Gesamtmotorik und eine Vielfalt von Verhaltensweisen fördern. Ihre Aufgabe ist es, für die Verwirklichung dieser Ziele richtige und sichere Wege zu finden, sie organisatorisch durchführbar zu gestalten und die Lernenden aktiv und produktiv zu beteiligen. Sie bedient sich dabei pädagogischer und psychologischer Einsichten, beachtet didaktische Vorentscheidungen und versucht, geeignete methodische Hilfsmittel für ihre Ziele nutzbar zu machen. Eine Methodik ist dabei umso erfolgreicher, je mehr sie die Lernbedingungen des einzelnen und einer Gruppe berücksichtigt.

Für den Lehrenden bedeutet dies:

— er muß eine Reihe von bewährten Wegen zum gleichen Bewegungsziel kennen, diese situationsgemäß variieren und neue erfinden können;
— er muß durch Einfühlungsvermögen oder auch durch Tests die physischen und psychischen Kräfte seiner Schüler kennen und ihre Möglichkeiten abschätzen können;

— er muß sowohl anregender Initiator als auch im Hintergrund Lenkender sein können und Motivationen freilegen oder schaffen, z. B. durch Angstreduzierung, Wettkampfsituationen etc.;
— er muß je nach Maßgabe des Stoffes aus der Rolle des Vermittlers und Organisators in eine Beraterrolle wechseln und Erlebnisse sowie eigene Erfahrungen des Übenden provozieren können.

5. Bezugsfeld der Methodik

5.1 Unterrichtsdeterminanten

Um in Planung, Verlauf und Nachbereitung des Unterrichts richtige Entscheidungen, Folgerungen und Erkenntnisse finden und pädagogische Prozesse verstehen und lenken zu können, werden die Kenntnisse und

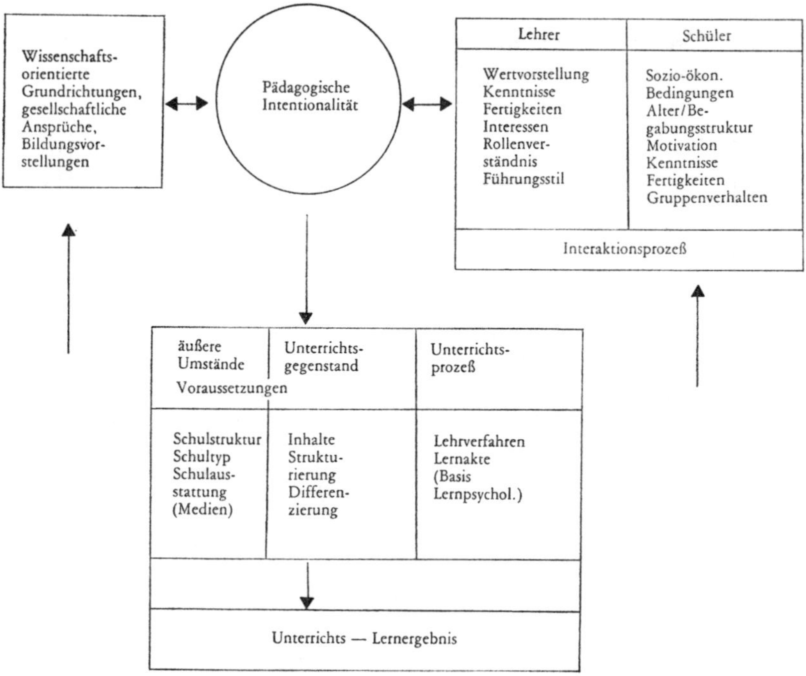

Abb. 3 Unterrichtsdeterminanten[11]

[11] Modifiziert nach P. Menck: Ansätze zur Erforschung von Unterrichtsmethoden in der BRD. In: P. Menck / G. Thoma (Hrsg.): Unterrichtsmethode. München 1972, 158 ff.

Erfahrungen aus den Theoriefeldern der Trainingslehre, Bewegungslehre, Psychologie auf den Unterrichtsablauf angewendet. So liefert zwar die gesamte Sportwissenschaft einschließlich der Sportmedizin der Methodik Fakten und Voraussetzungen, das methodische Bezugsfeld im engeren Sinne erreichen sie aber nicht. Die allgemeinen Unterrichtsdeterminanten (Abb. 3) zeigen diesen Gesamtzusammenhang auf. Der mittlere Block von Abb. 3 umfaßt dabei die äußeren Unterrichtsvoraussetzungen, nämlich Unterrichtsgegenstand und Unterrichtsprozeß und stellt somit die Realisierungsebene dar. Diese Bezugsdarstellung kann inhaltlich für den Sportunterricht übernommen werden. Die inhaltliche Kette Planung — Realisierung — Revision gilt gleichzeitig für die Methodik im kurz-, mittel- und langfristigen Sinne.

Das Bezugsfeld der Sportmethodik zeigt Abb. 4. Dabei wird folgendes sichtbar:

1. Der Unterrichtsablauf steht im Mittelpunkt und erfolgt unter vorausgegangenen und ständig einfließenden *didaktischen Überlegungen.*

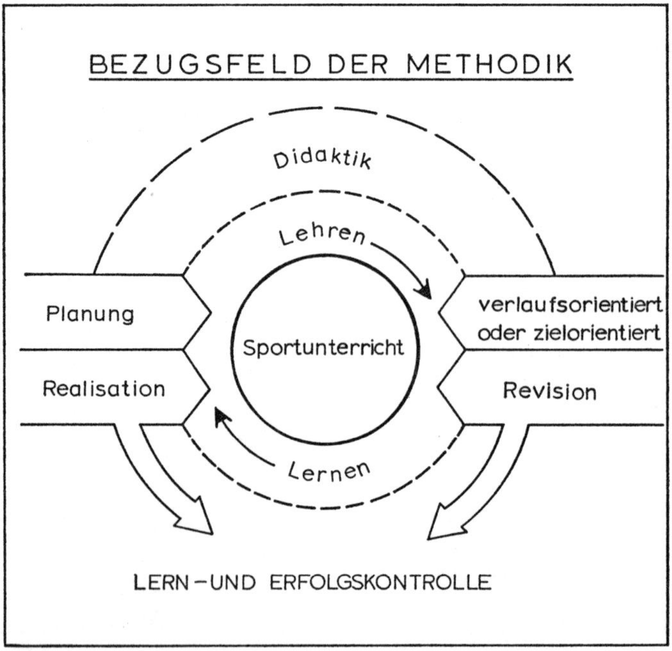

Abb. 4

2. Der Sportunterricht erfordert *vorausgegangene Planung* bezüglich des Unterrichtsverfahrens, das induktiv oder deduktiv, oder (wie dargestellt) zielorientiert oder verlaufsorientiert sein kann. Alle Möglichkeiten der Methodik, Maßnahmen, Hilfsmittel etc. gehen in die Planung ein.
3. *Der Lehr-Lernprozeß* folgt dem Regelkreismodell, das sensomotorisch, kybernetisch oder interaktional erklärt werden kann. (Abb. 5 klärt die vermittelnde Rolle der Methodik im Lehrprozeß weiter auf[12].)
4. Die *Ergebnisse des Unterrichts* entsprechen primär dem gewählten Unterrichtsverfahren, das auf die Lernbedingungen ausgerichtet ist und das gewählte Lernziel schwerpunktmäßig verwirklichen soll.
5. *Die Erfolgskontrolle,* ob die Lernziele erreicht wurden bzw. was an Haupt- und Nebeneffekten noch oder nur erreicht wurde, kann durch Messung oder Wertung (mit all ihrer Problematik)[13] erreicht werden.

Im Lehr-Lernprozeß[14] geht es um die Kenntnis, welche Lernmöglichkeiten bei einer bestimmten Bezugsgruppe in welchem Alter aktiviert werden können und müssen. So sind das Lernen durch Nachahmung, durch Einsicht, Neugier und Selberfinden, das Nachmachen, das Üben, das Lernen durch Verstärkung, durch Hilfen aller Art, das soziale Lernen oder das Problemlösen eine breite Palette von zu unterscheidenden Lernarten, die einzeln oder kombiniert wirksam werden können.

Die in Abb. 4 erwähnten *primär verlaufs- oder zielorientierten Verfahren* müssen sich gegenseitig nicht ausschließen. Die Herausarbeitung von polaren Begriffspaaren täuscht oft Ausschließlichkeit vor; beide Formen sind aber in der Methodik, vor allem der Spielmethodik, stets gleichzeitig beabsichtigt und werden nur akzentuiert. Dem Produkt (Fertigkeit) einer Sportstunde mag manchmal allerdings eine weniger große Bedeutung zukommen als dem Verlauf, wenn Geselligkeit, Spaß und Bewegung allgemein, etwa beim Freizeit- oder Seniorensport, im Vordergrund stehen.

---

[12] Vgl. Abb. 5, S. 277, Methodik im Lehr-Lernprozeß.

[13] Vgl. Methodikforschung, S. 312.

[14] Vgl. J. N. Schmitz: Bewegungslernen im Sportunterricht. Studien zur Didaktik der Leibeserziehung, Bd. III. Schorndorf 1977³; A. Thomas: Einführung in die Sportpsychologie. Göttingen 1978; K. Meinel: a. a. O.; Schnabel, in: K. Meinel, a. a. O., S. 222 ff. und Abb. 34, S. 285. Das Thema motorisches Lernen ist eng mit der Methodik verbunden. Es kann entweder der pädagogischen Psychologie, der Bewegungslehre oder Pädagogik zugerechnet werden. Empfohlen sei besonders Schnabel's Stellungnahme zum komplexen Charakter des motorischen Lernens.

Im Zentrum der Methodik steht die *Optimierung* des Unterrichtsablaufs unter Nutzung aller verfügbaren systematisch-methodischen Möglichkeiten. Diese Nutzung hängt besonders vom Ausbildungsstand und der Persönlichkeit des Sportlehrers ab. Aufstellungs- und Betriebsformen werden nur am Rande berührt. Der „Ordnungsrahmen" nach alter Terminologie hängt allerdings eng mit der Planung und dem gewählten Unterrichtsverfahren zusammen. Das für viele Sportlehrer leidige Thema „Disziplin" bleibt in vielen methodischen Darstellungen ausgespart, hängt aber unmittelbar auch mit der Organisation des Unterrichts zusammen[15].

5.2 Vermittlerrolle der Methodik im Lehr-Lern-Prozeß

Der Ablauf geplanten Lernens im Sport soll als Interaktionsvorgang zwischen Lehrenden und Lernenden beschrieben werden. In vielen Fällen bestimmt oder plant der Lernende diesen Ablauf mit, etwa im Leistungssport oder Behindertensport, im Projektunterricht oder im Leistungskurs. Die Gemeinsamkeit der beabsichtigten Lernziele garantiert den Erfolg durch eine Art von Ziel-Zug-Zwang, während andere Absichten und Wünsche der Schüler (z. B. der Wunsch nach dem Spiel) häufig im Gegensatz zu denen der Lehrer stehen und damit einen hemmenden Faktor im Unterrichtsablauf darstellen können. In der Beziehung „Lehrer — Methodik — Lernender" kann jede dieser drei Variablen des Unterrichts vielfältige Bedingungen aufweisen, jede Veränderung einer Variablen wirkt auf das Gesamtgefüge zurück. Der Lehrer kann z. B. manchmal durch eine Situation mit Aufforderungscharakter ersetzt werden. In die Unterrichtsplanung werden die Reaktionen des Lernenden fiktiv einbezogen und korrigieren sich an der Wirklichkeit des Unterrichts. Abb. 5 zeigt die Normalbedingungen des Lehr-Lernprozesses und vertieft das in Abb. 4 dargestellte Bezugsfeld der Methodik.

Die möglichen Variationen der Bedingungen werden schon durch die Vielfalt der Information und Instruktion sichtbar. Folgende Aussagen sind möglich:

1. *Die Flexibilität der Methodik* ergibt sich als Folge der Interaktion zwischen Lehrenden und Lernenden. Die jeweiligen Lernschritte und ihr Ergebnis innerhalb des Hauptzieles erfordern Reaktionen des Lehren-

[15] Vgl. dazu F. Fetz: Allgemeine Methodik. Frankfurt 1977⁷, S. 9 ff. Die geschichtliche Entwicklung des Unterrichts wird in diesem Beitrag nicht berührt, obwohl die jetzige Situation und die Innovationen der letzten Jahre dadurch verständlicher würden.

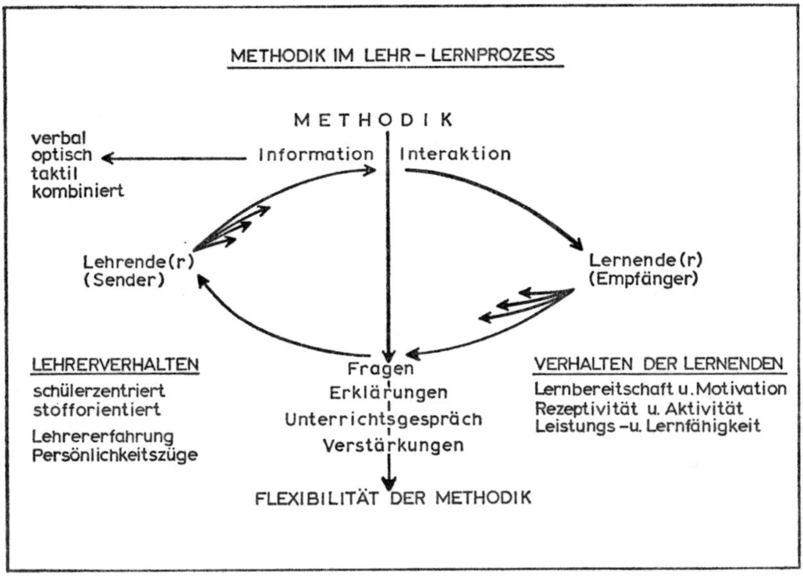

Abb. 5

den durch neue Interaktionen. Die Methodik muß dabei zumeist nicht grundlegend umgestellt werden, sondern setzt sich mit verfeinerter Instruktion, verbesserten Erklärungen und Anweisungen durch. (Neue methodische Maßnahmen und Hilfen sowie ein variiertes Verhalten des Lehrers ermöglichen dies wiederum.)

2. *Das Verhalten der Lernenden* ist wichtigster Indikator für methodische Reaktionen. Der Sportlehrer muß daher sowohl ihre Leistungen als auch ihr Gesamtverhalten beobachten, um die günstigsten Antworten zu finden.
3. *Das Verhalten* des Sportlehrers muß flexibel und zielkonstant zugleich sein. Er muß die Fülle an methodischen Variationen kennen und sein Verhalten so modifizieren, daß es erwünschte Verhaltensweisen der Lernenden ermöglicht.

II. Pädagogisch-psychologische Aspekte in der Methodik

Die Beziehung Lehrender (A) — Lernender (B) wurde nicht als einfache Prozeßgleichung dargestellt, sondern als offenes Interaktionssystem. So dürfen hohe Korrelationen erwartet werden zwischen der Beharrlichkeit, mit der ein Lehrer sein Ziel erreichen möchte und der Beweglichkeit, die er in der Durchführung seiner Methodik im Detail zeigt.

Die Bemühungen der pädagogischen Psychologie, deren Ergebnisse wir für die Verbesserung unserer Methodik verwenden, konzentrieren sich auf Probleme der Instruktionsoptimierung und der Informationsaufnahme, das Lehrerverhalten und seine Modifikationen, die besonderen Lernbedingungen, die Lernmotivation und auf gruppendynamische Einflüsse.

1. Instruktionsoptimierung und Informationsaufnahme

Abb. 5 zeigt die Informationsmöglichkeiten auf und benennt die Kombinationen, welche im Sport, meistens in der Verbindung von Vormachen und Erklären, benutzt werden. Diese Kombination ist umso notwendiger, je schwieriger die beabsichtigten Bewegungsabläufe sind. Die von Ungerer[16] ausgelöste Debatte über die Vorteile der verbalen gegenüber der visuellen Information ist weitgehend zugunsten der letzteren beantwortet. Die Diskussion lieferte aber wichtige Einsichten in die Grenzen der sensomotorischen Aufnahmefähigkeit in bestimmten Altersstufen. Untersuchungen über das Sprachverhalten im Sportunterricht ergaben bisher widersprüchliche Befunde und verwertbare Ergebnisse darüber, welches Sprachverhalten am besten verstanden wird[17]. Bei schwierigen Bewegungsabläufen muß die Anschaulichkeit der Instruktion dominieren, so daß Vormachen, verbales Bewußtmachen der Hauptschwierigkeit, erste Versuche und erneute Darbietung einander ablösen können. Grundsätzlich muß die *Gesamtinstruktion richtig, verstehbar, vollständig und motivierend sein* und sich deshalb je nach Alter der Teilnehmer und Aufgabenstellung ändern. Weinert hat acht Schritte der Instruktionsoptimierung bei Lernprozessen unterschieden, die großteils auch im Sportunterricht Anwendung finden können[18]. Sie bestehen in der Konkretisierung der Lernziele, der Diagnose relevanter Lernvoraussetzungen bei den Schülern, dem Abbau von inter-individuellen Unterschieden in den Lernvoraussetzungen der Schüler, der Analyse der Lernaufgaben, der Motivierung der Schüler, der Steuerung und Unterstützung der individuellen Lernprozesse, der Diagnose der Lernergebnisse, der

---

[16] D. Ungerer: Leistungs- und Belastungsfähigkeit im Kindes- und Jugendalter. Schorndorf 1967.

[17] H. Lutter: Untersuchungen über Formen seelischen Geschehens auf dem Gebiet der Leibeserziehung. Würzburg 1969.

[18] F. E. Weinert: Instruktion als Optimierung von Lernprozessen. Teil I: Lehrmethoden. In: F. E. Weinert u. a. (Hrsg.): Päd. Psychologie I, Frankfurt 1974, S. 803 ff.

Bereitstellung zusätzlicher Lernmöglichkeiten und Lernhilfen. Instruktion ist also sehr viel mehr als Information. Der Gebrauch von Medien kann Information und Instruktion verbessern. Die Anwendung solcher Möglichkeiten differenzierterer und besserer Lehrmethoden erfordert entsprechend ausgebildete Lehrer.

2. *Lehrerverhalten*

Die überaus große Bandbreite der Verhaltensmöglichkeiten der Lehrer in der Wahl der Methoden und im Unterrichtsverhalten setzt die Kenntnis von Verhaltensalternativen voraus; Verhaltensweisen wie das Lehrerverhalten sind nicht „angeboren", sondern erlernbar.

Die Diskussion der Unterrichtsstile[19] oder der Lehrertypologien wird heute mit dem aussichtsreicheren Ansatz der *Dimensionen des Lehrerverhaltens* forgeführt. Basierend auf der Arbeit von Ryans[20] sind die Auswirkungen bestimmter Lehrerverhaltensweisen auf die Schüler das Ziel von Untersuchungen. Hofer hat verschiedene Faktoren unterschieden, die ein erwünschtes Schülerverhalten auslösen können[21]. Der *Effekt der emotionalen Wärme* ist demnach für das Lernen der Schüler bedeutsam, fördert aber auch ihre emotionale Stabilität, ihre Selbstkontrolle und ihr Selbstwertgefühl und schafft ein sozialintegratives Klima, das ihre Leistungsfähigkeit fördern kann. Ein besonders strenger Lehrer erzeugt in der Regel Spannungen und Aggressionen bei den Schülern; aggressive Schüler zwingen ihn dann wieder zu mehr Strenge. Diesem Beispiel eines negativen Verstärkungskreises steht ein positives emotionales Lehrerverhalten gegenüber, welches angepaßte wie auch ängstliche Schüler zu Leistungen und Kooperation anspornt; das motiviert wiederum den Lehrer. „Lehrer mit einem mittleren und wohldosierten Ausmaß an Kontrolle, Lenkung und Planung sind bei den Schülern nicht nur beliebter, sie scheinen auch den größeren Unterrichtserfolg zu haben[22]!" *Initiative und Abwechslung* heben das anregende und ideenreiche Unterrichten gegenüber dem langweilig — trockenen hervor. Die Aufmerksamkeit wird dadurch auf den Stoff gelenkt, die Mitarbeit erhöht. Ist der Lehrer variabel in Methodenauswahl und Lehrtechniken, kann er mit einem erhöhten Lernerfolg bei seinen Schülern rechnen. Der engagierte Lehrer im Sportunterricht wird auch mehr Phan-

---

[19] Tausch/Tausch: Erziehungspsychologie. Göttingen 1977⁸.

[20] P. G. Ryans: Characteristics of Teachers. Washington 1960.

[21] M. Hofer: Verhaltensweisen von Lehrern und ihre Auswirkungen. In: F. E. Weinert, a. a. O., S. 537 ff.

[22] M. Hofer, a. a. O., S. 541.

tasie anregen, die Mitarbeit erhöhen, die Kreativität im Suchen von Lösungen und im Ausnutzen von Regeln freilegen. Der *Effekt von Klarheit und Verständlichkeit* spricht wiederum die Informationsübertragung und die entwicklungsgemäße Sprache an.

Aus solchen Darlegungen kann nun *nicht auf ein generell richtiges Lehrerverhalten* geschlossen werden. Lehrer, die Erwartungen von bestimmten Schülern entsprechen, kommen vor allem mit diesen Schülern zurecht, während sie andere enttäuschen. Der schwache und der leistungsstarke Schüler haben durchaus unterschiedliche Erwartungen an den Sportlehrer, der 10jährige andere als der Abiturient. So gilt es für den Lehrer, mehrere Rollen zu konkretisieren, ein optimales Lehrerverhalten nur für eine begrenzte Zeit und eine begrenzte Schülerzahl anzunehmen und ein klares Bewußtsein des eigenen Unterrichtsverhaltens zu gewinnen, das Handeln besser zu kontrollieren, ohne die eigene Spontaneität zu verlieren.

3. Besondere Lernbedingungen

Es gibt viele Möglichkeiten des motorischen Lernens. Diese sind von Alter und Persönlichkeit des Lernenden abhängig, etwa dem Grad seiner Ängstlichkeit, dem Lehrerverhalten und der Methodik. Eine große Rolle spielt aber auch die *motorische Begabung oder Lernfähigkeit*, da sie jene Schüler hervorhebt, deren Anfangsleistungen recht hoch sind, die schneller und mehr in einer vorgegebenen Zeiteinheit lernen können und die schließlich schwierigere, komplexere und kombinationsreichere Bewegungshandlungen in kürzerer Zeit bewältigen als andere. Der Sportlehrer sollte über die sportlichen Vorerfahrungen seiner Schüler etwas wissen oder durch längere Beobachtung diese aus ihren Leistungen erschließen lernen. Die Unterrichtsplanung geht stets von einer Reihung des Stoffes aus, vom Leichten zum Schwierigeren und beinhaltet damit *Transferwirkungen*, deren Auftreten und Höhe aber wissenschaftlich noch wenig abgesichert sind. Generelle Erfahrungen und Überzeugungen aus der Sportpraxis bestätigen diese Annahmen aber besonders für die leistungsstarken Schüler. Egger[23] hat die Frage der Lernübertragungen ausführlich untersucht und versteht darunter die Beeinflussung eines Lernvorganges durch vorausgegangene Lernaktivitäten. Auch negative Transfererscheinungen können auftreten und beanspruchen dann erhebliche Zeit zur „Löschung“ hemmender oder falscher Bewegungsmuster. Die Theorie der sog. identischen Elemente, die einen Transfer-Vorgang begünstigen sollen, ist deshalb nicht eindeutig, weil

[23] K. Egger: Lernübertragungen im Sportunterricht. Basel 1975.

die Vielfalt sportlicher Bewegungsabläufe diese Identität nur selten klar und unmißverständlich zeigt. So bietet etwa die Variabilität der sportlichen Würfe (Speer, Handball) oder Schläge (Tennis, Badminton, Tischtennis, Volleyball) ein weites Feld praxisnaher Diskussion. Neben dem motorischen Transfer kommt der Transferwirkung generell eine zentrale Bedeutung zu, weil es auch „um die Bedeutung der in spielerisch-sportlicher Situation (innerhalb und außerhalb der Schule) erworbenen Erfahrungen, Einstellungen, Haltungen oder Prägungen für die Persönlichkeitsbildung" geht[24]. Es werden auch Situationen, Erfahrungen und Einsichten von übergeordneter Bedeutung übertragen. Bei Aha-Erlebnissen wiederum handelt es sich um „blitzartige" Einsichten in den „Dreh" von Bewegungsabläufen oder die Zusammenhänge der Taktik in Parteispielen[25].

Auf drei weitere, für die Methodik bedeutsame Ziele im motorischen Lernen, sei kurz hingewiesen:

1. *Die variable Verfügbarkeit von Bewegungsabläufen:* Anstelle von motorischen Stereotypen gestattet sie vielfache situationsspezifische Abwandlungen im Antwortverhalten, Handlungsfähigkeit, nicht Schablonen. Voraussetzung dafür ist aber eine sehr hohe Wiederholungszahl im Üben bei unterschiedlichen Bedingungen.

2. *Die Feinkoordination von Bewegungen:* Sie stellt nicht nur eine wertvolle Erlebniskategorie dar, sondern bringt hochqualitative, ästhetisch-künstlerisch zu wertende Leistungen, nicht mechanisierte Perfektion.

3. *Das Handlungslernen:* Im Sport sind meist komplexe und kombinierte Bewegungsabläufe gefordert, die mehrdimensionale Lernvorgänge verlangen. Mehr motorisch orientierte richten sich auf Fertigkeiten und Sporttechniken, motorisch-kognitiv orientierte auf Fähigkeiten, die Fertigkeiten einschließen (Spieltaktik, Verhalten im Skilauf und Tennis), motorisch-kognitiv-sozial orientierte auf Gruppenleistungen und Spiele, die ein Einfügen eigener Fähigkeiten in ein gruppendienliches Ziel und Verhalten erfordern. In diesen drei Ebenen werden Problemlösungen und Entscheidungen oft komplex und in kürzester Zeit verlangt. Im Spiel äußert sich die Handlungsfähigkeit auch in der Übernahme von Rollen und Positionen sowie im Erfüllen der damit verbundenen Erwartungen.

---

[24] K. Egger, a. a. O., S. 9.

[25] Vgl. dazu K. Egger, a. a. O.; B. Cratty: Motorisches Lernen und Bewegungsverhalten. Frankfurt a. M. 1975; K. H. Leist: Transfer beim Erwerb von Bewegungskönnen. In: Sportwissenschaft 1974, S. 136 ff.

Diese drei Ziele verlangen auch sportliche Eigeninitiative im Lösen motorischer Reizsituationen und erfordern langfristige und komplexe Lernvorgänge.

Die besonderen Lernbedingungen wurden an den Beispielen der Transferwirkungen, der variablen Verfügbarkeit von Bewegungsabläufen, der Feinkoordination und dem Handlungslernen exemplarisch dargestellt. Sie erfordern eine Vielzahl methodischer und organisatorischer Maßnahmen und Interaktionen zwischen Lehrenden und Lernenden. Die pädagogische Psychologie versucht durch die Analyse dieser Bedingungen die Verbesserung der Ergebnisse zu erreichen. Die *pädagogische* Wertung der Ergebnisse ist aus methodischen Erwägungen nicht auszuklammern.

4. Die Lernmotivation

Motivation und Leistung haben auch im Sport einen engen Zusammenhang. Steigende Motivation, ausgedrückt in steigendem Interesse, verbesserter Hoffnung auf Erfolg, verminderter Angst, Anstrengungsbereitschaft, mittelfristiger Zielstellung, Aktivität und Lernbereitschaft wirkt sich auf das Gesamtverhalten von Personen aus und erhöht Lernergebnisse und Leistungen in einer bestimmten Sportart. Die Ursachen der erhöhten Motivation mögen vielfältig und manchmal unbewußt sein, ihre Kenntnis allerdings vermittelt dem Lehrenden Einsicht in die Attraktivität der Ziele und kann sein Verhalten in der Stoffauswahl und Vermittlung positiv beeinflussen. Die Attraktivität des Sports oder einer Sportart oder Disziplin hängt mit spezieller Begabung, Erfolgserwartung, sozialer Attraktivität, der Lebensqualität, der Gesundheitsförderung etc. zusammen. Die bekannten Einteilungen in hochmotivierte Personen versus niedrigmotivierte, Erfolgs- versus Mißerfolgsmotivierte sowie Kombinationen daraus geben einen groben Einblick in das Persönlichkeitsmerkmal Lernmotivation. Für den Sportlehrer stellt sich die Frage der Lernmotivation aber jeweils konkret, nämlich durch welche Maßnahmen, Hilfsmittel und Verhaltensweisen er sie in einer bestimmten Situation erhöhen kann[26]. Die Antwort darauf kann ohne Situationskenntnis nur generell gegeben werden. So erhöht die Lernmotivation sich durch anfängliche Erfolgserlebnisse, die richtige Wahl des Anspruchsniveaus gemäß den individuellen Fähigkeiten, den Grad der Eigenbeteiligung und Selbstbestimmung der Inhalte, Verstärkungen und Ermutigungen seitens des Lehrers, die Erhöhung der intrinsischen Motivation, die Attraktivität der Aufgabenstellung, die Art der Kausalattribuierung bei Erfolg und Mißerfolg.

---

[26] Vgl. dazu den Beitrag von Gabler / Röthig in diesem Band, S. 111 ff.

Das Unterrichtsgeschehen erfordert gerade im Sport und hier besonders beim schwächeren Teil der Lernenden eine Fülle von aufeinander folgenden Motivationshilfen. Im pädagogisch-psychologischen Bereich konzentrieren sich diese auf Aufforderungen, Bekräftigungen, angemessene Erwartungshaltungen des Lehrers und Freilegen von Energien beim Lernenden. Die Aufgabensituation muß den Möglichkeiten des Lernenden gemäß so modifiziert werden, daß sie für jeden eine konkrete Chance auf Erfolg bietet. Hecker bewirkte mit dem „Prinzip der optimalen Passung" eine Anpassung an das Lernpotential der Schüler[27]. Diese wurde über mittlere Schwierigkeiten erreicht, die der Schüler selbst herausfinden sollte. Damit verbanden sich eine bessere individuelle Differenzierung, ein hohes Maß an Eigeninitiative, und gleichzeitig wurde die Aufgabe attraktiv im Sinne der Erfolgschancen des einzelnen: Die intrinsische Motivation wurde gefördert[28].

Heckhausen hat das zugrunde liegende Prinzip der „inneren Differenzierung" und der „Passung" als eine der wichtigsten Aufgaben des Unterrichtens bezeichnet[29]: Wieweit gelingt es einem Sportlehrer, den Schwierigkeitsgrad des Inhaltsangebots dem erreichten Leistungsstand der Schüler anzupassen und sie nur so weit zu „überfordern", daß die Gewinnchancen gesichert bleiben? Die Wahl des richtigen Anspruchsniveaus, als Erfolgsrezept im Hochleistungssport längst bekannt, ist somit eine *gemeinsame Aufgabe* von Lehrern und Schülern.

Heckhausen verweist zur Verbesserung der Lernmotivation im einzelnen auf drei Ansätze:

Motivierung durch Lob und Tadel;
Aufforderungsgehalte der Aufgabensituation;
Realisierungsmöglichkeiten für Eigeninitiative und Selbststeuerung des Verhaltens[30].

Der Sportlehrer kann daraus folgende Erkenntnisse gewinnen:

a) Das gleiche lobende oder tadelnde Verhalten des Lehrers hat auf verschiedene Schüler verschiedene, ja teils gegensätzliche Wirkungen. Lob ist aber Fremdbekämpfung und motiviert extrinsisch, während die

[27] G. Hecker: Leistungsentwicklung im Sportunterricht. Weinheim 1971, S. 124 ff.

[28] „Werft den Ball so an die Wand, daß Ihr ihn wieder auffangen könnt." Den Abstand konnte jeder Schüler selbst suchen und variieren.

[29] H. Heckhausen, a. a. O. Bessere Lernmotivation und neue Lernziele. In: F. E. Weinert u. a., a. a. O., S. 584 ff.

[30] a. a. O., S. 759.

intrinsische Motivation höher eingeschätzt werden muß. Zum jetzigen Zeitpunkt liegen aber noch wenige Untersuchungen vor, welche Arten von Lob, Feedback, Verstärkung im Sportunterricht überhaupt und mit welchen Auswirkungen auf den Schüler, die Schüler-Lehrer-Interaktion und die Schüler-Schüler-Interaktion wirksam werden.

b) Die Gestaltung des Aufforderungsgehaltes der Aufgabensituation muß vom *erlebten Schwierigkeitsgrad* beim Lernenden ausgehen. Mißerfolgsängstliche Schüler wählen bei freigestellten Lernbedingungen ein unzweckmäßiges Anspruchsniveau. Erfolgsmotivierte differenzieren schärfer zwischen den verschiedenen Schwierigkeitsgraden.

c) Zunehmende Selbststeuerung des Verhaltens im Unterricht und Eigeninitiative erhöhen die Entfaltungsmöglichkeiten einer intrinsischen Motivation. Solche Realisierungsmöglichkeiten sind Anreiz für eine verbesserte Selbstbewertung, für das Erleben eigener Wirksamkeit und persönlicher Verursachung[31].

Erhöhung der Lernmotivation durch schülerzentriertes Lehrerverhalten bedeutet nur für den unerfahrenen Lehrer Verzicht auf Führung und Lenkung einer Stunde. Eine vorsichtige Lenkung durch den wenig in Erscheinung tretenden Lehrer ist keine Aufhebung der Selbststeuerung, sondern *gekonnte Unterrichtshilfe.*

5. Gruppendynamische Einflüsse

Zwischen Mitgliedern von Sportgruppen, zu denen Schulklassen zählen, entwickeln sich Beziehungen, die sich nach einem Leistungs- und Beliebtheitsrangsystem systematisch erfassen lassen[32]. Die affektiven Wechselwirkungen, Rang- und Rollenfixierungen in der Gruppe erfahren dynamische Veränderungen, auch wenn einmal aufgebaute Rangstrukturen nur langfristig veränderbar sind. Wenn Lernziele mehr auf den Bereich der Interaktion, der sozialen Handlungsfähigkeit oder Solidarität der Gruppe hin gewählt werden, kommt dem Sport als sozialem Handlungsfeld und den Beziehungen in und zwischen den Sportgruppen eine wichtige Aktualisierungsfunktion zu. Offensichtlich ist auch, daß infolge der sozialen Interaktion Lernen, Leistung und Erfolg/Mißerfolg beeinflußt werden können und die Methodik des Sportunterrichts dies in ihren Maßnahmen und

---

[31] Vgl.: Heckhausen, a. a. O., S. 591.

[32] Vgl.: E. Höhn / G. Seidel: Soziometrie. Göttingen 1976[2]; H. Eberspächer: Soziometrie. In: R. Singer / K. Willimczik (Hrsg.): Grundkurs Datenerhebung 2. Bad Homburg 1978, S. 121 ff.

Hilfsmitteln berücksichtigen muß. Ist eine Gruppe mehr als die Summe ihrer Teile und eine Gruppenleistung komplexer als eine Einzelleistung, so muß dieses übergeordnete Ziel auch mit besonderen Mitteln aufgebaut und von den Teilnehmern erlernt werden. Die Stufen dazu werden z. B. in der Spielliteratur[33] und den psychomotorischen Förderungsprogrammen dargestellt[34]. Die Beachtung gruppendynamischer Gegebenheiten schlägt sich bereits bei der Differenzierung in Leistungs- und Neigungsgruppen nieder[35]. Lernen in der Gruppe und durch die Gruppe kommt den Wünschen und Bedürfnissen der meisten Schüler entgegen. Gruppenarbeit im Sportunterricht bietet die Möglichkeit zur Kommunikation, zu gegenseitiger Unterstützung und Zusammenarbeit. Durch den impliziten Wettkampfcharakter gemeinsamer Anstrengungsbereitschaft werden die Aktivitäten erhöht. Die „anderen" in der Gruppe[36] wirken als Koagierende und als Publikum zugleich mit. Schon ihre Gegenwart hat eine Unterstützungsfunktion für den einzelnen. Die Anwesenden üben eine „Affiliations- oder Anschlußtendenz" aus, „die einen wesentlichen Teil dessen ausmacht, was wir als Gruppendynamik bezeichnen"[37]. Die Peer-Group, womit die Freundesgruppe der etwa Gleichaltrigen bezeichnet wird, gilt auch als *wichtiger Sozialisationsfaktor*. Die Schulklasse, oder ein Teil davon, die „Clique", hat gerade im Sportunterricht die Chance, außerschulische Langzeitwirkungen an Freundschaften und sozialen Bindungen zu erzielen. Diese Auswirkungen ergeben sich sozusagen von selbst, als Nebenprodukt der Leistungs- und Lernziele des Sportunterrichts, wenn Gruppierungen und Gruppenaufgaben als attraktives methodisches Mittel verwendet werden.

Ein erwünschtes Ziel des sozialen Lernens im Sportunterricht ist auch die Hilfe der Stärkeren für die Schwächeren. Sind die Stars und der (die) Kern(e) einer Klasse bekannt, können Gruppierungen nach Überlegungen der Mischung zwischen Stärkeren und Schwächeren größere Aussichten auf den erwarteten Hilfeeffekt haben; denn „im großen und ganzen wird in der Schulklasse ein hoher Gruppenstatus eher dem aktiven, nicht feind-

---

[33] Vgl. K. Dietrich / G. Landau: Sportspiel im Unterricht. Beiträge zur Didaktik der Sportspiele, Teil III. Schorndorf 1977.

[34] Vgl. H. Rieder: Sport als Therapie. Berlin 1977[2]; K. Mertens: Die psychomotorische Erziehung im Kindes- und Jugendalter. Rheinstetten 1977.

[35] W. Söll: Differenzierung im Sportunterricht. Teil I. Schorndorf 1973.

[36] Vgl. C. F. Graumann: Die Klasse als Gruppe. In: F. E. Weinert u. a., a. a. O., S. 47.

[37] a. a. O., S. 489.

seligen, nicht allzu abhängigen Schüler zugewiesen, der auch anderen hilft und Verantwortung nicht scheut und möglichst auch Humor hat"[38].

Methodische Maßnahmen, die einzelnen Schülern Lernvorteile verschaffen sollen, müßten somit auch in Übereinstimmung mit dem informellen Rangsystem einer Klasse größere Wirksamkeit erzielen. Trotz einiger Arbeiten über soziales Lernen im Sportunterricht[39] ist dieses Gebiet aber noch wenig bearbeitet.

III. Unterricht als geplantes Lernen

1. Ein Planungsmodell

Das an Menck[40] orientierte Schema (Abb. 6) geht von der pädagogischen Intentionalität „im Sinne von Zwecksetzung und Sinngebung unterrichtlicher Akte" aus. Sie entspricht der Unterrichtsmethode, welche ihren Lerngegenstand unter dem Einfluß von Thematiken = Normen, gesellschaftlichen Ansprüchen und Techniken = Verfahrensnormen, Fertigkeiten, Kenntnissen zu konkretisieren hat. Vor diesem Hintergrund kann ein konkretes Planungsmodell — zunächst aus der Sicht des Lehrenden — das

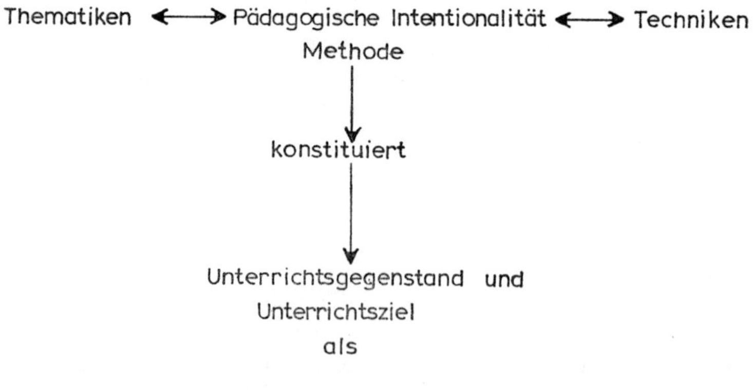

Abb. 6: Ein Modell der Bedingungen[41]

---

[38] C. F. Graumann, a. a. O., S. 492.

[39] K. Cachay / Ch. Kleindienst: Soziales Lernen im Sportunterricht. In: Sportwissenschaft 1975, S. 339 ff.; U. Hanke, E. Bucke: Mannschaftsbildung im Sport. Beiheft zum Film. Stuttgart 1976.

[40] P. Menck / G. Thoma (Hrsg.): Unterrichtsmethode. München 1972.

[41] Modifiziert nach P. Menck: Unterrichtsanalyse und didaktische Konstruktion. Frankfurt 1975.

Unterrichtsgeschehen zu erfassen und zu organisieren versuchen. Jedes Modell bedeutet allerdings eine Reduktion vielfältiger Erscheinungen; nur annähernd kann es das komplexe unterrichtliche Geschehen erfassen. Das Unterrichtsgeschehen läuft dabei in drei Phasen ab. In der *Planungsphase* wird die Aufbereitung des Lernmaterials und die Entscheidung über die Instruktionsfolge erarbeitet, die den Lernweg eröffnen soll. In einer *Realisierungsphase* wird die Steuerung des Lernvorgangs vorgenommen. Im Unterricht selbst, je nach enger und weiter gesteckten Zielen, müssen verfeinerte und weitere Instruktionsmittel verwendet werden. Im zeitlichen Rahmen einer Unterrichtseinheit können schon hier Revisionen vorgenommen werden. Die *Reflexionsphase*, als Nachvollzug oder Nachbereitung von immer größerer Bedeutung, versucht, die in der Erinnerung gespeicherten Daten über das Eigenverhalten und Schülerverhalten zu analysieren und mit dem Ziel einer Erweiterung der Lehrkompetenz auszuwerten. Maier/Pfistner[42] kamen durch eine phänomenologische Analyse des Unterrichts zu einem System von Kategorien oder Faktorenklassen, die auch für den Sportunterricht anwendbar sind:

Gesamtziel; Teilziele — sachlogisch akzentuiert; Funktionsfolge — lernpsychologisch-didaktisch akzentuiert; Repräsentationsarten und Arten von einleitenden Maßnahmen zur Antizipation der Ziellage; antizipierte Tätigkeiten der Schüler zur Zielerreichung und deren Abfolge; Vermittlungshilfen bei auftretenden Lernschwierigkeiten; Medien (Arbeitsmittel); Formen der sozialen Organisation; Lehrerverhalten, das angstfreies Lernen zuläßt; Formen der Lernkontrollen;

2. *Lang-, mittel- und kurzfristige Planung*

Da die Rangfolge der Planung von der übergreifenden Planung auszugehen hat, muß sie sich von der Zufälligkeit des Stundeninhalts lösen. Nur dann kann der einzelne Sportlehrer weiterreichende curriculare Aspekte verwirklichen (z. B. Koordination, Spielfähigkeit, soziales Lernen), wenn er sie in jeder Einzelstunde angemessen berücksichtigt. Dies bedeutet eine Abkehr von einer ausschließlich *fertigkeitsorientierten* hin zu einer *prozeßorientierten Unterrichtsplanung*, die sich am momentanen und überdauernden Verhalten des Schülers ausrichtet. Auch Begriffe wie Richtziele, Grobziele, Feinziele[43] treffen eine solche Sichtweise. Unterrichtsplanung

---

[42] H. Maier / H. J. Pfistner: Grundlagen der Unterrichtstheorie und Unterrichtspraxis. Heidelberg 1976.

[43] K. Egger: Sportdidaktische Grundlagen. In: Turnen und Sport in der Schule, Bd. 1, Theorie. Bern 1978, S. 112—183.

vollzieht sich also in Teilschritten, die gegenseitig eng verknüpft sind, auf einem zielgerichteten und von Sachlogik bestimmten Weg, für den die situativen Bedingungen die begrenzenden oder stimulierenden Faktoren darstellen. Ziele lassen sich so mittels vielfältiger Inhalte konkretisieren. In der Vermittlung der Inhalte sind Methodenvielfalt und variabler Medieneinsatz angebracht.

Ziele	Stoffverteilungsplan	Curriculum
lang	langfristiger Zielkomplex Lehrplan	Allgemeine curriculare Aspekte überwiegen (Handlungsfähigkeit)
mittel	mittelfristige, saisonale Planung	Konkrete Inhaltskomplexe, z. B. Schwerpunkt Basketball
kurz	kurzfristige Ziele, (bis zu 4 Stunden)	Inhaltsanforderungen konkret, Lernziele nachprüfbar (z. B. von Fertigkeiten)

Abb. 7: Lang-, mittel- und kurzfristige Planung

3. Aufbau einer Unterrichtsstunde

In der Literatur herrscht die klassische Dreiteilung vor: Einleitung (Aufwärmen, Einstimmung, Vorbereitung etc.), Hauptteil (Leistungsteil, Lernteil), Schluß (Beruhigung, Ausklang).

Dieser grobe Raster unterliegt je nach Stoff, Zeit, Übungsstand, Leistungsanforderungen und Alter vielfachen Modifikationen. Unterteilungen mit zwei Hauptteilen oder insgesamt fünf Stundenteilen sind möglich. Solche Raster sind nun aber mit inhaltlich strukturierten Aufgaben wie etwa Vorübungen, Zielübungen, Lernsituationen auszufüllen. Emotional bestimmte Kriterien der Aktivierung und Beruhigung und physisch orientierte der Belastung wechseln mit kognitiv orientierten in Reflexionsphasen, im Unterrichtsgespräch, bei Antizipations- und Aufmerksamkeitsleistungen. Ein allgemein gültiges Schema kann es nicht geben, und schon die Erarbeitung von Stundentypen spiegelt die Vielfalt erneut wieder. So wurden Spielstunden, Lernstunden, Konditionsstunden, Übungsstunden, aber auch Kreativitätsstunden unterschieden, während der Begriff „Turnstunde" der Vergangenheit angehört. Koch und Söll[44] gaben eine Fülle praktischer Bei-

[44] K. Koch / W. Söll: Stundenmodelle für alle Altersstufen. Die Gestaltung des Sports in der Leibeserziehung, Teil III. Schorndorf 1976³.

spiele, und die Fachzeitschriften wälzen den gesamten Stoff des Sportunterrichts etwa alle drei Jahre vollständig um — nicht immer mit neuen Anregungen. Es gibt wohl so viele Modellbeispiele von Stunden als es Sportlehrer gibt.

Keine allgemeine Methodik kann jedoch auf das Thema Stundenaufbau verzichten. Angesichts der Prüfungsabschlüsse in der Sportlehrer- und Referendarausbildung werden die Unterrichtsentwürfe immer mehr verfeinert und erweitert, indem der Stoff einer Stunde mehrdimensional vorbereitet und nach den Lernzielen motorisch-affektiv-kognitiv aufgebaut und begründet wird. Manchmal steuern ganze Ketten von Leitbegriffen den Entwurf, wobei entlang des Stundeninhaltes auch die Organisations- und Lernformen angeführt werden (z. B. Inhalt — Zeit — Phase — Ordnungsform, Geräte — Medien — geplantes Lehrerverhalten — erwartetes Schülerverhalten — Fehlerkorrektur). Hinzukommt, daß der Verlauf der motorischen, psychischen, kognitiven oder sozialen Beanspruchung voraus abzuschätzen und dennoch keine totale Verplanung vorzunehmen ist. Eine ständige unauffällige Regulation und Feinregulation nach dem fixierten Programm gelingt kaum den routinierten Lehrern, es sei denn um den Preis einer dominierenden Lenkung. Wer bei Stunden mit schwierigen Gruppen sicher sein möchte, daß ein befriedigendes Ergebnis erreicht wird, tut gut daran, immer eine Reihe von Alternativen mit einzukalkulieren.

4. Organisationsplanung an Schulen

Die Klasse und die Schule sind Sozialisationsinstanzen. Sie binden dann ihre Schüler an sich, wenn ein Wir-Gefühl geschaffen wird, das sich in Klassen- und Schultreffen noch Jahrzehnte später aktualisiert. Der Sport und die Sportlehrer können auch hierauf positiv einwirken, u. a. durch eine gut durchdachte Organisation, wobei besonders folgende Punkte zu beachten sind:

Koordination innerhalb der Sportlehrer/innen (Abgrenzung der Aufgabenbereiche, Betreuungsfunktionen, Lehrerweiterbildung, Elternkontakte etc.); Unterrichtsplanung (Hallenvergabe und Stundenplangestaltung; Jahres- und Abschnittspläne für den Basisunterricht sowie den differenzierenden Unterricht und den Wahlunterricht).

Übungsstättenbetreuung (Geräte, Medien).

Sonderveranstaltungen (Skikurse, Sportfreizeiten, Wanderungen, Landschulheim, Schulwettkämpfe, gemeinsame Veranstaltungen mit Gemeinde und Vereinen).

IV. Methodik

1. Terminologische Vorbemerkungen

Vergleicht man die umfangreicheren methodisch orientierten Beiträge der letzten Jahre[45], wird man eine einheitliche Auffassung über Begriffe und Inhalte wie Unterrichtsverfahren, Methoden, Lernverfahren, methodische Maßnahmen und Hilfsmittel vergeblich suchen. Für den Studierenden entsteht so eine schwierige Situation. Gerade für den engeren Bereich der Methodik ist also eine möglichst eindeutige Definition nötig. Im Schweizer Standardwerk „Turnen und Sport in der Schule"[46] ist der Begriff Methodik sogar völlig in der Sportdidaktik aufgegangen; Methodik wird inhaltlich unter den Überschriften „Lernverfahren", „Lernplanung" und „lernzielorientierter Sportdidaktikunterricht" abgehandelt. Auch Koch/Meyners[47] vermeiden den Begriff Methodik, bzw. sie ersetzen ihn durch die Unterbegriffe „Methodenanalyse", „Lernzielkontrolle", „Festlegung der Lernschritte" und „Stundenverlauf".

2. Unterrichtsverfahren

Synonyme Begriffe sind Lehrverfahren, Methoden, Verfahren, Stile, Lehrmethoden, methodische Verfahren, Unterrichtsstile. Eine solche begriffliche Vieldeutigkeit kann auch durch Unterscheidungen nicht völlig geklärt werden, wie sie in den Begriffspaaren

induktiv — deduktiv; direkt — indirekt; lehrerzentriert — schülerzentriert; analytisch — synthetisch; verlaufsorientiert — zielorientiert

vorliegen. Es zeichnen sich durch solche Polarisierungen lediglich Tendenzen des Lehrverhaltens ab, die selten rein auftreten, vielmehr Vereinfachungen der Wirklichkeit sind und orientierenden Charakter haben. Nur selten charakterisieren aber solche Begriffe das Unterrichtsverfahren vollständig.

Wenn der Unterrichtsvorgang als Vermittlung zwischen einem zum Lernanlaß ausgewählten Gegenstandsbereich und dem Schüler zu verstehen ist, wird die Rolle des Lehrers als die des *Vermittlers* definiert. In dieser Funktion bedient er sich hergebrachter und neu zu konzipierender Methoden, die sich situationsgemäß in das didaktische Gesamtkonzept einfügen. Die strukturelle und inhaltliche Vielfalt des Lernmaterials und die weit-

---

[45] Vgl. dazu: K. Koch / W. Mielke: Die Gestaltung des Unterrichts in der Leibeserziehung. Teil I. Schorndorf 1977[5]. G. Stiehler u. a., a. a. O.; K. Koch / E. Meyners, a. a. O.; S. Größing, Einführung in die Sportdidaktik. Frankfurt 1975; F. Fetz, a. a. O.; K. Egger, Sportdidaktische Grundlagen, a. a. O.

[46] K. Egger, Sportdidaktische Grundlagen, a. a. O.

[47] K. Koch / E. Meyners, a. a. O.

gespannten interindividuellen Differenzen im Hinblick auf alle Verhaltensbereiche auf seiten der Lehrenden wie Lernenden legen die Annahme nahe, daß es gegenstands- und personenunabhängige Methoden im Sinne von rein formal anwendbaren Verfahren nicht geben kann. Mit der Entscheidungsfähigkeit über Methoden dokumentiert der Lehrende seine unterrichtliche Qualifikation. Dabei darf diese Entscheidung aber nicht allein von der Methodeneffektivität, sondern sie muß vorrangig von pädagogisch-psychologischen Argumenten bestimmt sein.

Eine terminologische Differenzierung von Unterrichts- bzw. Lehrverfahren und -methoden erscheint, gemessen an der begrifflichen Verwendungsbreite in der Literatur, weder angebracht noch sinnvoll. Wir verstehen sie als ein Insgesamt von unterrichtsmethodischen Techniken die geplant und bewußt mit dem Ziel der Lern- und Verhaltensoptimierung der Lernenden eingesetzt werden[48]. Sie sind ausgerichtet auf verschiedene Prinzipien, vor allem Entwicklungsgemäßheit, Selbsttätigkeit, Anschaulichkeit, Individualisierung, Ergebnissicherung, Interaktion von Lehrern/Schülern und Schülern/Schülern und konstituieren in ihrer situativen Anwendung das unterrichtliche Geschehen.

Die Vorüberlegungen für das Unterrichten zielen zunächst auf das Verfahren. Lerninhalte, Entwicklungs- und Lernstufen der Schüler und die zur Verfügung stehende Lernzeit bestimmen die Auswahl aus dem breiten Spektrum von Verfahrensmöglichkeiten, die sich zwischen den Polen Ganzlern-/Teillernmethode sowie deduktive und induktive Verfahren bewegen.

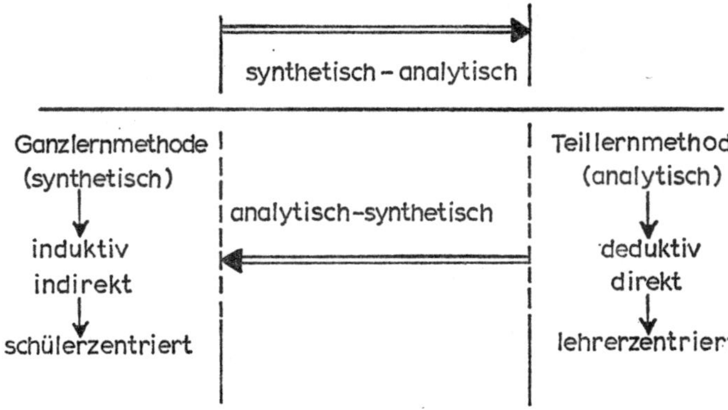

Abb. 8: Unterrichtsverfahren

[48] P. Menck, a. a. O., S. 97.

Die strukturelle Erfassung sportmotorischer Fertigkeiten ist gegenwärtig ein zentrales Thema der Bewegungslehre[49]. Mit Hilfe der gewonnenen Erkenntnisse sind sportart- und lerntypspezifische Verfahren zu entwickeln und zu erproben. Wenn auch darüber Klarheit besteht, daß die Zergliederung in funktionelle Teileinheiten für den Lernprozeß sinnvoll und notwendig sein kann, so darf doch die Gefahr einer zu starken Elementarisierung nicht übersehen werden.

Unter lernpsychologischem Aspekt erscheint es vorteilhaft, in allen vertretbaren Fällen die Ganzlernmethode anzuwenden, damit der Lernende die Bewegung in ihrem gesamten Sinnzusammenhang erfährt[50]. Bei hoher Aufgabenkomplexität kann dieses Vorgehen jedoch eine Überforderung bedeuten[51].

Singer[52] versteht in einem Konzept zur Anwendung von Ganz- bzw. Teillernmethode *Aufgabenkomplexität* als eine Funktion des Informationsprozesses, umschreibbar mit Fragen nach der Aufgabenschwierigkeit für den Lernenden, der Zahl der bei der Lösung zu bedenkenden Faktoren sowie den verwertbaren Vorerfahrungen. Ein ebenfalls die Methodenwahl bedingender Aspekt ist die *Aufgabenorganisation*, die den Grad der Beziehungen zwischen den Aufgabenkomponenten angibt. Danach ist eine Aufgabe dann hoch organisiert, wenn die Beziehungen, für die Kriterien wie Bewegungssequenzen, Einsatz, Richtung, Bewegungsmuster von simultan oder sukzessiv bewegten Körperteilen oder Gliedmaßen gelten, sehr eng sind. Bei gleichzeitig niedriger Aufgabenkomplexität erscheint Singer die Ganzlernmethode angebracht. Eine eindeutige Zuordnung zu einem der Pole wird aber auch eine strukturelle Erfassung von Fertigkeiten nur in Ausnahmefällen zulassen. Je nach Ansiedlungspunkt auf dem zu denkenden Kontinuum ergibt sich die Wahl aus *Ganzlernmethode — Teillernmethode*, auch in der progressiven Form (Verkettung jeder Frequenz mit der vorhergehenden), oder der *Ganz-Teil-Ganz-Methode*, bei der das Endprodukt eingeführt, die Sequenzen gelernt und auf höherem Niveau wieder zusammengefügt werden. Letztere erweist sich nach Egger[53] im Sport als besonders lerneffektiv.

---

[49] U. Göhner: Lehren nach Funktionsphasen I und II. In: Sportunterricht 1975, S. 4 ff. und S. 45 ff.

[50] H. Hasenkrüger: Die Gegenüberstellung von Teillern- und Ganzlernmethode sollte aufgegeben werden. In: Körpererziehung 1978, S. 563 ff.

[51] D. Ungerer: Leistungs- und Belastungsfähigkeit im Kindes- und Jugendalter. Schorndorf 1967.

[52] R. N. Singer: Motor Learning and Human Performance. New York, London 1975², S. 383.

[53] K. Egger: Lernübertragung, a. a. O.

Sachlogik, Sachstruktur wie alters- und lernstufenbedingte Kriterien beeinflussen auch die Entscheidung über die Anwendung des *deduktiven* oder *induktiven Lehrverfahrens*. Das Begriffspaar, das historisch mit den Erscheinungsformen der Lern- und Arbeitsschule in Verbindung gebracht wird, markiert ebenfalls je einen Endpunkt einer ausgedehnten Verbindungslinie.

Für das deduktive, darbietende Lehrverfahren sind nachstehende Momente kennzeichnend:

— es stellt die zu erlernende Sache (Fertigkeit) als relativ operationalisiertes Lernziel in den Mittelpunkt (produktorientiert),
— die Schüler verhalten sich eher rezeptiv, was mit einer bewußten Aufnahme des Lerninhalts und keinesfalls mit einer passiven Einstellung gleichbedeutend ist,
— der Lernweg wird rationell und ökonomisch konzipiert,
— die Interaktion ist durch Lehrerdominanz eingeschränkt, es besteht die Tendenz zur Vernachlässigung sozial-affektiver Verhaltensbereiche auf seiten der Schüler (lehrerzentriert).

Demgegenüber läßt sich die induktive, hinführende, erarbeitende Methode mit folgenden Merkmalen charakterisieren:

— ein Grundbestand an Fertigkeiten, Können, Wissen wird im Unterrichtsprozeß durch Anregungen und Impulse von Lehrer und Schülern modifiziert, variiert, erweitert (prozeßorientiert),
— die Selbsttätigkeit der Schüler wird durch Art und Darbietung des Lernmaterials herausgefordert (Aufforderungscharakter des Lerngegenstands, Stellen von Bewegungsaufgaben),
— Lernumwege werden zur Erweiterung des Erfahrungshorizonts der Schüler in Kauf genommen,
— dem Schüler wird mehr Freiraum zur Äußerung von Meinungen und Verhaltensweisen gegeben (schülerzentriert, Gruppenlernen anstelle von Frontalunterricht).

Die grob skizzierten Verfahrensraster verschmelzen in der Praxis zu Mischformen. Im motorischen Lernprozeß ist sowohl die Sportart (enges versus weites Handlungsfeld) wie die spezifische Fertigkeit (geschlossen versus offen, d. h. geringe bzw. große Zahl von Freiheitsgraden) methodenbestimmend.

Zudem ist der *Entwicklungs- und Könnensstand der* Schüler in die Überlegungen einzubeziehen. Das induktive Verfahren weist eine Affinität zum ganzheitlichen Lernen auf, das deduktive Verfahren legt mehr ein analytisches Vorgehen nahe. Die in diesem Beitrag geforderte Methodenvielfalt wird mit der optimalen Ausnutzung von Methodenkombinationen sichergestellt.

Die *Programmierung* des Unterrichts, die in zahlreichen Lernbereichen zum festen Verfahrensbestand gehört, hat[54] im Sport mehr wissenschaftliches Interesse als Anwendungsbreite in der Praxis gefunden. Die zögernde Aufnahme ist großenteils damit zu erklären, daß Beweise für die Effektivitätssteigerung ausstehen und zunehmend Zweifel an der Rechtmäßigkeit der Begriffsverwendung auf die für den Sportunterricht entwickelten Modelle geäußert werden[55].

Von *programmierter Instruktion* im engeren Sinn kann nur gesprochen werden, wenn die Postulate der Aufspaltung des Lernmaterials in Lernschritte, der Verhaltensverstärkung, der Individualisierung in bezug auf Lernweg und Lernzeit, der Selbsttätigkeit des Adressaten, der Erfolgsüberprüfung des Lehrprogramms und der Lehrobjektivierung erfüllt sind[56]. Die Nichterfüllbarkeit einiger Kriterien gab im Sport Anlaß zu Modifikationen, die nur noch im weiteren Sinn den programmierten Verfahren zugerechnet werden können. Hierzu zählt auch die *Programmierte Reihe*, die an den Begriff der methodischen Übungsreihe anschließt. Unter Verzicht auf deren Systematik — vorbereitende Übungen, Vorübungen, Zielübung — wird letztere unmittelbar eingeführt, aber je nach Komplexitäts- und Schwierigkeitsgrad in stufenweisem Aufbau nach dem Prinzip der graduellen Annäherung, dem Prinzip der funktionellen Teileinheiten oder dem Prinzip der verminderten Lernhilfe[57].

Diesem Vorgehen liegt nach Ansicht Schallers eher eine morphologische Betrachtungsweise der Bewegung zugrunde. Der ganzheitliche Bewegungsablauf wird im Lernprozeß qualitativ verändert, während Ungerers Versuch einer konsequenten, kriteriengeleiteten Programmierung motorischer Fertigkeiten von einer sensomotorischen Theorie ausgeht, die sportmotorische Fertigkeiten als strukturierte Gebilde aus sensomotorischen Sequenzen oder Sequenzketten begreift. Eine quantitative Analyse ermittelt die

---

[54] H. J. Schaller: Tendenzen der Lehrprogrammentwicklung im Sport. In: Sportunterricht 1978, S. 245 ff.

[55] B. Wurzel: Zum Problem der verbalen und visuellen Information beim sensomotorischen Lernprozeß. Ahrensburg 1975.

[56] Vgl. H. J. Schaller, a. a. O.; H. Frank / B. Meder: Einführung in die kybernetische Pädagogik. München 1971.

[57] F. Fetz: Programmiertes Lehren und Lernen im Sportunterricht. In: W. Günzel (Hrsg.): Taschenbuch des Sportunterrichts. Baltmannsweiler 1977², S. 174 ff.

Schlüsselsequenzen, die verbalisiert (Basaltext) und möglichst mit gleichlaufender abstrahierter visueller Information dem Adressaten angeboten werden. Durch Sequenzaufschaltung soll in selbst zu steuernden Lernschritten das Lernziel erreicht werden.

Die unter dieser Prämisse erstellten Programme (Hitch-Kick, Kraulen) konnten die in sie gesteckten Erwartungen nicht erfüllen. Es bleibt zweifelhaft, ob ohne Zusatzinformation beim Schüler eine ausreichende Bewegungsvorstellung geschaffen werden kann. Auch das Problem der Rückkopplung scheint ungelöst. Die Zergliederung einer Fertigkeit in eine Vielfalt von Einzelschritten kann außerdem für den guten Lerner eher hindernd als fördernd sein. Für den schwächeren Lerner lassen sich allerdings in den Programmablauf Verzweigungen einfügen, die gegenüber der linearen Variante als zusätzliche Lernschleifen an schwierigen Lernabschnitten abrufbar sind.

Programmierungsversuche, auch wenn sie im Ergebnis eher als Mischformen mit herkömmlichen Methoden anzusehen sind, haben die Diskussion um die Lernwege bereichert und auf der Lehrerseite zur intensiveren Beschäftigung mit lernpsychologischen und bewegungsanalytischen Erkenntnissen geführt. Die äußere, durch die Lernsequenz gegebene Vororganisation des Unterrichts erlaubt eine vermehrte Zuwendung zu einzelnen Schülern, die durch die Programmierte Instruktion zur Verbesserung der Informationsaufnahme und -verarbeitung und zum gegenseitigen Helfen in Kleingruppen hingeleitet werden sollen[58].

4. Methodische Maßnahmen

Methodische Maßnahmen lassen sich als Grundformen und Handlungstechniken verstehen, durch die die gewählten methodischen Verfahren im Unterricht aktualisiert werden. Bestimmt durch das Gesamtgeschehen, beziehen sie sich sowohl auf den Inhaltsaspekt als auch auf Formen der Instruktion und Organisation. Unter pädagogisch-psychologischem Gesichtspunkt haben die technologisch und organisatorisch getroffenen Maßnahmen eine in der Lernsituation helfende Funktion.

Im Sportunterricht ist nicht nur eine qualitative Verbesserung der Bewegungsgrundformen intendiert, sondern gerade im Kindesalter eine quantitative Erweiterung des Bewegungskönnens. Selbsterfahrung und Selbsterprobung steigern das kreative Bewegungsverhalten und regen zum Finden und Anwenden neuer Bewegungselemente an. Die induktive Vor-

[58] F. Fetz: Mischformen programmierten Sportunterrichts. In: Praxis der Leibesübungen 1974, 142 ff.

gehensweise der *Bewegungsaufgabe* nach dem Motto „Wer kann?“ hat ihre Berechtigung vor allem bei jüngeren Schülern und eröffnet je nach *freier* oder *gebundener Aufgabenstellung* einen engeren oder weiteren Lösungsspielraum.

Fertigkeitsvermittlung in einer gestuften Folge von Übungen geschieht häufig in der Form der methodischen *Reihe*, die sich folgendermaßen gliedert:

Vorbereitende Übungen, die die Verbesserung, zumindest Aktivierung der konditionellen Leistungsfaktoren im Hinblick auf die Zielübung bezwecken.

Vorübungen, die
— entweder eine im Schwierigkeitsgrad und an Komplexität zunehmende Abfolge von strukturellen Teilmomenten der zu erlernenden Fertigkeit,
— den Abbau von Lernhilfen bei einer bereits ganzheitlich grob beherrschten Fertigkeit oder
— die graduelle Annäherung an eine strukturähnliche oder — verwandte Übung darstellen, und die

Zielübung als beabsichtigte Fertigkeitsleistung.

Gegenwärtig wird die Tendenz erkennbar, diese teils schon zu Schablonen erstarrten systematischen Reihen zugunsten einer variablen Lernstrukturierung aufzugeben, die neuere Gesichtspunkte des Bewegungslernens einbezieht und den Prinzipien der Differenzierung und Individualisierung des Lernvorgangs mehr Raum gibt.

Die enge Verknüpfung von methodischen Innovationen mit didaktischen Perspektiven läßt sich aus der Diskussion um die Spielmethodik ablesen[59]. Das „Spielen-Können“ als unbestrittenes Ziel des Sportunterrichts erfährt je nachdem eine unterschiedliche Interpretation, ob die motorischen Leistungen und die taktische Entscheidungsfähigkeit in einem normierten Sportspiel oder das sozial-affektive Verhalten in offenen Handlungsvollzügen in der Zielstellung überwiegen.

---

[59] Vgl. K. Dietrich: Sportspiel und Interaktion. In: Sportunterricht 1, 1974; K. Dietrich: Zur Methodik der Sportspiele. In: K. Dietrich / G. Landau (Hrsg.): Beiträge zur Didaktik der Sportspiele. Teil I: Spiel in der Leibeserziehung. Schorndorf 1974, S. 78 ff.; W. D. Brettschneider: Spezifisches motorisches Leistungsvermögen oder soziale Kompetenz: falsche Alternative oder zentrales Problem der Sportdidaktik? In: K. Dietrich / G. Landau (Hrsg.): Beiträge zur Didaktik der Sportspiele. Teil III. Schorndorf 1977.

Bei der Ausrichtung auf das regelgeleitete Spiel mit Leistungscharakter dominiert der fertigkeitsorientierte Unterricht in einer relativ starren Ziel-Inhalts-Zuordnung. Damit die Spielmotorik einen hohen Ausprägungsgrad erhält, werden funktionelle Teileinheiten wie z. B. Werfen, Dribbeln, Pritschen zunächst isoliert geschult (ggf. unter Anwendung von methodischen Reihen), ihre Zusammenfügung zu *Komplexübungen* unter Einbeziehung taktischer Komponenten eröffnet dann systematisch den Weg zum Zielspiel.

Die Kritiker dieses Verfahrens bemängeln den rigiden, wenig spielnahen Übungsprozeß. In einem „interaktions-theoretisch" begründeten Unterricht[60] soll demgegenüber das Hauptaugenmerk dem Miteinander-Spielen und dem unmittelbaren Spielerlebnis gelten. Sie werden durch eine Spielauswahl vermittelt, die sich orientiert an Kriterien wie

- entwicklungs- und altersgemäße Differenzen in der Spielfähigkeit,
- Beitrag zum Abbau von umwelt- und geschlechtsbedingten Defiziten auf dem Sektor der Spielerfahrung und Spielmotivation,
- entsprechende, auf einer Spielanalyse basierende, inhaltliche Reduktion der technischen und taktischen Anforderungen,
- zunehmenden Komplexitätsgraden in der Spielfolge,
- Übereinstimmung mit der Spielidee des Zielspiels,
- leicht verständliche, möglichst in gemeinsamer Absprache akzeptierte Regeln.

Die systematische, planmäßige Aufeinanderfolge von Spielen gleicher oder ähnlicher Thematik bzw. Spielidee des Zielspiels wird als *Spielreihe* bezeichnet.

Aus der didaktischen Bewertung und curricularen Vorentscheidung ergibt sich die Alternative, daß die Reihung in ein normiertes Hochleistungsspiel einmündet oder sich im Lernprozeß eine neue Spielform entwickelt, die unter der Prämisse einer erweiterten Handlungskompetenz steht.

Fundierte Kenntnisse in der Theorie der Sportspiele, zu der neue Ansätze vorliegen[61], erleichtern dem Lehrenden die Methodenauswahl. Die gegenwärtige Praxis bevorzugt ein synthetisch-analytisches Vorgehen, bei dem die Grundform Spiel den Ausgangspunkt darstellt (Kleine Spiele), aber eine planmäßige Schulung spezifischer Spielfertigkeiten für notwendig erachtet wird.

---

[60] K. Dietrich, a. a. O.

[61] K. Dietrich / G. Landau, a. a. O.

5. Lerninstruktion

Das komplexe Feld Unterricht läßt sich nicht eindimensional beschreiben. Mit dem Versuch einer Eingrenzung auf lernpsychologische Bedingungen betrachtet Weinert[62] die Lerninstruktion als eine zentrale unterrichtssteuernde Variable und nennt Kriterien für ihre Optimierung. Die Entscheidung für eine Instruktion ist keine isolierte Maßnahme, sondern ein Glied in einer Modellkette, die Instruktionsziele, Eingangsverhalten, Instruktionsverfahren und Diagnose der Lernleistung umfaßt[63]. Von Optimierung kann nur dann gesprochen werden, „... wenn durch die geplanten Veränderungen des Unterrichts möglichst viele Schüler die gesetzten Lernziele in einer möglichst entspannten Lernatmosphäre ... erreichen“[64].

Als Grundbedingungen und wesentliche Schritte für die Instruktionsgebung gelten:

— Konkretisierung des Lernziels und Analyse der Lernaufgabe,
— Kenntnis der Lernvoraussetzungen der Schüler und der Struktur des Lernvorgangs,
— Steuerung des individuellen Lernprozesses durch unterstützende und motivierende Hilfen,
— Rückmeldung über das Lernergebnis.

Bei aller Unterschiedlichkeit der Lernvoraussetzungen und Lernverläufe, die durch Entwicklungsvorgänge und unterschiedliche Lernerfahrungen bedingt sind und mit differenzierten Verfahren beantwortet werden müssen, gibt es für die Instruktion methodische Grundregeln, die sich am Bewegungslernen orientieren.

5.1 Demonstration und Information

Der Lernende benötigt eine möglichst genaue Vorstellung von der zu erlernenden Bewegung. *Bewegungsbeschreibung, Bewegungserklärung* und *Bewegungsanweisung* sind Maßnahmen, die den äußeren Ablauf der Bewegung sprachlich vermitteln, die inneren Gesetzmäßigkeiten und Knotenpunkte der Bewegung bewußt und verständlich machen und Wege zur Lösung der Lernaufgabe angeben. Die Information sollte exakt und dem Verständnishorizont des Lernenden angemessen sein, an bereits vorhandene Kenntnisse und Erfahrungen anknüpfen und gleichzeitig motivierend wirken.

---

[62] F. E. Weinert u. a., a. a. O.
[63] R. Glaser. In: F. E. Weinert u. a., a. a. O., S. 803.
[64] a. a. O., S. 804.

Vester[65] beklagt das ungenügende Eingehen auf verschiedene Lerntypen an unseren Schulen durch starke Bevorzugung des Verbalen. Für das Lernen sportlicher Bewegungen ist die Benutzung des visuellen Eingangskanals nicht nur nachweislich lernsteigernd, sondern geradezu zwingend. Die optische *Demonstration*, sei es durch Lehrer- oder Schülervorbild oder Verwendung der inzwischen vielfältig angebotenen Medien, insbesondere gekoppelt mit den verbalen Mitteln, ermöglicht eine umfassende und differenzierte Vorstellung der zu erbringenden Bewegungsleistung. Das Eintreffen der Information über mehrere Kanäle erhöht die Assoziationsmöglichkeiten und erweckt gleichzeitig Aufmerksamkeit und Lernantriebe.

5.2 *Unterrichtsbegleitende und -unterstützende Maßnahmen*

Unterstützende Maßnahmen im Verlauf der Bewegungsausführung können motorische Fehlleistungen verhindern und in Risikosituationen Angst abbauen. Durch bewegungsbegleitende Hilfen wie Mitsprechen bei Bewegungsvollzügen, Akzentuieren und Rhythmisieren von Bewegungsphasen, Impulsworte in entscheidenden Bewegungsmomenten, erfährt der Lernende nicht nur eine Steuerung der äußeren, sondern auch der inneren Vorgänge. Das rhythmische Prinzip ist bei zyklischen wie azyklischen Bewegungsabläufen einsetzbar; es erleichtert die Koordination von Teilbewegungen entsprechend der dynamischen Gesamtstruktur.

Zur Festigung bereits erworbener Fertigkeiten ist die *rhythmische Reihe* ein geeignetes Mittel. Gleiche Bewegungsabläufe werden in rhythmischen Intervallen wiederholt, mehrere Bewegungselemente lassen sich auch zu rhythmischen Ketten zusammenfügen[66].

Materiale wie personale Lernhilfen gewinnen Bedeutung unter dem Aspekt der Bewegungserleichterung und der besonderen Zuwendung in der Form der Sicherungs- und Hilfestellung. Letztere ist schon aus juristischen Gründen (Haftpflicht) in unfallträchtigen Sportarten unerläßlich. Der pädagogisch-psychologische Aspekt und der Gedanke der Kooperation im Sinne des helfenden Miteinander der Schüler sind nicht minder bedeutsam. Die beabsichtigte positive Wirkung kann jedoch in eine Gefahr umschlagen, wenn die Hilfen unsachgemäß, d. h., ohne Wissen um die besonderen Gefahrenmomente und die adäquaten Aktionen der Hilfeleistung (Helfergriffe) versucht werden.

Lernerleichterung als generelle oder differenzierte Maßnahme ist oberstes methodisches Gebot. Gerätehilfen (Weichbodenmatten, Sprungbretter

---

[65] F. Vester: Denken, Lernen, Vergessen. München 1975.

[66] Vgl. P. Röthig (Red.): Sportwiss. Lexikon. Schorndorf 1976³, S. 252.

u. a. m.) sowie Geländehilfen erfüllen diese Funktion und sind in den Lernweg einzuplanen. Da der häufig damit verbundene Organisationsaufwand von der Lernzeit abgeht, bestimmt kenntnisgeleitete Abwägung des jeweiligen Nutzens oder des besonderen Risikos ihren Einsatz. Hinter dem Bemühen um Lernerleichterung und der daraus resultierenden erhofften höheren Erfolgswahrscheinlichkeit steht das Wissen um die nicht hoch genug einzuschätzende Wirkung motivationaler Faktoren.

5.3 Korrektur

Zur Verbesserung und Verfeinerung der Bewegungsleistung ist der Lernende auf Rückkoppelung angewiesen. Bleiben Korrekturmaßnahmen aus, so erlischt das Interesse am Weiterlernen und -üben. Diese Erfahrung ist nicht auf das Stadium des Anfängers beschränkt, sondern betrifft alle Stufen des Lernens. Die durchschnittlichen Klassengrößen zwingen den Lehrer meist zu *Gruppenkorrekturen*, um die am häufigsten auftretenden Schwachstellen im Bewegungsablauf anzugehen. Sein ganzes Bestreben muß aber darauf gerichtet sein, Fehlerursachen und Lösungswege in einer Weise bewußt zu machen, daß die Schüler zur Selbst- und Fremdbeobachtung befähigt werden und das Resultat aus dem Soll-Istwert-Vergleich für sich und Mitlernende verwerten können. Verbale und visuelle Information haben analysierende und steuernde Funktion, sind aber nur verwertbar, wenn der Informationsgehalt und die Informationsmenge im Bereich der Aufnahmekapazität des Schülers liegen.

6. Medien

Die wachsenden Erkenntnisse über die Bedeutung der Informationsaufnahme, -verarbeitung und -speicherung im motorischen Lernvorgang haben zwangsläufig zu intensiven Bemühungen um methodische Verfahren geführt, die die Informationsprozesse auf seiten der Lernenden qualitativ und quantitativ verbessern und das Lehren optimieren. Allgemeine Fortschritte auf dem Sektor der Unterrichtstechnologie weckten zwischenzeitlich die Erwartung, es könnten die für den schulischen Sportunterricht offenkundigen Defizite im Medienbereich in einem relativ kurzen Zeitraum so gezielt beseitigt werden, daß der Sportlehrer, von Demonstrations- und Informationsfunktionen weitgehend entlastet, allein die Rolle des Unterrichtsorganisators wahrzunehmen habe. Inzwischen beginnt sich eine nüchterne Betrachtungsweise durchzusetzen, die davon ausgeht, daß der Medieneinsatz in ein gesamtdidaktisches Konzept einzufügen ist und bei der Effektivitätskontrolle pädagogisch-psychologische Momente nicht ausgespart werden dürfen.

Über die Art der Medien, ihre technische Beschreibung, die Verwendungsmöglichkeiten und bislang vorliegende Erprobungsergebnisse liegt eine Fülle von Literatur vor, auf die hier nur verwiesen werden kann[67]. Die reine Kenntnis bietet jedoch nur einen schmalen Ansatz zum sinnvollen Umgang mit den verschiedensten Medien im schulischen Alltag. Vielmehr gilt es, durch systematisches Training sicherzustellen, daß die Materialien in der Theorie *und* Praxis des Sportunterrichts optimal genutzt werden.

Sie dienen dabei der

— Einleitung von motorischen Lernprozessen (Schautafeln, Reihenbilder, Unterrichtsfilm usw.),
— Steuerung von Lernprozessen (Programmierte Information, Programmkarten, gezielte Momentaufnahmen),
— Rückmeldung über das Bewegungsverhalten (Lernkontrollen, Bewegungssehen),
— Aufzeichnung von sozialem Geschehen (Filmaufzeichnung von Spielen, Sportwettkämpfen, Skifreizeiten u. ä.),
— Information über bestimmte Sachverhalte im Sport (Filme, Fernsehaufzeichnungen, gespeichertes Dokumentationsmaterial),
— Motivationssteigerung (Vorbildwirkung, Selbsterfahrung, Übungsaktivierung, rhythmische Unterstützung),
— Anregung der Eigentätigkeit der Schüler (Programmierung, Schulbuchverwendung),
— bedingten Entlastung des Lehrers und dem damit verbundenen Freiwerden für organisatorische und pädagogische Lenkungsfunktionen.

7. Üben und Trainieren als vom Lehrer gesteuerte Schüleraktion

Handlungskompetenz im Sport wird in einer zeitlich abgestuften und geplanten Folge von ineinandergreifenden Lern- und Übungsprozessen erworben. Die Steuerung des Übens, an dessen Ende das Können stehen soll, gilt als zentrale Aufgabe des Lehrens. In allen Phasen des Unterrichtsprozesses ist das Üben mehr oder weniger akzentuiert eingeschlossen. Üben

[67] Vgl. dazu: F. Dannemann: Seminarthema „Medien im Sportunterricht". In: Zeitschrift für Sportpädagogik 1978, S. 63 ff.; F. Dannemann: Zur Didaktik des Filmeinsatzes im Sportunterricht. In: Medien im Sport, Informationen der Forschungsgruppe Unterrichtsmedien im Sport e. V. 1978, 18 ff.; K. Koch: (Hrsg.): Visuelle Medien in der Praxis des Sportunterrichts. Schorndorf 1976; P. Röthig: Die Verwendung von Theoriefilmen in der Sportlehrerausbildung. Medien im Sport, Informationen der Forschungsgruppe Unterrichtsmedien im Sport e. V. 1978, 3, S. 9 ff.

und Lernen bilden ein zusammengehöriges Begriffspaar. In der sportmethodischen Literatur wird das Üben vielfach als die Hauptmethode bezeichnet, die Lernen bewirkt[68].

Klingberg[69] unterscheidet dabei zwischen *direktem Üben*, wenn spezielle Übungsziele durch besondere methodische Maßnahmen mit Übungscharakter realisiert werden, und *indirektem Üben*, wenn die Übungssituation von anderen Prozessen überlagert und quasi nebenbei geübt wird.

Im Sport bereitet immer wieder die Abgrenzung der Begriffe Üben und Trainieren Schwierigkeiten. Wasmund[70] vertritt die Auffassung, daß für beide Bereiche die gleichen Merkmale, nämlich Wiederholung, Leistungssteigerung, Planmäßigkeit, Zielgerichtetheit und Bewußtheit, Entwicklung der Leistungsmotivation gelten können; nur aus Gründen einer gewissen Wertgebundenheit sei der Begriff Trainieren für den Leistungssport reserviert. Die insbesondere von Sportmedizinern[71] vorgeschlagene Differenzierung in Üben als Vorgang zur Verbesserung der neuromuskulären Koordination und Trainieren als Hervorrufen von Anpassungsvorgängen des Organismus erscheint ihr gerade im Hinblick auf den Schulsport unbrauchbar, da beide Bereiche ineinander verwobene Zielaspekte besitzen. Die Trainingswissenschaften sollten daher Optimierungsverfahren des sportmotorischen Leistungszustandes entwickeln, die auf die verschiedenen Verwendungsbereiche, auch auf den Schulsport, ausgerichtet sind[72].

Verbreitet ist die Klage über die mangelnde Intensität und die damit verbundene Unterbelastung der Schüler im schulischen Sportunterricht. Bewährte Verfahren zur Abhilfe sind z. B. das *Zirkeltraining*, das variantenreich, aufschlußgebend über den jeweiligen Leistungsstand und daher individuell einsetzbar ist[73], das *Üben im Strom*, bei dem Wartezeiten zur nächsten Übungsausführung entfallen, und das *Üben mit Zusatzaufgaben*, bei dem der Schüler im Anschluß an eine geforderte Fertigkeitsleistung meist Aufgaben auszuführen hat, die zur Verbesserung der konditionellen Fähigkeiten beitragen. Die Belastungsdosierung, speziell beim Trainieren von zyklischen Bewegungsabläufen, folgt den in der Trainingslehre entwickelten Prinzipien in alters- und lernstufengemäßen Varianten.

---

[68] G. Stiehler u. a., a. a. O.

[69] L. Klingberg: Einführung in die allgemeine Didaktik. Athenäum Fischer Taschenbuch (o. J.).

[70] U. Wasmund: Wissenschaftstheoretische Ansätze der Trainingswissenschaft. In: H. Andrecs / S. Redl: Forschen — Lehren — Handeln. Wien 1976.

[71] Vgl. Sportwissenschaft 2, 1978.

[72] H. Dassel / H. Haag: Circuit-Training in der Schule. Schorndorf 1975.

[73] Vgl. den Beitrag von W. Hollmann in diesem Band, S. 315 ff.

Die Vorgänge des Übens führen nach dem methodischen Grundsatz „vom Leichten zum Schweren" über die Stufen des motorischen Lernens zur Herausbildung von Fertigkeiten und Fähigkeiten mit dem Ziel ihrer vielseitigen Anwendung unter komplexen Handlungsbedingungen. Dabei ist der Übungserfolg immer auch von den Maßnahmen der inneren und äußeren Steuerung des Übungsablaufes durch den Lehrer abhängig.

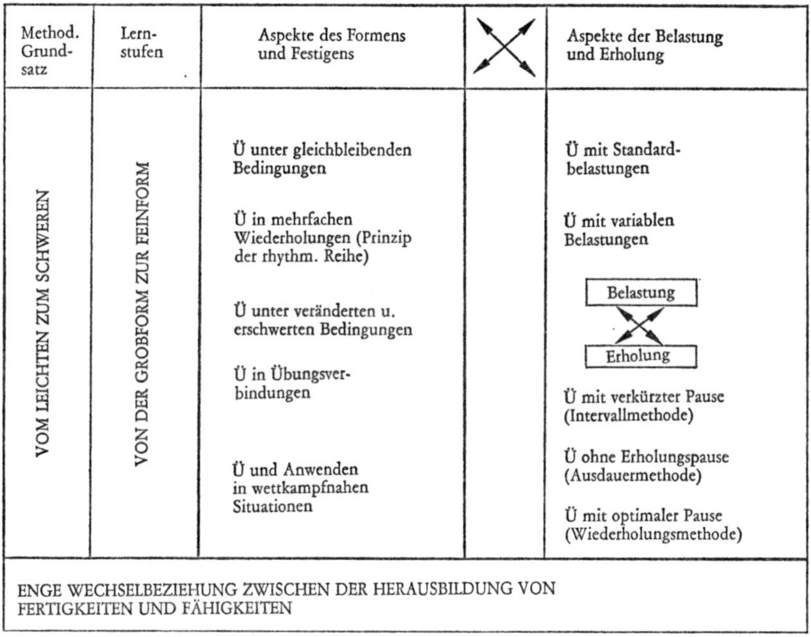

Abb. 9: Aspekte und Methoden des Übens (Ü = Üben)

7.1 Mentales Üben und Trainieren

Mentales Training ist die systematische und intensive gedankliche Vorstellung eines Bewegungsablaufs ohne gleichzeitigen praktischen Vollzug mit dem Ziel der Verbesserung dieses Bewegungsablaufs[74]. Vorstellungen, die über die Sinnesorgane aus konkreten raumzeitlichen Wahrnehmungen gewonnen und im Gedächtnis gespeichert werden, bilden dabei eine „Führungsgröße", die steuernd auf die Koordinationsleistung einwirkt. Der *Einsatz der psychischen Funktionen* (Wahrnehmen, Vorstellen, Denken,

[74] P. Röthig, a. a. O., S. 324.

Verbalisieren) bestimmt hier das Üben, die sichtbare Ausführung der Bewegung unterbleibt[75].

Zur Optimierung sportlicher Bewegungsabläufe kann das mentale Training nur unter der Voraussetzung beitragen, daß in einem gesonderten Schulungsprozeß das Bewußtmachen von Bewegungsvorgängen vorbereitet wird. Der Schüler muß Vorstellungen, Antizipationsmuster und die Empfindungen nach einem Bewegungsakt im Hinblick auf qualitative und quantitative Gesichtspunkte verbalisieren können. Im eigentlichen mentalen Trainingsprozeß ist streng methodisch vorzugehen. In der Schule erschweren äußere Bedingungen (Klassengröße, Stundenverteilung) eine systematische Anwendung. Es gibt jedoch Beispiele dafür, daß sich eine „mentalzentrierte Unterrichtsform" sowohl auf die Übungsmotivation als auch auf das quantitativ-qualitative Ergebnis positiv auswirkt.

V. Differenzierung im Sportunterricht

Innerhalb der schulpolitischen Diskussion ist der Begriff der *Differenzierung* zu einem Schlüsselwort geworden. Aus der nicht zu übersehenden Tatsache der Fähigkeits- und Kenntnisunterschiede bei Schülern müssen Maßnahmen abgeleitet werden, die die optimale individuelle Förderung gewährleisten. Differenzierung heißt nach Weinert „das Ausmaß, in dem ein Schulsystem für verschiedene Gruppen von Schülern mit kognitiven und motivationalen Voraussetzungen oder Zielen verschiedene Schulformen, Ausbildungsgänge, Lerngruppen, Curricula und Lernverfahren vorsieht"[77]. Die Vielfalt von alternativen Konzepten, die aus pädagogischem Bestreben nach der Verwirklichung von optimalen Lernchancen, teils aber auch aus Reformeifer entstanden ist, erschwert bislang eine generelle Effektivitätsbeurteilung.

Individuelle Besonderheiten in bezug auf Entwicklungsstand, körperliche Leistungsfähigkeit, Belastbarkeit, Lerntempo, sportliche Neigungen und Interessen bereiten dem Sportlehrer ständige Schwierigkeiten bei der *Suche nach einem optimalen Anforderungsniveau.* Auch wenn die Theorie inzwischen einen Katalog von Differenzierungsmaßnahmen bereit hält,

---

[75] W. Buchmeier: Zum mentalen Training — eine Einführung in Probleme und Ergebnisse. In: W. Günzel (Hrsg.): Taschenbuch des Sportunterrichts. Baltmannsweiler 1977², S. 122 ff.

[76] H. Engler / G. Tiegler: Zur Intensität und Effektivität von unterschiedlichen Unterrichtsformen im Sportunterricht. In: M. Däumeling u. a.: Beiträge zum mentalen Training. Frankfurt 1973, S. 116 ff.

[77] F. E. Weinert u. a., a. a. O., S. 784.

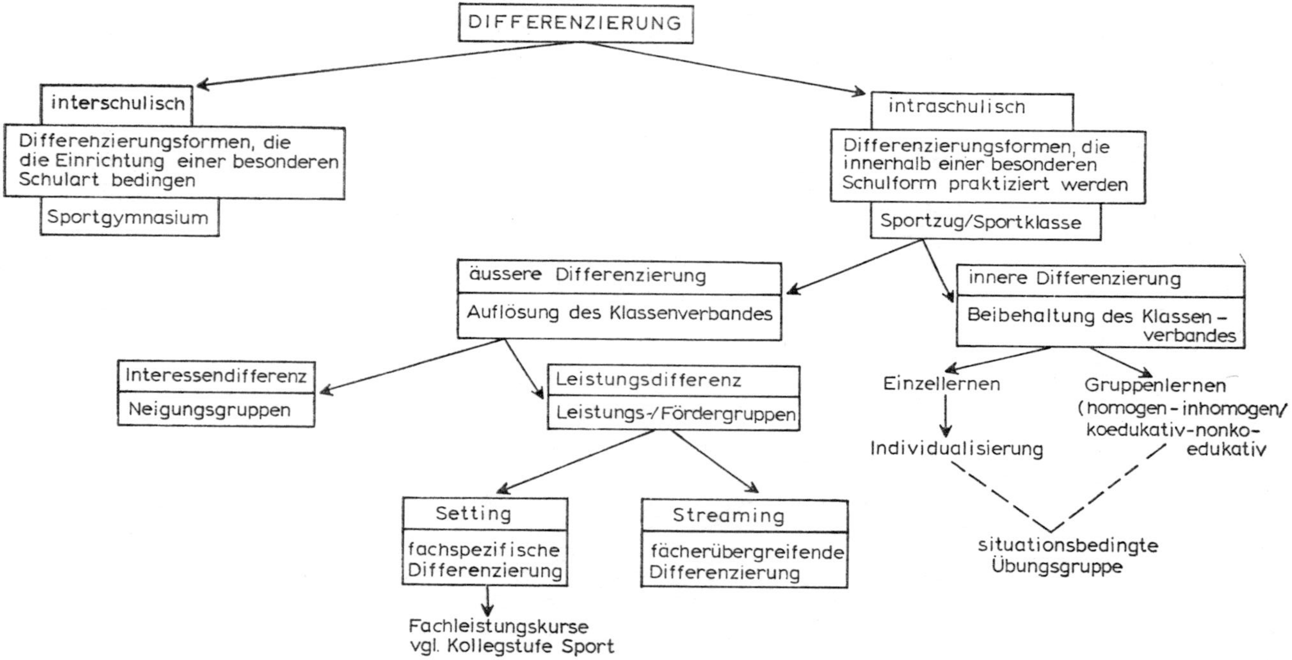

Abb. 10: Schema der Differenzierungsmöglichkeiten im Sport[79]

[79] Vgl. W. Söll: Zur Systematik der inneren Differenzierung im Sportunterricht. In: J. Recla (Hrsg.): Unterrichtsforschung und Unterrichtsgestaltung. Schorndorf 1976, S. 132 ff.

bleibt ein Ungenügen in der täglichen Praxis. Neuere Differenzierungsformen[78] versuchen alle organisatorischen und methodischen Bemühungen, die darauf abzielen, den individuellen Begabungen, Fähigkeiten, Neigungen und Interessen einzelner Schüler oder Schülergruppen innerhalb einer Schule oder Klasse gerecht zu werden, zu berücksichtigen. Differenzierung ist in zweifacher Richtung möglich:

1. *Niveau- oder Leistungsdifferenzierung* und
2. *Interessen- und Wahldifferenzierung.*

Die Forderung nach Differenzierung leitete sich zunächst daraus ab, durch quantitativ und qualitativ gesteigerten Sportunterricht Nachwuchs für den Leistungssport zu gewinnen. Der in den letzten Jahren immer mehr in den Mittelpunkt des Interesses getretene leistungsschwache und behinderte Schüler verlangte dann verfeinerte Methoden der Differenzierung. Kritik am Schulsport zielte auch auf den mangelnden Gesundheitszustand, die Haltungsschwächen, Frühinvalidität und Bewegungsarmut weiter Bevölkerungsteile. Als Antwort darauf suchten die Curriculum-Bemühungen u. a. nach Erschließung neuer Lernfelder, wie sie zum Beispiel Lifetime-Sportarten darstellen. Dies sollte in einer entsprechenden Organisation des Sportunterrichts geschehen, teils unter Auflösung des Klassenverbandes, teils durch methodische Mittel, aber ohne Steigerung der Stundenzahl.

Das Differenzierungsproblem ist eng mit der permanenten Schulreform verbunden. Einfluß darauf haben die Gesamtschulen, die neugestaltete gymnasiale Oberstufe, das Kurssystem, Modellversuche, die Herausgabe neuer Lehrpläne, der Fortschritt im Sportstättenbau, aber auch die schulischen Wettkampfveranstaltungen wie Bundesjugendspiele, Jugend trainiert für Olympia, Schulsporttage. Differenzierung ist also zunächst ein schulsportorganisatorisches Problem. Die methodischen Wege, welche sich daraus für den Ablauf während der Stunden ergeben und durch innere Differenzierung ein besseres Einzellernen oder Gruppenlernen ermöglichen sollen, schlugen sich in der Variation von verschiedenen Formen und Maßnahmen nieder[80].

VI. Entwicklungstendenzen im Bereich der Methodik

1. Methodische Innovation

Veränderungen innerhalb der Sportmethodik zeichnen sich ab als Folge von Lernziel-Diskussionen und Schwerpunktsetzungen im Unterricht. Erheb-

---

[78] Vgl.: Abb. 10, S. 305.
[80] Siehe dazu auch Kap. IV.

lichen Einfluß auf Unterrichtsablauf und -gestaltung haben neue Richtlinien und Lehrpläne, etwa die der neugestalteten gymnasialen Oberstufe[81], Lehrpläne im Bereich der Sonderschule etc. *Methodische Innovationen* ergeben sich parallel mit der Ausweitung des Behindertensports, indem z. B. psychomotorische Elementarerziehung und Sport mit Herz-Kreislauf-Patienten neue Wege der Verwirklichung forderten. Die Trainingslehre[82] wiederum hat die Formen des mentalen Übens und der Schulung taktischer Fähigkeiten bereits in ihr Programm übernommen und will dadurch einen höheren Grad der Bewußtmachung, der Antizipation und Reflexion erzielen und das Lernergebnis erhöhen. So wird die *Kombination von Trainingsmethoden* und ihr wirkungsvoller Einsatz innerhalb der Periodisierung zur Kunst des Trainers und wirkt durch die notwendigerweise akribische Stoffverteilung, die im Spitzensport nötig ist, wiederum vorbildhaft auf das Erstellen individueller Programme in der Rehabilitation und bei klinischen Sportgruppen zurück.

Der Großteil solcher Veränderungsaspekte hat pädagogische Ursachen. Einen erheblichen Einfluß üben dabei Kleingruppen mit ihren Individualisierungstendenzen und der Einzelunterricht aus. Dadurch können differenziertere Interaktionsvorgänge ablaufen als dies bei zahlenmäßig großen Schulklassen möglich ist. Auch die Masse der an den Einzelnen gerichteten Lehrbücher aus Reihen verschiedener Verlage und mehrbändige Lehrpläne wie jene für Skilauf oder Tennis haben die methodischen Überlegungen ebenso befruchtet wie die umfangreichen Forschungen zum programmierten Lernen. Schließlich haben auch *Massensportstunden* für 100—300 Teilnehmer (Beispiel Skigymnastik) methodische Antworten gefunden, indem ein musikbegleitetes Non-Stop-Programm an gymnastischen und Kraftübungen, die der Übungsleiter ohne Anweisungen vor- und mitmacht, für jeden Teilnehmer die nötige Pausenzahl freistellt. Die Methodik an Gymnasien und Hochschulen, durch den zeitlichen Umfang, die Gruppengrößen und die Prüfungsziele zu einer gewissen Sterilität gezwungen, kann den einerseits wertvollen Rahmen erprobter Methodik nur sprengen, wenn andererseits neue Unterrichtsverfahren, Medien zur Schnellinformation, neue Sportarten und Spiele, neue Geräte eingesetzt werden. Dies bedeutet, nicht nur die Ziele können den Unterricht verändern, auch neue Geräte

---

[81] Vgl. K. Koch: Sportstunde. Schorndorf 1976²; O. Grupe (Hrsg.): Sport — Theorie in der gymnasialen Oberstufe. Schorndorf 1978.

[82] M. Letzelter: Trainingsgrundlagen. Reinbek 1978; D. Martin: Grundlagen der Trainingslehre. Schorndorf 1977; E. Hildenbrand: Trainingslehre. Siehe dazu den Beitrag in diesem Band, S. 348 ff.

mit hohem Aufforderungscharakter wie das Air-Tramp, das u. a. bei geistigbehinderten Kindern verwendet wird, ermöglichen kaum für erreichbar gehaltene Lernziele.

2. Beispiele neuerer Methodik-Konzepte

1. *Initiativstunden*[83] der Laborschule Bielefeld versuchen die Eigeninitiative der Schüler anzuregen, indem Kinder der Sekundarstufe I wöchentlich einmal in der Sportstunde Inhalt und Form selbst wählen können. Außer wenigen organisatorischen Begrenzungen besteht völlige Freiheit in der Geräte- und Partnerwahl und dem Grad der Aktivität. Der Wechsel von einer gelenkten zu einer fast völlig ungelenkten Sportstunde muß dabei gelernt werden. Er bereichert den Sportunterricht und erhöht seine erzieherische Wirkung. Neben den offensichtlichen Effekten auf das soziale Lernen ist auch die methodisch aufbereitete Form wichtig. Sie besteht in der systematischen Unterstützung des Erfindergeistes, der Variation in der Gerätebenutzung und in ihren Kombinationen sowie dem außerordentlichen Erlebniswert der Eigenleistung. Die kindliche Phantasie produziert gerade in dieser Altersstufe nicht nur Formen, sie organisiert auch den Gebrauch von Geräten und das „Drankommen". Dem Lehrer bleibt die Funktion, an Gefahrenstellen zu stehen und größeres Risiko zu entschärfen.

2. *Koedukativer Unterricht:* Die Diskussionen und Versuche dazu zeigen rückläufige Tendenz. Odey[84] hat die Praxis geschildert, wonach das Verlangen der Schüler nach gemeinsamem Unterricht nur gering sei, aber ein Lernprozeß dafür auch durch eine *veränderte Unterrichtsorganisation* gefördert werden müßte. Wie beim Zusammenspiel Stärkerer und Schwächerer soll der Konkurrenzgedanke nicht dominierend sein. Die Stoffauswahl muß deshalb gleiche Könnenserfahrungen voraussetzen, bestehende Leistungsunterschiede sollen nicht sichtbar werden. Ein koedukatives Nebeneinander soll durch geeignete Gruppenbildungen vermieden werden, wobei leistungsschwache Schüler keine „Sündenbockrollen" zu übernehmen brauchen. Auswahl und Organisation von Gruppenleistungen können das kooperative Handeln fördern, während die motorischen Lernziele etwas in den Hintergrund treten. Hervorgehoben werden auch ein konsequentes Lehrerverhalten, die motivierende Wirkung des Unterrichts, aber auch Ein-

---

[83] H. Funke u. a.: Initiativstunde. In: Zeitschrift für Sportpädagogik 1979, 1, S. 36 ff.

[84] R. Odey: Zur Praxis koedukativen Sportunterrichts. In: Sportunterricht 1976, S. 8 ff.

schränkungen im Bereich der Mittelstufe, „was zumindest zu einem veränderten methodischen Vorgehen“[85] veranlassen müßte. Die besonderen Bedingungen der Bezugsgruppe und ihres Alters ergeben so die methodische Leitlinie, während die erreichbaren Lernziele nur einen Ausschnitt aus dem Gesamtspektrum darstellen.

3. Lehren nach Funktionsphasen: Einen neuen Weg, der erhebliche methodische Konsequenzen für die Zukunft verspricht, ging Göhner. Auf der Basis einer multidimensionalen Bewegungsstruktur-Analyse wird der Lernweg nach Funktionsphasen so beschrieben, wie er aus der Sicht des Lernenden erforderlich ist. Lutter[86] ging diesen Weg aus der Notwendigkeit des Verstehens einer bestimmten Altersstufe heraus (8—12jährige) mehr aus der ganzheitlichen Sicht, Göhner geht ihn generell aus den Erkenntnissen der Bewegungslehre heraus analytisch, indem verfeinerte Bewegungsanalysen in die Unterrichtspraxis umgesetzt werden. Im weitesten Sinne bedeutet dieser Denkansatz eine Überprüfung der Methodik in allen Bereichen, um das Modell in die Praxis übertragen zu können und diese den Vorteilen des Modells anzupassen. Singer/Dick[87] haben einen solchen mühsamen, aber für die Einsicht des Lehrers äußerst fruchtbaren Prozeß in lehrbuchartiger Form erarbeitet. Wie beim programmierten Lernen ist der Grundgedanke die bessere und komplexere Erfassung der Bewegungsstruktur und danach ihre Erarbeitung in Lernschritten von möglichst hoher innerer Konsistenz — als Unterstützung des Vorgehens, wie es aus der Sicht des Lernenden machbar, natürlich und erfolgversprechend ist. Vielleicht gelingt so künftig das Wunschziel aller Methodiker besser, die jahrzehntelange pädagogisch-methodische Erfahrung mit den *echten Bedingungen des Lernenden* und seiner Eigeninitiative zu verbinden. Göhner meint, daß „aus der äußeren Bewegungsfolge möglichst umfassende Rahmenbedingungen für das Aktualisieren der Fertigkeiten im Lehr-Lernprozeß zu erhalten“ seien[88]. Daraus können subjektive Strategien und Eingriffspunkte für den Lehrenden abgeleitet werden. Zunächst werden systematisch über alle Fertigkeiten hinweg mechanische, system-spezifische, motosensorische und reaktive Funktionsphasen unterschieden, sodann diese in Haupt-, Hilfs- und Nebenphasen eingeteilt[89]. Am Beispiel des Kippauf-

---

[85] a. a. O., S. 12.

[86] H. Lutter, a. a. O.

[87] R. N. Singer, W. Dick: Teaching Physical Education. A Systems Approach. Boston 1974.

[88] U. Göhner: Zur Strukturanalyse sportmotorischer Fertigkeiten, a. a. O., S. 135.

[89] ebd., S. 131.

schwungs wurden 4 Lehrstufen dargestellt[90] sowie ihre Alternativen, die je für sich und insgesamt eine funktionale Einsicht vermitteln, welche wiederum Selbstregulationen und Variationen im Lernprozeß zulassen. Die Ähnlichkeit mit dem Prinzip der methodischen Übungsreihe könnte zur verbesserten Analyse über Art, Anzahl und Auswahl von Vorübungen führen, welche sich bei komplexeren Bewegungsabläufen in einer einsichtigeren Reihung niederschlagen würde. Bei der Untergliederung von Fertigkeiten in Bewegungselemente darf allerdings der Ganzheitscharakter einzelner Funktionsphasen nicht verloren gehen. Die Anwendung auf viele Bewegungsabläufe setzt aber auch die Kenntnis alter methodischer Einsichten voraus, nämlich der Vereinfachung, der Hilfen bei ungenügendem Eigenerfolg, der Einsicht in die Hauptschwierigkeit und ihre Entschärfung, der Hebung der Motivation, um eine „Approximation der psychischen Struktur an die objektiv vorgesehene Bewegungsstruktur"[91] zu erreichen.

Neuere Verfahren, wie die von Göhner oder Singer/Dick vorgeschlagenen, basieren wie die Programmerstellung beim programmierten Lernen auf einer möglichst stimmigen, einfachen und einsichtigen Bewegungsanalyse, ihrer Umsetzung in für den Übenden faßbare Lernschritte und der Förderung individueller Einsichten sowie der Eigeninitiative. Effektivitätsbeweise für den Erfolg dieser neueren Verfahren stehen noch aus.

4. Methodik im Sportspiel: Kaum irgendwo sind Methodik- und Didaktiküberlegungen so ineinander verflochten wie im Sportspiel. Die Weiterentwicklung im technischen, taktischen und konditionellen Bereich, die Einführungen von Spielen in der Schule, die Bemühungen, das Spielerische des Spiels zu erhalten, kennzeichnen die Fülle an Veröffentlichungen ebenso sehr, wie grundlegende Bemühungen der Spielerziehung um didaktische Innovationen[92] oder die Zielrichtung des sozialen Lernens und der Sozialisation[93]. Besonderes Gewicht hat in diesem vielschichtigen Spektrum an Ansätzen, Meinungen und Darstellungen die Arbeit von Brettschneider/Westphal „Das Volleyballspiel"[94], da sie das Sportliche in den Vordergrund stellt und eine zugehörige flexible Methode bietet, ohne die didaktische Diskussion zu umgehen. *Das Lehrgangskonzept* als Umset-

---

[90] U. Göhner: Lehren nach Funktionsphasen I und II. In: Sportunterricht 1975, S. 49.

[91] U. Göhner: Lehren nach Funktionsphasen, a. a. O., S. 8.

[92] Dietrich/Landau: Beiträge zur Didaktik der Sportspiele. Teil II: Sportspiel — Analysen — Interpretationen, Folgerungen. Schorndorf 1977.

[93] K. Cachay: Sportspiel und Sozialisation. Schorndorf 1978.

[94] W. D. Brettschneider u. a.: Das Volleyballspiel. Ahrensburg 1976.

zungsmöglichkeit in die Methodik vermag durchaus die weitgefächerten Zielstellungen zu integrieren, die sich auf den motorischen und sozialen, den emotionalen und kognitiven Aspekt beziehen. Weiterhin treten *fachlich übergeordnete Ziele* wie jenes der Spielfähigkeit in den Vordergrund. Deutlich zeigt sich wiederum die Abhängigkeit methodischer Entscheidungen von der Zielprojektion und die Vielfalt der Methoden in der Spielvermittlung.

Eine Steigerung der Lehrwirkung wird bei den meisten Autoren der Spielliteratur von einer besseren Veranschaulichung des Lehrstoffes erwartet, *einer Visualisierung*, welche die Lehrerwirksamkeit erhöht. Im Medieneinsatz werden dadurch Filme und Bildreihen, aber auch Schautafeln in Übergröße[95] einen hervorragenden Platz einnehmen. Der Einsatz von Videorekordern, zunächst im Hochschul- und Hochleistungsbereich vielfach praktiziert, kann wertvolle Anregungen bringen, muß aber in einem vertretbaren Verhältnis zu der Zeit stehen, die er benötigt und eventuell dem Spiel selbst wegnimmt. Auch das *vereinfachende ganzheitliche Vermittlungsverfahren*[96] in den Sportspielen sei hervorgehoben, da es zu analytisches Vorgehen und zu langes technisches Üben vermeiden will und dem Spielbedürfnis Rechnung trägt.

Die zunehmende *Bedeutung der kleinen Spiele* als selbständigem Bereich und nicht nur als „Zubringer" für die großen Spiele, wird u. a. von Scherler[97] beschrieben. Sie können zum entdeckenden sozialen und motorischen Lernen führen — beides wäre in der Primarstufe gar nicht zu trennen —, sie repräsentieren pädagogische Möglichkeiten und verlangen ein tieferes Verständnis ihres Wesens, das sich in der Wahl der Vermittlung niederschlagen muß, dem Selberfinden der Taktik und einem Verhalten des Lehrers wie bei Bewegungsaufgaben. Die breitstreuenden methodischen Möglichkeiten im Sportspiel könnten in einem Einteilungsschema aufgefangen werden, wie Volck[98] es erfolgreich für das Schwimmen anwendete, nämlich in Lehr-Lernsituationen mit starker Vorstrukturierung, in solche mit weniger vorstrukturierter und kaum strukturierter methodischen Lenkung. Man sollte bezüglich der Priorität aber im pädagogischen Übereifer nicht ver-

---

[95] V. Reinfrank: Lehr- und Lerntafeln — Möglichkeiten eines effektiveren Unterrichts. In: J. Recla / H. Recla: Sportunterricht — effektiv und vielseitig. Graz 1977, S. 309 ff.

[96] F. Begov u. a.: Volleyball Spielen — Lernen. In: K. Dietrich / G. Landau a. a. O.

[97] K. H. Scherler: Mit kleinen Spielern zu großen Spielen? Kritische Anmerkungen zu Spielreihen und ihrer Verwendung. In: K. Dietrich / G. Landau, a. a. O.

[98] G. Volck: Methodische Überlegungen zum Schwimmunterricht. In: G. Volck (Hrsg.): Schwimmen in der Schule. Schorndorf 1977, S. 59 ff.

gessen, daß viele Schüler ein Spiel oder bestimmte Fertigkeiten möglichst schnell erlernen wollen und deshalb eine erfolgsorientierte Lenkung durchaus nicht als Gängelung empfinden.

5. *Methodik-Forschung:* Gemessen an der Curriculum-Forschung oder der Lernforschung handelt es sich hier um ein unterentwickeltes Kapitel der Sportwissenschaft. Experimentelle Methodikforschung[99] wurde bisher kaum betrieben. Fortschritte in der Methodik kamen mehr durch die Arbeit in Randgebieten, nicht durch systematische Datenerhebung in der schulischen Methodik selbst zustande. Ergebnisse mit mentalem Training wirkten sich auf die Methodik aus; Fortschritte kommen auch von Interaktionsanalysen, aus dem Hochleistungssport, von neuen Lernzielen. Selten nur werden Vergleiche von Methoden vorgenommen. Gründe für das Fehlen solcher Ergebnisse sind in der Schwierigkeit und Langwierigkeit von Methodikuntersuchungen zu vermuten, aber auch in der Dominanz hermeneutischer Methoden in der Didaktik.

Die Unterrichtsforschung richtet sich vorwiegend auf das Lehrerverhalten und auf Interaktionsanalysen und hat zur Zeit vorwiegend diagnostischen Charakter. Der Vergleich von Unterrichtseffekten etwa durch die Anwendung verschiedener Methoden schreckt deshalb ab, weil schon die Parallelisierung von Versuchs- und Kontrollgruppen organisatorisch schwer durchführbar ist und verschiedene Gruppen dasselbe Programm über längere Zeit einhalten müssen. Messungen am Anfang und Schluß eines Untersuchungszeitraums können kaum auf standardisierte Tests zurückgreifen und die Veränderungswerte können, selbst wenn sie signifikant auftreten, wiederum nicht zwingend auf die verwendeten unterschiedlichen Methoden zurückgeführt werden. Eine Veränderung der Sportstundenzahl beispielsweise, unterschiedlich in Experimental- und Kontrollgruppe, ergäbe dann nicht mehr ein Methodikergebnis, sondern vielmehr ein Lernergebnis durch ungleichen quantitativen Aufwand.

Methodik gilt als Gebiet der Praktiker. Fortschritte werden durch die Erfahrungen und das Erproben durch Einzelne gewonnen und beruhen auf der Überzeugung des Lehrers, einem Neuigkeitseffekt, auf Vorteilen der schnelleren und praktikableren Durchführung, der Erfüllung methodischer Grundsätze und Prinzipien. Im Spitzensport erbrachten neue Trainingsmethoden stets erst ihre medizinische, didaktische oder trainingswissenschaftliche Legitimation, nachdem sie erfolgreich waren. Allerdings steigerten sich Forschungsbemühungen sprunghaft, wenn neue Techniken erfunden wurden

[99] H. Rieder, a. a. O.

(Fosbury-Flop) und Leistungsverbesserungen als Ergebnis der Methodik in Aussicht standen. Beispiele dazu sind die Kombination mehrerer Methoden im Zehnkampf-Training, die Anwendung des isokinetischen Trainings zur Kraftgewinnung etc. Da Methodik eine mehrdimensionale Wirkung hat, werden Ergebnisse nicht nur von der Wiederholungszahl her und der Reizhöhe beeinflußt, auch das Verhalten des Trainers und die Motivationslage können die Hauptursache für bessere Ergebnisse sein.

Eine Prognose für die Methodikforschung läßt trotz der jetzigen Stagnation wertvolle Resultate erwarten. So haben A. Tausch u. a.[100] die positive Auswirkung von Bekräftigungsstrategien auf die Weitsprungleistung herausgefunden. Der zunehmend erfolgreiche Gebrauch von Hilfsmitteln im Schwimmen mit gliedmaßengeschädigten Kindern[101] und Lutters Prototypmethode[102] hatten Erfolg aufgrund einer entwicklungsspezifisch formulierten Instruktion, die ein besseres Aufgabenverständnis und Angstfreiheit ermöglichten. Martinek, Zaichowsky und Cheffers[103] beweisen durch eine Kovarianzanalyse, daß Auswirkungen von „vertikal and horizontal teaching models" auf die motorische Geschicklichkeit und das Selbstkonzept feststellbar waren. 600 Kinder von 5—10 Jahren wurden dazu in einem 10-Wochen-Sportprogramm (2 Stunden wöchentlich) unterrichtet. Das lehrerzentrierte Programm ergab bessere Resultate im Körperkoordinationstest als das schülerzentrierte. Die schülerzentriert unterrichtete Versuchsgruppe zeigte aber ein signifikant verbessertes Selbstkonzept gegenüber der Kontrollgruppe, — die empirische Pädagogik hat auch im Sport ein weites Feld vor sich und könnte durch wissenschaftliche Begleituntersuchungen von Schulmodellversuchen auch der Methodik wertvolle Daten liefern.

Schlußbemerkung

Der Beitrag sollte zeigen, daß Methodik mehr ist als unterrichtliches Handwerkszeug. Sie erhält umso mehr Gewicht, je mehr Planungen und Theorien in der Wirklichkeit des Unterrichts erprobt werden müssen. Methodik ist auch abhängig von den jeweils diskutierten pädagogisch-didaktischen Problemen, den herrschenden Erziehungsauffassungen, der Ausbildung der Sportlehrer und ihren Einstellungen. Die Vielfalt ihrer

---

[100] A. Tausch u. a.: Die Auswirkungen ermutigender Lehreräußerungen auf die Leichtathletikleistungen von Schülern. In: Zeitschrift für Entwicklungspsychologie und Pädagogische Psychologie 1969, S. 241 ff.

[101] Siehe: P. Röthig / H. Gabler: Gliedmaßengeschädigte Kinder lernen Schwimmen. 16 mm Tonfilm. Tübingen 1969.

[102] H. Lutter, a. a. O.

Varianten und Möglichkeiten ist anregend. Sie ist einer Klaviatur ähnlich, auf der man nur durch Übung und konstante Selbstkontrolle eine hohe Fertigkeit gewinnen kann. Trotz aller Systematik und der Verbesserung von Verfahren wird der Sportlehrer in der täglichen Praxis aber auch künftig ständige Kompromisse einzugehen haben: Überfülle an Stoff bei begrenzter Zeit, Entscheidungen über den Grad der Lenkung von Stunden in Abstimmung mit dem Stundenziel, Favorisierung von nur wenigen Lernzielen gegenüber wichtigen anderen, Entscheidungen über schwerpunktzentrierte Gründlichkeit und Vielfalt mit breitem Anregungsgehalt. Eine theoriegeleitete Praxis wird solche Entscheidungen erleichtern, Planung und Reflexion werden die Selbstausbildungsprozesse der Sportlehrer fördern.

Ergänzende Literaturhinweise:

W. D. Brettschneider: Zur Problematik von Ziel-, Inhalts- und Methodendimensionen im Kontext der Sportdidaktik. In: J. Recla (Hrsg.): Sportunterricht — effektiv und vielseitig. Graz 1977, S. 61 ff.

K. Egger: Sportdidaktische Grundlagen. In: Turnen und Sport in der Schule. Band 1: Theorie. Bern 1978, S. 112 ff.

F. Fetz: Allgemeine Methodik der Leibesübungen. Frankfurt 1977[7].

C. F. Graumann, M. Hofer: Lehrerverhalten und Schülerverhalten. In: F. E. Weinert u. a., a. a. O., S. 521 ff.

K. Koch / W. Mielke: Die Gestaltung des Unterrichts in der Leibeserziehung. Teil I, Schorndorf 1977[5].

[103] T. J. Martinek u. a.: Decision-Making in Elementary Age Children: Effects on Motor Skills and Selfconcept. In: Research Quaterly 1977, S. 49 ff.

4.

Training, Gesundheit, Prävention im Sport

Wildor Hollmann

Medizinische Grundlagen der Leibesübungen und des Sports

1. Die Beziehung zwischen Sport und Medizin

Die Beziehungen zwischen der Medizin und dem Sport haben sich in den letzten zwei Jahrzehnten nachhaltig verstärkt. Das Interesse des Sportes an der Medizin läßt sich dabei in den folgenden Hauptpunkten zusammenfassen:

1. Der Sportler erwartet die Hilfe des Arztes im Falle von Verletzungen und Erkrankungen;
2. der Sport wünscht die ärztliche Betreuung der Sporttreibenden einerseits zur Vermeidung von Schäden, andererseits zur Objektivierung des Trainingszustandes;
3. der Sport erwartet von der Medizin die Mitarbeit bei der Talentsuche und -förderung sowie bei der Entwicklung optimaler Trainingsmethoden. Dabei sind unter der Bezeichnung „optimal" solche Trainingsmethoden zu verstehen, die mit einem Minimum an Zeitaufwand ein Maximum an Wirkung garantieren;
4. der Sport wünscht Auskünfte über gesundheitlichen Nutzen oder Schadensquellen in den verschiedenen Sportarten.

Das ärztliche Interesse am Sport konzentriert sich umgekehrt auf zwei Hauptpunkte:

1. Nur die Untersuchung des Leistungssportlers gibt einen Einblick in die Anpassungsmöglichkeiten des menschlichen Organismus an schwerste körperliche Beanspruchungen. Es existiert keine berufliche Schwerstarbeit und kein Hobby, welche in dieser Hinsicht den Auswirkungen des Sports gleichkommen. Das zeigten eindeutig Untersuchungen und Ermittlungen z. B. des Kölner sportmedizinischen Arbeitskreises an Schwerarbeitern in den südamerikanischen Anden (Landarbeit in 4200 Meter Höhe), in den südafrikanischen Goldminen, in Ghana an Holzfällern (Tätigkeit bei tropischen Temperaturen und hoher Luftfeuchtigkeit), in Indien an Rikscha-Fahrern u. a. Nirgendwo waren Trainingsanpassungen in dem Maße nachweisbar, wie sie sich bei gut trainierten Ausdauersportlern üblicherweise finden. Das ist aus der Sicht der heutigen sportmedizinischen Erkenntnisse auch verständlich. Es muß eine

kritische Reizschwelle überschritten werden, um Anpassungserscheinungen morphologischer Art zu erzielen. Für Ausdauerbelastungen liegt diese Schwelle bei 50 bis 60% der maximalen organischen Leistungsfähigkeit. Das entspricht bei gesunden männlichen und weiblichen Personen des dritten Lebensjahrzehnts einer durchschnittlichen Pulsfrequenz von 130 bis 140/min. Dieser Wert muß individuell gesehen genügend lange überschritten werden, um strukturelle Veränderungen zu erzielen. Das ist aber bei Schwerarbeitern selten der Fall, da sie ja ihre Arbeit über viele Stunden hinweg, gegebenenfalls ein Arbeitsleben lang durchführen müssen. Infolgedessen liegen die Belastungsintensitäten im Tagesdurchschnitt so niedrig, daß die zur Leistungsverbesserung erforderlichen Reizintensitäten nicht erreicht werden.

2. Die Medizin kann aus den Erfahrungen des Sportes geeignete Maßnahmen ableiten zur Prävention, Therapie und Rehabilitation. Das betrifft vornehmlich die durch Bewegungsmangel verursachten Krankheiten. Auto und Fahrstuhl entheben uns des Gehens und des Treppensteigens, Technisierung und Automatisierung verdrängen schwere körperliche Beanspruchungen aus der Industriearbeit. Selbst die Tätigkeit der Hausfrau wird durch Staubsauger, Waschmaschine, automatische Heizung usw. von schweren muskulären Beanspruchungen befreit. Annehmlichkeiten wie das Fernsehen verleiten den von der Berufsarbeit Heimgekehrten auch in der Freizeit zu körperlicher Passivität. Die Wandlung unseres Lebensstils hat zwar unsere Umwelt verändert, aber nicht unser Erbgut. Wie vor Tausenden von Jahren gilt die biologische Grundregel: *Struktur und Leistungsfähigkeit eines Organs werden bestimmt vom Erbgut, von der Qualität und Quantität der Beanspruchung.* Der elementare Funktionsreiz zur Ausbildung und Kräftigung der Organe, speziell von Herz, Kreislauf, Atmung, Stoffwechsel sowie der Skelettmuskulatur, sind körperliche Bewegung und aktive Beanspruchung. Bleiben sie in ihrer Intensität chronisch unterhalb einer kritischen Schwelle, resultieren Leistungseinbußen und Inaktivitätsatrophien, die zu funktionellen Störungen verschiedener Art führen können und bereits einen krankheitsnahen Zustand darstellen.

In den industrialisierten Ländern stehen die Herz-Kreislaufschäden seit einigen Jahrzehnten weitaus an der Spitze aller zum Tode führenden Erkrankungen. Ihre Zunahme ist nicht durch die entzündlichen, sondern durch die degenerativen Veränderungen am Gefäßsystem bedingt. Die Ursachen der prozentual gesicherten Vermehrung der degenerativen Erkrankungen schon im jüngeren Lebensalter kann man — abgesehen von internen

Risikofaktoren wie hoher Blutdruck, Fettstoffwechselstörung, Diabetes u. a. — in folgenden, mit der Lebensführung zusammenhängenden Hauptpunkten zusammenfassen:

1. Bewegungsarmut;
2. unphysiologische Ernährung (quantitativ und qualitativ);
3. Dysstreß (nervöse Überbelastung);
4. Genußmittelmißbrauch (speziell Zigarettenrauchen).

Welcher dieser Faktoren im einzelnen der wichtigste ist, wird weitgehend von den individuellen Gegebenheiten abhängen. Sicherlich aber kommt dem Faktor „Bewegungsarmut“ eine bedeutende Rolle zu.

Demgegenüber ist die Vorstellung vom „Verschleiß“ des Herzens und des Kreislaufs durch körperliche Beanspruchungen beim Gesunden unzutreffend. Selbst in den extrem gelagerten Fällen modernen Hochleistungssports konnte bisher niemals als Folge der großen Herz-Kreislauf-Beanspruchungen ein organischer Schaden festgestellt werden, wenn das Training systematisch aufgebaut wurde und keine Vorschädigungen vorlagen.

Infolge der Technisierung unseres Alltagslebens sind wir daher gezwungen, ein biologisch notwendiges Mindestmaß an aktiver muskulärer Beanspruchung in gezielter Weise ebenso zu den täglichen Gepflogenheiten eines Menschen zählen zu lassen wie beispielsweise Zähneputzen.

Die Ärzteschaft generell hat sich heute diese Erkenntnisse und Notwendigkeiten zu eigen gemacht und empfiehlt Sport oder körperliches Training im Rahmen der Prävention, Therapie und Rehabilitation gemäß den individuellen Gegebenheiten des Patienten.

2. *Einige Begriffsbestimmungen*

Die Kommunikation zwischen Sportpädagogen und Ärzten wird oft gestört durch eine unterschiedliche Verwendung von Begriffen. Um Mißverständnissen vorzubeugen, werden hier die wichtigeren aus medizinischer Sicht definiert.

Sportmedizin: Der Name stellt einen Traditionsbegriff dar, der den heutigen Tätigkeiten in diesem Bereich nicht mehr gerecht wird. Wir definieren die Sportmedizin folgendermaßen: *Es handelt sich um diejenige theoretische und praktische Medizin, welche den Einfluß von Bewegung, Training und Sport sowie den von Bewegungsmangel auf den gesunden und kranken Menschen jeder Altersstufe analysiert, um die Befunde der Präven-*

tion, Therapie und Rehabilitation sowie dem Sport selbst dienlich zu machen. Im Vordergrund von Forschung, Lehre und Praxis der Sportmedizin steht dabei heute die Präventivmedizin, an zweiter Stelle die rehabilitive Medizin.

Arbeit: Physikalisch ist Arbeit eindeutig definiert als das Produkt aus Kraft × Weg. Bei statischer Arbeit — früher isometrisch genannt — wird jedoch keine Wegstrecke zurückgelegt. Daher kann die physikalische Definition des Begriffes Arbeit den biologischen Gegebenheiten nicht entsprechen. Wir definieren deshalb: *Arbeit liegt vor bei einem Sauerstoffmehrverbrauch infolge muskulärer Beanspruchung.* Arbeit pro Zeiteinheit wird als *Leistung* bezeichnet.

Übung: Die Begriffe Übung und Training werden im täglichen Sprachgebrauch häufig synonym benutzt. Die Sportmedizin kennt jedoch im Rahmen der Bewegungstherapie und Rehabilitation eine Differenzierung zwischen beiden Begriffen, die funktionell und morphologisch begründet ist. Wir verstehen unter Übung *die systematische Wiederholung gezielter Bewegungsabläufe zum Zwecke der Leistungssteigerung ohne morphologisch faßbare Veränderungen.* Damit beschränkt sich der Begriff der Übung auf eine Verbesserung der Koordination, d. h. des Zusammenwirkens von Zentralnervensystem und Skelettmuskulatur innerhalb eines gezielten Bewegungsablaufes. Vor allem bei organisch geschädigten Personen kann im Einzelfall ein Training mit morphologischen Anpassungserscheinungen mehr schädlich als nützlich sein, wohingegen Übung mit nachfolgend verbesserter Funktionsfähigkeit dem Patienten in einem solchen Fall dienlich ist. Ein Trainingsprogramm schließt das Üben ein, aber das Üben ist nicht gleichbedeutend dem Trainieren.

Training: Gemeinhin wird heute unter Training die Summe aller Maßnahmen verstanden, die zur planmäßigen Steigerung der körperlichen Leistungsfähigkeit führt. Darin sind nicht nur die entsprechenden muskulären Beanspruchungen enthalten, sondern auch die gesamte Lebens- und Ernährungsweise.

Die naturwissenschaftlich fundierte Sportmedizin benötigt jedoch eine spezifischere Definition. Wir bezeichnen daher Training als *systematische Wiederholung gezielter überschwelliger Muskelanspannungen mit morphologischen und funktionellen Anpassungserscheinungen zum Zwecke der Leistungssteigerung.* Somit bezieht sich die Definition nur auf das Moment der muskulären Beanspruchung selbst. Weitergehende zugehörige Faktoren wie Lebens- und Ernährungsweise werden in das Trainingsprogramm einbezogen, sind aber nicht identisch mit diesem Begriff des Trainings.

Sport: In der Medizin ist es wichtig, dem Patienten angeben zu können, ob er neben Übung und/oder Training auch „echten" Sport betreiben darf. Daher ist aus medizinischer Sicht eine spezielle Definition des Sports angebracht. Nach unserer Bezeichnung ist Sport *muskuläre Beanspruchung mit Wettkampfcharakter oder mit dem Ziel einer herausragenden persönlichen Leistung.* Beide Voraussetzungen — der Wettkampfcharakter und die herausragende persönliche Leistung — sind für Üben und Trainieren nicht erforderlich. Beispielsweise kann einem Patienten durch ein eventuell sogar organgerichtetes Training sehr geholfen werden, wohingegen eine gleiche Tätigkeit mit Wettbewerbscharakter — also Sport — eine Überbelastung der vorgeschädigten Person und damit eine zusätzliche Schädigung verursachen kann.

Ermüdung: Wir definieren diesen Begriff in Anlehnung an Lehmann (1953) als *die reversible Herabsetzung der Funktionsfähigkeit infolge einer muskulären Tätigkeit.*

Je nach Qualität und Quantität der muskulären Arbeit können unterschiedliche Ursachen für den Zustand der Ermüdung verantwortlich sein. So ist zum Beispiel die Ermüdung bei statischer Haltearbeit durch andere Vorgänge hervorgerufen als die bei einem Langstreckenlauf. Infolgedessen existieren auch keine einheitlichen Parameter zur Messung der Größenordnung der Ermüdung.

Erschöpfung: Unter diesem Begriff verstehen wir *einen Extremgrad der Ermüdung, der eine Fortsetzung der aktiven muskulären Belastung ausschließt.* Ähnlich wie bei der Ermüdung können vielfältige Ursachen je nach der Art der durchgeführten Arbeit vorliegen.

Kondition: Diese Bezeichnung steht gewissermaßen im Gegensatz zur Ermüdung und Erschöpfung. Es handelt sich um einen populären, nicht um einen wissenschaftlichen Begriff. Mit den heutigen analytischen Ansprechmöglichkeiten der Sportmedizin kann auf die verschwommene Bezeichnung der Kondition verzichtet werden. Generell ist unter diesem Begriff das Durchhaltevermögen für eine sportartspezifische Belastung zu sehen.

Fitneß: Eine eindeutige Definition dieses aus dem Englischen stammenden Begriffs hat sich bisher nicht durchsetzen können. Das alleinstehende Wort „Fitneß" bedeutet lediglich die Tauglichkeit für irgend etwas; erst der Zusatz von Beiwörtern oder Beisätzen läßt eine fest umrissene Zielsetzung zu. Für die hier in Betracht kommende Perspektive genügt nicht einmal die Bezeichnung „körperliche Fitneß". Je nach Aufgabenstellung können nämlich quantitativ und qualitativ unterschiedliche Beanspruchungen angesprochen werden. So ist die körperliche Fitneß für Kraftleistungen beispielsweise eine ganz andere als für Ausdauerleistungen, das Ertragen von außergewöhnlicher Hitze hat unterschiedliche Voraussetzungen gegenüber dem von extremer Kälte.

Für uns ist heute Fitneß *der Zustand einer im psychischen und physischen Bereich guten Leistungsbereitschaft für eine spezifische Aufgabe.*

3. Arbeitsformen

Je nach Art der Arbeit reagiert der Organismus unterschiedlich. Dabei ist zwischen statischer und dynamischer Arbeit zu unterscheiden. Wird zum Beispiel ein Gewicht von 20 kg 2 m hochgehoben, so beträgt die verrichtete Arbeit 40 mkg. Hält man aber ein Gewicht von 20 kg in 1 m Höhe fest, ohne eine Wegstrecke zurückzulegen, so ist der physikalischen Definition nach (Kraft × Weg) keine Arbeit verrichtet worden. Tatsächlich ist jedoch diese statische Arbeit für den Organismus ermüdender als eine vergleichbare dynamische.

Wird ein Muskel auf mehr als 15% seiner maximalen Kraft beansprucht, entsteht infolge des erhöhten Muskelinnendrucks eine langsam zunehmende Komprimierung der Kapillaren (Rohmert, 1962). Ab 50% sistiert die Durchblutung. Es findet keine Sauerstoffversorgung mehr statt, so daß die Arbeit anaerob (= ohne Sauerstoff) durchgeführt werden muß. Die dadurch entstehende Sauerstoffschuld veranlaßt das Freiwerden der notwendigen Energien auf anaerobem Wege, wodurch u. a. der Milchsäurespiegel ansteigt, der *p*H-Wert abfällt und hierdurch eine schnelle Ermüdung eintritt.

Ein weiterer Nachteil statischer Arbeit besteht in der Ausübung einer Preßatmung, sobald eine relativ niedrig liegende Belastungsschwelle unter Einsatz einer genügend großen Muskelgruppe überschritten wird. Dadurch erfolgt eine Erhöhung des intrathorakalen Druckes, bedingt durch Anspannung der Bauchmuskelpresse bei gleichzeitigem Glottisverschluß. Infolge Behinderung des venösen Blutrückstromes aus dem Kopfgebiet und aus den unteren Extremitäten sinkt das Schlag- und Minutenvolumen des Herzens ab. Gleichzeitig erfolgt keine Arterialisierung (= Sauerstoffaufnahme und Kohlendioxidabgabe) in den Lungen. Für ältere oder sogar vorgeschädigte Personen, z. B. mit einer Durchblutungsstörung des Herzens, kann dieser Zustand gefährlich sein. Nach Normalisierung des intrathorakalen Druckes bei Beendigung der Preßatmung stürzt eine große Blutwelle in die diversen Gefäßabschnitte.

Dynamische Arbeit ist charakterisiert durch einen mehr oder weniger rhythmischen Wechsel von Kontraktion und Entspannung des Muskels, wobei eine Wegstrecke zurückgelegt wird. Liegt die Arbeitsintensität unterhalb der Dauerleistungsgrenze, so geht diese Form der Arbeit mit einer genügenden Sauerstoffversorgung der Muskulatur einher (= aerobe Arbeit). Sie ist infolgedessen die physiologischere Form einer muskulären Beanspruchung. Oberhalb der Dauerleistungsgrenze wächst mit der Arbeitsdauer auch die eingegangene Sauerstoffschuld.

4. Motorische Beanspruchungsformen und ihr Einfluß auf den Organismus

Entwicklung und Leistungsvermögen des menschlichen Organismus sind in beträchtlichem Maße abhängig von der Art, Intensität und Dauer der ihm abverlangten Beanspruchungen. Aus dieser Kenntnis resultiert der Begriff „Inaktivitäts-Atrophie“ ebenso wie der der „Arbeits-Hypertrophie“. Um die Einflüsse von körperlichem Training auf die menschlichen Organe beurteilen zu können, ist die Kenntnis der verschiedenen motorischen Beanspruchungsform eine Voraussetzung. Wir können fünf Hauptarten unterscheiden:

1. Koordination;
2. Flexibilität;
3. Kraft;
4. Schnelligkeit;
5. Ausdauer.

4.1. Koordination

Wir verstehen unter der Koordination *die Funktion von Zentralnervensystem und beanspruchter Skelettmuskulatur bei einem gezielten Bewegungsablauf.* Je feiner die Abstufung in der Zusammenarbeit der agonistisch und antagonistisch tätigen Muskeln im Rahmen eines gezielten Bewegungsablaufes ausfällt, desto geringer ist der Energieaufwand für die gleiche Leistung, desto besser der Wirkungsgrad. Eine Verbesserung der Koordination wird durch Übung erreicht. Wiederholte Übungen führen zu einem Übungsanstieg, der nach Lehmann etwa proportional dem Logarithmus der Zeit verläuft, ohne einen klaren Endpunkt aufzuweisen. Je mehr ein Bewegungsvorgang geübt wird, desto mehr entsteht aus einem bewußten, an die Großhirnrinde gebundenen Ereignis ein unbewußt ablaufender Vorgang, dessen Automatik untergeordneten Hirnzellen überlassen bleibt. Hierdurch wird einerseits die Hirnrinde entlastet, andererseits der Bewegungsablauf sicherer bewältigt. Gleichzeitig nimmt auch der Ermüdungsgrad ab. Russische Autoren sprechen in einem solchen Falle von der Ausbildung eines „motorisch-dynamischen Stereotyps“.

Die Qualität der Koordination hängt maßgeblich von drei Faktoren ab:

1. der Beachtung der einschlägigen physikalischen Gesetze bei der Durchführung eines gezielten Bewegungsablaufes;
2. vom Übungsgrad der eingesetzten Muskulatur;
3. vom Anpassungszustand des Gleichgewichtsorganes im Innenrohr.

Mit der Ausbildung des erwähnten „motorisch-dynamischen Stereotyps" erfolgt eine optimale Innervierung der motorischen Einheiten in der betreffenden Muskulatur. Darunter versteht man die Nervenzelle und die von ihr versorgten Muskelfasern. Ein Muskel kann sich aus vielen tausend motorischen Einheiten zusammensetzen. Die durch gute Koordination eingesparte Sauerstoffmenge steht zur Vergrößerung der Höchstleistungsfähigkeit als Reserve zur Verfügung. Wir konnten zeigen, daß allein eine durch Übung verbesserte Koordination bis zu 15% Sauerstoffeinsparung bedeuten kann.

Natürlicherweise verbessert sich die Koordination vom Kindes- bis zum Erwachsenenalter. Nach den Befunden von Hellbrügge, Rutenfranz und Mitarbeitern erreicht sie bei männlichen und weiblichen Personen mit dem 20. bis ca. 22. Lebensjahr ihren Maximalwert. Für die Schulung von Kindern und Jugendlichen ist zu betonen, daß als Faustregel mit der Verbesserung der Koordination nicht früh genug begonnen werden kann. Das Extrembeispiel erleben wir in Künstler- und Artistenfamilien, in denen vielfach bereits im Kleinkindesalter eine entsprechende Schulung einsetzt.

4.2. Flexibilität

Wir definieren Flexibilität oder Gelenkigkeit als *den willkürlichen Bewegungsbereich in einem oder in mehreren Gelenken.* Als Beispiel für eine Sportart mit hohen Flexibilitätsanforderungen sei das Gerätturnen angeführt. Ein Geräteturner muß über eine möglichst große Flexibilität in den Schulter- und Hüftgelenken sowie in der Wirbelsäule verfügen.

Leistungsbegrenzende Faktoren für diese motorische Beanspruchungsform sind die Gelenkstruktur, der Umfang der Muskelmasse, die Dehnungsfähigkeit des Muskels, der Sehnen, Bänder und Gelenkkapseln sowie die der Haut. Einer Flexibilitätsverbesserung stehen natürliche anthropometrische Gesichtspunkte entgegen. Die Körperproportionen beeinflussen das Ausmaß der Beweglichkeit in verschiedenen Gelenken. Die übliche Methode zur Vergrößerung der „Dehnbarkeit" sind entsprechend darauf abzielende gymnastische Übungen. Ihr Ziel ist eine maximale Streckung der Antagonisten als Folge einer dynamischen Beanspruchung der Agonisten. Streckübungen, z. B. vor der Trainings- oder Wettkampfbelastung, haben auch eine gesundheitliche Bedeutung in der Vorbeugung eines Muskelrisses.

4.3. Kraft

Die Kraft unterteilen wir nach den Gesichtspunkten:

1. Statische Kraft;
2. Dynamische Kraft.

Wir verstehen unter der *statischen Kraft die Muskelspannung, welche ein Muskel oder eine Muskelgruppe willkürlich gegen einen fixierten Widerstand innerhalb einer gegebenen Position auszuüben vermag.* Sie hängt von folgenden Faktoren ab:

1. Muskelfaserquerschnitt;
2. Muskelfaserzahl;
3. Muskelstruktur;
4. Muskelfaserlänge und -zugwinkel;
5. Koordination;
6. Motivation.

Für ein Training zur Vergrößerung der statischen Kraft bieten sich zwei Hauptwege an: das dynamische Krafttraining — früher als isotonisches Krafttraining bezeichnet, und das statische Krafttraining — oft isometrisch genannt. Die erstere Trainingsform besteht aus dynamischen Beanspruchungen mit einem beweglichen Widerstand, die zweite aus einer statischen Belastung gegen einen fixierten Widerstand. Über beide Trainingsformen läßt sich der Bereich des maximal möglichen Kraftzuwachses erreichen. Dabei müssen jedoch je nach Sportart und erwünschtem Trainingsziel die Vor- und Nachteile beider Methoden mit berücksichtigt werden. (Vgl. Hollmann und Hettinger 1980). Die Abb. 1 zeigt die Kraftmessung selektiver Muskelgruppen.

Für den Sportpädagogen ist besonders zu unterstreichen, daß es durch ein selektiv betriebenes Krafttraining nicht möglich ist, Entwicklungsreize auf die inneren Organe (speziell Herz, Kreislauf und Atmung) setzen zu können. Die Einflüsse des Krafttrainings betreffen ausschließlich das Skelettsystem, das heißt Skelettmuskulatur, Sehnen, Bänder und Knochen. Somit kann ein sogenannter „organschwacher" Jugendlicher nicht über ein Expander- und Impandertraining oder ähnliche Formen hinsichtlich des Herz- und Kreislaufsystems weiterentwickelt werden, sondern nur durch ein Ausdauertraining.

Unter der *dynamischen Kraft* verstehen wir *die im Rahmen eines gezielten Bewegungsablaufes gegen einen Widerstand entwickelte Kraft.* Sie hängt von folgenden Faktoren ab:

1. Statische Kraft;
2. die zu bewegende Masse (Gewicht und Form);
3. Koordination;
4. Kontraktionsgeschwindigkeit der Muskulatur;
5. optimale Beachtung der einschlägigen physikalischen Gesetze;
6. Muskelvordehnung.

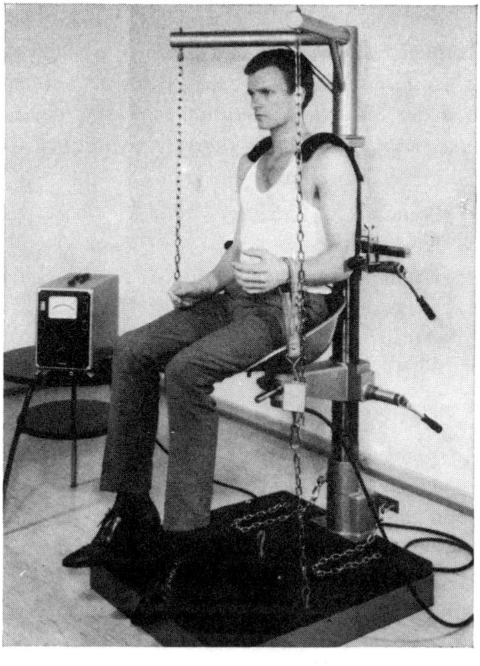

Abb. 1: Messung der Kraft selektiver Muskelgruppen mittels des Iso-Dynamometers.

Die dynamische Kraft ist trainingsmäßig über die Erhöhung der statischen Kraft und Verbesserung der Koordination unter Beachtung eines optimalen Bewegungsablaufes zu vergrößern. Die Größe des Kraftwiderstandes und vor allem die Bewegungsgeschwindigkeit entscheiden darüber, ob vornehmlich die langsamen oder die schnellen Fasern innerhalb eines Muskels trainiert werden. Nur die Zunahme an Masse der schnellen Fasern läßt auch die Kontraktionsgeschwindigkeit zunehmen, während die Hypertrophie der langsamen Fasern die statische und langsam entwickelte Kraft steigert. Schnelle Bewegungen gegen einen hohen Widerstand fördern die Hypertrophie der schnellen Fasern, langsame Bewegungen oder statische

Beanspruchungen mit genügender Dauer die Hypertrophie der langsamen Fasern (letzteres z. B. beim Body-building).

4.4. Schnelligkeit

Die Schnelligkeit ist zu differenzieren gemäß Anwendung in einer zyklischen oder azyklischen Sportart. Unter zyklischen Sportarten verstehen wir solche mit rhythmischen Bewegungsabläufen wie Laufen, Radfahren, Schwimmen. Azyklische sind demgemäß Sprung, Wurf, Stoß. Hier soll nur von der Schnelligkeit in zyklischen Sportarten die Rede sein. Dabei ist zwischen zwei Schnelligkeitsbegriffen zu unterscheiden: der *Grundschnelligkeit* und der *Schnelligkeitsausdauer.* Unter der Grundschnelligkeit ist *die maximal erreichbare Bewegungsgeschwindigkeit zu verstehen.* Sie hängt von folgenden Faktoren ab:

1. Dynamische Kraft;
2. Koordination;
3. Kontraktionsgeschwindigkeit der Muskulatur;
4. Viskosität der Muskelfasern;
5. Anthropometrische Daten;
6. Flexibilität.

Das optimale Alter zur Erzielung der größten Grundschnelligkeit liegt zwischen dem 19. und 22. Lebensjahr.

Die genannten Faktoren stellen die wichtigsten leistungsbegrenzenden Momente in der 100-m-Laufdistanz dar. Eine solche Beanspruchung wird, wie unsere Untersuchungen ergaben, von Spitzenläufern praktisch ohne einen einzigen Armzug absolviert. Es wird lediglich eine große Sauerstoffschuld eingegangen, die nach Laufende abgetragen wird. Somit handelt es sich um eine nahezu ausschließlich anaerob bewältigte Leistung. Die leistungslimitierenden Momente liegen im Skelett- und neuromuskulären System. Ein systematisch betriebenes 100-m-Sprinttraining führt daher auch zu keiner bemerkenswerten Leistungssteigerung der inneren Organe, speziell von Herz, Kreislauf, Atmung und Stoffwechsel. Selbst Weltklasseathleten, welche ausschließlich den Sprint trainieren, unterscheiden sich hinsichtlich ihrer organischen Kapazität kaum von der gleichaltriger Durchschnittspersonen.

Die 200-m-Sprintstrecke stellt bereits einen Übergang dar von der Grundschnelligkeit zur *Schnelligkeitsausdauer.* Unter letzterer verstehen wir *die Fähigkeit, trotz einer eingegangenen hohen Sauerstoffschuld eine hohe Leistungsfähigkeit aufrechtzuerhalten.* In der Leichtathletik spricht man auch vom „Stehvermögen". Zum entscheidend leistungslimitierenden Faktor wird dieser Gesichtspunkt in den Laufstrecken von 400 bis 1500 m. In diesen Distanzen werden die größten Sauerstoffschulden, damit verbunden die höchsten Milchsäurewerte und die tiefsten *p*H-Werte im Blut von allen sportlichen Disziplinen überhaupt beobachtet. Hierbei werden auch bereits Entwicklungsreize auf Herz und Kreislauf gesetzt, jedoch noch nicht in dem Maße, wie es bei „echten" Ausdauerbelastungen der Fall ist.

Das wichtigste Trainingsmittel zur Erhöhung des Stehvermögens ist der sogenannte „Tempolauf". Man versteht darunter die Fähigkeit, mit möglichst hoher Laufgeschwindigkeit Distanzen von ca. 300 bis 1500 m Länge durchzustehen. Sie stellen somit Trainingsanforderungen an die anaeroben Stoffwechselvorgänge.

Wegen dieser sehr intensiven Stoffwechselveränderungen bei Beanspruchung auf Schnelligkeitsausdauer wird zur Schonung des noch nicht ausgereiften jugendlichen Organismus empfohlen, Tempoläufe vor etwa dem 17. Lebensjahr sparsam zu dosieren. Vor allem ist auf genügend lange Erholungspausen zu achten. Jedoch sind organische Schädigungen selbst bei einem intensiven Training dieser Form bei gesunden jugendlichen Personen niemals beobachtet worden.

4.5. Ausdauer

Sie ist in zwei Hauptfaktoren zu unterteilen:

1. Lokale Muskelausdauer;
2. allgemeine Ausdauer.

Unter der *lokalen Muskelausdauer* verstehen wir die Ausdauer einer Muskelgruppe, die kleiner ist als $^1/_7$ bis $^1/_6$ der gesamten Skelettmuskulatur. Ist die eingesetzte Muskelgruppe hingegen größer als dieser Grenzwert, so sprechen wir von einer Beanspruchung auf *allgemeine Ausdauer*. Nur bei letzterer ist vornehmlich das Herzzeitvolumen (=Förderleistung des Herzens) der wichtigste leistungsbegrenzende Faktor, während dies bei ersterer maßgeblich die lokale Durchblutungsmöglichkeit ist.

Die *lokale Muskelausdauer* unterteilt sich in:

1. Lokale aerobe Muskelausdauer (dynamisch oder statisch);
2. lokale anaerobe Muskelausdauer (dynamisch oder statisch).

Unter der *lokalen aeroben Muskelausdauer* verstehen wir die Fähigkeit, eine dynamische Arbeit unter Einsatz von weniger als $^1/_7$ bis $^1/_6$ der Gesamtskelettmuskulatur möglichst lange durchhalten zu können. Bei der lokalen aeroben dynamischen Muskelausdauer wirken leistungsbegrenzend:

1. Die Fähigkeit, eine möglichst große Sauerstoffmenge pro Zeiteinheit der tätigen Muskulatur zur Verfügung stellen zu können. Das Ausmaß der O_2-Versorgung hängt ab von der Summe der Gefäßquerschnitte in der beanspruchten Muskulatur (Vaskularisierung bzw. Kapillarisierung) sowie
2. von biochemischen Faktoren (z. B. Myoglobingehalt und Fermentbesatz).
3. Die Größe der Kohlenhydratdepots und der Prozentsatz von Kohlenhydratverbrennung;
4. die Koordination.

Ein Training zur Verbesserung der lokalen aeroben dynamischen Muskelausdauer — eine Größe, die mit am intensivsten überhaupt durch ein Training verbessert werden kann — muß vornehmlich eine dynamische Beanspruchung der betreffenden Muskulatur zum Ziele haben (Abb. 2).

Die *lokale anaerobe statische Muskelausdauer* ist die Ausdauer einer Muskelgruppe von weniger als $^1/_7$ bis $^1/_6$ der gesamten Skelettmuskulatur für eine Haltearbeit. Sie hängt von folgenden Faktoren ab:

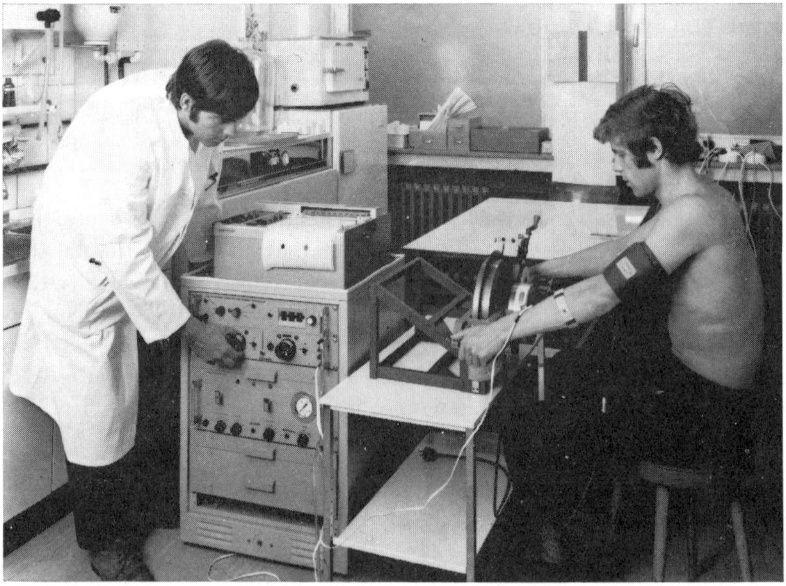

Abb. 2: Durchführung einer dosierten Arbeit mittels eines Handergometers mit Messung der lokalen Muskeldurchblutung. Die Methode erlaubt die Beurteilung lokaler Trainingseffekte.

1. Dem Vermögen, eine möglichst große Energiemenge anaerob entwickeln zu können. Das wiederum wird maßgeblich von der Quantität und Qualität der Energiedepots (z. B. Fermentbesatz usw.) bestimmt.
2. Der zentralen Ermüdung: Wir verstehen darunter einen Ermüdungsvorgang, der sich in den Ganglienzellen des Zentralnervensystems abspielt und letztlich ausschlaggebend für die lokale anaerobe Muskelausdauer ist.
3. Der statischen Kraft.

Im Training kann die lokale anaerobe Muskelausdauer vornehmlich durch die Vergrößerung der statischen Kraft erhöht werden.

Eine Beanspruchung auf *allgemeine aerobe Ausdauer* liegt dann vor, wenn bei dynamischen Bewegungsabläufen mehr als 1/7 bis 1/6 der gesamten Skelettmuskulatur betätigt ist, die Belastungsdauer länger als 3 min dauert und die Belastungsintensität mehr als 50% der maximalen Kreislaufleistungsfähigkeit beträgt. Bei dieser Definition ist die Gewähr gegeben, daß der entscheidend leistungslimitierende Faktor im kardio-pulmonalen System liegt (Herz, Kreislauf, Atmung und Stoffwechsel) und vornehmlich von der Größe des Herzzeitvolumens abhängt (= Herzminutenvolumen) sowie von der aeroben Leistungsfähigkeit der beanspruchten Skelettmuskulatur. Mehr als 1/7 bis 1/6 der Skelettmuskulatur ist zum Beispiel die Muskulatur eines Beines, mehr als 50% der maximalen Kreislaufleistungsfähigkeit entspricht im Durchschnitt bei Personen des dritten Lebensjahrzehnts einer Pulsfrequenz von mehr als 130 Schlägen/min (eine mittlere maximale Pulsfrequenz von 195/min bei einer Ausgangszahl von ca. 60/min vorausgesetzt).

Das Bruttokriterium zur Registrierung der kardio-pulmonalen Leistungsfähigkeit im Laboratorium ist die maximale Sauerstoffaufnahme/min.

Die Laborbefunde zur allgemeinen aeroben Ausdauer werden anhand von einigen Kriterien ausgedrückt. Die wichtigsten der medizinischen Begriffe sind: Ausdauergrenze (= Sauerstoffaufnahme bei einer Pulsfrequenz von 130/min), aerob-anaerobe Schwelle (= Erreichen eines arteriellen Laktatspiegels von 4 mmol), Atemminutenvolumen (= Atmungsaufwand/min für eine gegebene Leistung), Sauerstoffpuls (Quotient, bestehend aus Sauerstoffaufnahme/min dividiert durch die Pulsfrequenz in derselben Minute). Dieser Wert gibt uns einen Einblick in Ökonomie und Leistungsfähigkeit des Kreislaufs. Je größer der Sauerstoffpuls auf einer gegebenen Belastungsstufe ausfällt, desto größer ist die Kreislaufleistungsfähigkeit bei gesunden Personen; Atemäquivalent (Quotient, bestehend aus Atemminutenvolumen in ml, dividiert durch die Sauerstoffaufnahme in derselben

Minute). Dieser Wert gibt Aufschluß über Atmungsökonomie und Stoffwechselsituation bei Arbeit. Je kleiner der Wert auf einer gegebenen Belastungsstufe ausfällt, desto besser die Ökonomie und desto größer die noch vorhandenen Leistungsreserven.

Die Abb. 3 zeigt eine spiroergometrische Untersuchung auf dem Fahrradergometer, die Abb. 4 und 5 stellen das Verhalten verschiedener Meßgrößen dar.

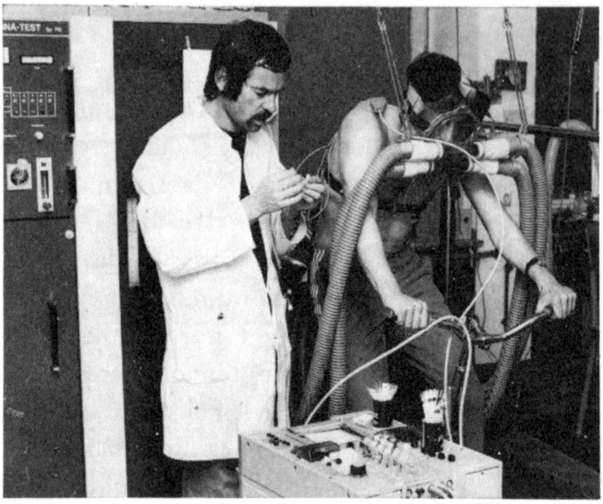

*Abb. 3: Spiroergometrische Untersuchung mit **Beurteilung** des Leistungsverhaltens und der Leistungsfähigkeit von Herz, Kreislauf, Atmung und Stoffwechsel im Sitzen auf dem Fahrradergometer. Ein Katheter, dessen Spitze in die verschiedensten Gefäßabschnitte des Organismus gelegt werden kann, erlaubt aus den betreffenden Gebieten Blutentnahmen mit Bestimmung von Stoffwechselprodukten, Gasdrucken u. a., Mit diesen Untersuchungsmethoden können z. B. Trainingseinflüsse auf den Gesamtorganismus beurteilt werden.*

Ein Training zur Verbesserung der allgemeinen aeroben Ausdauer kennt zwei Haupttrainingsformen: eine *kontinuierliche* und eine *intermittierende* Belastung (z. B. Intervalltraining).

Das kontinuierliche Training besteht in einer ununterbrochenen Belastung mit relativ niedriger Belastungsintensität. Das Prinzip des Intervalltrainings sieht eine rhythmische Folge von Be- und Entlastung vor, wobei als besonderes Charakteristikum die Entlastungsphasen so kurz bemessen sein müssen, daß sie nicht zur vollen Erholung ausreichen. Beim Hügellauftraining als einer speziellen Trainingsform wird in der Phase des Bergauflaufens die höchste Sauerstoffaufnahme pro Zeiteinheit erreicht, die überhaupt erzielbar ist. Gleichzeitig kann hiermit in besonderer Weise die Kraft und die lokale dynamische Muskelausdauer angesprochen werden. Das Circuittraining schließlich stellt eine Mischung aller fünf Hauptbeanspruchungsformen der Muskulatur — Koordination, Flexibilität, Kraft, Schnelligkeit und Ausdauer — dar. Je nach dem Aufbau eines „Circuit"

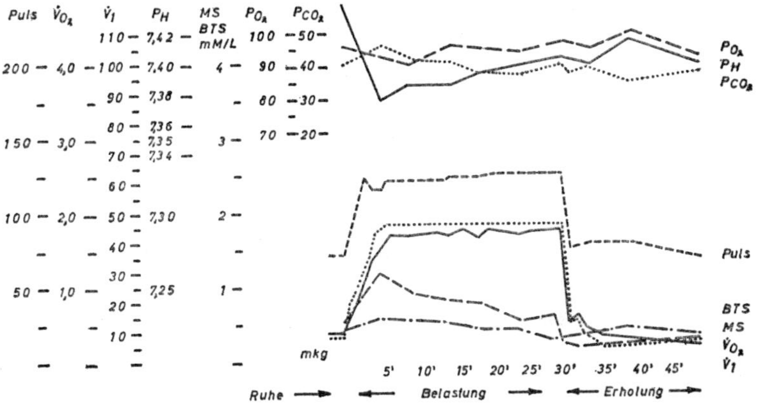

Abb. 4: Das Verhalten von O_2- und CO_2-Partialdruck, pH-Wert, Brenztraubensäure (BTS), Milchsäure (MS) im arteriellen Blut sowie die Pulsfrequenz, die Sauerstoffaufnahme ($\dot{V}o_2$) und das Atemminutenvolumen ($\dot{V}_E$) bei einer Belastung im Bereich der Dauerleistungsfähigkeit (nach Hartung, Venrath, Hollmann u. Mitarb.).

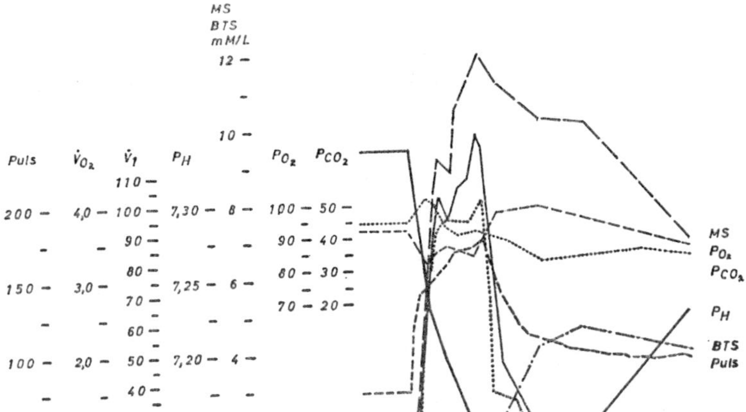

Abb. 5: Das Verhalten der Gase und Metabolite wie in Abb. 4 bei einer konstanten, 10minütigen Maximalbelastung.

kann jede gewünschte Beanspruchungsform in den Vordergrund gestellt werden, wobei es sich naturgemäß nicht um ein ausschließliches Training zur Verbesserung der allgemeinen aeroben Ausdauer handelt.

Ein Training zur Vergrößerung der allgemeinen aeroben Ausdauer ist — aus der Sicht des Internisten — das gesundheitlich wertvollste. Zwei Gründe sind hierfür maßgebend: Einerseits besteht durch ein Ausdauertraining die Möglichkeit, sich einen relativen Schutz vor den Folgeerscheinungen der degenerativen Herz-Kreislauf-Erkrankungen zu erwerben. Andererseits ist es durch ein Ausdauertraining möglich, gegebenenfalls bis in ein hohes Alter eine überdurchschnittlich große organische Leistungsfähigkeit beibehalten zu können.

Zum Erwerb gesundheitlich wertvoller Anpassungserscheinungen durch ein Ausdauertraining müssen folgende Punkte berücksichtigt werden:

1. Es muß sich um dynamische Beanspruchungen großer Muskelgruppen handeln (z. B. Laufen, Radfahren, Schwimmen, Skiwandern, Bergwandern u. a.).
2. Die Belastungsdauer sollte täglich mindestens 10 Minuten betragen, wobei ein gesundheitliches Optimum bei einer täglichen oder mindestens 3—4 Mal wöchentlichen Belastung von ca. 30—40 Minuten Dauer zu liegen scheint.
3. Die Belastungsintensität sollte so hoch sein, daß aus ihr für gesunde männliche und weibliche Personen unterhalb des 50. Lebensjahres Pulszahlen von mindestens 130/min resultieren. Für gesunde Personen jenseits des 50. Lebensjahres gilt die Faustregel: 180 minus Alter in Jahren = Pulszahl im Training, im Falle eines 60jährigen hieße das 180—60 = 120 Herzschläge/min.

Die durch ein solches Training auftretenden Anpassungserscheinungen lassen sich nach zentralen und peripheren Mechanismen unterscheiden. Die *zentralen Adaptationen* sind:

1. Reduzierung der Ruhe- und der Arbeitspulsfrequenz auf gegebenen submaximalen Belastungsstufen;
2. In einigen Fällen Verminderung des systolischen Blutdrucks;
3. Verlängerung der Systolen- und Diastolendauer;
4. Verminderung der Kontraktilität des Herzens;
5. Reduzierung der Katecholaminfreisetzung auf gegebenen Belastungsstufen.

Alle genannten Mechanismen — mit Ausnahme der verlängerten Diastolendauer — bewirken eine Reduzierung des Sauerstoffbedarfs. Die heute im Vordergrund des individuellen wie gesellschaftlichen Interesses stehenden degenerativen Herzerkrankungen entstehen aber durch ein Mißverhältnis zwischen Sauerstoffbedarf und Sauerstoffangebot im Herzmuskel. Wird nun der Sauerstoffbedarf gesenkt, so entsteht gewissermaßen eine relative Schutzzone gegenüber dem Auftreten des geschilderten Mißverhältnisses. Hierdurch können vorhandene degenerative Veränderungen wie z. B. die Koronarinsuffizienz in ihren Auswirkungen bis zu einem gewissen Grade kompensiert werden.

Die *peripheren Adaptationen* sind nach hämodynamischen und metabolischen Gesichtspunkten zu differenzieren. Die hämodynamischen bestehen in einer verbesserten intramuskulären Blutverteilung sowie vor allem in einer verbesserten Kapillarisierung. Durch beide Mechanismen gelingt es, einer gegebenen Blutmenge eine größere Sauerstoffmenge seitens der arbeitenden Muskelzelle entnehmen zu können. Dieser Prozeß wird durch die metabolischen Anpassungserscheinungen erleichtert, welche in folgenden Punkten bestehen:

1. Eine Vermehrung und Vergrößerung der Mitochondrien (die Kraftwerke der Zelle);
2. eine Vermehrung der Enzymaktivität;
3. Zunahme des Myoglobingehaltes der Muskelzelle;
4. Vermehrung des intramuskulären Glykogengehaltes;
5. Zunahme der Fettverbrennung und damit Einsparung an Kohlenhydratreserven auf gegebenen Belastungsstufen.

Diese peripheren Anpassungserscheinungen besorgen eine vergrößerte periphere Leistungsfähigkeit, verbunden mit einem reduzierten peripheren sympathischen Antrieb auf das Herz. Dementsprechend sinkt die Herzfrequenz auf gegebener Belastungsstufe.

Ob es darüberhinaus durch ein Ausdauertraining gelingt, die arteriosklerotischen Vorgänge günstig zu beeinflussen, kann heute noch nicht beantwortet werden. Die z. B. von unserem Arbeitskreis beobachtete Vermehrung des sogenannten HDL-Cholesterins könnte hierfür sprechen.

Mit Sicherheit gelingt es durch ein Ausdauertraining, sich eine überdurchschnittlich hohe organische Leistungsfähigkeit bis in ein hohes Alter zu sichern. Das zeigten z. B. Untersuchungen über den Einfluß eines 10—12-wöchigen Ausdauertrainings auf jahrzehntelang untrainiert gewesene, gesunde männliche Personen zwischen dem 55. und 70. Lebensjahr. Sie erreichten eine organische Leistungsfähigkeit nach dem Training, welche den Durchschnittswerten von je 20 Jahre jüngeren Personen entsprach.

Wird ein Leistungs-Ausdauertraining betrieben, kommen noch zusätzliche Anpassungserscheinungen hinzu. Sie stellen allerdings keinen weiteren gesundheitlichen Gewinn dar, sondern dienen ausschließlich der zusätzlichen Steigerung der Leistungsfähigkeit. Es handelt sich vornehmlich um die Vergrößerung des Herzens bis zum sogenannten „Sportherzen", eine Zunahme des Blutvolumens (wobei die Vergrößerung des Plasmavolumens die der Hämoglobinmenge übersteigt), eine Steigerung der ventilatorischen Leistungsfähigkeit und der maximalen Diffusions- und Perfusionskapazität der Lungen, eine Vergrößerung der Nebennierenrinde u. a.

Eines der Resultate eines Leistungs-Ausdauertrainings ist das sogenannte „Sportherz", welches erstmals 1899 von Henschen beschrieben wurde. Hierbei handelt es sich sowohl um eine Hypertrophie der Herzmuskulatur mit einem Längenwachstum (Linzbach) als auch um eine Vergrößerung der Herzhöhlen (Reindell und Mitarbeiter, 1954, 1960, 1967; u. a.).

Diese physiologische Adaptation gestattet im Grenzbereich der körperlichen Leistungsfähigkeit die Förderung einer Blutmenge pro Minute, die bei Ausdauer-Spitzenathleten das Doppelte eines Normalherzens überschreiten kann. Während sich die röntgenologisch an der liegenden Person ermittelten Herzgrößen bei männlichen Personen im Durchschnitt um 750—800 ml bewegen, weisen die großen Sportherzen Werte um 1000—1400 ml auf. Das größte in der Weltliteratur mitgeteilte Sportherz wurde bei einem der erfolgreichsten Berufs-Radrennfahrer, dem Belgier Rik van Steenbergen, mit einer Herzgröße von 1700 ml ermittelt (Hollmann, 1965). Das maximale Sauerstoffaufnahmevermögen als Bruttokriterium der kardio-pulmonalen Leistungsfähigkeit belief sich bei ihm auf über 6 l pro Minute. Ein pathologischer Befund war nicht zu erheben.

Unter der *allgemeinen anaeroben Ausdauer* verstehen wir die Fähigkeit, eine möglichst große Sauerstoffschuld eingehen und dennoch eine hohe Leistungsfähigkeit aufrechterhalten zu können. Die Beanspruchung auf allgemeine anaerobe Ausdauer kann sowohl durch dynamische als auch durch statische Arbeit erfolgen. Bei der dynamischen spricht man in der Leichtathletik von „Schnelligkeitsausdauer" oder vom „Stehvermögen". Auf diesen Faktor wurde bereits unter dem Begriff „Schnelligkeit" eingegangen.

5. Die Entwicklung der körperlichen Leistungsfähigkeit

Gemäß den früheren Ausführungen verbessert sich die *Koordination* vom Kindes- über das Jugendlichen- bis zum Erwachsenenalter. Sie erreicht etwa mit dem 20.—22. Lebensjahr ihren Maximalwert.

Die *Kraft* zeigt bis zum 8. Lebensjahre keine deutlichen Differenzen zwischen Jungen und Mädchen. Im weiteren Reifungsgang geht die Kraftzunahme beim Mädchen langsamer vonstatten, um bereits etwa mit dem 16. Lebensjahr den Bereich der Maximalkraft erreicht zu haben. Für männliche Jugendliche gilt das erst mit dem 18. bis 22. Lebensjahr.

Gemäß statistischen Untersuchungen über das Alter der weltbesten Sprinter wird das Maximum der *Grundschnelligkeit* im Durchschnitt zwischen dem 19. bis 22. Lebensjahr erreicht.

Die *allgemeine aerobe Ausdauer* — von Sportpädagogen manchmal als „organische Leistungsfähigkeit" bezeichnet — weist bei Jungen und Mädchen bis etwa zum 10. Lebensjahr keine deutlichen Differenzen auf. Dann wird die Kurve der Leistungszunahme bei den Mädchen flacher, um bereits mit dem 14. bis 16. Lebensjahr den Maximalwert zu erreichen. Für die Jungen gilt das erst mit dem vollendeten 18. bis 19. Lebensjahr. Diese frühzeitige Entwicklung der maximalen kardio-pulmonalen Faktoren erklärt die Fülle von Schwimmweltrekorden durch jugendliche Mädchen.

Die Trainierbarkeit auf allgemeine aerobe Ausdauer erreicht ihren Gipfelwert offensichtlich schon im zweiten Lebensjahrzehnt.

Um vergleichende Untersuchungen zwischen biologischem und chronologischem Alter anstellen zu können, führten wir folgendes Experiment durch: Je 25 Jungen eines jeden Jahrgangs vom 8. bis 18. Lebensjahr wurden spiro-ergometrisch, röntgenologisch, elektrokardiographisch und dynamometrisch untersucht. Speziellen Wert legten wir dabei auf die Ermittlung des biologischen Alters. Sie erfolgte durch Röntgenaufnahmen des linken Handgelenks. Mit dieser Methode ist es möglich, durch die Einteilung der Entwicklungsstadien in verschiedene Grade exakt das biologische Alter bestimmen zu können. Die Knochenentwicklung geht nämlich in einer unabänderlichen Reihenfolge vonstatten. Sie wird weder durch Krankheit noch durch Mangelernährung beeinflußt. Infolgedessen ist sie ein unbestechliches Altersmerkmal. Wir fanden in einigen Fällen erhebliche Differenzen zwischen biologischem und chronologischem Alter. So wurde bei zwei 15jährigen Jungen ein Unterschied im biologischen Reifungsgrad von 5—6 Jahren ermittelt (der eine war 12 bis 13 Jahre, der andere seinem biologischen Alter nach 18 Jahre alt) (Abb. 6).

Von besonderem Interesse war die Beantwortung der Frage, wie sich die Leistungsfähigkeit und die Entwicklung des Herzvolumens bei „Akzelerierten" und „Retardierten" eines gleichen Jahrgangs verhalten. Nach der früher geltenden Lehrmeinung sind bekanntlich akzelerierte Jugendliche durchschnittlich weniger belastbar als gleichaltrige retardierte, da bei ersteren

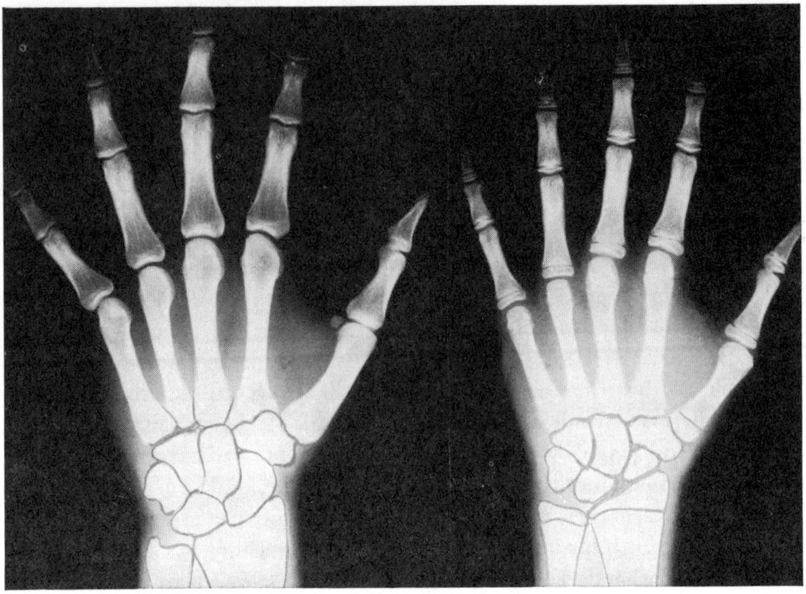

Abb. 6: Röntgenaufnahme des jeweils linken Handskeletts von zwei 15jährigen Jungen. Der eine ist akzeleriert, der andere retardiert.

vielfach eine disharmonische Entwicklung vorliegen soll mit einem zurückgebliebenen Organwachstum. Diese Thesen fanden wir weder in den Mittelwerten noch in einem Einzelbefund bestätigt. Ausnahmslos lag sowohl bei den am weitesten in der Entwicklung fortgeschrittenen wie auch in den zurückgebliebenen Jugendlichen einer harmonische Proportionierung vor (Abb. 7). Zeigte sich das Skelettsystem bereits stärker entwickelt, als es dem chronologischen Alter entsprach, so lag automatisch eine entsprechend große organische Leistungsfähigkeit vor. War das Skelettsystem noch relativ wenig entwickelt, so entsprach diesem Befund ein relativ kleines Herzvolumen und eine geringe kardio-pulmonale Kapazität (Abb. 8).

Nach diesen Befunden kann nicht mehr von einer geringeren Belastbarkeit des „Akzelerierten" im Vergleich zum „Retardierten" gesprochen werden, sondern das Gegenteil ist der Fall.

Die übrigen ermittelten Ergebnisse ergaben ein paralleles Wachstum von Herzvolumen und maximaler Sauerstoffaufnahme, wie es bereits früher von Reindell und Mitarbeiter, Mellerowicz u. a. gezeigt wurde. Gleiches gilt für das Konstantbleiben des sogenannten relativen Herzvolumens (= Herz-

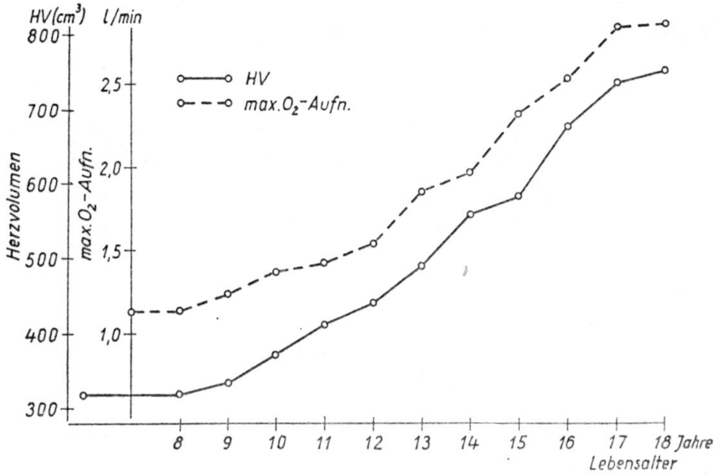

Abb. 7: Die Beziehungen zwischen Herzvolumen, maximaler O_2-Aufnahme und Lebensalter von 8- bis 18jährigen männlichen Jugendlichen. (Mittelwerte von je 25 Personen pro Lebensjahr).

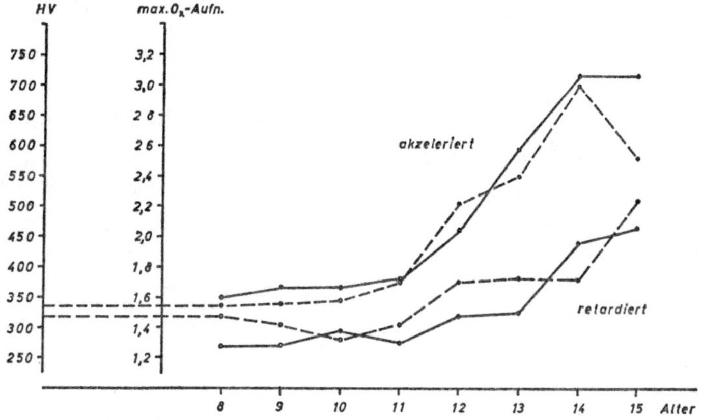

Abb. 8: Das Herzvolumen (HV) und die maximale Sauerstoffaufnahme bei je einem akzelerierten und einem retardierten Jugendlichen in den Altersgruppen von 8—15 Jahren.

volumen dividiert durch Körpergewicht) vom 8. bis 18. Lebensjahr. Die maximale Vitalkapazität wird bei Jungen bereits mit dem 16.—17. Lebensjahr erreicht und geht somit der kardialen Entwicklung geringfügig voraus.

6. Zur gesundheitlichen Bedeutung des Schulsports

Die Vorbeugung der degenerativen Herz-Kreislauf-Erkrankungen wie auch anderer Krankheiten und Schäden aus der Sicht der klinischen Medizin stellt heute weniger ein medizinisches als vielmehr ein pädagogisches Problem dar. Es kommt darauf an, durch eine entsprechende Information schon im Schulalter Wissen um die Zusammenhänge von Gesundheit und Krankheit zu vermitteln und ein solches Verständnis zu wecken, daß das erhaltene Wissen tatsächlich zum gesundheitlichen Nutzen in die Lebensführung umgesetzt wird.

Eine wesentliche Aufgabe kommt dabei dem Schulsport zu. Aus der Sicht der Medizin soll er folgende Anforderungen erfüllen:

1. Er soll helfen, die Freude an der Bewegung zu entdecken und zu entwickeln.
2. Er soll in Verbindung mit dem praktischen Erlebnis das Wissen vermitteln, mit welchen Sportarten oder motorischen Beanspruchungsformen welche Auswirkungen im Organismus erzielt werden und welche Bedeutung diesen Körperreaktionen in gesundheitlicher Hinsicht zukommt.
3. Er soll mit solchen Sportarten bekanntmachen, die in Verbindung mit einer gesundheitlichen Bedeutung ein Leben lang betrieben werden können (die sogenannten Life-time-Sportarten).
4. Er soll die Anregung vermitteln, tägliche körperliche Beanspruchungen gegenüber dem heute zwangsläufig auftretenden Bewegungsmangel und seinen gesundheitlich negativen Konsequenzen genauso zur selbstverständlichen Hygienegewohnheit werden zu lassen wie beispielsweise das Zähneputzen.
5. Liegen bereits Körperschwächen, -fehler oder -störungen vor, denen durch Sport begegnet werden kann, so soll der Schulsport die qualitativ geeigneten Maßnahmen lehren. Für die praktische Durchführung reichen die bestenfalls drei Schulsportstunden pro Woche kaum aus. Daher soll der Anreiz zur Weiterverwendung außerhalb des Schulsports, z. B. im Vereinssport, gegeben werden. Die Bedeutung derartiger gesundheitsfördernder Maßnahmen geht unter anderem aus folgenden Zahlen hervor: Je nach Statistik weisen 50—65% aller 8—18jährigen Schüler und Schülerinnen Haltungsfehler und -schwächen auf; über 30% sind übergewichtig; 20—25% lassen einen leistungsschwachen Kreislauf oder Kreislaufregulationsstörungen erkennen.

7. Gesundheitlich optimale Sportarten

Unter der Bezeichnung „optimal“ sind solche Sportarten zu verstehen, welche mit einem Minimum an Zeit- und organischem Belastungsaufwand ein Optimum an gesundheitlich wünschenswerten Adaptationen auslösen. Wir haben zu diesem Zweck alle nur denkbaren Sport- und Bewegungsarten kreislaufmäßig und stoffwechselmäßig untersucht. Die Kreislaufuntersuchungen bezogen sich auf das intraarteriell registrierte Blutdruck- und Pulsfrequenzverhalten, die Stoffwechseluntersuchungen auf die Grössenordnung der Laktatbildung für gegebene muskuläre Beanspruchungen. Je höher das Produkt aus Herzfrequenz und systolischem Blutdruck ausfällt, desto größer ist der O_2-Bedarf des Herzmuskels. Diesen Wert teilen wir durch die O_2-Aufnahme in derselben Minute. Je kleiner der Quotient ausfällt, desto empfehlenswerter ist die betreffende Sportart aus präventiver und rehabilitativer Sicht. Als Ergebnis konnte festgestellt werden:

Aus der Sicht der Kreislaufuntersuchungen war der Dauerlauf diejenige Sportart, welche mit einem Minimum an Kreislaufbelastung ein Maximum an wünschenswerten Anpassungsmechanismen auftreten ließ. Aus der Sicht der Stoffwechseluntersuchungen war es ebenfalls der Dauerlauf, weil für eine gegebene Größe der Sauerstoffaufnahme/min der Dauerlauf die geringste Milchsäureproduktion veranlaßte. Somit ist der nach den genannten Pulsfrequenzregeln betriebene Dauerlauf aus der Sicht der präventiven Kardiologie die optimale sportliche Betätigungsform schlechthin. Die Befunde bestätigen Carl Diem (1948), der den „Waldlauf“ im Sinne des „Dauerlaufs“ dem Begriff wie der Sache nach einführte und schon vor Jahrzehnten auf seine Bedeutung im Hinblick auf die Kreislauf-Leistungsfähigkeit hinwies.

8. Schädigungsmöglichkeiten durch Sport

Im Sport lassen sich Verletzungen und Schädigungen nicht völlig ausschließen. Kampfsportarten wie Boxen, Judo oder Ringen bieten von vornherein hohe Verletzungsrisiken. Verletzungsmöglichkeiten bestehen ferner u. a. beim Reiten, Segelfliegen, Turmspringen, Trampolinspringen, Geräte- bzw. Kunstturnen. Bekanntlich sind auch Spielarten wie Fußball, Basketball, Hallenhandball u. .a häufiger durch Verletzungsfälle betroffen. Auf diese dem Sport verbundenen Risiken soll hier nicht eingegangen werden, sondern vielmehr auf vermeidbare Schädigungen im Training.

Dabei ist zwischen orthopädischen und internistischen Gesichtspunkten zu unterscheiden. Im orthopädischen Bereich drohen Gefahren vor allem durch übertriebene Flexibilitätsbeanspruchungen der Wirbelsäule. Hierdurch treten anormal häufig intensive Druckbelastungen der Zwischenwirbelscheiben auf, deren Ernährung dadurch gestört wird. So ist es verständlich, daß sogenannte „Schlangenmenschen" spätestens ab dem 30. Lebensjahre durchweg pathologische Wirbelsäulenzustände aufweisen. Vermutlich sind diese Gefahren größer als die durch ein Krafttraining im jugendlichen Alter hervorgerufenen. Letztere betreffen in erster Linie ein Leistungskrafttraining mit Scheibenhanteln, das im Stehen durchgeführt wird. Als besonders gefährlich für die noch nicht ausgereifte Wirbelsäule gilt dabei die sogenannte „Über-Kopf-Arbeit". Vor allem Jugendliche mit vorhandenen Schädigungen oder auch nur Achsen-Anomalien der Wirbelsäule sollten von einem Leistungs-Krafttraining mit Hanteln ausgeschlossen werden. Derartige Anomalien oder gar Schäden an der Wirbelsäule gelten auch als Kontraindikation gegen die Aufnahme in einen Leistungskader z. B. für Geräteturnen oder Rudern. Stets muß vor Aufnahme eines derartigen Leistungstrainings der physiologische Befund der Wirbelsäule wie auch anderer Gelenke durch eine entsprechende ärztliche Untersuchung sichergestellt sein. Hingegen können keine Bedenken gegen ein fachgerechtes, jugendgemäßes Hanteltraining erhoben werden, welches sogar zu therapeutischen Zwecken in der Orthopädie angewandt wird (Schoberth, 1972).

In den USA beginnt man zwar schon in der High-School mit 15 Jahren das Body-Building, läßt aber ausgesprochenes Gewichtheben (Reißen, Stoßen und vor allem Drücken) im allgemeinen aus. Ähnliches gilt für England, wo das Training der Skelettmuskelkraft in diesem Alter über das Circuittraining betrieben wird in einer Form, die die Wirbelsäule kaum belastet. In der Sowjetunion wird sogar ein Hanteltraining schon mit dem 14. Lebensjahr begonnen, allerdings unter möglichster Vermeidung konzentrierter Wirbelsäulenbelastungen (Nett).

Aufgrund eingehender Untersuchungen vieler kardiologischer Arbeitskreise im internationalen Raum darf es heute als gesichert angesehen werden, daß aus der Sicht der inneren Medizin bei gesunden Personen zumindest des dritten Lebensjahrzehnts keine organischen Schäden durch intensive muskuläre Ausdauerbelastungen entstehen können. Grundsätzlich ermüdet unter normalen Bedingungen der Skelettmuskel vor dem Herzmuskel, zwingt so zum Abbruch der Arbeit und schützt damit das Herz-Kreislaufsystem vor einer Überbelastung. Das gilt nicht bei vorhandenen angeborenen oder erworbenen Schäden bzw. Fehlern.

Dennoch können auch gesunden Personen *Gefahren* drohen. Das gilt vornehmlich bei:

1. Ausdauerbelastungen mit vollem Magen (besonders bei schwer verdaulichen Speisen wie z. B. Hülsenfrüchte);
2. Ausdauerbelastungen bei Temperaturen von über 28° C und/oder einer hohen relativen Luftfeuchtigkeit;
3. intensive Belastung in einer Höhe von mehr als 2000—3000 m ohne vorangegangene Höhenanpassung;
4. Sprung in ein kaltes Gewässer bei hochsommerlichen Temperaturen ohne vorangegangene Abkühlung.

Herztodesfälle auch bei offensichtlich gesunden Personen sind vor allem bei Verstoß gegen die Punkte 1, 2 und 4 beobachtet worden.

Kontraindikationen aus internistischer Sicht gegenüber intensiven, unkontrollierten Belastungen sind:

1. Ein angeborener oder erworbener Herzfehler oder -schaden;
2. Herzrhythmusstörungen, die durch Belastung ausgelöst oder verschlimmert werden. Sie bedürfen auf jeden Fall einer ärztlichen Abklärung.
3. Stark erhöhte Blutdruckwerte ohne vorangegangene medikamentöse Senkung;
4. nennenswerte Überfunktion der Schilddrüse ohne vorangegangene Behandlung;
5. Vorliegen einer akuten oder chronischen Infektion, insbesondere mit erhöhter Körpertemperatur;
6. Vorliegen eines großen Eiterherdes, z. B. in den Mandeln oder in den Nasennebenhöhlen. Dieser „Focus“ sollte entfernt werden;
7. sonstige organische Schäden, die logischerweise eine Kontraindikation gegenüber sportlichen Belastungen darstellen.

Die wohl häufigste Schädigungsmöglichkeit besteht durch eine akute oder chronische Mandelentzündung. Der Sportmedizin sind viele Fälle bekannt, in denen die Teilnahme vornehmlich an Ausdauerwettbewerben im Zustande einer akuten oder chronischen Tonsillitis zu irreversiblen Schädigungen am Herzen geführt hat. Jeder Zweifelsfall sollte daher von einem Hals-Nasen-Ohren-Arzt untersucht werden mit dem Hinweis, daß es sich bei dem Betreffenden um einen Leistungssportler handelt. Ein Befund, der bei Personen mit vornehmlich sitzender Lebensweise sich zeitlebens nicht negativ auszuwirken braucht, kann für den Leistungssportler unangenehme Konsequenzen nach sich ziehen.

Bei Personen jenseits des 30. bis 40. Lebensjahres gilt nicht mehr die Regel, daß grundsätzlich bei einer körperlichen Beanspruchung der Skelettmuskel vor dem Herzmuskel ermüdet und damit das Herz vor Schaden bewahrt. Die in diesem Alter durchweg schon vorhandene Einschränkung der koronaren Kapazität kann bei einer häufigen Überschreitung der physiologischen Leistungsgrenze zu organischen Schädigungen führen. Daher ist eine sportärztliche Untersuchung bei älteren Personen sowohl vor Aufnahme eines Training als auch in Abständen von mindestens einem Jahr anzuraten.

Abschließend ist festzustellen: Der Sport ermöglicht es uns, in der Jugend große Leistungsreserven zu erwerben. Ein das ganze Leben hindurch betriebenes körperliches Training, vornehmlich im Sinne der Beanspruchung auf allgemeine aerobe Ausdauer, hilft uns wiederum, dem altersbedingten Abbau dieser Reserven erfolgreich entgegenzuwirken und uns dadurch biologisch jünger zu erhalten, als wir es dem Geburtsschein nach sind. Es gibt bis heute kein Medikament und keine Diät, die in dieser Hinsicht den Auswirkungen des Sportes vergleichbar sind. Aus der Sicht des Arztes stellt sich eine Hauptaufgabe für den Pädagogen heute darin, durch geeignete pädagogische Maßnahmen die Freude am Sport im Kinde und Jugendlichen zu wecken und ihm geeignete Übungs- und Trainingsformen zu vermitteln. Nur unter diesen Voraussetzungen kann erwartet werden, daß eines Tages der überwiegende Teil der Bevölkerung sein tägliches körperliches Training von einigen Minuten Dauer ebenso zu einer hygienischen Lebensgewohnheit macht wie beispielsweise das Zähneputzen. In diesem Falle könnte vermutlich eine signifikante Abnahme der vorzeitigen Leistungseinbußen, der Frühinvalidität und der zivilisatorisch bedingten Herz-Kreislaufschäden erreicht werden. Die durch die Fortschritte der Medizin hinzugewonnen Lebensjahre sind nur dann lebenswert, wenn sie in einem erträglichen körperlichen Leistungszustand verbracht werden. Darin liegt — jedenfalls für den Arzt — die größte Bedeutung der Leibesübungen.

Ergänzende Literaturhinweise:

Åstrand, I.: Aerobic work capacity in men and women with special reference to age. Acta physiol. Scand. *49*, 169 (1960).

Åstrand, P. O.: Experimental Studies of Working Capacity in Relation to Sex and Age. Copenhagen 1952.

Bengtsson, E.: The working capacity in normal children. Evaluated by submaximal exercise on the bicycle ergometer and compared with adults. Acta med. scand. Vol. CLIV, fasc. II, *154*, 91 (1956).

Bolt, W., Hollmann, W., Schild, K. T., Valentin, H., u. Venrath, H.: Über den Brenztraubensäure- und Milchsäurespiegel im Blut bei Arbeit. Ärztl. Wschr. 30, 656 (1956).

Bouchard, C., Hollmann, W., Venrath, H., Herkenrath, G., u. Schlüssel, H.: Minimalbelastungen zur Prävention kardio-vaskulärer Erkrankungen. Sportarzt und Sportmedizin 7, 348 (1966).

Carlson, L. H., u. Pernow, B.: Studies on the peripheral circulation and metabolism in man. I. Oxygen utilization and lactate pyruvate formation in the legs at rest and during exercise in healthy subjects. Acta physiol. Scand 52, 328 (1961).

Christensen, E. H.: Beiträge zur Physiologie schwerer körperlicher Arbeit. I. Mitt.: Blutzucker vor und nach körperlicher Arbeit. Arbeitsphysiol. 4, 128 (1931). IV. Mitt.: Pulsfrequenz vor und nach körperlicher Arbeit. Arbeitsphysiol. 4, 453 (1931). V. Mitt.: Minuten- und Schlagvolumen des Herzens während schwerer körperlicher Arbeit. Arbeitsphysiol. 4, 470 (1931). VI. Mitt.: Stoffwechsel und respiratorische Funktionen bei schwerer körperlicher Arbeit. Arbeitsphysiol. 5, 463 (1932).

Christensen, E. H., u. Högberg, F.: The efficiency of anaerobic work. Arbeitsphysiol. 14, 249 (1950).

— Steady state, O_2-deficit and O_2-debt at severe work. Arbeitsphysiol. 14, 251 (1950).

Cohn, J. E., Carrol, D. G., Armstrong, B. W., Shephard, R. H., u. Riley, R. L.: Maximal diffusing capacity of the lung in normal subjects of different ages. J. appl. Physiol. 6, 573 (1954).

Diem, C.: Sport und Alter. In: H. Plessner, H.-E. Bock, O. Grupe (Hrsg.): Sport und Leibeserziehung. München 1967.

Grandjean, E.: Die physiologischen Grundlagen des Muskeltrainings. Schweiz. Zs. Sportmed. 41 (1956).

Gregg, D. E.: Coronary circulation in health and diesease. Philadelphia 1950.

Gollnick, P. D., King, D. W.: The immediate and chronic effect of exercise on the number and structure of skeletal muscle mitochondria. Biochem. of exercise, Basel, New York 1969.

Hartung, M., Venrath, H., Hollmann, W., Isselhardt, W., u. Jaenckner, D.: Über die Atmungsregulation unter Arbeit. Forschungsberichte des Landes NRW. Köln, Opladen 1966.

Hettinger, Th.: Isometrisches Muskeltraining. Stuttgart 1964.

Herbst, R.: Der Gasstoffwechsel als Maß der körperlichen Leistungsfähigkeit. I. Die Bestimmung des Sauerstoffaufnahmevermögens beim Gesunden. Dtsch. Arch. Klin. Med. 162, 33 (1928).

Herxheimer, H.: Grundriß der Sportmedizin. Leipzig 1933.

Hochrein, M., u. Schleicher, I.: Leistungssteigerung. Stuttgart 1953.

— Heilwirkung des Sports bei Kreislauferkrankungen. Sportmed. u. Gesundheitserziehung 4, 119 (1954).

Hollmann, W., Venrath, H., Balodimos, J., u. Giovannelli, G.: Herzleistungsquotient und Wirkungsgrad sowie die Lungenvolumina bei Sportlern unter 35 Jahren. Sportmed. 11, 1955.

Hollmann, W., Venrath, H., Valentin, H., u. Spellerberg, B.: Über den arteriellen Blutdruck beim Menschen während dosierter körperlicher Arbeit. Z. Kreislaufforschg. 48, 162 (1959).

Hollmann, W., Valentin, H., u. Venrath, H.: Über Atmung und Kreislauf jugendlicher Personen während dosierter körperlicher Belastung. Sportarzt 4, 1959.

Hollmann, W.: Der Arbeits- und Trainingseinfluß auf Kreislauf und Atmung. Darmstadt 1959.

Hollmann, W., Valentin, H., u. Venrath, H.: Vergleichende Arbeitsuntersuchungen männlicher und weiblicher Personen unter fortlaufender Registrierung von Ventilation, Stoffwechsel, Pulsfrequenz und Blutdruck. Münch. Med. Wschr. 101, 1680 (1959).

Hollmann, W.: Zur Frage der Dauerleistungsfähigkeit. Fortschr. d. Med. 79, 439 (1961).

— Die klinische Bedeutung der Bewegungstherapie bei Herzkranken. Med. Welt 21, 635 (1962).

— Höchst- und Dauerleistungsfähigkeit des Sportlers. Spiroergometrische Beurteilung und Untersuchungsergebnisse von männlichen und weiblichen Personen des 1. bis 8. Lebensjahrzehnts. München 1963.

Hollmann, W., u. Venrath, H.: Die Beeinflussung von Herzgröße, maximaler O_2-Aufnahme und Ausdauergrenze durch ein Ausdauertraining mittlerer und hoher Intensität. Sportarzt 9, 189 (1963).

Hollmann, W., Venrath, H., Bouchard, C., u. Budinger, H.: Über die Eignung der häufigsten Sportarten für präventive und rehabilitative Zwecke auf dem Herz-Kreislaufsektor. Fortschr. d. Med. 82, 243 (1964). II. Mitt.: Beanspruchungen von Herz und Kreislauf bei verschiedenen Sportarten. Fortschr. d. Med. 82, 289 (1964).

Hollmann, W., Venrath, H., Bouchard, C., u. Werne, D.: Vergleichende Untersuchungen über den Einfluß von einbeinig und beidbeinig verrichteter Fahrradergometerbelastung auf Stoffwechsel und Kreislauf. Sportarzt 6, 169 (1964).

Hollmann, W., Bouchard, C., u. Herkenrath, G.: Die Entwicklung des kardio-pulmonalen Systems bei Kindern und Jugendlichen des 8. bis 18. Lebensjahres. Sportarzt 7, 255 (1965).

Hollmann, W.: Körperliches Training als Prävention von Herz-Kreislaufkrankheiten. Stuttgart 1965.

Hollmann, W., u. Venrath, H.: Funktionsbeeinflussung im Alternsgang durch Sport und Belastbarkeit des älteren Menschen. In: Sport und Körperkultur des älteren Menschen. Leipzig 1966.

Hollmann, W., Grünewald, B., u. Bouchard, C.: Die alternsbedingte Reduktion der kardiopulmonalen Kapazität und ihre Begegnung durch ein Minimal-Trainingsprogramm. Arbeitsmed. Sozialmed. Arbeitshygiene 3, 88 (1967).

Hollmann, W. (Hrsg.): Zentrale Themen der Sportmedizin Springer, Berlin-Heidelberg, New York 1977².

Hollmann, W., Hettinger, Th.: Sportmedizin — Arbeits- und Trainingsgrundlagen. Stuttgart, New York 1980².

Holloszy, J. O.: Biochemical adaption in muscle. J. Biochem. Chem. 242, 2278 (1967).

Holmgren, A.: Circulatory changes during muscular work in man with special reference to arterial and central venous pressures in systemic circulation. Scand. J. clin. Lab. Invest. Suppl. 24 (1956).

Holmgren, A., Jonsson, B., Levander, M., Linderholm, H., Sjöstrand, T., u. Ström, G.: Physical training of patients with vasoregulatory asthenia. Acta med. Scand. 158, 413 (1957).

Holmgren, A., u. Strandell, T.: The relationship between heart volume, total hemoglobin and physical working capacity in former athletes. Acta med. Scand. 163, 149 (1959).

Jakowlew, N.: Die physiologisch-chemischen Grundlagen der Entwicklung der Schnelligkeitsausdauer. Legkaja Athletica Moskau 6, 1957.

— Die Ernährung des Sportlers. Berlin 1958.

Jokl, E.: Alter und Leistung. Berlin 1964.

Karvonen, M. J., Kentala, E., u. Mustala, O.: The effects of training on heart rate. Ann. Med. Exper. Fam. 35, 307 (1957).

Karvonen, M. J.: Physiologische Grundlagen des Sports in Therapie und Rehabilitation unter besonderer Berücksichtigung des Gefäßsystems. Sportarzt 225, 1963.

Kesseler, K., Egli, H., u. Wachholder, K.: Über die Einwirkung körperlicher Arbeit auf die Blutgerinnung. Klin. Wschr. 35, 1088 (1957).

Keul, J., Reindell, H., u. Roskamm, H.: Zur Belastbarkeit des jugendlichen Organismus. Arbeitsphysiol. 19, 287 (1962).

Keul, J., u. Doll, E.: Die Substratversorgung des menschlichen Skelettmuskels während körperlicher Arbeit. Köln, Berlin 1966.

Keul, J., Doll, E., Keppler, D.: Muskelstoffwechsel. München 1969.

Knipping, H. W.: Die Untersuchung der Ökonomie von Muskelarbeit bei Gesunden und Kranken. Z. exper. Med. 66, 517 (1929).

Knipping, H. W., Bolt, W., Valentin, H., u. Venrath, H.: Untersuchung und Beurteilung des Herzkranken. Stuttgart 1960².

König, K., Reindell, H., Musshoff, K., Roskamm, H., u. Kessler, M.: Das Herzvolumen und die körperliche Leistungsfähigkeit bei 20- bis 60jährigen gesunden Männern. II. Mitt.: Arch. f. Kreislaufforschg. 35, 37 (1961).

König, K., Reindell, H., u. Roskamm, H., Das Herzvolumen und die Leistungsfähigkeit bei 60- bis 75jährigen gesunden Männern. Arch. f. Kreislaufforschg. 39, 143 (1962).

Kraus, H., u. Raab, W.: Erkrankungen durch Bewegungsmangel. Hrsg. v. P. Beckmann. München 1964.

Kraus, H., Kirsten, R.: Effects of exercise on structure and metabolism of skeletal muscle at the cell level. Pflügers Arch. ges. Physiol. 308, 57 (1969).

Lange-Andersen, K.: Work Capacity of Selected Populations. Oslo 1964.

Lehman, G.: Praktische Arbeitsphysiologie. Chieme, Stuttgart 1953.

Liesen, H., Korsten, H., Hollmann, W.: Effect of a Marathon race on blood lipid constituents in younger and older athletes. In: Biochemistry of Exercise, von H. Howald (ed.), Magglingen. 1973.

Linzbach, A. H.: Struktur und Funktion des gesunden und kranken Herzens. 5. Freiburger Symposium. Berlin, Göttingen, Heidelberg 1958.

Mader, A., Liesen, H., Heck, H., Philippi, H., Rost, R., Schürch, P., Hollmann, W.: Zur Beurteilung der sportartspezifischen Ausdauerleistungsfähigkeit im Labor. Sportarzt und Sportmed. *4* und *5*, 80 und 109 (1976).

Mellerowicz, H.: Vergleichende Untersuchungen über das Ökonomieprinzip in Arbeit und Leistung des trainierten Kreislaufs und seine Bedeutung für die präventive und rehabilitative Medizin. Arch. f. Kreislaufforschg. 24, 70 (1956).

Mellerowicz, H., u. Lerche, D.: Ergometrische Untersuchungen zur Beurteilung der kardialen und körperlichen Leistungsfähigkeit bei Kindern und Jugendlichen. Z. Kinderheilk. 81, 36 (1958).

Mellerowicz, H.: Die Relation der biologischen Leistung am Ergometer zur Drehzahl, Kurbelhöhe und Kurbellänge und der individuellen Bewegungsökonomie. Grundlagenarbeiten der Ergometrie. Berlin 1960.

Mellerowicz, H. (Hrsg.): Präventive Kardiologie. Berlin 1961.

Mellerowicz, H.: Ergometrie. München, Berlin 1975².

Mellerowicz, H., u. Meller, W.: Training. Berlin, Heidelberg, New York 1972.

Moritz, F.: Größe und Form des Herzens bei Meistern im Sport. Dtsch. Arch. Klin. Med. 176, 455 (1934).

Müller, E., u. Hettinger, Th.: Der Verlauf der Zunahme der Muskelkraft nach einem einmaligen maximalen Trainingsreiz. Int. Z. angew. Physiol. 16, 184 (1956).

Musshoff, K., Reindell, H., König, K., Keul, J., u. Roskamm, H.: Das Herzvolumen und die körperliche Leistungsfähigkeit bei 10- bis 19jährigen gesunden Kindern und Jugendlichen. I. Mitt.: Arch. Kreislaufforschg. 35, 12 (1961).

Nett, T.: Training des Kurz-, Mittel- und Langstreckenläufers. Frankfurt 1954.

Nett, T.: Der Lauf. Berlin-Charlottenburg 1960.

Nett, T.: u. Jonath, U.: Kraftübungen zur Konditionsarbeit. Berlin 1964.

Nöcker, J., u. Böhlau, V.: Abhängigkeit der Leistungsfähigkeit vom Alter und Geschlecht. Münch. Med. Wschr. 97, 1517 (1955).

Nöcker, J.: Physiologie der Leibesübungen. Stuttgart 1976³.

Raab, W., u. Kryzwanek, J.: Cardiovascular sympathetic tone and stress response related to personality patterns and exercise habits. The Americ. J. of Cardiology 16, 42 (1965).

Reindell, H., Weyland, R., Klepzig, H., Schildge, E., u. Musshoff, K.: Das Sportherz. Erg. inn. Med. 5, 306 (1954).

Reindell, H., Klepzig, H., Steim, H., Musshoff, K., Roskamm, H., u. Schildge, E.: Herz- und Kreislaufkrankheiten und Sport. München 1960.

Reindell, H., Roskamm, H., u. Gerschler, W.: Das Intervalltraining. München 1962.

Reindell, H., König, K., Roskamm, H.: Funktionsdiagnostik des gesunden und kranken Herzens. Chieme, Stuttgart 1967.

Rosenbaum, F. F., u. Belknap, E. J.: Work and the Heart. New York 1959.

Roskamm, H., Reindell, H., Musshoff, K., u. König, K.: Die Beziehungen zwischen Herzgröße und Leistungsfähigkeit bei männlichen und weiblichen Sportlern im Vergleich zu männlichen und weiblichen Normalpersonen. III. Mitt.: Arch. Kreislaufforschg. 35, 67 (1961).

Roskamm, H., Reindell, H., Haubitz, W., Keul, J., u. König, K.: Herzgröße und Leistungsfähigkeit bei Hochleistungssportlern im Verlauf unterschiedlicher Trainingsbelastung. Schweiz. Z. Sportmed. 10, 121 (1962).

Roskamm, H., Reindell, H., Weissleder, H., Kessler, G., u. Aletter, K.: Zur Frage der Spätschäden nach intensivem Hochleistungssport. Med. Welt 41, 2170 (1964).

Roskamm, H., Reindell, H., u. König, K.: Körperliche Aktivität und Herz- und Kreislauferkrankungen. München 1966.

Rost, R.: Kreislaufreaktion und -adaption unter körperlicher Belastung, dargestellt aus der Sicht der präventiven und rehabilitativen Medizin. Fortschr. Med. *95*, 718 (1977).

Rost, R., Hollmann, W.: Die Messung des arteriellen Druckes unter den Bedingungen körperlicher Belastung. Biomed. Technik *22*, 209 (1977).

Rouk, A.: An investigation into the longevity of Cambridge sportsmen. Brit. Med. J. April 3, 773 (1954).

Schimert, G.: Körperbelastung und Koronarerkrankungen. Münch. Med. Wschr. 18, 894 (1965).

Schleusing, G., Hiller, J., u. Neumann, G.: Trainingsanpassungserscheinungen von Herz- und Kreislauf. Z. Altersforschg. 15, 111 (1961).

Schleusing, G., u. Deetz, R.: Vergleichende Untersuchungen über Anpassungserscheinungen nach Dauertraining und Intervalltraining. I. Mitt.: Morphologische Anpassungsreaktion. Medizin und Sport 4, 18 (1964).

Schlüssel, H.: Das Intervalltraining in der physikalischen Therapie der chronischen Beinarterienverschlüsse. Sportarzt 5, 145 (1964).

— Das Gehtraining bei alten Patienten mit chronischen Beinarterienverschlüssen. Med. Welt 3, 145 (1965).

Schoberth, H.: Sportverletzungen. In: W. Hollmann (Hrsg.): Zentrale Themen der Sportmedizin. Berlin, Heidelberg, New York 1977[2].

Schoop, W.: Leibesübungen in der Prophylaxe und Therapie von peripheren Durchblutungsstörungen. Therapiewoche 725, 1965.

Schönholzer, G.: Ermüdung, Erschöpfung, Tod. Schweiz. Z. Sportmed. 3, 65 (1957).

Schwalb, H.: Körperliche Aktivität, Sport und Koronarerkrankungen aus epidemiologischer Sicht. Münch. Med. Wschr. 18, 904 (1965).

Sjöstrand, T.: Das Sportherz. Dtsch. med. Wschr. 80, 963 (1955).

Stegemann, J.: Zum Mechanismus der Pulsfrequenzeinstellung durch den Stoffwechsel. I. Der Einfluß des Stoffwechsels in einer vom Kreislauf isolierten Muskelgruppe auf das Verhalten der Pulsfrequenz. Pflüg. Arch. 276, 481 (1963). — III. Das Stoffwechselkreislaufsystem unter dem Gesichtspunkt des biologischen Regelkreises. Pflüg. Arch. 276, 500 (1963). — IV. Zur Frage der Lokalisation der stoffwechselempfindlichen Muskelrezeptoren. Pflüg. Arch. 276, 511 (1963).

Stegemann, J.: Leistungsphysiologie. Stuttgart 1977[2].

Valentin, H., Hollmann, W., u. Venrath, H.: Über die Möglichkeiten der Prüfstanduntersuchungen von Lunge, Herz und Kreislauf während Arbeitsbelastungen. Med. Welt 31, 1573 (1960).

Venrath, H., u. Hollmann, W.: Sport in der Rehabilitation von Herz- und Lungenkrankheiten. Sportarzt 12, 1963 und 1, 1964.

Venrath, H., Bolt, W., Hollmann, W., Valentin, H., u. Kesteloot, H.: Untersuchungen zur Frage der Blutdepots beim Menschen. Z. Kreislaufforschg. 46, 612 (1967).

Weiss, A.: Blutdruck und Muskelarbeit, insbesondere von Hypertonikern von 17 bis 60 Jahren. Verh. Dtsch. Ges. Kreislaufforschg. 15, 272 (1949).

Wyndham, C. H., Strydom, N. B., Maritz, J. S., Morrison, J. F., Peter, J., u. Potgieter, Z. O.: Maximum oxygen intake and maximum heart rate during strenuous work. J. appl. Physiol. 14, 927 (1959).

Eberhard Hildenbrandt

Grundlagen einer schulsportorientierten Trainingslehre*

Die Trainingsforschung steht heute in enger Verbindung mit der Medizin, der Bewegungslehre, der Entwicklungs-, Lern- und Motivationspsychologie; ihre Ergebnisse finden einen Niederschlag in didaktischen und methodischen Entscheidungen. Neben soziologischen und sozialpsychologischen Fragestellungen berühren sie die Kommunikationsforschung und weisen philosophisch-anthropologische Aspekte auf.

Hier soll der Versuch unternommen werden, diejenigen Ergebnisse der Trainingslehre herauszustellen, die für didaktische und methodische Entscheidungen im Schulsport von besonderer Bedeutung sind. Daß dabei aus dem Gesamtkomplex lediglich bestimmte Aspekte herausgegriffen werden können, liegt einerseits an der unterschiedlichen Bedeutung einzelner Bereiche der Trainingslehre für den Schulsport und andererseits an der im Rahmen einer Einführung vorgegebenen Intention.

Zweifellos liegen die Schwerpunkte der Trainingslehre im Augenblick noch vorwiegend bei Fragen der Belastung durch Bewegungsreize und den damit zusammenhängenden Reaktionen des menschlichen Organismus. Dabei stößt die Forschung an die Grenzen der Höchst- und Mindestanforderungen und hat Aussagen zu machen über die Toleranzmarken gesundheitlicher und sozialer Gefährdung der Trainierenden. Das bedeutet auf der einen Seite eine Grenzziehung im Hinblick auf die Maximalbelastungen, die nicht ohne Gefährdung *überschritten* werden dürfen, auf der anderen Seite den Versuch, die Minimalanforderungen zu bestimmen, die ohne Gefährdung nicht *unterschritten* werden dürfen.

Der menschliche Organismus befindet sich in einer ständigen Auseinandersetzung mit seiner Umwelt. Eine sinnvolle Verarbeitung der verschiedensten Reize wird zu einer unumgänglichen Voraussetzung für jede Lebensbewältigung. Der Hochleistungssport dokumentiert z. B. in diesem Zusammenhang sehr eindrucksvoll das gewaltige Anpassungspotential eines gesunden Organismus. Wir sind offenbar biologisch und genetisch auf eine Umweltsituation mit sehr hohen körperlichen Anforderungen („Auslesedruck“[1]) programmiert. Diese Programmierung hat sich in historisch über-

---

* Teil 8 (Entwicklungsgemäßes Training) wurde von G. Frey verfaßt.

[1] S. Israel: Biologische Anpassung als gesellschaftliche Forderung. In: Medizin und Sport 13 (1973), S. 262 f.

schaubaren Zeiträumen nicht verändert, wohl aber die Lebensbedingungen, und zwar mit atemberaubendem Tempo. Diese tiefgreifende Milieuveränderung ist im Gegensatz zum kognitiv-psychischen Bereich durch eine enorme Reduzierung der körperlichen Belastungsreize gekennzeichnet. Während wir — wie Israel sagt — als Stoffwechseltyp noch an frühere Lebensbedingungen fixiert sind, sind wir an die physische Bequemlichkeit der modernen nicht angepaßt und — das dürfte gravierender sein — wohl auch nur begrenzt anpassungsfähig. Bewegungsarmut wird deshalb zu einem hohen Risikofaktor. Auffällig dabei ist, daß gerade diejenigen organischen Systeme, die besonders anpassungsfähig sind, wie z. B. das Herz-Kreislauf-System, bei permanenter Unterbelastung besonders in Mitleidenschaft gezogen werden und zu krankhaften Veränderungen neigen.

Wir meinen, daß vor diesem Hintergrund dem wissenschaftlich fundierten Training und seiner Anwendung auf breitester Ebene, etwa in der Schule, heute vor allem die Aufgabe zufällt, dieses defizitäre Reizangebot der Umwelt zu kompensieren und damit ein bestehendes, elementares biologisches Bedürfnis des einzelnen und der Gesellschaft zu befriedigen. Planvolles Training kann in zunehmendem Maße die Funktion eines Lebenserhaltungssystems übernehmen.

So rückt Training in den Umkreis der rehabilitativen und präventiven Medizin und gewinnt seine soziale und pädagogische Dimension weniger aus den Erkenntnissen des oberen Belastungsniveaus, als vielmehr aus Einsichten in die Wirkungszusammenhänge des unteren Leistungsniveaus, das Voraussetzung für Wohlbefinden und freudvolle Bewegungshandlung des einzelnen und der sporttreibenden Gruppe ist.

Aus dieser Perspektive läßt sich kaum eine Maßnahme des Sportlehrers nennen, die nicht von Fragen der Trainingslehre berührt würde.

Inhaltliche Bestimmung von Training und Trainingslehre

Von allen wissenschaftlichen Disziplinen, die sich mit dem Phänomen Training bisher auseinandergesetzt haben, hat die Medizin die klarsten und gesichertsten Ergebnisse vorgelegt. Dabei sind die Bezeichnungen „Leistungsmedizin“ und „Sportmedizin“ nach dem Selbstverständnis der medizinisch orientierten Trainingswissenschaft heute zu eng. Der Aufgabenbereich ist nach W. Hollmann definiert durch „das Bemühen der theoretischen und praktischen Medizin, den Einfluß von Übung, Training und Sport sowie den von Bewegungsmangel auf den gesunden und kranken Menschen jeder Altersstufe zu analysieren und die Befunde der Prävention und Rehabilitation sowie dem Sport selbst dienlich zu machen“[2]. Damit ist eine wesentliche Erweiterung des ursprünglichen Aufgabenbereichs angesprochen; das Interesse bleibt jedoch primär orientiert an medizinisch nachweisbaren morphologischen und funktionellen Veränderungen.

Auch Soziologie und Pädagogik beginnen allmählich, spezifische Fragestellungen im Hinblick auf das Training zu entwickeln. So ist die Bedeutung von Training und Trainingslehre für den Schulsport von Frey[3] nachdrücklich hervorgehoben worden.

Neben den Bemühungen der Entwicklungs-, Lern- und Motivationspsychologie ist außerdem eine Hinwendung der handlungstheoretisch orientierten Psychologie zum Phänomen Training zu beobachten. So läßt sich etwa nach Ulich und Volpert „Training als derjenige planvolle Prozeß beschreiben, der eine Optimierung von Fertigkeiten und Können, d. h. auch von Handlungsplänen und Handlungsstrukturen bewirkt“[4]. Wenn an anderer Stelle Lernen als Optimierung von Handlungsplänen definiert wird[5], wird eine wesentliche Erweiterung des Trainingsbegriffs deutlich. Diese Öffnung in den kognitiven Bereich erlaubt es auch, „mentale Trainingsmethoden“, bei denen das Schwergewicht auf Sprech-, Denk- und Vorstellungsprozessen liegt, sinnvoll einzuordnen[6].

Im sensomotorischen Modell Ungerers wird Training dagegen als letzte Phase des Dreischritts Lernen—Üben—Trainieren, in der lediglich die Voraussetzungen für eine stärkere Intensivierung der gelernten und geübten Fertigkeiten geschaffen werden, aus dem Gesamthandlungskomplex herausgenommen[7].

In der Fachliteratur der sozialistischen Staaten wird der Trainingslehre uneingeschränkt eine hohe Bedeutung eingeräumt[8]. Trainingslehre wird dort als das Kerngebiet der Sportwissenschaft angesehen und von der Theorie

---

[2] W. Hollmann (Hrsg.): Zentrale Themen der Sportmedizin. Berlin, Heidelberg, New York 1972, S. VII.

[3] G. Frey: Entwicklungsgemäßes Training in der Schule. In: Sportwissenschaft 1978, S. 172 f.

[4] W. Volpert: Sensumotorisches Lernen. In: E. Ulich (Hrsg.): Training und Beanspruchung, Bd. 1. Vorwort des Herausgebers. Frankfurt 1971, S. 8.

[5] W. Volpert, a. a. O., S. 22.

[6] a. a. O., S. 101 f.

[7] K. Koch, u. a. (Hrsg.): Motorisches Lernen, Üben, Trainieren. Schorndorf 1972, S. 27.

[8] Vgl. z. B. D. Harre: Trainingslehre Berlin (Ost) 1971[3]; L. P. Matwejew: Die Theorie des Sports als Wissenschaft und Unterrichtsfach. In: Theorie und Praxis der Körperkultur, Berlin 21 (1972).

der Körpererziehung abgehoben, ohne daß aber ein grundsätzlicher Gegensatz zwischen Schul- und Wettkampfsport gesehen würde.

Unter *Training* werden hier alle längerfristigen planbaren Maßnahmen verstanden, die ein bestimmtes körperliches Ausgangsniveau in allen Altersstufen auf eine höhere Stufe zu heben vermögen. Dabei kann neben der Wiederherstellung und Optimierung der Funktionen des Gesamtorganismus auch die Erhaltung eines erreichten Leistungsniveaus als Trainingsziel definiert werden.

Unter *Trainingslehre* wird die Erforschung der Wirkungsweise aller Trainingsmethoden und Trainingsmittel und die daraus abgeleiteten Anweisungen zur Organisation von Trainingsprozessen verstanden.

Aus diesen Bestimmungen ergeben sich für das körperliche Training folgende Zielsetzungen:

— *Prävention* als Maßnahme zur Verhinderung von Bewegungsmangelerscheinungen.
— *Rehabilitation* als Maßnahme zur Kompensation bereits indizierter Bewegungsmangelerscheinungen.
— *Optimierung* des Leistungsniveaus zur Erschließung eines gesteigerten Könnens bei Bewegungshandlungen.

Es wird davon ausgegangen, daß gerade der Schulsport diese drei Intentionen in den Kanon seiner Zielsetzungen aufzunehmen hat, obwohl noch weithin die personellen und organisatorischen Voraussetzungen für eine effektive Verwirklichung fehlen. Ein Blick auf die beklagenswerte Situation des sogenannten Schulsonderturnens macht deutlich, wo in Zukunft Schwerpunkte im Schulsport und Korrekturen in der Sportlehrerausbildung zu setzen sind.

Bei dieser Fassung des Trainingsbegriffs wird sich besonders im Bereich der Minimalbelastungen die Unterscheidung in *Übung* (systematische Wiederholung ohne nachweisbare morphologische Veränderungen) und *Training* (systematische Wiederholungen mit faßbaren morphologischen Veränderungen) im Einzelfall nur sehr schwer treffen lassen. Es erscheint deshalb sinnvoll, von den gesteckten Zielen einer Maßnahme auszugehen und Übung vorwiegend als Mittel zur Verbesserung der Bewegungsstruktur, Training dagegen vorwiegend als Mittel zur Verbesserung der physischen Leistungsfaktoren *Kraft, Schnelligkeit, Ausdauer* und *Beweglichkeit* zu verstehen.

Biologische Gesetzmäßigkeiten[9]

1. Form und Funktion

Organische Form und Funktion sind wechselseitig gesetzmäßig aufeinander bezogen. Veränderungen der Formen ziehen Veränderungen der Funktionen nach sich. Umgekehrt bewirken veränderte Funktionen auch

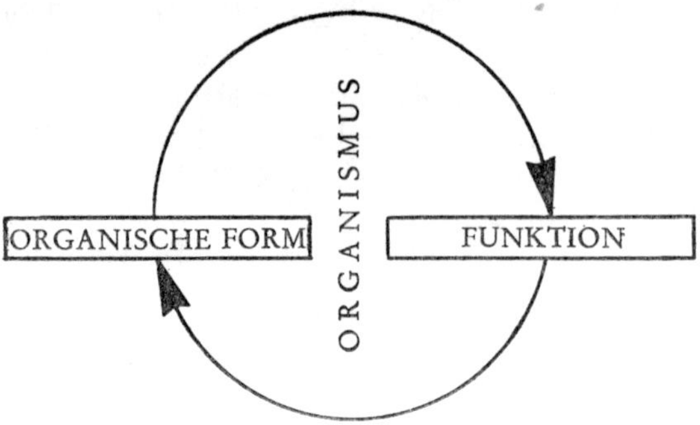

Abb. 1: Wechselseitige Beziehung von organischer Form und Funktion. Z. B. bestimmt die Form des Herzens dessen Pumpfunktion. Training des Herzens bewirkt Änderungen seiner Form (Gewichts- und Volumenzunahme) und Zunahme seiner Leistungsfunktionen; nach Mellerowicz/Meller, S. 1.

Veränderungen der organischen Formen. Veränderte Anforderungen an die Funktionstüchtigkeit der Organsysteme (etwa die Ruhigstellung eines Gliedes im Gipsverband) bewirken spezifische Veränderungen der betroffenen organischen Form (etwa die Rückbildung der Muskulatur).

2. Homöostase

Bei veränderten Belastungen durch die Umwelt, wobei geplante Trainingsreize miteingeschlossen sind, folgt der gesunde Organismus der Tendenz, ein Gleichgewicht zwischen Anforderungen und Funktionstüchtigkeit aufrecht zu erhalten. Dieses dynamische Gleichgewicht, das durch physiologische Kreisprozesse aufrecht erhalten wird, wurde von dem amerikanischen Physiologen W. B. Cannon 1932 in dem Buch mit dem bezeichnen-

[9] In diesem Beitrag werden vor allem die elementaren Funktionszusammenhänge dargestellt. Es wird auf die Veröffentlichungen von Nöcker, Mellerowicz und Hollmann verwiesen: J. Nöcker: Die biologischen Grundlagen der Leistungssteigerung durch Training. Schorndorf 1970[4]; vgl. den Beitrag Hollmann in diesem Buch; H. Mellerowicz / W. Meller: Training. Berlin, Heidelberg, New York 1972.

den Titel „The wisdom of body" als Homöostase bezeichnet. Dabei spielen neben Anpassungen der organischen Formen vor allem auch Ökonomisierungen der organischen Prozesse eine wesentliche Rolle.

3. Qualität und Quantität des Trainings

Jede von außen gesetzte Belastung ruft spezifische Trainingswirkungen hervor, d. h., das Organsystem reagiert auf bestimmte Reize mit ganz spezifischen Anpassungserscheinungen. Hier liegt übrigens eine besondere Schwierigkeit für den Schulsport, die seine geringe Effektivität wenigstens teilweise erklären kann: Während im Wettkampfsport und auch in der Rehabilitation meist die erwünschten Anpassungen als Trainingsziele bestimmt werden können, erzwingt die Komplexität und gleichzeitige Vielgestaltigkeit des Schulsports eine starke Mischung der gesetzten Reize, so daß unter Umständen wenig wirksame Kompromisse oder gar sich ausschließende Wirkungen die Folge sind. Aus der Sicht der Trainingslehre muß also der Schulsport daran interssiert sein, Reizsetzungen vorzunehmen, die, wie etwa das Circuit-Training, durch ein möglichst breites Wirkungsspektrum gekennzeichnet sind.

Während die „äußeren Belastungen" in der Regel im Hinblick auf Umfang und Intensität quantitativ meßbar sind (Trainingsquantität), ist das Maß der „inneren Belastungen" Ausdruck einer spezifischen Trainingsqualität und bedeutend schwieriger zu bestimmen. Die verschiedenen Trainingswirkungen auf den Organismus, die von Mellerowicz/Meller übersichtlich zusammengestellt worden sind[10], werden darüber hinaus von einer Reihe endogener (Alter, Geschlecht, Konstitution) und exogener (Ernährung, Außentemperatur, Luftdruck, soziales Milieu usw.) Faktoren beeinflußt.

Bei der Planung und Durchführung von Trainingsprozessen muß also im Einzelfall das sehr schwierige Problem gelöst werden, wie die Struktur der äußeren Belastung sinnvoll auf die Struktur der Trainingswirkungen zu beziehen ist.

4. Das Wirkungsgefüge von Belastung und Anpassung

Das Wirkungsgefüge zwischen Belastung und Anpassung wird im einzelnen von folgenden Gesetzmäßigkeiten bestimmt:

4.1 Bleiben die gesetzten Bewegungsreize unter einem bestimmten Schwellenwert oder überschreiten sie eine obere Belastungsmarke, können positive Anpassungserscheinungen nicht festgestellt werden. Es kann davon

[10] H. Mellerowicz / W. Meller, a. a. O., S. 3 f.

ausgegangen werden, daß im Schulsport viele Reize diese untere Marke nicht erreichen. Das dürfte weniger auf eine zu geringe Intensität oder einen nicht ausreichenden Gesamtumfang der Belastungen zurückzuführen sein, als vielmehr auf eine zu geringe Trainingshäufigkeit, die durch die derzeitige Stundenverteilung weitgehend festgelegt ist. Da es im Augenblick noch unrealistisch erscheint, die tägliche Sportstunde zu fordern, könnte eine Zerlegung des Gesamtangebots in kleinere Einheiten schon wirksame Abhilfe schaffen; denn „die gleiche Trainingsquantität bewirkt einen größeren Leistungszuwachs, wenn sie in mehrere Quanten aufgeteilt wird“[11]. Aus dieser Tatsache sind auch die Hauptargumente gegen die sogenannte Blockstunde im Schulsport abzuleiten. Obwohl für die Blockstunde aus didaktischen und organisatorischen Gründen durchaus Vorteile geltend gemacht werden können, sollte sie doch nur in besonderen Einzelfällen angesetzt werden.

Die Belastungsgrößen der unteren Schwellenwerte für Trainingshäufigkeit, -dauer und -leistung können nicht mit absoluter Genauigkeit angegeben werden, da sie weitgehend individuell bestimmt und fortlaufend neu festgelegt werden müssen, doch läßt sich für Lehrer und Trainer ein Richtwert angeben, der bei 20—30 % der individuellen Maximalbelastbarkeit liegt.

4.2 Belastung, Ermüdung und Erholung dürfen nicht als getrennte Phänomene des Trainings angesehen werden, sondern bilden ein Wirkungsgefüge:

„Die Belastung in einer Trainingseinheit löst zunächst durch den Verbrauch funktioneller und energetischer Potentiale einen Ermüdungsprozeß aus, der die Funktionsfähigkeit des Organismus zeitweilig herabsetzt. Das ist der entscheidende Reiz für Anpassungsvorgänge, die sich vornehmlich in der Erholungsphase vollziehen. Unter biochemischem Aspekt werden dabei nicht nur die verbrauchten Energiequellen erneuert (Wiederherstellung), sondern es erfolgt eine Wiederherstellung über das Ausgangsniveau hinaus (Überkompensation). Die Überkompensation ist die Grundlage für die Funktions- und Leistungssteigerung“[12] (vgl. Abb. 2).

Dieses Phänomen hat eine große Bedeutung für die Erklärung der Wirkungsweise von Bewegungsreizen, auch wenn nach Mellerowicz noch nicht eindeutig geklärt ist, ob ein Trainingsreiz in der Leistungsphase oder in der Erholungsphase wirksam wird[13]. In der Trainingspraxis wird allerdings von der Hyperkompensation und dem damit begründbaren Prinzip der Summa-

[11] a. a. O., S. 31.
[12] D. Harre, a. a. O., S. 69.
[13] H. Mellerowicz / W. Meller, a. a. O., S. 2.

tion einzelner Trainingsreize, die jeweils in die Überkompensationsphase gesetzt werden, ausgegangen.

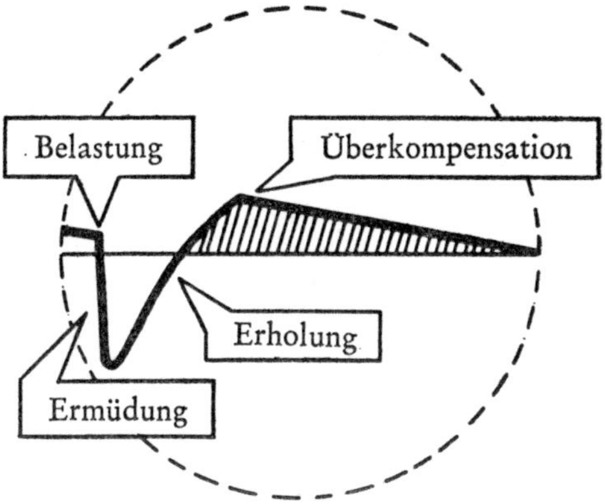

Abb. 2: Zyklus der Überkompensation (nach Jakolew); abgedruckt bei Harre, a. a. O., S. 69

4.3 Da sich im Verlaufe eines Anpassungsprozesses das Leistungsniveau durch Zuwachs positiv verändert, müssen die Belastungsreize stufenweise erhöht werden, wenn ein kontinuierlicher Leitungszuwachs erzielt werden soll *(Prinzip der steigenden Belastung)*. Die Belastungsstruktur eines Trainingsprozesses ist also in einem hohen Grade dynamisch und erfordert bei der Festlegung durch den Trainer die Berücksichtigung einer Fülle von Daten, die nur durch Zwischentests und sorgfältige Beobachtung der Trainierenden gewonnen werden können.

Gerade bei dieser schwierigen Aufgabe sind jedoch heute Lehrer und Trainer noch weitgehend auf Erfahrungswerte und Fingerspitzengefühl angewiesen, denn einerseits liefert die Trainingswissenschaft noch wenig verbindliche Daten und andererseits muß eine Fülle individueller und situativ bedingter Faktoren in Rechnung gestellt werden.

4.4 Die gesetzmäßigen Beziehungen zwischen Trainingsaufwand und Leistungszuwachs müßten jedem Sportlehrer und Trainer — auch wenn er ausschließlich im unteren Belastungsbereich arbeitet — in den Grundzügen bekannt sein. Vielfach herrscht noch die naive Auffassung, daß es sich dabei um eine sehr einfache Beziehung handelt, die etwa mit der Maxime, je mehr trainiert wird, um so größer ist der Leistungszuwachs, charakterisiert werden kann. Die Erfahrungen der Praxis und zahlreiche wissenschaftliche

Untersuchungen bestätigen zwar, daß eine Leistungssteigerung nur bei steigender Trainingsbelastung zu erreichen ist, jedoch handelt es sich dabei nicht um eine einfache lineare Beziehung, sondern der Leistungszuwachs zeigt deutlich einen parabolischen Verlauf, wie Maidorn/Mellerowicz 1961 und Josenhanns 1962 nachweisen konnten[14]:

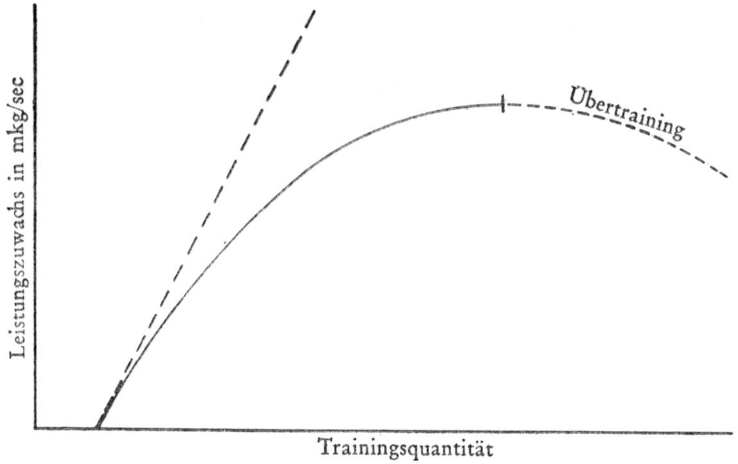

Abb. 3: Beziehungen von Trainingsquantität und Leistungszuwachs in schematischer Form; nach Mellerowicz/Meller, a a. O., S. 30.

Aus dieser Sättigungskurve sind folgende Einsichten in den Anpassungsprozeß abzuleiten:

— Jeder Trainingsprozeß unterliegt in allen Phasen seiner Entwicklung derselben Gesetzmäßigkeit. Es besteht daher nicht die geringste Veranlassung, den Begriff Training und die Zuständigkeit der Trainingslehre ausschließlich für den Bereich des hohen und höchsten Leistungsniveaus zu reservieren.

— Der Leistungszuwachs ist beim Untrainierten am größten. Im unteren Leistungsbereich sind also schon bei relativ geringem Trainingsaufwand sehr deutliche Leistungsverbesserungen festzustellen.

— Im weiteren Verlauf des Trainingsprozesses wird der Leistungszuwachs immer geringer.

[14] K. Maidorn / H. Mellerowicz: Vergleichende Untersuchungen über Leistungssteigerung durch Intervalltraining bei unterschiedlicher Intervallzahl. In: Internationale Zschr. f. angew. Physiologie einschl. Arbeitsphysiologie 1961, S. 27.

— Bei stark entwickelter Leistungsfähigkeit muß ein hohes Trainingsmaß aufgebracht werden, um den erreichten Funktionszustand zu erhalten.
— Bei einer Steigerung des Trainingsaufwandes über ein individuelles Leistungsmaximum hinaus (Übertraining) sinkt das Leistungsvermögen ab.

Mellerowicz/Meller haben die Zusammenhänge zwischen Trainingsquantität und Leistungszuwachs im einzelnen untersucht: Leistungszuwachs bei gleicher Trainingsquantität und verschiedener Trainingsleistung, Leistungszuwachs bei gleicher Trainingsquantität und verschiedener Trainingshäufigkeit, Leistungszuwachs bei gleicher Trainingsquantität in Dauer- oder Intervallform, Leistungszuwachs bei gleicher Trainingsquantität und unterschiedlichem Trainingszustand[15]. Im Hinblick auf den Wirkungsgrad des Trainings (Quotient aus Leistungszuwachs und Trainingsquantität) kommen sie zusammenfassend zu folgenden Ergebnissen:

— „Mit zunehmendem Trainingsmaß nimmt der Wirkungsgrad des Trainings bei gleicher Trainingsleistung in Form einer Kurve von exponentieller Verlaufsform ab.
— Bei gleicher Trainingsquantität, aber ansteigender Trainingsleistung nimmt der Wirkungsgrad des Trainings mit zunehmender Trainingsleistung zu.
— Bei gleicher Trainingsquantität aber verschiedener Trainingshäufigkeit wird der Wirkungsgrad mit zunehmender Häufigkeit größer.
— Mit zunehmendem Trainingszustand nimmt der Wirkungsgrad des (gleichen) Trainings ab.
— Der höchste Wirkungsgrad wird deshalb bei Trainingsformen von großer Intensität, relativ kleiner Dauer, jedoch großer Häufigkeit bei geringem Trainingszustand erreicht“[16].

Besonders die im letzten Punkt gemachten Aussagen dürften für die inhaltliche und organisatorische Gestaltung des Schulsports von weitreichender Bedeutung sein. Die Voraussetzungen für eine starke Leistungsverbesserung liegen hier auch bei relativ geringem Aufwand besonders günstig. Das könnte nicht zuletzt das Engagement der Lehrer und die Motivation der Schüler durch Erfolgserlebnisse günstig beeinflussen.

5. *Reizdosierung*

Die wichtigsten Entscheidungen, die in der Praxis vom Lehrer und Trainer im Hinblick auf die Steuerung von Anpassungsprozessen getroffen wer-

[15] H. Mellerowicz / W. Meller, a. a. O., S. 28 f.
[16] a. a. O., S. 35.

den müssen, liegen zweifellos in einer angemessenen Dosierung der Belastungsreize. Auch hier kann die Trainingslehre keine allgemeingültigen Rezepte anbieten, doch sollten in bezug auf Intensität, Dauer und Umfang der Reize folgende Zusammenhänge berücksichtigt werden:

5.1 Reizintensität

Die Reizintensität ist als Trainingsleistung (Arbeit in der Zeiteinheit) exakt meßbar, doch ist die Praxis in der Regel auf gröbere Richtwerte angewiesen. Bezogen auf die individuelle Maximalleistung unterscheidet man folgende Intensitätsbereiche: gering (30—50%), leicht 50—70%), mittel (70—80%), submaximal (80—90%) und maximal (90—100%)[17].

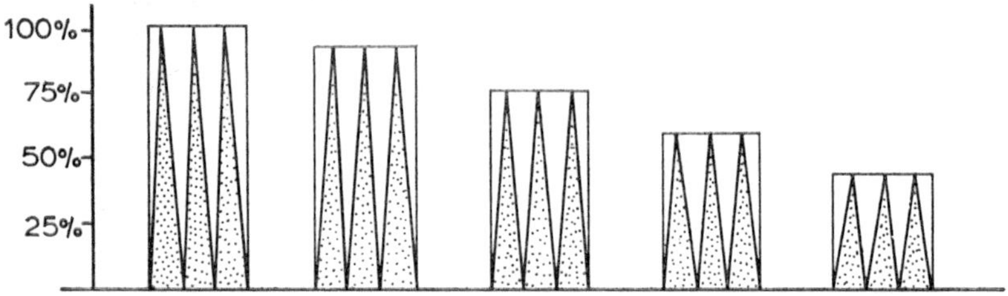

Abb. 4: Die Reizintensitätsgrade sind in dieser Graphik durch die Höhe der Belastungszacken dargestellt.

Im Schulsport und beim Anfängertraining im Verein sollte möglichst im extensiven Intensitätsbereich (in der Nähe des unteren Schwellenwertes) belastet werden; denn der dadurch bedingte langsame Aufbau der Anpassungserscheinungen weist neben einer geringeren Störanfälligkeit auch eine höhere Trainingsfestigkeit (Stabilität des erreichten Leistungsniveaus) auf. Intensive Reizdosierungen (in der Nähe der individuellen Maximalleistung) sind eher im Wettkampfsport angebracht, wo eine relativ schnelle, nicht selten auch terminorientierte Leistungsentwicklung das Ziel ist.

5.2 Reizdichte

Die Reizdichte wird bestimmt von der Länge der Pausen zwischen den einzelnen Reizsetzungen; dabei bestimmt die Pausengestaltung wesentlich die Wirkungsrichtung des Trainings. Verkürzt dargestellt, bestehen zwischen Reizintensität und Reizdichte folgende Relationen: Hohe Intensität korrespondiert mit einer geringen Reizdichte (wenig Wiederholungen, längere

[17] D. Harre, a. a. O., S. 72.

Pausen). Geringe Intensität korrespondiert mit einer hohen Reizdichte (viele Wiederholungen, kürzere Pausen):

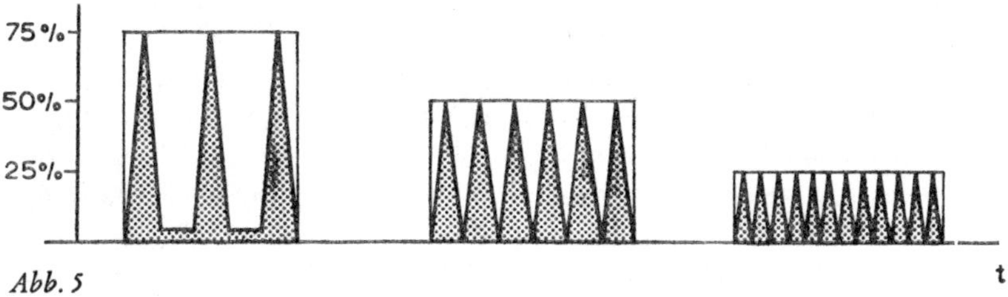

Abb. 5

5.3 Reizdauer

Die Dauer eines Reizes wird bestimmt durch seine Einwirkungszeit auf den Organismus. Als abgrenzbare Reizdauer kann in diesem Zusammenhang auch eine Reizfolge aufgefaßt werden, die nicht durch eine Erholungsphase unterbrochen ist (z. B. Serien beim Circuit-Training und beim Krafttraining mit der Hantel):

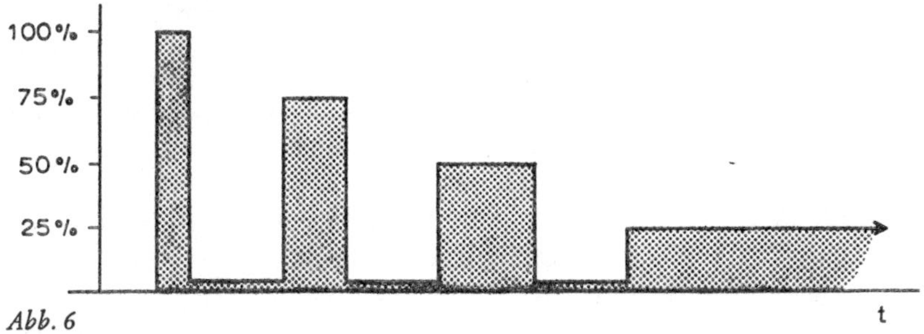

Abb. 6

5.4 Reizumfang

Die Gesamtwirkungszeit aller in einer Trainingseinheit (Sportstunde) gesetzten Reize bestimmt den Reizumfang. Er ist zu ermitteln aus der Dauer der Einzelreize und der Zahl ihrer Wiederholungen. Genaue Belastungsanalysen machen deutlich, daß der Reizumfang sehr häufig aufgrund vorgegebener Bedingungen (große Klasse, wenig Übungsgeräte usw.) nicht ausreicht, um effektiv sein zu können. Dieser Gesichtspunkt sollte bei der Auswahl des Stoffes und bei Entscheidungen über die Unterrichtsmethoden ausreichend berücksichtigt werden[18].

[18] H. Weidemann: Die Herz- und Kreislaufbelastung im Hallensportunterricht. Schorndorf 1970.

6. Trainingsziele

Alle Zielsetzungen des körperlichen Trainings lassen sich gerafft kennzeichnen als Bemühungen um die Erhaltung oder Verbesserung der Bedingungsfaktoren sportmotorischer Bewegungshandlungen.

Neben den sozialen und emotionalen Zielsetzungen geht es im Schulsport unter dem Gesichtspunkt der Gesundheit vor allem um die Erhaltung, Verbesserung und Wiedergewinnung dieser Bedingungsfaktoren; es würde jedoch den Rahmen dieses Beitrags sprengen, wollte man im einzelnen auf die verschiedenen Zielsetzungen, Trainingsmittel und Trainingsmethoden eingehen. Deshalb sollen hier nur die wichtigsten Faktoren exemplarisch herausgehoben werden.

6.1 Kraft

Die vielfältigen Trainingswirkungen auf die Muskulatur sind in der sportmedizinischen Fachliteratur häufig und detailliert beschrieben worden. Dabei kommt aus der Sicht der Trainingspraxis vor allem der Hypertrophie (Massenzunahme) besondere Bedeutung zu; denn die Größe der Maximalkraft eines Muskels ist abhängig von der Größe des Muskelquerschnitts (3—5 kp pro cm^2).

Man unterscheidet im wesentlichen folgende Kontraktionsformen der willkürlichen Skelettmuskulatur, an denen sich die verschiedenen Formen des Krafttrainings orientieren:

Isometrische Kontraktion: „Bei der isometrischen Kontraktion erfährt ein Muskel keine nach außen hin wahrnehmbare Längenveränderung, jedoch wird durch die Verkürzung des kontraktilen Elementes das elastische Element gedehnt. Die Größe der dabei entwickelten Spannung hängt von der Längenänderung des kontraktilen Elementes ab. Bei maximaler Verkürzung des kontraktilen Elementes wird aktiv die größtmögliche Spannung entwickelt“[19].

Dieser Arbeitsweise entspricht das isometrische Krafttraining, wobei gegen unbewegliche Widerstände mit maximaler Anspannung gearbeitet wird. Das isometrische Krafttraining bewirkt vor allem eine Verbesserung der statischen Kraft (Haltekraft).

Isotonische Kontraktion: „Bei der isotonischen Kontraktion entsteht im serienelastischen Element passiv eine Spannung durch Anhängen eines Gewichtes. So wird passiv ein Kräftegleichgewicht erzeugt. Bei der Ver-

---

[19] H. Stoboy: Neuromuskuläre Funktion und körperliche Leistung. In: W. Hollmann (Hrsg.), a. a. O., S. 17.

kürzung des kontraktilen Elementes bleibt deshalb die Spannung im elastischen Element gleich, und das Gewicht wird um den Verkürzungsgrad des kontraktilen Elementes gehoben"[20].

Die Bedingungen, unter denen rein isotonische Kontraktionen möglich sind, sind bei sportlichen Bewegungsabläufen kaum gegeben. Deshalb ist eine Gleichsetzung von isotonischem und dynamischem Krafttraining, wie sie in der Literatur immer wieder zu finden ist, zu unscharf.

Auxotonische Kontraktion: „Bei der auxotonischen Kontraktion treten bei Verkürzung des kontraktilen Elementes gleichzeitig eine isotonische und eine isometrische Kontraktion auf. Durch die dabei stattfindende Deformation eines elastischen Körpers liegt zunächst das Hauptgewicht auf der Längenänderung, dann aber auf der Vergrößerung der Spannung"[21].

In der Regel sind die sportlichen Bewegungsabläufe und auch die verschiedenen Formen des Krafttrainings gekennzeichnet durch die Tatsache, daß alle Kontraktionsformen mit unterschiedlicher Gewichtung beteiligt sind. Es hat sich aber aus methodischen Gründen als zweckmäßig erwiesen, das isometrische Training als statisches Krafttraining zu bezeichnen und alle übrigen Formen als dynamisches Krafttraining zu kennzeichnen.

Exzentrische Kontraktion: „Eine konzentrische Kontraktion (positive Arbeit) liegt dann vor, wenn eine Last (ein Widerstand) durch aktive Muskelverkürzung bewegt (überwunden) wird. Wenn dagegen ein aktiv kontrahierter Muskel durch eine Last (einen Zug) gedehnt wird, spricht man von exzentrischer Kontraktion (negative Arbeit)"[22].

In der Praxis des Hochleistungssports finden seit einiger Zeit Trainingsformen eine stärkere Berücksichtigung, die der exzentrischen Kontraktionsform Rechnung tragen, denn die Trainingseffektivität dieser „nachgebenden Muskelarbeit" ist besonders groß (z. B. Tiefsprünge mit Fremdbelastung an der Kastenbahn).

Die Einsichten über Intensität, Dauer und Häufigkeit trainingswirksamer Reize wurden vor allem unter isometrischen Bedingungen gewonnen[23]. Danach führt eine Belastung mit 60% der individuellen Maximalkraft bereits zu einem optimalen Zuwachs. Die Reizdauer sollte mindestens 30% der maximalen statischen Ausdauer betragen, und die Häufigkeit sollte zwischen mindestens 1 Übung (bei Untrainierten) und optimal 5 Wiederholungen pro Tag liegen.

---

[20] a. a. O., S. 18.
[21] a. a. O., S. 20.
[22] a. a. O., S. 21.
[23] Th. Hettinger: Isometrisches Muskelkrafttraining. Stuttgart 1962.

In der Trainingspraxis werden diese Werte in der Regel deutlich überschritten, doch kann davon ausgegangen werden, daß für die Bemühungen im unteren Leistungsbereich Belastungen dieser Größenordnung bei isometrischer Trainingsform ausreichend sind.

Da beim dynamischen Krafttraining eine maximale Spannung während der Bewegungsabläufe durch Veränderung der biomechanischen Bedingungen nur sehr kurzfristig erzielt werden kann, müssen hier vor allem die Wiederholungszahlen höher liegen. In der Praxis wird mit einer Intensität zwischen 50 und 100% der individuellen Maximalkraft trainiert. Dem entsprechen je nach Intensität Serien mit 10 bis 1 Wiederholungen. Die Serienzahl pro Trainingseinheit liegt zwischen 3 und 6 mit Pausenintervallen bis zu 5 Minuten. Nur im oberen Leistungsbereich kann täglich trainiert werden. Erfahrungen in unteren und mittleren Bereichen deuten auf eine Trainingspause von mindestens 48 Stunden zwischen den einzelnen Trainingseinheiten.

Das Muskelkrafttraining muß je nach Zielsetzung unterschiedlich aufgebaut sein:
— Verbesserung der Grundkraft,
— Verbesserung der Schnellkraft,
— Verbesserung der statischen oder dynamischen Kraftausdauer[24].

Die Korrelationen zwischen diesen Einzelkomponenten sind noch nicht ausreichend geklärt. Das gilt vor allem für die Beziehungen zwischen Grundkraft und Schnellkraft.

Die *Grundkraft* kann statisch und dynamisch trainiert werden. Dabei wird folgende Grundstruktur verfolgt: Hohe Intensität — geringe Zahl der Wiederholungen — große Pausen.

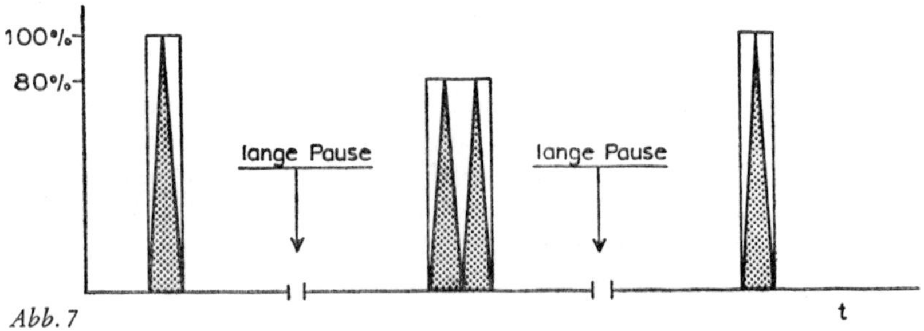

Abb. 7

[24] M. Letzelter: Systematische Aufgliederung des Krafttrainings. In: Leichtathletik 23 (1972), 50. Beil.: Die Lehre der Leichtathletik 23 (1972), 43, S. 1821 f.; vgl. auch Hollmann in diesem Band, S. 315 ff.

Die *Schnellkraft* wird in der Regel über eine Verbesserung der Grundkraft bei anschließender Herabsetzung der Widerstände und schnellere und häufigere Bewegungsausführung positiv verändert. Beim sogenannten Pyramidentraining werden Grundkraft- und Schnellkraftübungen sinnvoll kombiniert. Dabei wird mit stufenförmig wachsender Intensität bei gleichzeitig abnehmender Zahl der Wiederholungen — oder umgekehrt — trainiert.

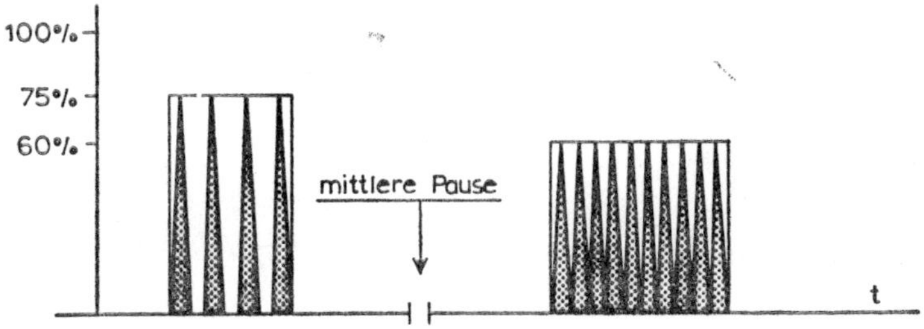

Abb. 8: Belastungsstruktur „Schnellkraft"

Die *statische Kraftausdauer* kann durch isometrische Übungen verbessert werden, während die *dynamische Kraftausdauer* nach folgendem Schema trainiert wird: geringe Intensität — hohe Reizdichte — kurze Pausen zwischen den einzelnen Serien:

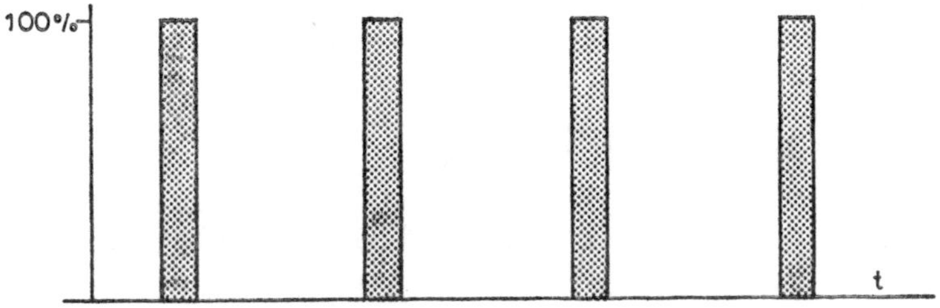

Abb. 9: Belastungsstruktur „statische Kraftausdauer"

Im schulischen Bereich genügt in den meisten Fällen die eigene Körperlast als zu bewältigender Widerstand. Durch einfache Geräte (Medizinbälle, Bänke usw.) und Partnerübungen lassen sich die Reize angemessen erhöhen und variierend dosieren.

Kraftübungen mit Fremdbelastung sind im Jugendalter nicht ungefährlich. So haben sich z. B. auch Partnerübungen als relativ problematisch erwiesen, wenn die Verhaltensweisen der beteiligten Partner nicht genau aufeinander abgestimmt sind. Bei der Arbeit mit der Scheibenhantel bestehen vor allem dann Gefahren, wenn ohne gründliche technische Anleitung gearbeitet wird. Das gilt vor allem für die sogenannte Überkopfarbeit, bei der in der Wirbelsäule durch Fehler beim Anheben, Fixieren und Absetzen enorm hohe Punktbelastungen im Lendenwirbelbereich auftreten können.

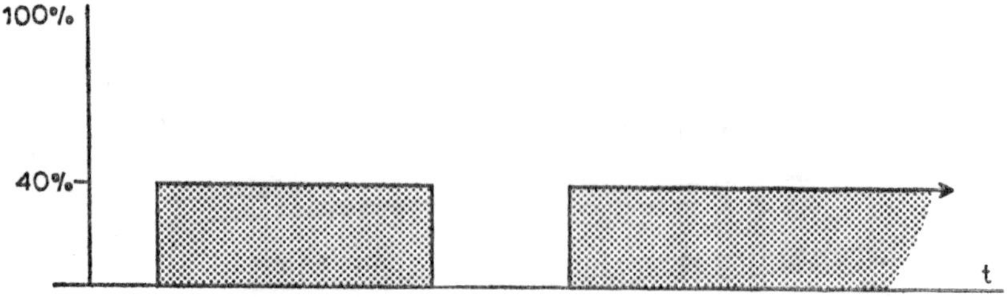

Abb. 10: Belastungsstruktur „dynamische Kraftausdauer"

6.2 *Ausdauer*

Unter Ausdauer versteht man die Ermüdungswiderstandsfähigkeit des gesamten Organismus oder einzelner Teilsysteme. Entsprechend unterscheidet man allgemeine und lokale Ausdauer. Nach Hollmann[25] kann man von allgemeiner Ausdauer sprechen, wenn mehr als 1/7 bis 1/6 der gesamten Skelettmuskulatur an der Dauerleistung beteiligt sind.

Leistungsbegrenzende Faktoren der Ausdauerleistung — und damit das Ziel von Trainingsmaßnahmen — sind die aerobe Kapazität (Förderleistung des kardio-pulmonalen Systems, Transportkapazität des Blutes und das Sauerstoffaufnahmevermögen der Muskulatur) und die anaerobe Kapazität (Ermüdungswiderstandsfähigkeit bei Sauerstoffschuld durch Ausschöpfung von Energiedepots im Muskel). Je nach Belastungscharakteristik sind diese beiden Faktoren unterschiedlich als Haupt- oder Nebenkomponente an der Ausdauerleistung beteiligt. Bei mittlerer Belastungsintensität dominiert bei einer Leistungsdauer von mehr als 6 Min. die aerobe Kapazität.

Im Zusammenhang mit spezifischen Wettkampfanforderungen (Streckenlänge, taktischer Tempowechsel, Endspurtreserve usw.) besteht für den Trainer das Problem, durch sinnvolle Berücksichtigung aller Haupt- und Nebenkomponenten (aerobe und anaerobe Kapazität, Kraft, Koordination, Taktik, Motivation usw.) eine *spezielle Ausdauer* aufzubauen.

---

[25] Vgl. den Beitrag Hollmann in diesem Band, S. 315 ff.

[26] H. Mellerowicz / W. Meller, a. a. O., S. 38 f.

Zur Verbesserung der allgemeinen, lokalen und speziellen Ausdauer wurden in den verschiedenen Sportarten zahlreiche Trainingsmethoden entwickelt. Allgemein ist heute die Tendenz zu beobachten, *komplexe Trainingsformen* anzuwenden, bei denen die verschiedenen Komponenten gleichzeitig oder sinnvoll versetzt Berücksichtigung finden. In folgendem wird auf einige Methoden der aeroben und anaeroben Ausdauerschulung hingewiesen.

Das Training der allgemeinen aeroben Ausdauer kann in der Dauerform und in der extensiven Intervallform durchgeführt werden. Die *Dauerform* ist charakterisiert durch eine gleichmäßige Belastungsintensität, die über einen längeren Zeitraum (mindestens 6 Minuten bis zu mehreren Stunden) aufrecht erhalten werden kann.

Die *Intervallform* weist in allen intensiven und extensiven Variationen einen genau geplanten Wechsel zwischen Phasen hoher und geringer Belastung auf. Die Pausenintervalle führen nur zu einer unvollständigen Erholung (lohnende Pause), und die neue Belastungsphase beginnt, bevor die Pulsfrequenz unter 110—120 Schläge pro Minute abgesunken ist[27a]. Für eine gezielte Verbesserung der aeroben Kapazität eignen sich besonders extensive Formen des Intervalltrainings (Intervalldauerlauf, Langzeitintervallmethode).

Die Verbesserung der allgemeinen anaeroben Ausdauer kann vor allem in den Formen des intensiven Intervalltrainings und des sogenannten Wiederholungstrainings vorgenommen werden.

Die Frage vieler Sportlehrer, welche Form der Ausdauerschulung für ihren Unterricht vorrangige Bedeutung hat, kann inzwischen klar beantwortet werden. Aus medizinischer und pädagogischer Sicht ist die positive Beeinflussung der aeroben Kapazität von besonderem Wert. Hollmann[27b] hat aus der Sicht des Internisten die gesundheitlichen Aspekte für Prävention und Rehabilitation klar herausgestellt[28]. Für den Schulsport kommen neben diesen Fakten vor allem auch Überlegungen ins Spiel, die die Form der Vermittlung und die Einstellung der Schüler mitberücksichtigen. Es zeigt sich immer wieder, daß die Schüler der intensiveren anaeroben Belastung ablehnender gegenüberstehen als den eher kontinuierlich niedrigen Anforderungen, wie sie die Dauerform der Ausdauerverbesserung aufweist, und sicher ist diese Tatsache zurückzuführen auf altersspezifische, biologische

[27a] In der Fachliteratur sind die Angaben zu diesen Werten nicht einheitlich. Vgl. z. B. D. Harre, a. a. O., S. 158.

[27b] Vgl. den Beitrag Hollmann in diesem Band, S. 315 ff.

[28] Vgl. auch H. Mellerowicz / W. Meller, a. a. O., S. 85 f.

und emotionale Bedingungen, die im Jugendalter durch eine erhöhte Störanfälligkeit gekennzeichnet sind.

Vielfach wird an der Schule die Meinung vertreten, die allgemeine Ausdauer könne am einfachsten und schulgerechtesten in den großen Spielen, sozusagen als Nebenprodukt, erworben werden. Die Erfahrung aber zeigt, daß auch bei großem Spielangebot die allgemeine Ausdauer kaum verbessert wird. Das dürfte vor allem an der Art der unkontrollierten Reizdosierung, wie sie der Spielverlauf vorgibt, liegen; denn weder das Prinzip der Dauerform (gleichmäßig kontinuierliche Belastung über längere Zeiträume) noch das Prinzip der Intervallform (genaue Einhaltung der lohnenden Pause) können im Spiel verwirklicht werden.

Bei der in den großen Spielen erworbenen Ermüdungswiderstandsfähigkeit dürfte es sich um eine spezifische „azyklische Ausdauer" handeln, die vor allem gekennzeichnet ist durch eine verbesserte Regenerationsfähigkeit in unregelmäßig auftretenden und unterschiedlich langen Pausen.

Wer also als Lehrer für die allgemeine aerobe Ausdauer seiner Schüler etwas tun will, sollte sich entschließen, durch häufiger gesetzte, kontrollierbare Ausdauerbelastungen (Laufen oder Schwimmen), die nicht mehr als 10 Minuten in Anspruch nehmen müssen, dafür den nötigen Raum zu schaffen. Die Bedeutung der aeroben Kapazität als Bedingungsfaktor für die anderen Inhalte des Schulsports, des Freizeitsports und für das allgemeine Wohlbefinden ist nicht hoch genug einzuschätzen. Wird sie kontinuierlich während der Schulzeit aufgebaut, weist sie eine große Stabilität auf, die weit über die Schuljahre hinaus wirksam bleiben kann.

6.3 Schnelligkeit

Der physische Leistungsfaktor Schnelligkeit ist auf mehrere Teilfaktoren, die nur geringfügig miteinander korrelieren, zurückzuführen. In der trainingswissenschaftlichen Terminologie hat sich bisher keine einheitliche Sprachregelung durchgesetzt, jedoch kann mit folgenden Begriffen gearbeitet werden:

- *Motorische Reaktionsschnelligkeit:* Sie wird durch die Reaktionszeit gemessen und ist stark von der Reizleitungszeit abhängig. Durch Training ist sie nur unwesentlich zu verbessern.
- *Motorische Aktionsschnelligkeit bei Einzelbewegungen:* Sie tritt dort in Erscheinung, wo Einzelbewegungen maximal schnell bei relativ geringem Überwindungswiderstand ausgeführt werden.
- *Motorische Aktionsschnelligkeit bei zyklischen Bewegungsabläufen:* Die Fähigkeit, Bewegungsfolgen mit hoher Frequenz ausführen zu können,

ist vor allem abhängig von einer spezifischen Qualität der Koordinationsfähigkeit.

— *Motorische Kraftschnelligkeit:* Die Fähigkeit, Bewegungen mit großer Schnelligkeit gegen große Überwindungswiderstände ausführen zu können, ist wesentlich abhängig von der Kraftentwicklung der Impulsgeber. Ihre Verbesserung setzt deshalb eine Optimierung der Maximalkraft und Schnellkraft voraus.

Bei angestrebter hoher zyklischer Bewegungsfrequenz spielen neben Schnellkraft, Schnelligkeitsausdauer, Entspannungsfähigkeit, Bewegungsökonomie und Willenskraft besondere Regulationsqualitäten des Nerv-Muskel-Systems eine bedeutende Rolle. Aufgrund der relativen Unabhängigkeit aller Einzelfaktoren sind die Bemühungen zur Verbesserung der Schnelligkeit durch eine hohe Komplexität gekennzeichnet. In der Praxis konzentriert man sich vor allem auf die Verbesserung der Kraft und der Technik des Bewegungsablaufs. Gerade der Optimierung der Bewegungsausführung muß viel Aufmerksamkeit gewidmet werden, weil bei hoher Bewegungsgeschwindigkeit Fehlerkorrekturen auf propriozeptivem Wege stark eingeschränkt sind.

Die Pausen zwischen den einzelnen Reizsetzungen müssen so ausgelegt sein, daß eine weitgehende Erholung sichergestellt ist, jedoch die Erregung des Nervensystems nicht zu stark abklingt, bevor die nächste Belastung gesetzt wird.

Für den schulischen Bereich ist eine gute Ausbildung der motorischen Schnelligkeit vor allem deshalb von besonderer Bedeutung, weil sie eine Grundvoraussetzung für die Erfüllung vieler Teilziele des Sportunterrichts darstellt.

6.4 Gelenkigkeit, Beweglichkeit

Der Grad der *Gelenkigkeit* wird vor allem durch den anatomischen Aufbau der Gelenke festgelegt, wobei auch die Elastizität der Bänder von großer Bedeutung ist. Mit Recht wird immer wieder darauf hingewiesen, daß die Dehnfähigkeit der Bänder nur so weit verändert werden darf, daß sie ihre Haltefunktion an den einzelnen Gelenken noch voll erfüllen können.

Unter *Beweglichkeit* versteht man die Fähigkeit, „Bewegungen mit einer großen Schwingungsweite" auszuführen[29]. Sie hängt in ihrer Ausprägung vor allem von der Elastizität der Muskulatur und des Bandapparates ab.

---

[29] D. Harre, a. a. O., S. 171.

Vorrangiges Ziel sportlicher Übungen ist die Verbesserung der „aktiven Beweglichkeit", d. h. die Vergrößerung der Bewegungsamplitude bei aktiver Muskelarbeit. Die „passive Beweglichkeit", die unter Einwirkung äußerer Kräfte erreicht werden kann, weist in der Regel eine größere Bewegungsamplitude auf, fungiert jedoch bei sportlichen Bewegungsabläufen vor allem als „Beweglichkeitsreserve".

Dem Schulsport fällt bei der Verbesserung der Gelenkigkeit und Beweglichkeit deshalb eine besondere Aufgabe zu, weil diese Eigenschaften nur im frühen Lebensalter entscheidend positiv zu verändern sind.

7. Periodisierung des Trainings

Die Erkenntnisse und Prinzipien, die aus dem klar strukturierten Trainingsaufbau des Wettkampfsportes gewonnen werden können, sind nur bedingt auf den Schulsport übertragbar. Auch wenn dem Schulsport generell eine genauere Planung empfohlen werden kann, so stößt doch die Verwirklichung längerfristiger Vorhaben an unüberbrückbare Grenzen (z. B. Ferien). Schuljahrespläne und Schuljahresabschnittspläne können aufgrund organisatorischer Schwierigkeiten nur in den seltensten Fällen exakt eingehalten werden.

Die Fülle und Heterogenität des Stoffes, wie er im Kernunterricht angeboten wird und angeboten werden muß, entzieht sich in den meisten Fällen dem detailliert planenden Zugriff. Günstigere Bedingungen herrschen in Leistungsgruppen und beim Schulsonderturnen. Für den Kernunterricht empfiehlt sich ein regelmäßig durchgeführtes Programm zur Verbesserung der Kondition in der Form des Circuit-Trainings, das bei gut organisiertem Auf- und Abbau höchstens 15 Minuten in Anspruch nimmt. Vielleicht läßt sich in Zukunft auch eine stärkere Verzahnung des Schulsports mit außerschulischen sportlichen Aktivitäten der Schüler erreichen, indem z. B. interessierten Schülern Planungshilfen für den Freizeit- und Wettkampfsport mitgegeben werden.

Im Augenblick findet vor allem die „Trainingseinheit" als kleinstes Planungselement in der einzelnen Unterrichtsstunde eine vergleichbare organisatorische Entsprechung. Hier sollte man wie im Training weniger einem starren Ordnungsrahmen von vorbereitender Einleitung, Hauptteil und ausklingendem Schluß zu erfüllen trachten, als vielmehr um eine sinnvolle Abstimmung von Intensität, Dauer, Dichte und Umfang der gesetzten Bewegungsreize bei konditionellen und koordinativen Aufgaben bemüht sein.

8. Entwicklungsgemäßes Training[30]

Die körperliche Entwicklung des Kindes zum Jugendlichen und Erwachsenen weist verschiedene charakteristische Merkmale auf, die der Sportlehrer bei seiner Unterrichtsplanung zu berücksichtigen hat. Insbesondere geht es um die Frage, in welchem Alter bestimmte Trainingsinhalte angemessen sind.

Sowohl die muskuläre und organische Leistungsfähigkeit als auch die Trainierbarkeit von *Kraft* und *Ausdauer* wachsen mit Beginn der geschlechtlichen Reifung, also parallel zum biologischen Alter, bei beiden Geschlechtern erkennbar an. Training wird zunehmend lohnender. Im Hinblick auf einzelne Beanspruchungsformen bestehen allerdings Einschränkungen:

— Maximalkraft kann wegen der noch nicht verknöcherten Epiphysenfugen erst nach der Pubertät etwa ab 15/16 Jahren trainiert werden. Vorsicht ist auch bei den vielen Wiederholungen der Kraftausdauerbelastung geboten. Bei statischer Haltearbeit läßt sich ebenfalls eine begrenzte Leistungsfähigkeit feststellen. In der Reifezeit wird man sich daher hauptsächlich auf eine mehr allgemeine Kräftigung oder die Verbesserung der Schnellkraft konzentrieren. Es müssen nur die Überkopfarbeit mit der Hantel und starke Fremdbelastungen (Partnerübungen) vermieden werden. Gerade bei Untrainierten genügen das Eigengewicht oder leichtere Geräte wie z. B. Medizinball oder Sandsack.

— Während die Verbesserung der aeroben Ausdauer durch keine entwicklungsbedingten Einschränkungen der Belastbarkeit gekennzeichnet und lediglich eine verminderte Trainierbarkeit bei Kindern vor der Pubertät zu beobachten ist, sollte das auf einer anaeroben Energiebereitstellung beruhende Stehvermögen (Schnelligkeitsausdauer) nicht zu früh trainiert werden. Dies hat teilweise physiologische Gründe, vor allem aber erfordert anaerobe Ausdauer harte und vielfach monotone Trainingsformen (pädagogischer Aspekt) und letztlich besitzt sie als reine „Wettbewerbsausdauer“ kaum präventiven Stellenwert (didaktischer Aspekt).

Mit dem Einsetzen der Pubeszenz verlaufen ferner Kraft- und Ausdauerentwicklung geschlechtsspezifisch. Dies betrifft das Wachstum und die Trainierbarkeit. Unter beiden Gesichtspunkten weisen Jungen größere Zuwachsraten auf als Mädchen. Nach dem heutigen Kenntnisstand läßt sich dies wahrscheinlich auf „hormonelle Vorteile“ der ersteren zurückführen, die sich in höherem Alter wieder verlieren. Allerdings beginnt die beide

---

[30] Vgl. hierzu ausführlich G. Frey, a. a. O., S. 172 f.

Geschlechter begünstigende Pubertät bei Jungen durchschnittlich später (♂ $\approx$ 12 Jahre; ♀ $\approx$ 10,5). Im Hinblick auf den Geschlechtsunterschied gilt es aber ein modifizierendes Argument zu bedenken: Zwar sind die Voraussetzungen der Differenzen hormoneller Natur, aber ihr Ausmaß könnte auch vom Reizangebot der Umwelt und seiner rollengeprägten Ausnutzung abhängig sein. Mädchen klettern weniger auf Bäume, veranstalten keine Radrennen, spielen im Hof nicht Fußball, raufen nicht, springen nicht von Garagen herunter und werfen kaum mit Schneebällen. Der Sportlehrer hat die Chance, diese Unterschiede z. T. abzubauen.

Die altersbedingte Entwicklung der Komplexeigenschaft *Schnelligkeit* verläuft ihren kaum korrelierenden Komponenten entsprechend recht verschieden. Latenz- und Reaktionszeit erreichen bis zum Abschluß der Vorpubertät fast die Werte von Erwachsenen. Da sie außerdem weitgehend anlagebedingt sind, ist ihr Training unter den Rahmenbedingungen der Schule nicht sehr lohnend. Sie können im Zusammenhang z. B. mit Antrittsübungen, deren Ziel die Kraft- und Technikverbesserung ist, gleichzeitig mitgeschult werden. Geringere Eingriffsmöglichkeiten bestehen auch in dem sich — abgesehen von bestimmten puberalen Störungen — ständig entwicklungsbedingt verbessernden Bereich der Bewegungsfrequenzen (Nervenprozesse), wohingegen aber während des überproportionalen Längenwachstums des ersten Pubertätsabschnitts einer betonten Technikschulung durch koordinative Steigerungsläufe, Skippings, fliegende oder leichte Bergabläufe vermehrte Bedeutung zukommt. Hauptsächlich erfährt die Schnelligkeit — allerdings mittels Schnellkrafttrainings — eine lohnende Steigerung in diesem Alter.

Spätestens ab dem 10. Lebensjahr sollte auch mit dem Training der *Beweglichkeit*, das Mädchen begünstigt, begonnen werden. Nur im frühen Lebensalter ist diese Eigenschaft entscheidend positiv zu verändern. Besonders notwendig erscheinen Dehnübungen jedoch während des beschleunigten Längenwachstums der Pubertät, dem die Elastizität von Sehnen, Bändern und Muskeln „nachhinkt". Die trainingswirksame Reizschwelle liegt sehr nahe am maximalen Leistungsvermögen, weshalb erkaltete, ermüdete oder gar verletzte Muskulatur niemals gedehnt werden darf. Bei passiven Übungen empfiehlt sich vor dem Abschluß des Wachstums ebenfalls eine gewisse Zurückhaltung.

Welche didaktischen Konsequenzen ergeben sich aus diesen Ausführungen für längerfristige Konzepte? Im Alter von 6—10 Jahren ist die Trainierbarkeit vermindert. Ferner sind von der Belastbarkeit bestimmter körperlicher Systeme her Grenzen gesetzt. Da andererseits während dieser

Zeit im Hinblick auf die Lernstufe „Grobform" von einem optimalen motorischen Lernalter bei überwiegend sehr guten motivationalen Voraussetzungen (Bewegungsdrang) gesprochen werden darf, sollten z. B. in der Grundschule das Spielen, das Sammeln von Erfahrung und die vielseitige Vermittlung von Bewegungsfertigkeiten im Vordergrund stehen. Trotzdem kann — zumindest in städtischen Regionen — auf eine gezielte physische Reizsetzung nicht ganz verzichtet werden. Eine optimale körperliche Entwicklung ist lediglich bei ausreichenden Bewegungsreizen gewährleistet.

Da die Entwicklung erheblichen individuellen Schwankungen unterworfen sein kann, ihre Einteilung in Phasen also nur eine Orientierungshilfe darstellt und keinesfalls dogmatisch übernommen werden darf, ist die Konzeption trainingsspezifischer Stundeninhalte zu Beginn der Jahrgangsstufen 7 bis 10, also bei den 12- bis 13jährigen am problematischsten. Hier können wir recht unterschiedliche Reifegrade feststellen, was u. U. eine Differenzierung verlangt. Bei Schülern, insbesondere Jungen der Jahrgangsstufe 5, die noch deutlich vor der geschlechtlichen Reifung und in einer Phase langsameren Wachstums stehen, sollte — wie in der Primarstufe — Bewegungslernen gegenüber Training dominieren. Für Schüler vor allem Mädchen der Jahrgangsstufe 6, die in der Pubertät stehen und bei denen bereits der letzte Schub beschleunigten Wachstums einsetzt, kann dagegen Training bereits stärker betont werden. Im Vergleich zur Vorpubertät wird der Lehrer nun mit umgekehrten Voraussetzungen konfrontiert. Die hauptsächlich durch ein ungünstiges Last-Kraft-Verhältnis und eine beeinträchtigte periphere Steuerung verminderte motorische Lernfähigkeit fordert bei jetzt zunehmend lohnender Trainierbarkeit diese „didaktische Wende" geradezu heraus. Entgegen früherer Auffassungen weiß man heute, daß die während der ersten puberalen „Phase" möglicherweise auftretenden Störanfälligkeiten und disharmonischen Erscheinungsbilder durch körperliche Betätigung viel besser abzustellen sind als durch Bewegungsmangel verstärkende „Schonzeiten". Jugendliche Sportler bewältigen die Pubertät viel harmonischer und unauffälliger als Nicht-Sportler. Beklagt man das defizitäre Reizangebot in hochtechnisierten Industriegesellschaften und berücksichtigt, daß ein Viertel aller 8- bis 18jährigen einen leistungsschwachen Kreislauf, fast zwei Drittel Haltungsfehler und -schwächen haben sowie mehr als 30% übergewichtig sind, so ist die Notwendigkeit von Training gerade während dieses Lebensabschnittes leicht verständlich. Dabei bedeutet trainieren nicht, sich zu überfordern. Nirgends setzen morphologische Adaptationen Überanstrengung voraus. Diese gewährleistet ein adäquates Dosieren der Belastung. Bei gesunden Jugendlichen bestehen — unter Berücksichtigung der genannten Einschränkungen — keinerlei Schädigungsmöglichkeiten. So kann z. B. die gegenüber dem Herzmuskel größere Ermüdbarkeit des Skelettmuskels als natürlicher Schutzmechanismus betrachtet werden. Selbstverständlich ist während dieses „problematischen Alters" u. U. eine „motivationale Verpackung" der Trainingsinhalte angebracht, z. B. das Angebot eines Ausdauer-Circuits mit Musik-Ein- und Ausblendung (statt Trillerpfeife), von Geräteparcours, Orientierungsläufen in der Natur, Trimm-Viertelstunde oder eine Skifreizeit-Vorbereitung (Motivkoppelung mit außerschulischen Interessen). Sicherlich spielen für die Motivierung aber das Erfolgserlebnis und die Beachtung des Unterrichtsprinzips der Abwechslung eine wesentliche Rolle. Training muß nicht monoton sein.

In der Oberstufe ist die Trainierbarkeit noch besser. Bisher zu berücksichtigende Einschränkungen im Hinblick auf die Belastbarkeit bestimmter körperlicher Systeme entfallen nun. Auch die sich während der zweiten puberalen „Phase" verbessernden körperlichen Voraussetzungen für motorisches Lernen (harmonisierendes Breitenwachstum) erstrecken sich bis in die Adoleszenz. Die Gewichtung von Lernen und Trainieren bleibt daher ausschließlich der didaktischen Intention des Lehrers vorbehalten, wird weniger durch konstitutionelle Rahmenbedingungen der Schüler beeinflußt.

9. Tendenzen und besondere Probleme der Trainingslehre

Abschließend soll auf einige Problemkreise hingewiesen werden, die heute das Training im Hochleistungssport beeinflussen.

Das moderne Leistungstraining ist durch eine zunehmende Individualisierung in der Planung und Durchführung gekennzeichnet, d. h. der Trainingsaufbau wird sehr speziell auf den Leistungsstand und die Wettkampfziele einzelner Athleten oder Mannschaften zugeschnitten. Diese Tendenz ist bereits im Aufbautraining junger Sportler zu beobachten und wirft dort Fragen der Fremdbestimmung, eingeschränkter Kommunikationsmöglichkeiten und einseitiger sozialer Kontakte auf.

Die Auseinandersetzung mit dem Phänomen Training ist in fast allen Bereichen durch einen hohen Grad der Intellektualisierung und ständig sich ausweitenden Verwissenschaftlichung geprägt. Biomechanische Untersuchungen, Bewegungsanalysen und systematische Wettkampfbeobachtungen führen der zeitlichen Planung und inhaltlichen Füllung des Trainings ein sehr umfangreiches Datenmaterial zu. Die sportmedizinische Forschung vertieft sich zum Teil in sehr spezielle Einzelfragen und rückt Probleme extremer Trainings- und Wettkampfbedingungen, wie etwa den Komplex der Höhenanpassung, ins Blickfeld. Mentales Training und eine besondere Psychologie der Wettkampfvorbereitung werden immer deutlicher in ihrer Bedeutung für das Erreichen hoher und höchster sportlicher Leistungen erkannt und genutzt. Vielfach führt das zu einer Überforderung der wissenschaftlich oft nur unzureichend geschulten Trainer und zu einer bedenklich dilettantischen Trainingspraxis, da der Dialog zwischen „Theorie" und „Praxis" auf große Verständigungsbarrieren stößt. Die Veröffentlichungen zur Trainingslehre sollten auch verstanden werden als Instrument der Vermittlung zwischen diesen beiden Bereichen.

Bedenkliche Übersteigerungen zeigen sich im Doping, in der Elektroschockbehandlung, der Transfusion von Eigenblut und der Hypnose als „Trainingsmittel" im Kampf um Rekord und Sieg, deren Einsatz allein durch die Bedeutung der angestrebten Ziele heimlich oder offen gerechtfertigt wird.

Mit diesen Tendenzen verbindet sich zunehmend — aber noch nicht intensiv genug — eine Diskussion von Sinnfragen, die sowohl das individuelle und soziale Risiko als auch die besonderen Möglichkeiten und Chancen des Leistungssportlers erörtert.

Auswüchse dürfen den Blick auf die eigentlichen Aufgaben der Trainingslehre nicht verstellen. Die Optimierung des Leistungsniveaus innerhalb der unteren und oberen Schädigungsgrenzen, Rehabilitation und Prävention sind Zielsetzungen, die innerhalb und außerhalb der Schule verfolgt werden müssen. Von der Trainingswissenschaft wird erwartet, daß diese Ziele noch inhaltlich präzisiert werden. So fehlen z. B. detaillierte Programme, die ohne größeren technischen Aufwand mit Rehabilitanden, körperlich oder geistig behinderten Kindern durchgeführt werden können. Eine vermehrte interdisziplinäre Forschung wird auch die schulpädagogische Dimension von Training und Trainingslehre genauer bestimmen können.

Ergänzende Literaturhinweise

Ballreich, R. / A. Kuhlow: Trainingswissenschaft. Darstellung und Begründung einer Forschungs- und Lehrkonzeption. In: Leistungssport 5 (1975), 2.

Fomin, N. A. / W. P. Filin: Altersspezifische Grundlagen der körperlichen Erziehung. Schorndorf 1975.

Hollmann, W. / T. Hettinger: Sportmedizin. Arbeits- und Trainingsgrundlagen. Stuttgart, New York 1976.

Letzelter, M.: Trainingsgrundlagen. Training, Technik, Taktik. Reinbek bei Hamburg 1978.

Martin, D.: Grundlagen der Trainingslehre. Schorndorf 1977.

Matwejew, L. P.: Periodisierung des sportlichen Trainings. Berlin 1972.

Zaciorskij, V.: Die körperlichen Eigenschaften des Sportlers. Trainerbibliothek, Band 3 (Hrsg. DSB). Berlin, München, Frankfurt 1972.

Sachregister